번영복음의 속임수

번영복음의 속임수

초판 2쇄 발행 2020년 2월 17일

지은이 권수경
펴낸이 이의현
펴낸곳 SFC출판부
등록 제 114-90-97178
주소 (06593) 서울특별시 서초구 고무래로 10-5 2층 SFC출판부
Tel (02)596-8493
Fax 0505-300-5437
홈페이지 www.sfcbooks.com
이메일 sfcbooks@sfcbooks.com
기획·편집 편집부
디자인편집 최건호
ISBN 979-11-87942-35-1 (03230)
값 20,000원

번영복음의 속임수

번영복음에 대한 성경적, 철학적 비판

권수경 지음

SFC

사랑하는 아내 제수정에게

To my loving wife
Dr. Soojung Je Kwon (MD, FACP)

목차

추천사 *9*

prologue *11*

제1장 번영복음과 성경 *45*

제2장 번영복음의 사상적 기초 *119*

제3장 필의 '원조' 번영복음 *169*

제4장 슐러의 한판 뒤집기 *215*

제5장 조용기의 '고차원' 번영복음 *273*

제6장 번영복음의 '민낯' 오스틴 *363*

epilogue *397*

참고 문헌 *419*

추천사

번영복음은 참 오랫동안 교회의 강단을 지배해 왔습니다. 그 번영복음의 실상을 이 책은 잘 드러내 줍니다. 번영복음은 복음의 이름으로 전파되었기에 의심하는 이가 거의 없었고, 타락한 자아와 이기적 욕망을 긍정하도록 가르쳤기에 별 거부감 없이 받아들여졌습니다. 하지만 그 화려한 번영복음 속에는 은밀한 기만의 누룩이 있었음을 잘 몰랐습니다. 유사 복음 속에 섞인 비복음적 누룩을 제대로 분별하지 못함으로 치른 대가는 실로 매우 컸습니다. 이 책은 번영복음이 만든 복음의 왜곡이 교회에 어떤 결과를 가져다주었는지를 잘 보여 줍니다. 겉으로는 교회가 번영하는 것 같았지만, 안으로는 쇠락하였고, 겉으로는 세상 곳곳에 교회당이 높이 세워졌지만, 그 교회들은 세상이란 바다 속으로 서서히 침몰하였고, 세상을 선도하기보다는 세상의 한 부속물처럼 된 것입니다. 그 원인은 종교개혁 당시나 지금이나 동일하게 복음의 왜곡이었습니다. 해답도 그 당시나 지금이나 마찬가지로 참된 복음의 횃불을 드는 것입니다. 이 책은 사실 진작 나왔어야 했습니다. 이제라도 이 책에서 울려 퍼지고 있는 시대를 향한 적실한 예언자적 외침이 널리 들리기를 바랍니다.

정현구 목사(서울영동교회)

'번영복음'은 '검은 백조' 혹은 '둥그란 네모' 같은 모순어법이다. 하나님께서 주시는 참된 번영은 하나님을 두려워하고 이웃을 사랑하는 복된 삶이다. 그런데 이 책이 치밀하게 분석하듯이 미국과 한국의 두 나라 교회에서만 유독 기승을 부리는 번영복음은 번영과 복음을 억지로 끼워 맞춘 기만적인 모순어법이다. 이 책은 우리나라 교회가 교세가 커져갈수록 왜 반사회적 반성경적인 괴수처럼 변질되었는가를 치밀하게 분석하는 아주 독창적인 연구서이다. 신학이 얼마나 고결한 인문사회학적 통찰을 제공할 수 있는가를 예시하는 책이다. 이 책의 특장은 번영복음의 뿌리가 힌두교 사상과 서양 근세의 범신론에 있다는 주장이다. 2장은 한국교회에서는 처음으로 발표된 신학적 통찰을 가득 담고 있다. 전체적으로 400여 쪽의 묵직한 책이지만 문체가 명료하고 논리가 조리정연하여 잘 읽힌다. 이 책을 끝까지 읽어 본 독자들은 책 전체를 관통하는 예언자적 어조 때문에 찔림을 느낄 것이다. 그러나 동시에 이 책이 음울하고 비관적인 한국교회의 그림자만 추적하는 냉철한 진단서가 아니라 주님의 몸인 교회와 그것에게 위탁된 고귀한 사명을 부단히 상기시키는 따뜻한 책임을 깨닫게 될 것이다.

김회권 교수(숭실대 기독교학과)

오늘날 번영복음을 논하는 이유

1. 세습이라는 문화

대물림의 전통

대물림 또는 세습世襲은 한 세대에서 다음 세대로 직업, 신분, 재산 등을 물려주는 일이다. 동서고금 어느 문화에서나 찾아볼 수 있는 보편적인 전통이다. 기껏해야 수십 년 살다 가는 인생이니 대를 잇지 않고서는 수백, 수천 년의 역사라는 것도 불가능하다. 하지만 대물림이라는 표현은 대개 '자녀'라는 제한된 대상에게 물려주는 배타적인 승계를 가리킨다. 내 아들, 딸에게만 가고 다른 사람에게는 가지 못하도록 막는 것이 바로 세습이다.

'직업'을 물려줄 경우 '가업家業 전수傳授'라 부른다. 이웃 중국이나 일본에서는 음식점이나 가내수공업 등을 몇 대에 걸쳐 이었고 유럽에서는 은행업을 수백 년 전수해 온 가문도 있다. 여러 대를 내려가는 동안 지식과 기술을 쌓아 명가가 된 경우도 많다. 그런 노하우는 가문만의 비밀이 되어 다른 사람들은 넘볼 수 없게 만드는 든든한 방벽 역할을 했다.

'신분'이 대를 이어 내려가는 것은 말 그대로 '세世, 대습襲, 잇다'이다. 대표적인 것이 왕위 세습이다. 세상 대부분의 나라가 왕국이던 시절 왕 자리는 거의가 핏줄을 따라 자녀에게 넘어갔다. 서양의 귀족 작위도 그렇고 우리의 경우 양반이나 노비 같은 신분도 오랜 세월 그렇게 대를 이어 계승되었다.

'재산'을 물려주는 일은 '상속相續'이라 부른다. 부모는 집, 땅, 돈을 자녀에게 물려주고 세상의 풍속이나 법도 그런 상속을 당연시한다. 재산 자체가 사람의 신분을 결정하는 능력까지 있어 상속을 다른 말로 '부의 세습'이라 부르기도 한다. 가진 것이 없는 사람들도 가난이라는 것을 대물림하므로 있든 없든 하는 것이 상속이다. 직업과 신분과 재산이 함께 승계되어 수저의 종류를 결정한다.

이러한 대물림은 기본적으로 가진 자들이 자기 것을 지키고자 하는 문화다. 번영을 물려받거나 이룬 자들이 그 번영을 자기 집안에만 간직하려 애쓴 폐쇄적 이기주의다. 남들과 나누지 않겠다는 것이다. 왕이나 양반 같은 신분의 세습은 그런 특권을 가진 자들이 그것을 자자손손 누리고자 만들어 낸 방책이었다. 가업 전수 역시 괜찮은 생업을 다른 집안에 빼앗기지 않겠다는 동기가 없을 수 없다. 재산을 물려주는 상속은 말할 것도 없다. 세습에 다들 그렇게 목을 맨 이유는 모두가 번영을 바라는 이 세상에서 남들은 번영하지 못해야 내 번영이 참 번영일 수 있기 때문이다. 내 인생이 멋지고 보람된 인생이 되려면 곁에서 바라보고 부러워해 주는 이들이 반드시 있어야 한다.

긍정적 차원이 없었던 것은 아니다. 가업 전수의 경우 오래 쌓은 재주와 기술로 사람들에게 양질의 상품을 제공하여 혜택을 주었을 것이다. 가문들이 서로의 직업을 그렇게 존중한 것은 더불어 사는 사회의 좋은 원칙이었을 것이다. 왕위 세습의 경우도 어차피 내 것이 될 리 없는 권력 때문에 싸움이라도 나서 나한테 불똥이 튀면 안 되니, 장자 세습이라는 안정된 풍습이 오히려 사회에 유익했을 수도 있다.

하지만 대개는 내가 어떻게 할 수 없는 거대한 운명이었다. 여러 대를 이어 온 가업은 진입장벽이 높아 가문 밖의 사람은 경쟁에 뛰어들기조차 할 수 없었다. 신분의 골은 더 깊고 넓었다. 그것을 뛰어넘어 보려고 시도하다가 피를 흘린 일이 역사에 많았다. 대대로 물려받은 가난의 고리를 내 대에서 끊고 싶지만 부잣집 담장은 돈이 넘어오기에는 너무 높아 내가 자녀에게 줄 수 있는 것이라고는 가난 하나뿐이다. 그런데 이런 상황이 오랜 세월 이어지면서 사람들은 대물림을 나보다 위에 있는 어떤 힘이 정해 준 것으로 느끼게 되었다. 직업도 신분도 재산도 다 내 능력으로는 어쩔 수 없는, 소위 '팔자八字, 한 평생의 운수'로 믿게 된 것이다. 왕대밭에서 왕대가 난다 하지 않던가. 왕의 아들은 뭐가 달라도 다를 것이고 있는 집 자제들은 태어날 때부터 남다른 기품이 엿보이는 듯하다. 몇 대째 소작농으로 살아온 이것이 내 팔자다. 대부분이 원하지 않는 이런 세습이 오랜 세월 이어질 수 있었던 원동력의 하나가 바로 운명론이라는 종교였던 셈이다.

이 땅의 지혜

그렇지만 사람이 늘 수동적으로 살지만은 않았다. 인간의 지혜는 대물림의 폐해를 일찍부터 알았고 그것을 극복하고자 노력도 했다. 왕은 한 나라를 다스리는 사람인데 그 고도의 통치력이 피 한 방울에 다 담겨 있을까? 무능한 아들이 대를 이어 나라 전체가 혼란에 빠지고 백성들이 피해를 입는 경우가 많았다. 그래서 고대 로마의 지혜로운 사람들은 황제의 핏줄과 무관한 유능한 젊은이를 다음 대 황제로 고른 다음 그 사람을 황제의 양자로 입양시켜 대를 잇게 해 보았다. 황제와 원로원 사이의 적절한 권력분립 덕분에 가능하였던 이 양자 계승의 전통은 영국의 역사가 에드워드 기번Edward Gibbon, 1737~1794년이 '인류 역사상 최고의 번영기'라 격찬한 백여 년을 가능하게 만들었다. 계시를 모르는 자연에 속한 지혜도 그 정도는 할 줄 알았다. 그 시대의 주역을 '오현제五賢帝'라 부른 이탈리아 정치철학자 니콜로 마키아벨리Niccolo Machiavelli, 1469~1527년는 그 오현제의 마지막 황제인 마르쿠스 아우렐리우스가 양자계승의 전통을 깨고 친아들에게 황제의 자리를 물려준 것이 제국 쇠락의 결정적인 계기가 되었다고 지적하였다.

왕위 세습의 전통은 21세기인 오늘도 계속되고 있다. 중동, 아시아, 아프리카의 여러 왕국이 핏줄 승계의 한계를 안고 혼란과 정체 가운데 신음하고 있다. 그런데 놀랍게도 일찍이 민주주의를 꽃피운 유럽의 여러 나라도 아직 왕정을 유지하고 있다. 하지만 이들은 오랜 투쟁과 타협의 경험을 잘 활용했다. 입헌군주제를 택하여 왕은 국가의 상징적인 존재로 남기고 국가의 실질 통치자는 국민들이 헌법을 바탕으로 투표로 뽑는다. 고색창연한 외형은 그대로 두고 내부에는 최신 냉난방 시설을 갖춘 오랜 건물처럼, 세습이라는 전통적인 형식은 잘 보존하면서도 그 부작용은 원천적으로 제거한 지혜로운 권력 구조라 할 수 있다. 이와 달리 삼대에 걸친 권력 세습에 성공한 북한은 민주주의 공화국이라는 이름만 걸었을 뿐 속으로는 구시대의 권력 구조를 답습하여 인권, 경제, 문화 등 모든 면에서 최악의 상황을 연출해 왔다.

오늘날은 가업 전수도 호락호락하지 않다. 기업의 공적 성격과 경영의 전문성이 부각되는 요즘은 기업이 한 개인이나 가문의 소유가 되기 어렵다. 많은 기업가가 승계라는 우아한 용어를 이용해 기업 경영권을 자녀에게 물려주지만, 돈과 권력의 상속에 그칠 뿐 지난날의 가업 전수 같은 전문성이 결여되어 기업도 흔들리고 사회 전체에도 부정적인 결과를 낳고 있다. 스웨덴의 어느 가문은 소유와 경영을 철저히 구분하고 제 능력을 입증한 자녀들에게만 경영권을 물려줌으로써 한 걸음 앞서 나간다. 재산 상속도 마찬가지다. 오늘날에도 재산의 유무가 신분까지 좌우하는 줄 알기에 대부분의 나라가 법과 제도를 통해 재산 상속을 통한 신분 세습이라는 악습을 막으려 애쓴다.

세습은 말하자면 근친교배近親交配와 같다. 근친교배가 반복되면 개체 내에 잠재해 있던 결함이 더 자주 또 더 뚜렷하게 드러난다는 것이 생물학에서 입증되었다. 다른 피의 유입을 꺼려 근친결혼으로 대를 이어 간 동서양의 여러 왕가에 각종 질환이 유독 많았던 것은 우연이 아니다. 오늘날 많은 사람들이 그런 생물학적 깨달음을 사회 여러 영역에 적용하여 잡종교배雜種交配를 통해 보다 나은 산물을 낳고자 노력한다. 이를테면 하버드, 예일 등 세계 최고 명문 대학들은 교수를 채용할 때 자기 학교 출신보다 다른 대학 출신을 훨씬 많이 뽑는다. 학문계의 근친교배는 열성을 낳아 결국은 도태로 이어진다고 믿기 때문이다. 대학이 달리 지혜의 전당이겠는가. 열린사회[1]가 될수록 이런 경향은 커질 것이요 그렇게 될수록 사회는 더욱 밝게 열릴 것이다.

하지만 오늘날의 가업 전수 내지 기업 승계를 보면 잡종교배의 유익을 거부하고 스스로 도태의 길을 택하는 경우가 적지 않다. 재산 상속도 마찬가지요, 정치에서도 '우리가 남이가'를 반복하다가 멸망으로 간다. 세상에는 지혜로운 사람과 그렇지 못한 사람이 언제나 뒤섞여 살고 있다. 물론 그 지혜라는 것도 이 땅을 뛰어넘지 못하는 것이지만.

성경의 대물림

대물림은 성경에도 나온다. 어디에나 있는 것이 세습이니 놀라운 일은 아니다. 성경은 하나님의 구원을 전하는 책인데, 하나님의 구원의 언약이 애초부터 세습의 구도로 되어 있다. 하나님께서 아브라함을 믿음의 조상으로 세우시고 그에게 수많은 자손을 약속하셨다창12:1, 13:16, 15:5, 17:4, 22:17. 자손에 대한 약속,

---

1. 프랑스 철학자 베르그송(Henri Louis Bergson)이 사용한 용어로, 모든 인류를 포용하며 개인을 구속하지 않는 동적動的)이고 창조적인 사회를 가리킨다.

특히 여자의 후손으로 오실 그리스도가 하나님의 언약의 핵심이었으니 성경의 대물림은 신분, 직업, 재산 이전에 대를 이어 가는 것 자체가 더 중요했다창17:4-6. 하나님께서는 이 대물림의 약속을 믿은 아브라함을 의롭다고 여겨 주셨다창15:6. 아브라함의 후손들도 이 믿음을 전수받아 하나님의 백성이라는 신분을 대대로 유지하였다. 구원 언약의 계승은 곧 이 신분을 물려주는 일이었다.

가업 전수도 나온다. 하나님께서는 예배 및 성전 관련 업무를 레위 지파에게 맡기시고는 그 일을 대물림하게 하셨다. 하나님을 찬양하고, 성전의 여러 시설물을 보호, 관리하고, 백성들에게 율법을 가르치고 축복하는 일 등이 레위 지파의 가업이었던 셈이다신10:8. 제사장 직분 역시 아론의 직계 후손들만 대를 이어 맡았다. 제사장은 하나님의 부르심을 받은 자만이 맡은 존귀한 직분인데 그 부르심이 핏줄을 따라 내려갔다출28:1, 대상23:13, 히5:4.

성경은 상속도 중요하게 다룬다. 성경의 자녀는 대를 이을 뿐 아니라 재산까지 상속받는 존재다창15:2-3, 25:5. 하나님께서 가나안 땅을 아브라함에게 약속하셨는데창12:7, 13:15, 15:18, 이 약속이 아들 이삭 및 손자 야곱에게 그리고 이스라엘 전체 후손에게 이어졌다창26:3-4, 28:13-14, 수1:3. 하나님께서는 이스라엘 백성 개개인에게도 철저한 상속을 명령하셨다. 집과 집 사이의 경계를 엄격하게 지키라는 하나님의 명령을 기본으로 하여신19:14 형이 죽으면 동생이 형수와 결혼해 자식을 낳아 형의 대를 이어 주는 계대결혼, 남에게 넘어간 재산을 친척이 다시 되찾아 주는 기업 무르기 등으로 이스라엘 백성의 상속 문화를 든든하게 지켰다신25:5-10, 레25:25-28.

직업, 신분, 재산을 물려주는 것이니 분명 세습이다. 하지만 이것은 질그릇이다. 여기 담긴 보배는 이 땅의 흔한 세습을 뛰어넘는다. 하나님께서 아브라함과 후손에게 하나님의 백성이라는 신분을 주셨지만 그 신분의 바탕이 되는 언약은 핏줄 아닌 약속을 통해 내려갔다롬9:8, 갈4:23. 아브라함의 장남 이스마

엘이 쫓겨났고 이삭의 맏아들 에서 또한 배제되었으니 세상의 대물림과 다르다. 직업 전수도 마찬가지다. 레위 지파의 사역이나 아론 후손이 대대로 맡았던 제사장직은 그리스도께서 오시면서 그림자일 뿐임이 드러났다. 게다가 그리스도께서는 레위 지파 아닌 유다 지파에서 나셨고, 그리스도께서 대제사장이심을 진정으로 보여 주는 것 역시 아론의 제사장 계보가 아니라 그 세습과 무관한 제사장 멜기세덱이었다히7:11-19. 모세가 담당하던 지도자 역할을 여호수아가 이어받았는데 두 사람은 아무 핏줄 관계도 없으니, 그저 하나님을 섬기는 믿음과 순종의 대물림이었다수1:1-9. 이스라엘의 왕위 역시 사울 집안에서 다윗 집안으로 넘어갔고, 다윗의 후손이 대를 잇는 가운데도 성경은 핏줄 대신 하나님의 언약 하나에 집중하고 있다. 직업도 신분도 세상의 대물림과 다르다. 아니, 오히려 반대로 간다.

재산도 마찬가지다. 가나안 땅에 대한 약속이 아브라함의 아들 및 손자에게 이어졌지만 하나님께서는 아브라함에게는 발붙일 땅조차 허락하지 않으셨고, 아브라함의 아들, 손자에게도 땅을 주지 않으셨다. 나중에 이스라엘 백성이 가나안을 정복하여 그 땅을 차지한 것 같았지만 성경은 하나님께서 약속하신 땅이 그 땅이 아님을 지적함으로써 재산이든 땅이든 간에 핏줄 아닌 언약을 따라 내려간다는 것을 보여 준다히4:7-9, 11:13-16. 그러니 대물림할 것이라고는 언약의 하나님을 믿는 '믿음' 하나다. 그토록 철저하게 명하신 재산의 상속 역시 남보다 더 가진 것을 내 자식에게만 주라는 말씀이 아니라 애초에 부의 편중과 독점을 막으시는 방법이었다. 나의 번영을 남에게 주지 않겠다는 이 땅의 풍습을 수용한 것이 아니라 그렇게 상속할 번영 자체를 원천적으로 방지하신 것이다. 서로 나누고 더불어 사는 것이 하나님 나라의 원리인 까닭이다.

오늘 우리가 아브라함의 부동산에 침 흘리는 대신 이 땅에 발붙이지 않도록 몸부림을 쳐야 하는 이유가 이것이다요일 2:15-17. 이 땅의 것들은 아무리 탄

탄하게 아무리 오래 물려주어도 이 땅과 함께 사라질 것이다. 성경은 인간 세계에 있는 대물림을 활용하는 대신 그 모순과 한계를 보여 준다. 이것이 자연 아닌 '계시'다.

대물림의 참뜻

구약에서 사용된 대물림의 참뜻이 신약에 와서는 더욱 분명하게 드러난다. 사실 신약도 이천 년 전의 기록이니 까마득한 옛날이지만 구약에 나오는 그런 대물림은 이미 사라지고 없다. 그리스도께서 오셨기 때문이다. 신약에서는 대물림이 영적 가업 전수 및 하나님 나라의 상속이라는 개념으로 등장하는데 기본 틀만 원용할 뿐 담긴 내용물은 하늘과 땅처럼 다르다. 바울과 디모데가 좋은 보기다. 바울은 디모데를 종종 아들이라 부른다고전4:17, 딤전1:2, 딤후1:2. 고린도나 갈라디아 교인들처럼 바울이 전도했기 때문일 수도 있지만고전4:15, 갈4:19, 몬1:10 바울이 더 강조한 것은 가업 전수의 전통이다. 육신의 핏줄과 아무 상관이 없는 영적 가업 전수였다.

> 디모데의 연단을 너희가 아나니 자식이 아비에게 함 같이 나와 함께 복음을 위해 수고하였느니라빌2:22

디모데는 마치 아들이 아버지에게 가업을 전수받듯 바울에게서 복음을 위해 헌신하는 법을 배웠다. 그 헌신은 곧 그리스도 예수의 좋은 군사로서 바울과 함께 고난을 받는 일이었다딤후2:3. 디모데는 바울의 동역자로 전도 여행을 함께 하였고 바울처럼 감옥에 갇히기도 하였다행18:5, 19:22, 히13:23. 그런 헌신이 있었기에 바울은 디모데를 '참된 아들'딤전1:2 곧 합법적인 계승자로 여겼다. 디모데는 바울의 아들이었을 뿐 아니라 주 안에서 형제였고, 복음을 위해 함께 수고한 동역자 곧 그리스도의 종이었다고후1:1, 골1:1, 롬16:21, 고전16:10, 빌2:21-22, 빌 1:1. 그리스도의 '제자'라는 신분과 그리스도 예수의 좋은 '군사'라는 직업까지 전승해 주었으니, 세습은 세습이지만 실제 넘겨준 것이라고는 돈이나 권력이 아닌 '고난' 하나였다.

우리 주님께서도 당신의 사역을 가업 전수 전통에 빗대어 가르치셨다. 안식 일에 환자를 고쳤다고 비판하는 유대인들에게 예수님께서는 "내 아버지께서 이제까지 일하시니 나도 일한다"라고 답하셨다요5:17. 주님께서 하시는 구원의 사역이 성부께서 창세전부터 해 오신 그 구원 사역의 계승임을 알려 주신 것 이다. 주님께서는 보다 구체적으로 말씀해 주셨다.

아들이 아버지께서 하시는 일을 보지 않고는 아무 것도 스스로 할 수 없 나니 아버지께서 행하시는 그것을 아들도 그와 같이 행하느니라요 5:19

어린 시절 목수 일도 아버지 요셉한테 그렇게 배우셨을까? 주님께서는 그 런 가업 전수의 관습을 당신의 구원사역에 적용하신다. 수많은 비유에서도 드 러나듯 주님께서는 늘 그렇게 이 땅의 것에다 하늘 보화를 담아 주셨다. 성자 예수님께서는 성부의 사역인 구원요5:21, 17:2과 심판요5:22, 5:24, 5:30을 아버지의 뜻대로 행하신다. 그런데 바울이 디모데를 아들로 삼은 것처럼 성부께서 성자 를 낳으신 일 역시 이 사역과 이어져 있다. 성경은 "내가 오늘 너를 낳았다" 하 신 말씀을 "네가 영원히 멜기세덱의 반차를 따르는 제사장이라" 하신 말씀과 연결하고 있다히5:5-6. 하나님께서 아들을 낳으셔서 우리를 구원할 영원한 대 제사장 일을 맡기셨다. 인류 구원이라는 가업 전수를 위해 하나님께서 아들을 낳으신 셈이다요6:38-39, 17:4.

그렇게 볼 때 가업 전수는 사람들의 전통이기 이전에 삼위일체 하나님의 속성이다. 내재적內在的 속성과 경륜적經綸的 속성[2]이 하나로 이어져 있다. 하나님께서 모든 것을 아들에게 맡기셨고 아들을 믿는 자는 누구든 하나님의 자녀가 되게 하셨으니 구원은 곧 삼위일체 하나님의 가업이다. 그래서 우리가 그리스도 안에서 받는 구원의 은혜도 대물림의 구도를 갖는다. 하나님께서 모든 것을 당신의 아들에게 주셨기 때문에 우리도 하나님 당신의 나라를 우리 주예수 그리스도와 함께 상속받는다. 그리스도와 우리가 공동상속자가 된 것이다롬8:17, 마25:34. 오래전 이스라엘 족장들이 후손들에게 재산을 물려준 일이나 하나님께서 이스라엘 백성에게 강조하신 상속의 중요성이, 우리가 예수님을 믿어 구원받는 이 방식을 통해 완성되고 제 뜻을 찾는다갈3:29.

성경은 예수 그리스도를 구주로 믿는 이들이 상속자임을 거듭 강조한다. 하나님께서 오래전에 아브라함에게 약속하신 그 상속이 그리스도를 통해 우리에게로 이루어지는 것이다.

> 너희가 그리스도의 것이면 곧 아브라함의 자손이요 약속대로 유업을 이을 자니라갈3:29

"유업을 이을 자"를 간단히 줄이면 '상속자'다. 하나님께서 아브라함에게 약속하신 복이 그리스도를 믿어 하나님의 자녀가 된 우리에게 적용된다. 자녀의 특권 가운데 중요한 하나가 바로 상속이다. 그리스도와 함께 하나님의 것을 물려받는다롬 8:17. 구약에서 상속을 그렇게 강조한 이유가 바로 이것 때문이다. 이 상속을 가능하게 하기 위해 우리 주님께서 십자가를 지셨다. 하나님의 나라를 공동으로 상속받고자 하는 이들은 주님께서 받으셨던 그 고난도 함

---

2. 조직신학에서 통상 하는 구분으로서 삼위일체 하나님의 내적 특성 및 삼위의 관계를 보여주는 것이 내재적 속성이고 창조, 섭리, 구속 등 피조물을 향한 사역에 나타나는 속성이 경륜적 속성이다.

께 받아야 한다롬8:17-18. 결국은 세습이다. 물려받는다. 그러나 이 땅의 것이 아 닌 하늘에 속한 것이다. 그것을 위해 지금 할 것은 고난을 받는 일 하나다. 그 렇게 고난을 받는 이들에게 하나님께서는 영원한 생명, 영원한 권세를 약속하 셨다딤후2:11-12. 하나님의 계시는 세상 풍속의 약점을 보강하는 정도가 아니라 아예 거부한다. 하늘과 땅은 공존할 수 없기 때문이다.

하나님 나라 상속은 배타적이면서 또 활짝 열려 있다. 예수 그리스도를 구 주로 믿고 따르는 이들만 받을 수 있는 배타적인 것이지만, 예수 그리스도를 구주로 믿기만 하면 되므로 인종, 성별, 신분, 지위, 재산, 건강 등에 상관없이 누구에게나 기회가 활짝 열려 있는 상속이다갈3:28.

2. 우리 시대의 교회 세습

교회의 대물림

세습은 우리 시대 교회의 화두다. 오늘날 교회 세습이 심각한 교회 문제로 떠올라 바깥 사회마저 그런 교회를 염려하는 지경에 이르렀다. 무엇이 세습인 가? 인류 역사와 궤적을 함께하는 세습이 교회에서 일어나면 왜 문제가 되는 가?

세습은 아버지가 담임목사로 일한 교회에 아들이 후임 담임목사로 부임하 는 것을 가리킨다. 사위가 가기도 한다. 교회를 물려주고 물려받으니 교회 세 습이다. 교회가 직장이 되고 담임목사 자리가 신분이 되고 교회의 교인과 재 산이 개인의 소유물처럼 된 것이다. 가업 전수, 신분 세습, 재산 상속이 동시에 이루어지는 것이 교회 세습이다. 성경의 대물림과 아무 상관이 없고 그저 땅 에 속한 것들을 물려주는 일이다. 자연의 지혜만 가진 이들도 막으려 애쓰던 그것을 소위 계시를 안다 하는 이들이 실행한다.

부모와 같은 직업을 가졌다고 세습이 되는 것은 아니다. 운동선수, 학자, 연예인, 또는 전문직을 가진 사람의 자녀가 부모와 같은 직업을 갖는 것은 그저 자연스럽다. 다만 아버지가 맡던 자리를 아들이 인계받으면 세습이 된다. 어머니가 경영하던 병원을 아들이 물려받거나 아버지의 변호사 사무실을 딸 변호사가 계속 맡는 등의 경우다. 목사나 장로 직분이 대를 잇는 경우도 마찬가지다. 삼대 목사, 사대 장로는 영광스러운 일이지만, 아버지가 담임으로 있던 교회를 아들이나 사위가 인계받으면 이른바 세습이 된다. 대는 물론 이어야 한다. 한 사람이 물러가면 다른 사람이 이어받아야 한다. 하지만 그 계승의 바탕이 핏줄이니 세습이다.

교회가 왜 세습을 할까? 교회 세습은 주로 아버지 목사가 주도하지만, 그 일이 가능하려면 물려주는 아버지 목사, 물려받는 아들 목사, 그리고 그것을 수용하는 교회 등 세 주체 모두가 세습을 원해야 한다. 하지만 똑같이 세습을 원해도 그것을 바라는 이유는 한 배를 탄 원수처럼 다를 수도 있다.

물려주는 아버지의 입장에서는 우선 불순한 동기가 작용할 수 있다. 자신의 재정적, 행정적 비리를 덮으려는 의도, 권력을 계속 휘두르고 싶은 욕심, 은퇴 후의 예우를 확보하려는 의지 등이 세습의 이유일 수 있다. 자기만 생각하는 이기주의요, 돈, 권력, 명예 등 버려야 할 것들을 추구하는 죄악이다. 자신보다 자식을 생각해 세습하는 사람도 있을 것이다. 자녀가 안정된 직장에서 원만하게 사는 것은 어느 부모나 바라는 일 아닌가. 내 자식이 내가 터 닦아 둔 교회에서 안정된 목회를 하며 살기 바라는 세속적인 욕심으로 세습의 유혹에 쉬이 넘어간다. 제사장 엘리가 보여 준 어긋난 자식사랑이다. 게다가 교회가 사역지가 아니라 그저 목사의 일자리에 불과하다는 시각, 아들의 목사직을 하나님의 부르심이 아닌 호구지책糊口之策으로 여기는 그 마음가짐도 문제다.

교회를 염려해 세습하는 경우는 그나마 낫다. 좋게 말해 교회에 대한 애정 때문이다. 내가 평생 일군 교회에 혹 나와 생각이 다른 사람이 부임한다면 교회가 혼란에 빠지지 않겠는가, 이 거대한 조직체가 흔들리면 결국 교인들이 손해를 본다 하는 고생할 양떼를 염려하는 마음으로 나와 생각이 같은 아들에게 넘겨주려 한다. 그렇지만 그런 배려 역시 내가 이룬 나의 업적에 대한 집착이지 주님의 교회에 대한 애정이 아니다. 관심도 조직체의 유지와 안정에 머물고 그리스도의 교회가 교회답게 유지되는 일에는 있지 않다. 목회도 그런 생각으로 했을 터이니 새삼스러운 것은 아니다. 자신이든 자기 아들이든 사람이 중심이 되는 곳이라면 그저 사람들의 모임일 뿐 더 이상 그리스도의 교회가 아니다.

뒤를 이으려는 아들의 마음에는 뭐가 들었을까? 아버지 말씀을 하나님 말씀처럼 여기는 공자의 제자도 있겠고 아버지의 비리를 덮거나 아버지의 평생 업적을 잘 지켜 드리겠다는 덜떨어진 효자도 있겠으나, 대개는 손쉬운 삶을 선택하는 경우일 것이다. 수입 좋고 영향력 발휘할 수 있고 명예도 따르는 직장이 손쉽게 내 것이 되는데 굳이 힘든 길을 택할 까닭이 있나 하는 생각이다. 다시금 돈, 권세, 명예다. 말씀의 원리 아닌 자본주의의 원리요, 하나님 아닌 아버지의 부르심이다. 자신을 진정으로 주께 드린 아들이라면 핏줄을 앞세우고 돈으로 뒷받침한 그런 계승이 주님의 교회에 어떤 악영향을 미치는지 잘 알고 애초에 그런 꿈조차 꾸지 않을 것이다.

교회의 입장은 둘로 나눌 수 있다. 교회의 운영을 맡은 장로들의 경우 교회의 안정을 위해 세습을 선호할 수 있다. 그러나 이 경우는 부전자전父傳子傳이라는 해묵은 운명론을 수용하는 것으로서, 지금까지 교회를 유지해 온 힘이 그리스도의 주권에 대한 고백이 아니라 목사의 인간적인 카리스마였다고 시인하는 일이다. 목사의 지도력이 참된 영적 지도력이었다면 후임자도 그런 지도력을 가진 사람을 물색하겠지만 사실 인간적 역량이었기에 그것을 지속할 수 있는 핏줄을 찾는 것이다. 지금까지 아버지 목사와 함께 누려 온 지도력의 구조를 그대로 유지하고픈 욕망도 작용할 수 있다. 그런 체제가 권력을 공유하는 구조일 수도 있고 재물상의 이익을 나누어 먹는 야합일 수도 있겠으나, 어느 쪽이든 그리스도의 교회를 염려하는 마음과는 공존이 불가능하다.

대부분의 교인은 그냥 좋은 것이 좋다는 입장이다. 교회만 잘 유지된다면 이래도 좋고 저래도 좋다. 아버지를 잘 알았으니 아들이 온다면 더 반가울 것이다. 지난날 왕정 세습을 즐겁게 수용하였던 백성들의 마음 그대로다. 아버지 목사한테 제자훈련과 큐티훈련을 많이 받은 덕분인지 그리스도 대신 사람을 모시는 일에도 익숙하다. 그러면서도 그런 계승을 하나님의 섭리로 느낀다. "하나님이 다 하셨습니다!" 기독교 아닌 운명론적 사고방식이 나를 장악하고 있는 줄은 조금도 깨닫지 못한다. 이런들 어떻고 저런들 어떤가 하였던 옛 노래에도 정해진 답이 이미 있었듯이, 교회만 안정되면 이래도 좋고 저래도 좋다 하는 교인들의 마음에도 교회는 그저 우리끼리 모여 말씀 듣고 친교하고 봉사도 하는 그런 단체로 이미 결론이 나 있다.

근본적인 문제

자식에게 물려주었다고 다 '세습'이라고 욕을 먹는 것은 아니다. 교회와 사회의 비난을 받는 경우는 소위 대형교회이거나 적어도 다른 사람도 맡아 보고 싶어 할 정도의 규모가 되는 교회다. 아무도 가려 하지 않는 벽지의 교회를 대를 이어 맡는다든지 모두가 꺼리는 오지의 선교 사역을 아들이 승계한다면 비판은커녕 모두가 칭송해 마지않을 것이다. 그런 고난의 대물림은 이 땅의 것을 버리고 영원을 상속받을 준비를 갖추는 일이기 때문이다. 세속적 번영이 아니라면 세습이 문제가 될 이유도 전혀 없다. 교인 수가 많고 재정 규모도 상당한 교회에서 대물림이 일어날 때 사람들은 세습이라는 이름으로 비판을 가한다. 세상 사람들처럼 자신의 돈, 권력, 명예를 물려주는 것이기 때문이다. 세습은 영원을 잊은 무지요 하늘의 것을 땅에 내팽개치는 죄악이다.

세습의 핵심 문제는 교회의 사유화다. 아버지와 아들이 한마음이 되어 교회를 자기 직장으로 만드는 일이다. 물론 교회가 목사의 직장이라는 측면은 언제나 있지만, 문제는 이 땅의 것들만 남고 주님께서 교회의 주인이 되시는 일은 사라지고 만다는 점이다. 세습을 시도하는 일은 교회가 세속적 번영의 실체가 되었음을 자인하는 일이다. 내 번영을 남들과 나누지 않겠다는 세상의 어리석음을 답습하는 일이기도 하다. 그런 교회는 십자가를 지신 주님과도, 또 고난을 대물림하던 바울과 디모데와도 관련이 없다. 그저 많은 교인과 풍성한 재정을 책임질 목사 한 사람만 남는다.

여러 교단이 세습방지법을 만들었다. 아버지 목사가 담임으로 있던 교회에 아들이나 사위가 직접 또는 우회해 후임자로 오는 것을 막는 법이다. 시무장로의 자녀까지 포함시킨 교단도 있다. 이 법은 그리스도의 교회가 인간의 사유물로 전락하는 것을 막고 온 교회로 하여금 주님만 의지하고 순종하도록 돕기 위한 것이다. 영적 지도력보다 심리적 유대를 중시하는 사고방식 자체가 발붙이지 못하게 만드는 좋은 법이다. 게다가 그런 인간적인 연합이 그릇된 권력을 형성하여 목사의 전횡이나 각종 범죄로 이어질 수도 있으니 그런 법이 더욱 절실하다. 세습을 위해 온 교회가 의기투합했다 하더라도 그것은 주님의 뜻 아닌 사람의 생각이요 욕심인 까닭에 교단 차원에서 제동을 거는 것이다. 장로교회에서 담임목사 청빙은 개교회가 결정할 일이지만 교단은 교회가 잘못된 길로 가지 않도록 큰 울타리를 쳐 주어야 한다.

이런 법이 필요한 이유는 우리가 다 연약한 인간이기 때문이다. 세습이 가능하면 교회 내의 인맥을 비롯한 인간적인 요소가 득세하여 교회가 본질에서 멀어질 가능성이 커진다. 이 고리를 끊자는 것이 세습방지법이다. 그런 법 없이도 스스로 세습을 거부하고 진리의 길을 갈 수 있다면 더없이 좋겠지만, 오늘도 갖가지 죄악과 힘겨운 싸움을 벌여야 하는 우리임을 고려할 때 세습방지법은 그런 싸움에서 활용할 좋은 무기가 된다. 믿음의 양심이 살아있는 사람을 세습이라는 유혹으로부터 지켜 주고 혹 오판을 한 경우에도 실행은 하지 못하도록 이 법이 막을 수 있다. 간혹 부자관계를 고려하지 않았는데도 아들 목사가 가장 적합한 후임자로 판명되는 경우도 없지 않겠지만 그런 경우에도 세습은 막아야 한다. 그것이 우리가 죄가 가득한 세상에서도 교회는 사람의 집단이 아닌 그리스도의 몸임을 고백하는 바른 방법이다. 세상은 국민 다수가 원하면 그대로 되지만 주님의 교회는 하나님의 뜻이 언제나 우선이다. 교회가 우리에게 또 바깥 사람들에게 세속적 번영의 실체로 인식되고 있는 오늘날은 세습 철폐가 더욱 절실한 문제다. 세상의 지혜도 세습의 폐해를 알고 극복하려 애쓰는 형편에 교회가 세상보다 어리석어서야 되겠는가.

문제는 언제나 번영

교회 세습은 돈, 권력, 명예 등 썩어 없어질 이 세상의 것을 물려주고 물려받는 것 외에 아무것도 아니다. 교회가 영원을 잊은 채 땅의 것을 추구하고 있음을 보여 주는 부끄러운 단면일 뿐이다. 신학교마다 성골, 진골 하는 농담이 있다. 신라시대의 왕족에 빗대어 목사 아들은 성골, 장로 아들은 진골이라 부른다. 이들은 신학교 재학 때부터 아버지의 권세를 힘입어 괜찮은 교회에서 전도사로 일한다. 목사나 장로 아버지를 두지 못한 신학생은 본인의 능력만으로 이른바 '좋은 봉사 자리'를 찾아야 한다. 많은 목사가 자기 아들을 내 교회 대신 다른 괜찮은 교회에 후임으로 보낸다. 세습의 시대가 낳은 이 땅의 지혜다. 총회장으로 밀어주면 아들 목사에게 괜찮은 목회 자리를 구해 주겠다 약속했다는 추악한 이야기도 뉴스에 나왔다. 교회가 아닌 선교단체나 교회 관련 기관에서도 이런 직, 간접의 세습이 일어난다. 장로의 경우 같은 교회에서 부자가 대를 이어도 세습이라 부르지 않지만 그 장로가 힘깨나 쓰던 장로라면 문제가 달라진다. 그런 장로의 아들이 후임 목사가 될 경우도 마찬가지다.

세습을 반대한다고 물론 다 착하고 신앙 좋은 사람은 아니다. 내가 차지하지 못한 데 대한 시기심 때문에 세습 반대 운동을 하는 이도 없지 않을 것이다. 우리는 다 사람이다. 불의에 항거하는 사람 가운데도 억압받는 이들에 대한 연민보다 가진 자들에 대한 시기와 분노 때문에 행동하는 이들이 분명 있다. 그렇지만 오늘날 세습을 논할 때는 이런 양비론이 통하지 않는다. 하나님께서 기뻐하시는 결론이 무엇인지가 언제나 분명하기 때문이다. 내 마음에 남은 약간의 불씨 때문에 불의에 저항할 자격이 없다고 하는 것은 죄 없는 자가 돌로 치라는 말씀요8:7을 오해하는 전형적인 경우다. 대의명분大義名分이 중요하다. 같은 욕심을 그대로 실행하는 것과 그 욕심을 나쁘다고 지적하는 것은 천지차이다. 그렇게 바로 지적하면 그것이 큰 힘이 되어 내 삶의 방향도 바로잡아 줄 것이다.

결국 문제는 '번영 그 자체'다. 아버지한테 물려받은 자력으로 성취하든 마찬가지다. 세습을 막아 제삼의 인물이 담임 자리를 맡았다고 해서 모든 문제가 해결된 것은 아니다. 세습이라는 최악을 피했을 뿐 연약한 인간의 존재는 그대로 있다. 세습을 막았다고 방심하다가는 한 방에 훅 간다. 목사에는 두 종류밖에 없다는 농담이 있다. 대형교회 목사와 대형교회 목사가 되고 싶어 하는 목사라고 한다. 아직도 수많은 목사들이 큰 교회를 꿈꾼다. 세습은 큰 교회 목사가 되고자 하는 대부분의 목사들의 여망을 반영한다. 교회 세습은 남들은 하고 싶어도 못하는 것을 아버지 덕분에 쉽게 이루는 일일 뿐이다. 큰 교회 담임으로 옮기는 목사들은 마치 영전榮轉, 더 좋은 자리로 옮김이라도 하는 양 쾌재를 부른다. 그것을 또 너도나도 온 마음으로 축하해 주는 것이 오늘 우리의 현주소다.

하나님 아닌 재물을 섬기는 것이 문제의 근원이다. 교회가 너무 부유해졌다. 끊임없이 내보내고 나누어 주어야 할 교회가 거대한 건물과 수많은 부동산, 쏟아져 들어오는 헌금과 이자, 심지어 비자금까지 관리하느라 정신이 없다. 이제 남 욕하는 재미를 맛보기 위해 굳이 중세 교회의 타락을 들먹여야 할 필요도 없다. 땅바닥에 큰 대 자로 뻗었으니 이제 침만 뱉으면 되는 것이 오늘 교회의 현실이다. 어떻게 해서든 더 가지려고만 할 뿐 균등케 하라는 성경의 가르침고후8:13-14을 실천하는 일에는 관심조차 없다. 교회 세습은 그런 부패한 모습의 한 단면이다. 우리 시대에 부각된 단편적이고 우발적인 해프닝이 아니라 우리 시대 교회의 타락상과 부패상을 보여주는 가장 추악한 현상이다. 교회의 타락과 대물림은 같이 나타난다는 것을 삼천 년 전 다윗이 하나님의 감동을 받아 이렇게 표현해 놓았다.

> 여호와여 이 세상에 살아 있는 동안 그들의 분깃을 받은 사람들에게서
> 주의 손으로 나를 구하소서 그들은 주의 재물로 배를 채우고 자녀로 만
> 족하고 그들의 남은 산업을 그들의 어린 아이들에게 물려주는 자니이다
> 시17:14

세습은 돈, 권세, 명예 등 이 땅의 것들에 집중한다. 이 땅의 것에 취한 자들이 그 취기를 후대까지 물려주는 방식이 바로 교회 세습이다. 세습世襲, 곧 "이 세상의 풍조"다엡2:2-3. 영원을 모르는 이들이 하는 것이다. 세습을 실행하는 교회는 저 자신이 그런 부패에 물들어 있음을 입증하는 것이다.

3. 우리 시대의 번영복음

다시 논하는 번영복음

21세기다. 세상이 많이 변했다. 눈이 부시다는 수식어로도 모자랄 정도다. 보이지 않는 저 높은 곳에서는 수천 대의 인공위성이 지구 주위를 바삐 돌고 있으며, 지표면 가까운 곳에서는 매 순간 만 대 가까운 항공기가 동서남북으로 어지럽게 날아다니고 있다. 전 세계가 인터넷을 통해 하나의 정보망으로 엮인 지는 이미 오래, 지금은 드론을 이용한 신속한 수송이나 하이퍼루프 Hyperloop, 진공튜브열차를 통한 초고속 교통도 현실화되어 가고 있다. 그런 가운데 물리학, 화학, 천문학 등이 자연과 우주의 신비를 거듭 밝혀내고 두뇌과학과 첨단의학이 인간의 실체마저 하나하나 분석해 내고 있다. 정신에 속한 것들을 물질의 영역에서 파헤침으로써 인간 존엄성의 근거인 자유가 칸트 시대보다 더 위협을 받고 있다. 또 운전자 없는 자율주행차가 도로를 달리고 다른 분야에서도 기계가 사람을 대체하는 비율이 점점 높아지고 있다. 거침없이 달려가는 컴퓨터 기술과 최근 급성장한 인공지능이 함께 손잡고 인간과 자연의 관계를 새롭게 규정해 가고 있다. 인격이 기술에 압도당하는 세상은 전체 지구의 도시화 분위기와 맞물려서 온 세상을 몰인격의 세계로 만들고 있다.

기술의 발전보다 심각한 것은 사상의 변화다. 지난 세기 후반기에 등장한 포스트모더니즘이 이제 사람들의 마음 깊은 곳까지 파고들어 전통적인 가치관 전반을 송두리째 뒤집어 놓고 있다. 절대 진리의 존재를 거부하고 모든 것을 상대적으로 바라보는 이 가치관은 오랜 세월 그늘에 가려 온 것들을 양지로 끄집어냄으로써, 무엇보다 '인간이란 무엇인가?' 하는 원초적 질문을 다시금 던지고 있다. 세계의 수많은 나라가 동성결혼을 합법화하였고 '성적 지향'이 이제 사회의 주요 개념으로 자리를 잡았다. 남, 여가 아닌 제삼, 제사의 성이 다양한 모양으로 등장하면서 사람을 남자와 여자로 창조하셨다는 성경의 진술에 도전장을 내밀고 있다. 사람은 모두 성性을 통해 세상에 온다. 따라서 성 가치관의 변화는 전통적인 가정관뿐 아니라 인간관계의 모든 영역을 근본부터 뒤흔들고 있다. 더 이상 가치 평가를 내릴 수 없는 시대, 쉽게 말해 모든 것이 허용되는 그런 시대가 우리 앞에 펼쳐지고 있다.

이런 첨단과 급변의 시대에 다시금 '번영복음'을 논하고자 한다. 번영복음은 지난 세기를 주도하던 사상으로, 예수를 구주로 믿어 영생구원을 받은 그리스도인은 건강, 재물, 명예 등 이 세상의 좋은 것들도 함께 누려야 한다는 거짓 복음이다. 번영복음의 대표 격인 미국과 한국이 고도의 경제성장을 경험하면서 번영복음에 흠뻑 젖었던 것도 지나간 20세기의 일이다. 그 사상의 주역이던 미국의 노먼 빈센트 필과 로버트 슐러는 이미 저세상 사람이 되었고, 번영복음을 한국에 도입해 전파한 조용기 목사도 몇 해 전 일선에서 은퇴했다. 번영복음은 재래식 세계구조 및 전통 가치관과 어울리던 사상이요, 토론도 비판도 그 시대에 이미 많이 했다. 지금쯤 박물관에 있어야 어울릴 것 같은 그런 구시대의 유물을 이 21세기에 문제 삼는 이유는 무엇인가?

결론부터 말하면 번영복음은 특정 시대의 문제가 아니라 인간 본성에 관련된 문제이기 때문이다. 지난 세기에 남다른 유행을 경험하기는 했어도 번영복음은 그 자체로 시대를 초월하는 항구적인 문제라는 뜻이다. 번영복음의 문제는 인간성 자체의 문제다. 번영복음이 인류 역사와 늘 함께 있어 왔다는 사실은 성경과 역사를 대충 훑어도 확인할 수 있다. 구약 시대에는 이스라엘 백성이 바알을 섬겼고 신약성경의 교회도 재물을 탐하는 끈질긴 충동을 보여 주었다. 이후의 교회사 역시 돈과 권력이 뒤엉킨 아픈 역사를 보여 주고 있다. 지난 세기를 장식한 번영복음도 그 흐름의 연장이요 그 힘이 오늘도 변함없이 우리 가운데 살아 있다는 가장 분명한 증거가, 바로 교회와 세상의 걱정거리가 된

교회 세습 문화다. 몇몇 교회는 자기들 표현대로 하자면 '재수가 없어서' 언론과 사회의 포화를 받았지만, 수많은 다른 교회는 그런 논란을 조용히 피해 갔다. 교회 세습은 예수의 이름으로 돈과 권세와 명예를 누리기 위해 교회를 이용해 먹는 행위로서 번영복음이 효과적으로 적용된 예다.

번영복음에 불을 댕긴 지난 세기의 주역들이 죽거나 사라진 지금 번영복음의 불길은 더 거세게 타오르고 있다. 우선은 번영을 구가할 재화의 절대량이 늘었고 그것을 마음껏 누릴 수 있도록 설비도 확충되었다. 몰인격의 사회는 사람들에게서 책임의식을 앗아가 버렸으며 무엇보다 포스트모더니즘의 상대주의적 가치관은 모든 것이 가능한 사회, 다시 말해 무엇이든지 내 마음대로 해도 되는 그런 세상을 만들었다. 성경이 예언한 그대로다. '마지막 날에 고통의 때가 올 것이다' 하였는데 그 말씀이 오늘 우리 가운데 현실로 이루어지고 있다딤후3:1. 그런 시대에는 사람들이 '자기를 사랑하고 돈을 사랑할 것'이라 하였다딤후3:2. '자기 사랑'은 곧 '돈 사랑'으로 이어진다. 포스트모더니즘이라는 자기중심주의 역시 돈을 사랑하는 마음을 중심에 품고 있으니 번영복음은 앞으로도 더욱 기승을 부릴 것이다.

게다가 우리 시대의 상대주의 가치관은 내가 죄를 짓는 것뿐 아니라 다른 사람들이 죄를 짓는 것도 다 옳다고 인정해 준다롬1:32. 하여 이제는 부끄러움마저 없다. 내가 하는 것은 뭐든 옳다는 상대주의 가치관이 전 세계를 장악하여 모두를 '자랑하며 교만하게' 만들었기 때문이다딤후3:2. 이제는 교회 안에서도 성경을 절대 기준으로 삼는 일이 점점 줄어들 것이고 번영복음은 그만큼 더 힘을 얻어 활개를 칠 것이다.

부패한 목사와 교회

번영복음은 오늘 우리의 문제다. 세습 문화가 보여 주듯 교회 부패의 주역은 당연히 목사다. 번영복음을 잘 가르칠 뿐 아니라 본인이 솔선수범하여 본을 보인다. 목사들이 꿈꾸고 성취하여 본을 보이는 이 번영이 우리 시대 교회의 타락상의 핵심이다. 말씀의 사역자로 나섰다는 사람들이 말씀을 제쳐 놓고 돈을 탐하고 권력을 쫓는다. 노회가 열리는 교회의 주차장은 고급 승용차 전시장이다. 월급, 자동차, 주택, 자녀유학비, 퇴직금 등 금전적인 보상이 이른바 '성공'의 척도가 된 지 오래다. 퇴직금이나 연금 등으로 거액을 확보한 목사는 주위의 부러움을 산다. 이 경쟁에서 모두가 승리하는 것은 물론 아니다. 빈익빈貧益貧 부익부富益富라는 자본주의의 모순이 교회에서도 그대로 나타나, 대형교회를 맡은 목사는 월급도 많이 받고 은퇴 후에도 안락한 여생이 보장되는 반면 그렇지 못한 목사들은 박봉으로 고생한 후 더욱 힘든 말년을 보낸다. 번영복음이 성행하는 곳에는 언제나 그 거짓복음의 수혜자와 피해자가 공존하는데, 주의 종들도 예외가 아니다.

권력 추구의 양상은 더욱 복잡하다. 목사들이 모이는 곳은 조직도 많고 감투도 많다. 서로 씌워 주며 영광을 나누고 능력 있는 사람은 여러 개를 한꺼번에 쓴다. 웬만한 목사라면 명함에 회장, 이사장 등의 감투가 여럿 적혀 있다. 그런 욕심으로 교회에서는 독재, 편 가르기, 세습 등으로 전횡을 부린다. 그런 탐욕의 손아귀를 교회 담장 너머로 뻗는 이들도 있다. 이들은 정치 세력과 결탁하여 교회를 권력을 쟁취하고 즐기는 현장으로 타락시킨다. 말씀의 권위에 따르는 참된 지도력은 실종된 지 오래다.

돈과 권력을 얻기 위해 사용하는 방법의 하나는 거짓말이다. 말은 곧 삶이다. 교회 안팎에 넘치는 거짓말은 오늘 우리의 삶이 얼마나 거짓된지 여실히 보여 주고 있다. 목사 세계에서 거짓이 성행한다. 논문도 베끼고 설교도 도용한다. 가짜 학위는 왜 또 그리 많은가. 꿩만 잡으면 매가 되는 세상이니 도덕적인 논의는 무의미하다. 쟁취하는 자에게는 영광이, 빼앗긴 자에게는 굴욕이 있을 뿐이다. 진리이신 주 예수만 붙잡고 거짓은 어떤 모양이든 멀리하려고 발버둥을 쳐야 할 교회가 갖가지 거짓과 뒤엉켜 빛을 잃었다. 지난해부터 이어지고 있는 칭의론 논쟁도 결국 열매 없는 믿음 때문에 생겨난 것이니 그 또한 우리 가운데 널리 퍼진 거짓의 힘을 입증한다.

삶의 부패와 신학의 부패와 함께 진행된다. 돈과 권세를 누리려는 목사들은 미신도 마다하지 않고 활용한다. 복 빌어 주는 무당 노릇을 하기 위해 기꺼이 '성직자'가 된다. 종교개혁 이후 500년 만의 복직이다. 그렇게 하나님과 교인들 사이를 가로막고 서서 양방향으로 통행료를 받아먹는다. 하나님의 종 자격으로 교인들 삶의 모든 분야에 적극 간섭하고 하나님께 가야 할 영광도 대신 받아 제 배를 채운다. 그렇게 말씀과 기도에 대해서는 말할 것도 없고, 가정 생활, 자녀 교육, 결혼, 인간관계, 직장 생활, 주식 투자, 부동산 관리, 정치 평론 등 모든 분야에서 목사의 위상이 전문가로 무한히 높아졌다. 덕분에 오늘날 교회의 모든 섬김과 봉사가 소위 '목회', 곧 목사 한 사람의 일이 되어 버렸다.

교인들은 목사가 강단에서 무슨 소리를 해도 비판은커녕 의문조차 제기하지 않는다. 거짓 예화에 은혜를 받고 가짜 뉴스에 속아 주께 부르짖는다. 마치 마법에 걸린 듯 무지와 미신의 세계에 빠진 이들은 목사가 시키는 것에 충성은 잘하지만, 생각할 줄도 모르고 비판할 줄도 모르고 판단할 줄은 더더욱 모르는 어린아이가 되어 가고 있다. 하나님께서 주신 자유의 무게를 온 몸으로 느끼며 참고 견디었던 욥의 모범은 무척이나 찾아보기 어렵다. 서로 꾸짖고 바로잡아 주고, 그래서 함께 자라고 함께 세워져 가야 할 교회가히3:13, 엡2:21-22, 4:14-15, 세상보다 가벼운 덕담이나 서로 나누면서 세상보다 더 노골적으로 탐욕을 추구하는 사교邪敎, 불건전한 종교 단체로 전락해 가고 있다.

돈과 권력에 취한 목사는 그 두 가지를 활용하여 다른 타락의 영역으로 또 진입한다. 하나님의 종으로서 교인들 위에 군림하는 영적 폭력이 정신적, 육체적 폭력으로 이어져도 교인들은 그런 폭력을 속수무책 당할 수밖에 없다. 특히 세상의 기준으로도 범죄에 해당되는 성폭력이 교회에 널리 퍼져 있다. 이름난 목사에게 당했다는 사람이 하나씩 둘씩 목소리를 내면서 교회를 향한 세상의 비난이 더욱 높아지고 있다. 목사에게 성폭력을 당한 이들의 말을 들어 보면 당할 때도 반항할 수 없었지만 이후에 그것을 밝히기도 무척이나 힘들었다고 한다. 그런 억눌림 가운데서 드러난 것이 이 정도라면 실제로 얼마나 많은 성도가 성희롱, 성추행, 성폭행 등 목사들의 성폭력에 희생되었을지 상상조차 하기 어렵다. 번영복음은 그저 남보다 더 누리는 차원을 넘어서는 것이다.

번영이라는 이름의 병

'번영복음'은 복음이라는 이름을 하고 있지만 사실은 복음이 아니라 질병이다. 사람을 아프게 하고 교회를 병들게 하는 것으로서, 보다 어울리는 이름은 '번영증후군繁榮症候群, Prosperity Syndrome'이다. 예수 이름으로 돈도 벌고 권세도 누리고 무병장수한 다음 영원한 천국에도 갈 수 있다고 믿게 만드는 일종의 정신착란이다. 이 병에 걸리면 홀린 듯 돈과 권세와 명예와 쾌락을 좇게 된다. 목사들이 먼저 본을 보이면서 강단에서 교인들에게 전하고 교인들은 또 그 말씀을 즐겁게 순종한다. 번영증후군에는 마치 중독이 되듯 걸린다. 술, 담배, 마약처럼 한 번 두 번 맛보다가 나도 모르는 사이 헤어날 수 없는 지경에 빠진다. 목사와 교인이 그렇게 뒤엉켜 죽음의 길을 달려가고 있는 것이 번영증후군을 앓고 있는 오늘 우리의 현실이다.

그런데 이 병의 외적 증상 하나가 '번영'이다. 이 병에 걸리면 두루 잘되는 것처럼 보인다. 그래서 그것이 병인 줄도 모른다. 썩어 가는 속과 달리 겉은 날마다 새로워지기에 병이 아니라 오히려 복인 줄 안다. 번영복음 제2의 중심지인 한국교회는 세계 최대의 교회를 비롯하여 장로교, 감리교 등 각 교파별 세계 최대 교회도 여럿 보유하고 있다. 개신교가 한국 종교 인구 가운데 가장 많다는 통계도 있다. 건물, 부동산, 비자금 등 교회가 가진 재산도 많아 지난 천년 동안 불교 사찰이 가졌던 재산에 뒤지지 않는다. 게다가 '주의 일'은 또 얼마나 많이 하는가. 국내외 선교활동이나 봉사활동이 해가 갈수록 느는 가운데 해외선교사 파송 수는 미국에 이어 세계 2위를 자랑한다.

번영복음은 교인들의 생활에서도 위력을 발휘한다. 성공과 승리의 메시지로 '기름부음'을 받은 교인들은 한 주간을 살며 불신자들과의 경쟁에서 승리하기 위해 분투한다. 돈도 더 많이 벌고 승진도 척척 하고 성공하여 이름도 내는 듯 보인다. 그러기 위해 경쟁상대를 무자비하게 짓밟기도 한다. 거짓말도 하고 편법도 쓰고 뇌물도 넣지만 다 주의 영광을 위한 일이라 한다. 정치, 경제, 사법, 언론, 교육, 연예, 스포츠 등 우리 사회의 거의 모든 분야에서 교인들이 지도력을 발휘하고 있다. 패배한 사람, 짓밟힌 이들은 보이지 않는다. 세상도 참 밝지만 교회는 더 환한 것 같다. 긍정의 힘으로 가득하다. 어둠이 어디 있고 아픔이 어디 있나 싶다.

하지만 병이다. 그냥 두면 우리를 다 죽이고 말 무서운 병이다. 우리를 살리는 복음을 정반대로 뒤집은 것이기 때문이다. 덴마크의 기독교 철학자 키르케고르Søren Kierkegaard, 1813~1855년는 『죽음에 이르는 병』이라는 저서에서 '절망'을 죽음에 이르는 그 병으로 규정했다. 인간의 실존은 갖가지 절망과 뒤엉켜 있는데 그 모든 절망의 근본 원인은 죄다. 절망을 이기는 믿음의 길을 거부하고 여전히 절망에 머물러 있는 것도 죄로서, 결국 그 절망이 사람을 죽인다고 키르케고르는 지적하였다. 그런데 이백 년 가까이 지난 지금은 정반대로 뒤집어졌다. 절망이 아닌 희망, 곧 번영복음이 약속하는 밝은 미래가 우리를 죽음으로 몰아가고 있다. 말인즉 희망이지만 죄도 이기지 못하고 절망도 극복하지 못하는 거짓 희망이다. 키르케고르가 지적한 절망보다 더 비참한 우리 시대의 거짓 희망이 오늘 우리 한국교회의 목을 죄고 있다.

신음하는 교회와 사회

우리 시대 교회의 세습 문화는 오늘날 교회와 세상의 관계가 심각한 단계에 이르렀음을 단적으로 보여 준다. 세습을 대하는 교회의 태도부터가 세상보다 못하다. 세상은 세습의 폐해를 알고 조금이라도 막아 보고자 애쓰는 반면 교회는 아무렇지도 않은 듯 세습을 자행하고 있다. 세상이 배타성의 문제점을 알고 피하려 애쓰는데, 복음으로 세상을 활짝 열어야 할 교회는 독점을 강화함으로써 오히려 세상과 더 멀어지고 있다. 하나님의 계시를 안다 하는 교회가 그 계시를 모르는 세상의 지혜에도 미치지 못한다는 것이 오늘의 부끄러운 현실이다.

교회가 번영을 구가하는 사이 한국사회는 속속들이 썩어 가고 있다. 가장 건강해야 할 부위가 상하다 보니 몸 전체가 썩지 않을 재간이 없다. 그래서 지금은 온 나라가 악취를 풍기며 함께 신음하고 있다. 유례가 없는 빈부격차, 중산층의 몰락, 성도덕의 타락과 향락주의 문화의 확산, 난폭해지는 정신과 언어와 행동, 양심과 체면의 실종, 진실에 대한 무관심, 성실과 정직 대신 수단을 가리지 않고 대박을 노리는 한탕주의, 성공 방법으로 전락한 학교와 교회의 교육 등등. 이런 왜곡된 현실은 위아래를 나누어 차별하는 계급주의 문화와 결합되어 돈, 권력, 성적, 외모, 나이, 배경, 건강 등을 더 가진 자들이 그렇지 않은 사람들을 조롱하고 억압하는 졸부 세상을 만들었다. 이 땅의 것에 연연하지 않아야 할 교회가 이 땅의 것들을 세상보다 먼저, 세상보다 더 악착같이 거머쥐려 하고 그렇게 쥔 것을 자식들에게까지 물려주려 애쓴 결과, 지금 온 나라가 탐욕의 전쟁터가 되고 말았다. 금잔 은잔을 부딪치며 부르는 축배의 노랫소리가 낙망과 좌절의 한숨 소리, 신음 소리와 뒤엉켜 분간조차 하기 어렵다. 교회의 병세가 위중한 만큼 우리 사회가 겪는 고통도 그만큼 크다는 것을 세계 최고 수준의 자살률이 입증하고 있다.

소금이 맛을 잃었다. 세상의 빛이 되어야 할 교회가 세상만큼, 아니 어쩌면 세상보다 더 어두워졌다. 빛이어야 할 계시가 자연보다 어두워지니 자연이 희미한 자기 빛을 교회를 향해 비춘다. 정부를 비롯한 사회의 여러 기관들이 썩어 가는 교회를 바로잡기 위해 애를 쓴다. 물론 세상이 하는 일이 아니라 자연의 영역도 주관하시는 우리 하나님께서 하시는 일이다. 요나 시대의 바로 그 풍랑이 오늘 한반도에도 일고 있는 것이다. 간음죄를 짓고서도 사임을 거부하는 목사 때문에 분쟁을 겪던 교회가 그 목사를 법정구속法廷拘束을 해 준 고마운 판사 덕분에 가까스로 해결의 실마리를 찾는다. 교회나 교인이 운영하는 학교나 기관에 재정 비리나 인사 비리가 많다는 것은 이미 모두가 알고 있는 사실인데, 그렇게 불의, 횡령, 거짓의 범죄를 저지른 사람들을 감옥에 격리시켜 줌으로써 세상의 제도와 기관이 교회를 돕는다. 번영복음에 빠져 허우적거리는 우리에게 하나님께서 세상을 통해 따끔한 경고를 들려주시면서 구명의 줄도 함께 던져 주시는 셈이다.

세상은 이따금 지혜를 얻어 부패를 해결하려고 노력을 하는데, 개혁의 깃발을 들고 맨 앞에 서도 모자랄 교회가 오히려 제거되어야 할 대상의 자리에 앉아 있다. 가버나움을 꾸짖으신 주님의 음성마11:23, 눅10:15이 우리 귀에도 들려오는 것 같다. 차라리 복음을 듣지 못했다면 벌도 덜 무서웠을 것이다. 세상이 교회를 책망하는 현실을 바라보며, 어쩌면 마지막 심판 날 우리가 죄악의 대명사인 소돔과 고모라 사람들보다 더 혹독한 벌을 받게 되는 것은 아닌지 두렵다.

세상은 끊임없이 변하고 있다. 그렇지만 그 변화를 주도하는 '사람'은 예나 지금이나 변함이 없다. 그래서 오늘도 복음이 필요하며, 거짓 복음인 번영복음 역시 정체를 숨긴 채 주님 오시는 그날까지 우리 곁에 있을 것이다. 그렇지만 영원하지 않은 것들도 있다. 교회가 그중 하나다. 보이지 않는 하나님의 교회는 물론 영원한 교회지만 우리 눈에 보이는 오늘의 이 교회가 영원히 있으리라는 보장은 없다. 주님께서는 이 촛대를 언제든 옮기실 수 있다계2:5. 우리가 번영복음에 취해 비틀거리며 졸고 있는 한 희망은 없다사29:9-10. 교회는 바른 믿음의 터에 서서 세상을 정확하게 파악하고 그들에게 생명의 빛을 비추어야 한다. 오늘 한국교회가 다시금 예수 그리스도의 생명을 회복하고, 그 생명의 능력으로 세상에 빛을 비추고, 그래서 보다 많은 사람들을 생명으로 인도하고, 세상의 신음 소리까지 줄일 수 있으려면, 오늘의 교회가 한순간도 미룰 수 없는 일이 번영복음의 마법에서 깨어나는 일이다.

4. 이 책에 대하여

책 내용 소개

이 책은 번영복음을 분석, 비판하는 글이다. 우리 시대 교회가 병들었으며 우리가 앓는 이 병의 원인이 번영복음이라는 깨달음에서 출발하였다. 교회 세습은 번영복음에 물든 우리의 현실을 보여 주는 대표적인 보기다. 번영복음은 한마디로 복음이라는 이름을 한 속임수다. 우리가 이 번영복음에 깊이 물들어 번영증후군을 앓고 있음을 먼저 알고, 우리를 죽게 만드는 이 속임수의 정체를 정확하게 파악하여, 그것을 얼른 떨쳐내고 성경 말씀의 참된 가르침으로 돌아가고자 하는 것이 이 책을 쓴 목적이다.

이 책은 처음에 『질그릇에 담은 보배』2017년의 일부였다. 분량이 많아 따로 단행본이 되었으나 기본 틀은 똑같다. 번영은 누구나 꿈꾸는 것으로서 도처에 있는 질그릇과 같다. 하나님께서는 이 질그릇에 이 땅의 것이 아닌 영원한 참된 번영을 담아 주셨는데, 그것을 못 보고 질그릇만 끌어안게 만드는 것이 소위 번영복음이라는 것이다. 참된 보배를 내던진 채 썩어 없어질 그것을 보배라고 거짓 선전하는 것이 기복신앙이고 번영복음이다. 한마디로 타락한 신앙이요 부패한 복음이다.

번영복음을 비판하는 글은 지금까지 많이 나왔다. 주로 비성경적인 거짓 복음임을 지적하는 내용이었다. 이 책은 거기서 한 걸음 더 들어가 우리를 죽음으로 몰아가는 치명적인 바이러스의 정체를 드러내고자 했다. 곧 현대 번영복음을 낳은 사상적인 뿌리가 힌두교에서 비롯된 범신론임을 지적하고 그 범신론이 번영복음 전도사들의 생각에 얼마나 깊이 스며들어 있는지 분석하였다.

제1장에서는 번영복음이 왜 잘못인지를 성경의 가르침을 통해 살폈다. 번영복음이 인간의 탐욕이 낳은 열매임을 창세기에서 확인한 다음, 옛 이스라엘의 역사와 신약성경의 가르침을 통해 번영복음의 목표와 방법이 모두 하나님의 말씀과 반대로 가는 것임을 확인하였다. 특히 약속대로 오신 예수 그리스도께서 이 땅의 거짓 번영이 아닌 참된 번영을 얻어야 한다 가르치신 내용을 살폈고, 끝에서는 오늘날 우리를 번영복음으로 몰아가는 교회 내의 그릇된 관행을 지적하였다.

제2장에서는 현대 번영복음의 사상적 기초를 분석하였다. 지난 세기 초 미국에서 유행하였던 신사고新思考, New Thought 운동을 번영복음의 핵심 원천으로 파악하고, 그 신사고가 힌두교 및 근세 서양의 범신론 세계관을 수용한 과정을 설명하였다. 신사고의 기본 원리를 소개한 다음 신사고 운동가 가운데 번영복음에 직접 영향을 끼친 사람들의 생각을 구체적으로 소개하여, 신사고의 골자가 어떻게 번영복음에 들어갔고 또 번영복음을 통하여 오늘 우리 교회의 강단에까지 침투하게 되었는지 확인하였다.

제3장, 제4장에서는 미국 번영복음의 주역이면서 한국 번영복음에 가장 큰

영향을 끼친 노먼 빈센트 필Norman Vincent Peale과 로버트 슐러Robert Schuller 두 사람의 사상을 이들의 저서를 중심으로 분석하였다. 필의 경우 주저라 할 수 있는 *The Power of Positive Thinking*긍정적 사고의 힘, 1952년[3]을 주로 분석하면서, 그의 성공학과 번영복음이 신사고 범신론의 원리와 방법을 그대로 도입한 것임을 밝혔다. 슐러의 경우 *Discover Your Possibilities*그대의 가능성을 발견하라, 1978년, *Self-Love*자기 사랑, 1969년, *Self-Esteem*자존감, 1982년 등을 주로 검토하였는데, 그가 긍정적 사고를 통해 사람을 하나님의 자리까지 높이고 그것을 근거로 무한 탐욕의 가능성을 제공하고 있음을 살펴보았다.

제5장의 주제는 조용기다. 여기서는 '사차원'에 관한 그의 저서 네 권을 주로 분석하였다. 그는 한국이 낳은 세계적인 목사로 세계 최대의 교회를 일구었지만, 그가 가르친 내용의 상당부분이 성경과 무관한 이방의 범신론임을 확인하였다. 예수 그리스도의 십자가를 누구보다 강조한 점은 정말 좋으나, 이 땅의 번영이 십자가를 통해 주시는 축복이라 오해한 결과 십자가의 참뜻마저 심각하게 왜곡하고 말았다는 점도 살펴보았다. 또한 그가 인용한 여러 성구를 구체적으로 분석하면서 번영복음의 바이러스가 성경 말씀의 참뜻을 얼마나 뒤틀었는지도 설명하였다.

마지막 제6장에서는 조엘 오스틴Joel Osteen을 간단히 다루었다. *Your best Life Now*지금 당신의 최고의 인생, 2004년과 *Become a Batter You*더 나은 당신이 되어라, 2007년[4]에서 드러난 것처럼 오스틴은 독창적이지도 않고 체계도 없다. 번영복음 선배들의 사상을 닥치는 대로 끌어모아 두서없이 늘어놓은 데 지나지 않기 때문에 폭발적인 인기에도 불구하고 핵심적인 내용 몇 가지만 간추렸다. 오스틴의 주장이 기독교의 가르침이 아닌 신사고 범신론이라는 점, 추구하는

---

3. 우리말로는 『적극적 사고방식』, 『긍정적 사고방식』 등의 제목으로 번역되었다.
4. 우리말로는 각각 2009년에 『긍정의 힘』, 2007년에 『잘되는 나』로 번역되었다.

목표가 이 땅의 번영이라는 점, 그리고 모든 것을 '나' 한 사람에게 집중시키는 포스트모던 이기주의라는 점 등이다.

이 책에는 인용이 많다. 필, 슐러, 조용기, 오스틴의 인용문은 모두 저자가 영어를 직접 번역했다. 슐러와 조용기 두 사람은 여러 권의 책을 참고하였고 필의 경우 *The Power of Positive Thinking*, 오스틴의 경우 *Your best Life Now*를 주로 사용하였는데, 이미 출간된 우리말 번역이 있는 경우 해당 쪽을 함께 적어 참고할 수 있게 하였다. 영어판의 제목 약어와 페이지를 먼저 적고 이어서 한국어판 페이지를 따로 표시하여 적었다. 성경 구절도 많이 인용했는데 대부분 개역개정판을 사용하였고 필요한 경우에만 필자가 직접 번역하였다.

독자들에게 한 가지 부탁하고자 하는 것은 책을 반드시 처음부터 찬찬히 읽어 달라는 것이다. 1장, 2장의 내용이 이후의 내용을 파악하는 바탕이 되며 3장 이후의 내용 역시 단계적으로 전개되고 있기 때문에 앞장을 읽어야 뒷장도 더 잘 이해할 수 있다. 물론 5장과 6장만 읽어도 그들의 사상이 잘못되었음을 충분히 알 수 있겠지만, 그들 사상의 기초를 성경과 비교하고 철학적으로 확인한 다음 읽으면 그 잘못의 정도가 얼마나 심한지 보다 분명하게 알 수 있을 것이다.

번영복음의 잘못을 드러내고자 하는 이 책에서 옳고 그름을 가늠하는 절대기준은 하나님의 말씀인 성경이다. 그렇기에 성경 전체를 우선 개괄하여 번영복음이 기본 원리에서부터 틀렸음을 설명하였다. 또 번영복음 전도사들이 전한 내용도 하나하나 성경 앞으로 가져가 확인함으로써 그들이 애용하는 성경 구절이 성경의 본뜻을 어떻게 왜곡하는지 보았을 뿐 아니라, 그렇게 왜곡된 해석이 한국교회 전반에 얼마나 깊이 스며들어 있는지 느낄 수 있게 하였다. 우리의 아픈 부분을 그렇게 드러내면서 마음에 품은 목표는 오직 하나, 교회의 회복이다. 한국교회가 백수십 년 전 생명의 복음을 전해 주신 주님의 은혜를 다시금 깨닫고 처음으로 돌아가 은혜에 걸맞은 삶을 살기 바란다. 그렇게 참된 생명으로 약동하는 원색적인 은혜의 복음을 한국사회에 다시금 펴고, 나아가 북한의 동포들에게, 또 바다 건너 땅 끝까지 전하기를 기도한다.

감사의 말씀

책을 쓸 때마다 부모님의 기도를 생각한다. 함양에 계시는 어머니와 부산에 계시는 아내의 부모님께 다시 한 번 감사의 큰절을 올린다. 첫 책에서 언급한 분들을 비롯하여 지금까지 가르쳐 주신 교회와 학교의 여러 선생님들 및 교수님들의 은혜 또한 잊지 않고 있다. 또 첫 책에 꼭 적었어야 할 박은조 목사님을 특별히 기억하고 싶다. 대학생 시절부터 전도사, 강도사를 거쳐 목사가 된 이후까지 단계 단계마다 큰형님처럼 챙겨 주셨다. 그와 함께 김낙춘 목사님도 늘 격려와 도움을 주셨고 주위의 많은 선배 목사님들, 특히 조긍천, 장희종, 정주채 세 분 목사님도 여러 가지 방법으로 힘이 되어 주셨다.

첫 책과 마찬가지로 이 두 번째 책도 서울영동교회, 빛소금교회, 그리니치한인교회 교우들의 많은 사랑과 기도 가운데 태어났다. 기도해 주신 모든 분들께 감사를 드린다. 두 해 전에 책 내용을 일부 소개할 기회를 주신 <개혁정론> 팀과, 작년 여름에 시드니 신학대학 학생들에게 강의할 기회를 주신 김호남 학장님께 감사를 드린다. 미국에서 목회와 연구를 하며 지내던 나를 불러 초빙교수로 일하게 해 주신 고려신학대학원 신원하 원장님과 따뜻한 사랑으로 대해 주신 모든 교수님들께 감사를 드린다. 고향인 경남 함양에서 이십 년 넘게 부모님을 모셔 온 믿음의 선배인 형 권윤경 목사님과 형수님, 그리고 원고를 읽고 많은 조언을 들려준 믿음의 동지인 동생 권연경 교수에게 고마운 마음을 전한다.

이 책을 SFC 출판부를 통해 출간하게 된 것은 남다른 기쁨이다. 나는 중고

등부 시절부터 대학 졸업 때까지 온통 SFC에 휩싸여 살면서 대학 시절에는 3년 동안 전국 임원으로 섬겼고, 또 다니던 대학에 SFC를 만들기도 했다. 함께 훈련받던 운동원들이 교회와 사회 곳곳에서 하나님 나라 일꾼으로 헌신하고 있음을 보며 주께 감사를 드리고, 오늘날 여러 면으로 발전한 SFC를 주께서 앞으로도 개혁신앙 전파의 주역으로 귀하게 써 주시기를 기도한다. 그리고 책 출판을 위해 애써 주신 출판부 이의현 간사님께 감사를 드린다.

이 책은 사랑하는 아내 제수정에게 바친다. 아내는 의예과 시절 남자 하나를 만난 후 자신의 커리어를 대폭 줄이고 그 남자를 위해 살아왔다. 6년의 연애 이후 결혼하여 이제 25년을 넘겼는데, 평생을 글만 읽고 쓰며 살아온 서생이 아내에게 줄 수 있는 것이라고는 책 하나뿐이니 이것이나마 고맙게 받아 주기를 바랄 뿐이다. 우리 둘 사이의 사랑의 결실이자 증표인 세 아들 호성, 요한, 제영에게도 다시금 깊은 사랑을 전한다.

우주의 주인이신 창조주 하나님께 영광을 돌리며, 나를 위해 십자가를 지신 우리 주 예수 그리스도께 감사와 찬송을 드린다.

2018년 11월

권수경

1. 번영복음이 왜 문제인가?

번영의 하나님

　사전은 번영繁榮을 "번성하고 발전하여 영화롭게 됨"이라 정의한다고려대한국어대사전. 영어로는 Prosperity번영, Prosper번영하다다. 두루 잘되는 것, 곧 형통하는 것이다. 반대말은 쇠퇴衰退다. 약해지고 전보다 못하게 되는 것이다. 돈을 많이 벌고, 힘 있는 자리에 오르고, 인간관계가 잘 풀리고, 몸과 마음이 늘 건강하고, 좋은 일로 이름이 나는 것이 번영이다. 기본적인 욕구를 충족할 뿐 아니라 하고 싶은 것을 마음껏 할 수 있어야 한다. 재물 같은 물질적인 풍요 외에 보람, 기쁨 등 정신적 넉넉함도 반드시 필요하다. 성공, 형통, 부요, 만족 등 이런 모든 좋은 것이 차고 넘치는 것이 '번영'이다.

　사람은 누구나 번영을 바란다. 개인도 국가도 번영을 바라지 쇠퇴를 바라지는 않는다. 고대 그리스의 철학자 아리스토텔레스Aristoteles, 주전 384~322년는 명저『니코마코스 윤리학Ethika Nikomacheia』에서 사람은 누구나 행복을 최종 목적으로 추구한다 하였다. 여기서 행복의 원어는 '에우다이모니아'인데, 아리스토텔레스는 이를 '사람답게 잘 사는 것', 곧 이성을 가진 존재로서 형통과 번영을 누리며 사는 것이라고 풀었다. 행복의 구체적인 내용이야 사람마다 다를 것이다. 그렇지만 적어도 이 땅에 태어난 사람 모두가 잘되고 번영하기 원한다는 점에서는 이의가 없을 것이다.

성경에 따르면 번영은 하나님께 속한 것이다. 당연한 이야기다. 온 우주를 창조하신 하나님께서 모든 좋은 것의 원천이시므로약1:17, 풍성함과 형통함을 한꺼번에 담은 '번영' 또한 하나님 아닌 다른 원천을 찾을 수 없다. 하나님께서 창조하신 세계의 아름다움을 그 누구보다 많이 찬양한 다윗은 온 세계에 대해 이렇게 선언하고 있다.

> 땅과 거기에 충만한 것과 세계와 그 가운데에 사는 자들은 다 여호와의 것이로다시24:1

땅을 가득 채운 것들, 곧 흙, 물, 공기 등의 무생물과 거기 뿌리내린 식물 및 서식하는 동물이 다 여호와의 것이다. 그것들과 공존하며 그것들을 다스리는 사람도 다 여호와의 소유다. 모든 것이 하나님의 것이니 하나님께서는 한마디로 '풍요의 하나님'이시다. 다윗은 창세기 첫 장이 그리는 창조의 모습을 연상했는지도 모른다. 하나님께서는 물고기를 만드신 다음 바다를 가득 채우라 하셨고 새를 만드신 다음에도 땅에서 번성하라 말씀하셨다창1:20-22. 광대한 우주를 만드신 하나님께서는 그 우주의 일부인 지구에 각종 생물을 만드셔서 땅과 바다와 공중을 가득 채우게 하셨다. 그리고 사람에게도 생육하고 번성하여 땅을 가득 채우라 명령하셨다. 창조주 하나님의 풍성이다. 시편 다른 기자는 온 땅에 가득한 것이 하나님의 '부요富饒', 곧 소유물이라 노래했다시104:24.

하나님의 부요는 바깥 저기에만 잔뜩 놓인 것이 아니다. 내가 직접 누릴 수 있는 풍요다. 하나님께서는 우주에 가득한 당신의 부요를 우리에게 선물로 주신다. 넉넉하게, 풍성하게, 넘치도록 주신다신7:13, 레19:25, 사30:23, 고후9:10. 다윗은 '부富와 귀貴'가 여호와께로부터 나온다고 고백하였다대상29:12. 부는 재물이요 귀는 명예이니 둘을 합치면 그것이 바로 '번영'이다. 지혜를 구한 솔로몬에게 하나님께서 이 두 가지를 덤으로 주셔서 솔로몬은 최고의 부귀영화를 누렸다왕상3:13, 대하1:12. 여호와께서 내 목자가 되시면 모자람이 없고 잔도 늘 넘치도록 채워져 있다시23:1, 23:5.

번영에는 형통도 반드시 포함된다. 잘되는 것이고 모든 일이 내가 바라는 대로 되는 것이다. 성경은 형통을 하나님께서 주시는 복으로 분명하게 규정한다.

> 복 있는 사람은 …… 시냇가에 심은 나무가 철을 따라 열매를 맺으며 그 잎사귀가 마르지 아니함 같으니 그가 하는 모든 일이 다 형통하리로다시 1:1-3

우리말로 형통이라 한 것을 영어는 다 prosper로 옮긴다. 형통이 곧 번영이라는 말이다. 복 있는 사람은 죄와 악을 멀리하고 하나님의 말씀을 가까이한 결과 모든 일에서 번영을 누린다. 하나님의 부름을 받고 순종한 아브라함은 인간적인 실수에도 불구하고 하는 일마다 잘 풀렸고 재산도 갈수록 늘었다창12:10-13:2, 21:22, 24:35. 하나님을 믿고 의지한 요셉에게도 하나님께서는 형통의 복을 주셨다창39:2-3, 39:23. 노예로 팔렸지만 집안 책임자로 승진하였고, 몇 년의 감옥생활을 거친 뒤에는 오히려 강대국 이집트의 총리가 되었다행7:9-10.

신약도 마찬가지다. 예수님께서는 온 우주가 하나님의 것이라 말씀하셨고마5:34-35, 모든 음식물을 다 깨끗하다 하셨으며막7:19, 바울도 하나님께서 내신 모든 것이 좋은 것이라고 가르친다딤전4:3-4. 바울은 하나님의 풍성, 그리스도의 풍성을 끊임없이 말한다. 하나님께서는 우리에게 심을 것을 주시고 그것들이 풍성한 열매를 맺게 하신다고후9:10. 하나님의 이런 풍성함은 우리를 구원하시는 과정에도 분명하게 나타났다. 하나님께서는 은혜와 긍휼이 풍성하실 뿐아니라 우리에게 주시는 상속물의 영광 또한 풍성하시다엡1:7, 1:18, 2:4. 하나님께서는 당신의 백성의 일상적인 필요를 채우실 때도 당신의 풍성함에 걸맞게 하신다빌4:19.

하나님의 풍성함은 곧 그리스도의 풍성함이다. 온 우주가 하나님의 것이듯 그리스도께서 당신의 충만함으로 만물을 가득 채우신다엡1:23, 4:10, 골3:11. 그리스도의 풍성함은 측량이 불가능할 정도다엡3:8. 하나님께서는 당신의 풍성한 것을 우리에게 넘치도록 주신다.

> 하나님이 능히 모든 은혜를 너희에게 넘치게 하시나니 이는 너희로 모든
> 일에 항상 모든 것이 넉넉하여 모든 착한 일을 넘치게 하려 하심이라고후
> 9:8

"항상"이 '모든 때'이므로 '모든'을 다섯 번이나 썼다. '넘친다'는 뜻의 낱말도 세 번이나 쓸 정도로 하나님의 풍성함을 강조한다. 연보를 많이 하라 권하는 글인데, 드리기에 앞서 이미 넘치게 받았다고 한다. 하나님께서 모든 은혜를 넘치게 주신 결과 모든 일에서 모든 것이 언제나 넉넉하다 하였다. 이것이 하나님의 풍성함이요 하나님께로부터 오는 번영의 실체다.

죄가 앗아간 번영

번영은 분명 하나님께로부터 오는 것이다. 그럼 '번영복음'은 어떤가? 번영복음繁榮福音, Prosperity Gospel은 하나님께 구원의 복을 받은 그리스도인은 이 세

상의 좋은 것도 누린다는 메시지이다. 하나님께서 주시는 구원에는 돈, 출세, 명예, 건강, 행복 등 이를 바 '번영'에 속하는 것들도 포함되어 있다는 이야기다. 주님께서도 구원은 지금 여기서 이루어진다고 말씀하셨다눅11:20. 그렇게 삶의 모든 영역에서 좋은 것을 누리는 그것이 곧 전인격全人格의 구원이라고 번영복음은 주장한다. 이 말대로 번영과 풍요가 정말로 구원의 일부라면 예수 믿는 우리가 더 누린다고 나쁠 것은 없다. 아니, 안 믿는 사람보다 더 많이 누려야 하며 혹 많이 누리지 못한다면 그것이 오히려 잘못일 것이다. 우주의 보배인 구원과 함께 오는 것이라면 풍요, 번영, 성취 또한 당연히 귀하고 좋은 것이어야 한다.

그런데 무엇이 문제란 말인가? 하나님의 피조물인 우리가 하나님께로부터 나온 풍요를 누리는 것이 왜 잘못일까? 하나님의 구원을 받은 사람은 하나님 당신께서 주시는 풍성함도 마음껏 누려야 한다는 번영복음이 뭐가 틀렸다는 말일까? 답은 다시금 성경에 있다. 특히 풍요도 번영도 다 하나님께로부터 나온 것임을 가르치는 성경 첫 부분으로 가 보면 그 이유를 알 수 있다.

하나님께서 엿새 동안 창조하신 모든 것이 하나님 보시기에 심히 좋았다. 그런데 하나님께서는 그 좋은 것들을 두고 에덴이라는 동산을 따로 만드셨다. 보기에 아름답고 먹기에도 좋은 과일나무가 거기 많이 나게 하셨으니 더 좋은 곳이다. 하나님께서는 당신께서 지으신 사람을 그 좋은 동산으로 데리고 들어가 동산을 일구고 지킬 책임을 주신 다음 거기 있는 온갖 나무의 열매를 마음껏 먹도록 허락하셨다. 각종 동물도 많이 만들어 거기서 뛰놀게 하시고 돕는 짝인 여자도 만들어 함께 이 모든 것을 즐기게 하셨다.

에덴동산은 온갖 먹을 것이 풍부했을 뿐 아니라 물이 얼마나 많았는지 큰 강이 네 개나 거기서 발원할 정도였다. 성경은 언제나 에덴을 풍요의 자리로 묘사한다. 아브라함의 조카 롯이 차지한 요단 들판의 비옥한 땅을 "여호와의 동산", 곧 에덴 같다 하였다창13:10. 각종 나무가 무성하였던 에덴은 메마른 광야와 반대되는 곳이었다사51:3, 겔31:8-9, 욜2:3. 게다가 사람들이 귀하게 여기는 온갖 보석도 가득하였다창2:11-12, 겔28:13. 그런 물질적 풍요 가운데 아담과 하와는 형통한 삶의 번영도 누렸을 것이다. 부부가 온전한 사랑으로 연합되는 기쁨을 누리면서 앞으로 태어날 자녀들과 함께 행복한 가정을 꾸려 갔을 것이다. 가인과 아벨 및 다른 자녀들도 형제애를 서로 깊이 느끼며 함께 살아가는 아름다운 장이 펼쳐지지 않았겠는가. 그런 정신적인 만족과 보람은 에덴의 풍성한 자원과 더불어 하나님의 풍성한 선물이었을 것이다.

그런데 이 모든 것을 빼앗기고 말았다. 풍성한 물질도 다 빼앗겼고 사람이 사랑으로 연합하여 사는 기쁨도 다 빼앗겨 버렸다. 이유가 무엇인가? 사람이 '더' 가지려 했기 때문이다. 하나님께서 모든 과일을 마음껏 먹으라 하실 때 하나는 안 된다 하셨는데, 뱀의 꾐에 넘어간 아담과 여자는 안 된다 하신 그 하나의 과일마저 맛보고 싶어 하였다창3:1-6. 지나친 욕심이었다. 허락하신 그 풍성한 것으로 만족할 줄 모르고 안 된다 하신 그 하나를 탐냈고 기어이 먹어 버렸다. 그리고 하나님의 명령을 어긴 결과 동산에서 쫓겨났다. 더 가지려 한 번영의 꿈이 모든 것을 망쳐 버렸다.

교부 아우구스티누스는 두 사람의 죄를 '교만'으로 규정하였다. 참으로 예리한 분석이다. 이리 보아도 교만, 저리 살펴도 교만이다. 교만의 핵심은 하나님처럼 되고자 한 점이다. 눈이 밝아져 하나님처럼 될 것이라는 뱀의 말에 넘어가 과일을 먹었다. 선악을 구분하는 것이 뭔지는 몰랐겠지만 어쨌든 하나님처럼 된다 하니 귀가 솔깃했다. 피조물의 자리로 만족하지 못하고 조물주의 자리를 넘본 것이다. 하나님을 유일하신 하나님으로 인정하지 않는 것이 언제나 죄의 핵심이요 근원이다시14:1, 53:1, 롬1:18-32. 그런데 그런 엄청난 꿈을 꾸기 전부터 교만은 두 가지로 모습을 드러내고 있다.

첫째로 이들은 하나님의 은혜를 잊었다. 뱀의 질문이 참 교묘했다. "하나님께서 정말로 모든 과일을 먹지 말라 하셨니?" 여자는 하나님께서 금하신 것은 오직 하나뿐임을 친절하게 설명해 주었다. "과일은 우리가 먹을 수 있지만 한 가지는 하나님께서 먹지 말라 하셨어." 중문인데 주어가 다르다. 풍성한 과일은 '우리'가 먹을 수 있지만 안 되는 그 하나는 '하나님'께서 금하셨다. 하나님께서 풍성하게 주셨음은 사라지고 안 된다 하신 일만 남았다창2:16-17, 3:2-3. 은혜가 사라진 빈자리를 금지된 하나를 탐하는 욕심이 슬그머니 차지해 버렸다. 은혜를 모르는 것은 악과 통한다눅6:35, 딤후3:2.

둘째로 하나님의 말씀을 무시하고 제 판단을 앞세웠다. 하나님께서는 반드시 죽는다고 힘주어 말씀하셨지만 간교한 뱀은 절대 안 죽는다는 거짓말로 여자를 부추겼다. 하나님처럼 되지 못하도록 겁을 주신 것이라 속삭였다. 뱀은 그렇게 거짓의 원조가 되었다요8:44. 여자는 하나님 말씀을 액면 그대로 받아들이지 않고 제 판단으로 에누리하였다. '설마 죽기야 하겠어?' 여자는 이내 열매를 따먹었다. 하나님 말씀보다 제 생각과 짐작과 욕심을 행동 기준으로 삼은 교만이었다.

이 죄가 하나님과 사람 사이를 갈라놓았다. 창조주와 피조물의 관계가 파괴되었다. 그리고 하나님과 멀어지는 순간 하나님의 풍요에서도 멀어졌다. 피조물의 본분을 망각하고 피조물의 위치를 거부한 것은 창조주께서 주시는 좋은 것을 받아 누릴 자격을 스스로 내던진 것이었다. 이 뼈아픈 상실을 상징하는 것이 바로 '가시와 엉겅퀴'다창3:17-18. 땅이 저주를 받아 가시와 엉겅퀴를 내면서 하나님께서 주시는 풍요도 우리와 거리가 멀어지고 말았다. 이제는 가시와 엉겅퀴 가운데서 땀 흘리며 힘겹게 살아야 한다. 그렇게 수고를 해도 이전의 풍요는 누리지 못한다. 창조의 선함 자체가 소멸된 것은 아니다. 다만 악이 그 선함 가운데로 뚫고 들어와 선과 공존하게 되면서 하나님께서 지으신 선하고 좋은 것이 이제는 얻기 힘든 것, 누리기 어려운 것이 되었을 따름이다.

에덴에는 가시와 엉겅퀴가 나지 않았을지 모른다. 하지만 생명나무가 거기 있었기 때문에 하나님께서 화염검火焰劍, 곧 '칼의 불길'로 입구를 막으셨다. 태초의 번영은 첫 인간의 범죄를 계기로 우리와 완전 무관한 것이 되고 말았다.

가시와 엉겅퀴의 뜻

사람의 범죄로 땅이 저주를 받아 가시와 엉겅퀴를 내게 되었다. 처음에는 가시와 엉겅퀴만 말씀하셨지만 성경에는 비슷한 식물을 가리키는 표현이 스무 개 가까이 나온다. 개역개정판 성경은 가시, 엉겅퀴, 찔레, 새품 등으로 옮겼다. 이스라엘 백성이 살았던 팔레스타인 땅에는 이런 식물이 많이 났다. 그들이 사십 년간 방황하던 광야는 말할 것도 없다. 땅이 이제 가시와 엉겅퀴를 낼 것이라니 도대체 무슨 말인가?

가시와 엉겅퀴는 첫째, 쓸모없는 식물이다. 지금까지는 사람이 먹을 과일나무와 채소, 그리고 동물이 먹을 풀 등 유익한 것만 났지만 이제는 아무 데도 쓸 수 없는 것들도 함께 날 것이다창1:11. 쓸모없는 이것들의 쓰임새를 굳이 찾자면 말려서 땔감으로 쓰는 단 한 가지다사27:4, 히6:8.

둘째로 가시와 엉겅퀴는 풀, 곡식, 야채, 과일나무 등의 성장을 방해한다. 저 자신이 사람에게 무익할 뿐 아니라 유익한 식물의 생장을 저해하는 식물이 가시와 엉겅퀴다. 이 식물들의 생존력은 식용 식물보다 몇 배 강하다. 잎이 가시여서 수분을 적게 내보내고, 수분과 영양분을 빠는 힘이 강하여 메마른 곳에서도 잘 자란다. 특히 가뭄이 들어 환경이 열악해지면 다른 식물은 말라죽는 반면 이것들은 오히려 더 푸르다. 그러므로 가시와 엉겅퀴는 농작물의 성장을 방해하는 이른바 '잡초'를 총칭하는 표현이라 할 수 있다. 주님의 비유에 나오는 '가라지'마13:24-30, 13:36-43 같은 식물이다. 사람은 생물인 까닭에 끊임없이 먹어야 한다. 그러나 온 땅 가득하던 채소와 열매를 거저먹던 시절은 가고 없다. 이제는 심고 기르는 일을 해야 하고, 농작물의 성장을 방해하는 가시 및 엉겅퀴와 피땀 흘리는 싸움을 벌여야 한다. 많이 누리는 것 이전에 생존 문제부터 걱정해야 하니, 번영의 꿈 한 번 잘못 꾼 결과 제발 굶어죽지 않게만 해 달라고 비는 처지로 떨어져 버렸다.

셋째로 가시와 엉겅퀴는 가시가 있어 찌른다. 우리를 아프게 한다. 사람에게 쓸모없는 식물, 방해가 되는 식물 가운데는 줄기나 잎이 부드러운 것도 있지만 하나님께서는 가시와 엉겅퀴를 말씀하셨다. 가시의 종류는 다양하다. 엉겅퀴처럼 약간 쏘는 정도에서 탱자처럼 길고 단단한 가시도 있다. 하나같이 찔리면 아픈 것들이다. 그런 저주에 이어 죽는 벌까지 선포하셨으니 가시와 엉겅퀴는 삶에 속한 모든 고통을 상징하는 셈이다. 힘들게 먹고사는 인생 자체가 고통이 되고 말았다시90:10-11. 땅이 저주를 받았기 때문에 사람은 괴로움을 겪는다창5:29.

고통에도 뜻이 있을까? 하나님께서는 훗날 이스라엘 백성에게 가나안 주민을 다 없애지 않고 남겨 두면 그들이 가시처럼 찔러 괴롭게 할 것이라 경고하셨다민33:55. 가나안에 들어가 살던 이스라엘 백성이 죄를 지었을 때는 또 하늘을 닫아 벌을 주셨는데, 비가 내리지 않은 땅은 늘 가시와 엉겅퀴로 뒤덮였다사5, 7, 9, 32, 호9:6, 10:8. 어느 쪽이든 가시와 엉겅퀴는 죄가 가져온 고통을 일깨운다. 그런데 하나님께서는 또 가나안 사람들을 이용해 이스라엘 백성을 시험하셔서 하나님께 순종할 기회를 주신다삿2:20-3:2. 이스라엘이 이방인의 압제 때문에 여호와께 돌아오는 역사가 사사기에 거듭 등장한다. 이스라엘의 범죄의 결과 가시와 엉겅퀴가 기승을 부리게 된 것 역시 회개를 촉구하시는 하나님의 뜻이었다. 가시와 엉겅퀴는 하나님의 저주만 담은 것이 아니라 우리를 향한 하나님의 긍휼과 자비도 담았다호2:6-7.

하나님께서는 놀랍게도 가시와 엉겅퀴를 통해 땅의 저주하시기 전에 구원의 말씀을 먼저 주셨다. "여자의 후손"을 통한 구원의 약속이다창3:15. 죄를 지어 고통에 빠지고 결국은 죽어야 할 사람을 하나님께서 사랑하시고 고통과 죽음을 넘어서는 길을 약속하셨다. 여자의 후손이라는 희미한 모습으로 알려 주셨지만 분명 죽음을 넘어서는 생명의 구원의 복음이었다. 아담은 하나님의 약속을 믿었다. 그래서 아내 이름을 생명을 뜻하는 '하와'로 바꾸었다창3:20. 삶이 고통이 되었지만 언젠가는 하나님께서 구원해 주실 것이다. 노아의 아버지 라멕도 그런 쉼을 바라보았기 때문에 아들 이름을 위로를 뜻하는 노아로 지었다창5:29.

이렇듯 인간이 이 땅의 풍요를 잃어버린 순간 하나님께서는 더 나은 풍요를 약속하셨다. 참으로 이해하기 어려운 섭리다. 사람의 범죄가 어떻게 파멸 아닌 복으로 이어졌는지 우리는 모른다. 하나님의 긍휼과 자비와 은혜와 사랑을 아무리 읊조려도 납득할 만한 설명은 못 한다. 그저 감사와 찬송이 있을 뿐이다. 이 땅에서는 땀 흘리는 고생이 있겠지만 하나님을 믿고 순종하면 하나님께서 약속하신 영원한 생명과 구원, 곧 참된 번영을 얻는다. 하나님께서 약속하신 여자의 후손, 곧 그리스도 예수 안에서다. 성경은 처음부터 이렇게 예수 그리스도에 관한 책이며 참된 번영에 대해 가르치는 책이다. 참된 번영을 바라보는 사람은 가시와 엉겅퀴로 덮인 이 세상을 살 때 하나님의 약속을 붙잡고 하나님께 순종하며 산다. 예수님을 믿는 우리에게는 가시가 주는 고통이 불평이나 낙심의 이유가 아니라 오히려 영원의 소망을 일깨우는 힘찬 동력이 된다.

번영의 속임수

이 세상만 아는 사람들은 여기서 더 갖고 누리기 위해 발버둥을 치며 서로 싸운다. 온 세상에 아담 혼자 있었어도 저주받은 땅에서의 삶은 고통스러웠을 것이다. 하지만 이제는 많은 사람이 제한된 것을 서로 더 차지하려 싸우는 바람에 삶이 더 괴로워졌다. 그런데 번영복음은 가시와 엉겅퀴 때문에 불가능해진 이 땅의 온전한 번영을 마치 여전히 가능한 것인 양 사람들을 속이고 그 헛된 것을 추구하게 만든다. 그렇게 함으로써 세상의 고통을 더욱 증대시킬 뿐 아니라 영원한 안식을 추구해야 할 사람들까지 속여 영원한 파멸로 가게 만든다. 거짓 복음, 멸망 복음이다.

그러므로 사실상 이 땅의 번영 자체가 거짓말이다. 그 거짓말에다 복음이라는 옷을 입힌 것이 번영복음이라는 가짜 복음이다. 번영의 속임수에 대해서는 주님께서 씨 뿌리는 자의 비유를 통해 가르쳐 주셨다마13:3-9, 18-23. 네 가지 밭 가운데 세 개가 열매를 맺지 못하는데, 길가에 떨어진 씨는 새에게 바로 먹히고 돌밭에 떨어진 씨는 싹이 난 후 말라 버린 반면, 가시떨기에 떨어진 씨는 싹이 날 뿐 아니라 자라기도 한다. 하지만 가시가 기운을 막기 때문에 열매는 맺지 못한다 하시면서 주님께서는 그것을 이렇게 풀어 주셨다.

> 가시떨기에 뿌려졌다는 것은 말씀을 들으나 세상의 염려와 재물의 유혹
> 에 말씀이 막혀 결실하지 못하는 자요마13:22

결실을 방해하는 두 요소가 "세상의 염려"와 "재물의 유혹"이라 하셨다. 세상의 염려는 말 그대로 세상 걱정이다. 주님을 믿는 사람이 해서는 안 될 먹고 살 걱정이다마6:25-34. 그런데 개역개정에서 "재물의 유혹"이라고 한 것은 사실 번역이 틀렸다. 재물의 '유혹'이 아니라 '속임수'다. 헬라어 '아파테'는 '속임수', '기만', '사기'를 뜻한다. 고대 그리스의 시인 헤시오도스가 기록한 고대 그리스 신화에 따르면 아파테는 밤의 여신이 낳은 딸이다. '재물'을 뜻하는 헬

라어는 재물뿐 아니라 '풍성' 및 '부요'도 가리키므로 "재물의 유혹"은 '재물의 속임수' 또는 '번영의 속임수'로 옮겨야 옳다. 그렇게 고쳐야 할 구절이 두 개 더 있다. 우리 옛 자아가 썩어 가는 것은 "유혹의 욕심"이 아닌 '속임수의 욕심'에 따르는 것이고엡4:22, 날마다 서로 권하지 않으면 완고하게 되는 이유도 "죄의 유혹"이 아닌 '죄의 속임수' 때문이다히3:13.

'먹고살 걱정'과 '풍요의 속임수'가 열매를 맺지 못하게 만드는 주범이라 하신다. 성경 다른 곳에서는 '세상 걱정과 풍요의 속임수와 그 밖의 다른 욕심들'이라 하셨으니막4:19 먹고살 걱정이나 풍요의 속임수나 다 욕심의 범주에 속한다는 말씀이다. '죄의 속임수'요 '속임수인 욕심'이니 죄도 욕심도 우리를 속인다. 욕심이 우리를 어떻게 속일까? 한국 바둑의 고수 한 분이 말하기를 훈수를 둘 때는 잘 보이는 길이 막상 대국을 할 때는 안 보이는 이유가 욕심 때문이라 했다. 예리한 지적이다. 욕심은 그렇게 못 보게 만든다. 성경은 욕심이 잘못 보게 만든다고 말한다. 실상을 왜곡하여 엉뚱한 것을 보게 만듦으로써 보아야 할 것을 못 보게 한다.

풍요 곧 재물의 부요는 우리를 두 가지로 속인다. 첫째는 풍요가 언제나 옳다고 속인다. 다시 말해 착한 사람이 풍요의 복을 받고 나쁜 사람은 가난하고 실패하게 된다고 속인다. 가진 자들은 언제나 헐벗고 굶주리는 자들은 다 게으르거나 숨은 죄가 있기 때문이라고 믿게 만들어 자신의 재물을 정당화한다. 이 세상은 착한 사람이 상을 받고 나쁜 사람이 벌을 받는 상선벌악賞善罰惡의 원리가 백 퍼센트 맞아 들어가는 곳이라는 주장이다. 한마디로 속임수다. 하나님께서는 우리가 그런 속임수에 넘어가지 않도록 욥기라는 책을 주셨다. 욥처럼 하나님을 철저하게 섬기며 올바르게 산 사람도 까닭 모를 불행을 얼마든지 겪을 수 있음을 욥기가 가르쳐 준다.

풍요가 우리를 속이는 두 번째 방법은 자신이 하나님을 대신할 수 있다고 믿게 만드는 것이다. 인간의 범죄로 이 땅에서 진정한 풍요를 얻을 수 없게 되었을 때 하나님께서는 참된 풍요, 곧 영원한 풍요를 약속하셨다. 그런데 이 땅의 제한된 풍요를 차지하게 된 자들은 자기가 가진 재물 그것이 든든하고 믿을 만한 존재라고 착각한다. 그들을 재물이 그렇게 속이기 때문이다. 하나님께서 그리스도 안에서 약속하신 영원한 번영과 참된 풍요는 보지 못하고 만다. 그렇게 재물에 속아 넘어간 사람들은 더 많은 재물을 모으려고 발버둥을 치다가 결국은 참된 소망이신 하나님을 잊고 영원한 멸망에 빠진다딤전6:9.

그것이 바로 번영복음의 참모습이다. 우리 시대의 번영은 복이 아니라 병이다. 우리를 죽음으로 몰아가는 병인데 그것을 번영이라 하고 복이라 부르니 엄청난 속임수다. 그렇게 속아 사는 사람의 삶은 가시떨기에 떨어진 씨처럼 열매를 맺지 못한다. 새에게 먹히거나 햇볕에 타 버렸다면 죽었구나 하고 알겠지만 아직 살아 있기는 하니 너도 나도 다 속는다. 번영복음의 위험성은 바로 이 속임수에 있다.

2. 가시가 있는 세상에서

죄 가운데 사는 삶

죄가 들어오기 전의 세상에 대해서는 성경이 전하는 것 외에 알 길이 없다. 욥기 초두에 나오는 욥처럼 하나님을 잘 섬긴 사람이 번영의 복을 받는 완벽한 세상이었을 것이다. 우리는 모두 죄가 있는 세상, 가시와 엉겅퀴로 뒤덮인 세상, 풍요와 번영이 더 이상 불가능한 세상에 태어났다. 하나님께서는 여전히 번영의 하나님, 풍요의 하나님이시지만 그 번영, 그 풍요로 가는 길은 이 땅을 살아가는 우리가 갈 수 없는 길이다. 번영은 없다. 이제 땀 흘리며 힘겹게 거둔 그것으로 겨우 먹고살 수 있을 뿐이다. 이런 세상을 그럼 우리는 어떻게 살아야 하나?

죄가 있든 없든 우리는 창조주 하나님의 뜻을 따라 살아야 한다. 에덴에서는 동산을 관리할 책임 외에 이것은 안 된다 하는 금지령 하나를 주셨다. 거기서 쫓겨난 사람들에게 따로 더 주신 명령은 없지만, 하나님께서 가시와 엉겅퀴 가운데 고생하는 사람들에게도 여전히 순종의 삶을 기대하셨다는 것을 노아 시대의 홍수에서 확인한다. 빠듯한 삶이지만 그런 가운데서 서로 아끼고 사랑하며 더불어 사는 그런 삶을 기대하셨다. 하나님께서 노아의 여덟 식구를 뺀 전 인류를 전멸시키셨는데, 이 끔찍한 심판의 이유로 '악'을 두 번 언급하셨다창6:5. 악의 내용으로는 '부패'와 '포악함' 두 가지가 등장한다창6:11-13. 부패는 썩어 더러워진 것이다. 포악함은 폭력을 휘두르는 것이다. 실제로 어떤 행위를 두고 한 표현인지 알 수 없으나 먼 훗날 이스라엘 백성의 죄악에 대해 같은 용어를 거듭 사용하고 있으니, 이스라엘 가운데 만연했던 부패상이 노아 시대 사람들에게도 있었다는 말이다. 가인이나 라멕뿐 아니라 온 인류를 두고 하신 말씀이다창6:5, 8:21.

부패와 포악함은 옳지 않은 방법으로 짓밟고 빼앗는 것이다. 먹고살 걱정에서 비롯된, 이 땅의 번영과 깊이 관련된 죄악이다. 가시와 엉겅퀴가 들어온 이후 이 땅의 번영은 이제 상대적인 것이 되었다. 에덴에서라면 모두가 풍요와 번영을 누릴 수 있었지만, 쫓겨난 여기서는 모든 것이 제한되어 있기 때문에 만약 누군가 더 가지면 다른 사람은 덜 가질 수밖에 없다. 인류 전체를 놓고 볼 때 인생은 제로섬 게임zero-sum game이다. 내가 더 가지는 만큼 남은 덜 가져야 한다. 남이 쇠퇴하지 않고서는 얻을 수 없는 것이 '나의 번영'이다.

생산을 무한히 늘리면 어떨까? 식량과 재화가 모두가 먹고 남을 정도로 넉넉하다면 상대적인 번영 정도는 눈감아 줄 수 있지 않을까? 하지만 문제는 사람의 마음이다. 인류의 첫 범죄를 염두에 둘 때 사람이 절대 해서는 안 되는 한 가지가 '더 바라는 일', 곧 탐욕을 품는 일이다. 가시와 엉겅퀴는 인간의 탐욕에 대한 하나님의 심판이었다. 절대량의 부족도 문제가 되겠지만, 보다 근본적인 문제는 사람의 마음에 여전히 남아 있는 탐욕의 씨다. 가시와 엉겅퀴는 바깥 벌판에서만 자라는 것이 아니라 사람의 마음에서도 자라고 있다마13:22. 근세 이후의 역사가 이를 입증하고 있다. 산업혁명 이후 생산이 급격히 늘어 오늘날 식량을 비롯한 기본 재화의 절대량은 온 인류가 골고루 쓰고도 남을 정도로 풍부해졌다. 하지만 더 가지고자 하는 탐욕이 여전히 사람을 지배하고 있기 때문에, 한 곳에서는 먹을 것이 남아 내버리는 반면 다른 곳에서는 매일 수만 명이 먹지 못해 죽어 가고 있다.

하나님께서 주셨던 태고의 풍성함은 이제 사라지고 없다. 벌판에서 나는 가시와 사람의 마음에서 자라고 있는 엉겅퀴 때문이다. 따라서 죄로 물든 세상에서 누리는 번영이라면 창조주 하나님께서 주시는 번영일 수 없다. 이 세상에도 소위 번영이라는 것은 있다. 풍요를 노래하는 사람은 또 얼마나 많은가. 어디서 온 번영이요 풍요일까? 가시와 엉겅퀴로 뒤덮인 세상에서 번영을 추구하고 또 성취한다면 그런 번영은 하나님 아닌 다른 신이 주는 번영이다. 바로 이 땅의 신, 곧 공중의 권세 잡은 자가 주는 풍요요 번영이다엡2:2-3. 그래서 이 땅의 번영을 추구하는 일은 언제나 우상숭배와 같이 간다. 이 땅에 번영이 있고 그런 번영이 하나님의 '축복'이라 주장하는 번영복음은 마귀를 하나님으로 둔갑시키는 사악한 우상숭배다마4:8-10, 눅4:5-8.

이 땅의 번영은 남을 제물로 삼아 누리는 피의 번영이다. 하나님의 뜻은 어제나 오늘이나 우리가 다 '사람'이 되는 것이다. 사람이란 무엇인가? 처음에 아담 하나만 만드셨다가 혼자는 안 좋다시며 하나를 더 만드셨다. 같이 있으라고, 그러면서 서로 도우라고 만드셨다창2:18, 3:12. 함께라야 하고 또 서로 도와야 하니 '사람은 곧 사랑'이다. 사랑해야 사람이다. 낙원에 있을 때부터 그랬다. 그런데 모든 것이 넘쳐날 때는 잘 모르겠더니 풍요가 사라진 세상, 먹고사는 것조차 힘들어진 세상에서는 사람의 사람다움이 더욱 중요해졌다. 낙원에서 쫓겨난 지금 우리는 서로 도우며 함께 살아 사람이 된다. 내 이웃을 나 자신처럼 사랑하면 나도 사람이 된다레19:18. 그러니 우리 안에 탐욕의 씨가 남아 있음을 잊어서는 안 된다. 나만 고기를 먹겠다고 싸우지 말고, 푸성귀를 나누어 먹으며 서로 사랑해야 한다잠15:17. 그것이 사람을 향한 하나님의 뜻이다.

그런데 이것을 모른다. 가시와 엉겅퀴가 풍요로 가는 길을 막았다는 것도 모르지만, 무엇보다 사람이 왜 사람인지를 모른다. 혹 나의 풍요가 이웃의 박탈로 이어지는 모습을 보면서도 그 사람의 잘못으로 치부하고는 금방 잊는다. 본능으로 느끼다가도 이내 무시해 버린다. 그러면서 더 빼앗고자 싸운다. 번영에게 속았기 때문이다. 이 세상의 신이 사람들의 정신을 어둡게 만들었기 때문이다고후4:4. 불가능한 것을 얻으려 사람다움을 포기하는 이 모든 어리석음이 다 죄의 힘이다. 많은 사람이 그렇게 욕심의 속임수와 죄의 속임수에 넘어간다.

하나님의 계획

그래서 하나님께서는 새로운 방법을 쓰셨다. 아브라함의 후손을 당신의 백성으로 택하시고 그들에게 하나님의 뜻을 분명하게 알려 주셨다. 더 이상 변명하지 못하도록 당신의 뜻을 말씀으로 또박또박 적어 주셨다. 그것이 바로 성경 말씀이다. 첫 부분에서는 인간이 태고의 풍요를 어떻게 빼앗겼는지 가르쳐 주셨다. 이어지는 말씀에서는 그렇게 빼앗긴 세상, 모든 것이 제한된 세상에서는 어떻게 사는 것이 바른 삶인지 가르쳐 주셨다. 사람들은 모두 제 욕심대로 살지만 하나님의 백성만은 하나님께서 계시해 주신 그 뜻대로 살기를 기대하셨다. 구원의 은혜를 주시면서 그 구원의 은혜에 걸맞은 삶을 살아 다른 사람들에게 본이 되라 명령하셨다. 세상을 향한 교회의 책임이다. 아브라함과 후손에게 주신 여호와의 도의 핵심은 '의와 공도'다창18:19. 의로운 삶, 공평한 삶이다. 하나님 당신께서 의와 공평의 하나님이시기에 은혜를 받은 우리에게도 똑같은 삶을 요구하신다시89:15, 97:2. 하나님께서는 아는 만큼 책임을 물으신다눅12:48, 요9:41.

하나님께서는 아브라함의 후손 이스라엘 백성에게 번영을 약속하셨다. 믿고 순종하라 하시면서, 그렇게만 하면 번영을 주마 약속하셨다신28:1-14. 그런데 번영을 누리는 이 기본 원리를 찬찬히 살펴보니 사람들이 흔히 번영이라 부르는 것과 정반대의 길을 간다. 목표는 번영인데 얻는 방법은 공평과 공의다. 이제는 번영 대신 나눔이다. 함께 더불어 사는 삶이다. 그런 삶을 성경은 번영의 비결로 가르친다. 아이러니다. 아니, 지극히 현실적이다. 모두가 마음껏 먹을 수 있는 세상은 이제 없다. 제한된 것을 모두가 함께 나눔으로써 공존의 길을 찾아야 한다. 혹 남아돈다 하더라도 몇몇 사람이 독점하지 못하게 막아야 한다. 너와 내 마음에 또 바깥 저기에 자라고 있는 죽음의 풀 때문이다.

골고루 나누면 평화는 있겠지만 사실 그것이 흔히 말하는 번영은 아니다. 그런데 왜 번영이라 하셨을까? 번영이라는 말의 뜻이 바뀐 것은 아니다. 순종하면 복 주겠다 하시고 더불어 잘살면 번영을 주겠다 하실 때 그 하나님의 복과 번영은 이 세상에 있는 그것이 아니었기 때문이다. 하나님께서 약속하신 번영은 이 땅에서 이루어지는 것이 아니다. 인류 역사의 시작부터 사실 그랬다. 첫 범죄 직후 주신 약속대로 하나님의 구원이 이루어지는 그날 영원의 세계에서 이루어질 것이, 바로 하나님께서 당신의 백성에게 약속하신 번영이다.

기독교 복음의 핵심은 구원이다. 구원은 건져 내는 것이다. 이 세상으로부터, 이 세상의 부패한 원리로부터, 영원히 멸망할 이 세상의 운명으로부터 건져 내는 것이다. 따라서 하나님의 구원은 이 세상의 그릇된 원리가 주는 거짓 풍요, 거짓 번영으로부터의 구원을 포함한다. 하나님의 구원은 영원한 것이기 때문이다. 번영복음은 영원한 것 대신 이 세상의 풍요를 하나님의 이름으로 권장하는 거짓 복음이다. 겉으로 약속하는 것은 당장 눈에 보이는 번영 하나지만, 우리를 유혹하는 이 세상의 번영에는 세상의 부패한 원리뿐 아니라 궁극적인 운명까지 포함되어 있음을 잊어서는 안 된다.

오늘 이 땅의 번영을 거부한다고 해서 그리스도인이 쇠퇴하는 삶을 살아야 하는 것은 아니다. 마귀가 지배하는 이 땅이지만 우리는 하늘에서 완벽하게 이루어질 하나님의 뜻이 이 땅에서도 이루어질 수 있음을 믿고 그것을 구현하기 위해 노력한다. 하나님께서는 당신을 믿고 따르는 이들에게 복을 약속하셨다. 영원의 복이지만 마치 그 복의 부산물 내지 상징처럼 이 땅에서 모습을 나타내는 것들이 있다. 성실하게 일하는 자에게 하나님께서는 정당한 보상을 '복'이라는 이름으로 약속하신다시128:2. 바른 믿음으로 이룩한 행복한 가정도 여호와를 경외하는 자에게 주시는 복이다시128:3. 다만 그것들은 올바른 삶의 '열매'이지 우리 삶의 '목표'가 아니다. 열매인 그것을 목표로 삼는 것이 바로 번영복음이다.

하나님의 백성이 이 땅에서 실천하는 나눔과 공존의 번영은 우리에게 영원한 번영을 약속하신 하나님을 믿고 순종하는 삶을 살면서 참된 그 번영을 반드시 얻어 누리겠다는 간절한 소망의 몸부림이다. 우리가 하나님을 철저하게 신뢰하는 그런 원색적인 삶을 살 때 사람들은 우리에게서 우러나오는 거룩한 빛을 보게 될 것이고, 도대체 무엇이 우리를 그렇게 만드는지 궁금해 할 것이다벧전3:15.

은혜의 땅 가나안

하나님께서는 이스라엘 백성에게 올바른 삶에 대해 가르치시기 전에 먼저 그들에게 구원의 은혜를 베푸셨다. 수십 명으로 이루어진 야곱의 가족은 복잡한 과정을 거쳐 이집트로 가서 정착하였다. 거기서 수백 년을 살면서 큰 민족으로 자라기는 했지만 온 민족이 억압받는 노예의 신분으로 전락하였고, 고통 가운데 울부짖는 그들을 하나님께서는 지도자 모세를 보내 구원해 내셨다. 그 출애굽이 출발점이니 이스라엘 민족의 역사는 하나님의 구원의 은혜와 더불어 시작된다. 하나님께서 이스라엘 백성에게 이전의 노예생활을 잊지 말라 거듭 말씀하신 것은 그 고통에서 건지신 하나님의 은혜를 잊지 말라는 명령이었다.

하나님께서는 이스라엘 백성을 구원하셔서 가나안 땅에 들어가게 하셨다. 아브라함 때부터 이미 약속하신 그 땅을 하나님께서는 "젖과 꿀이 흐르는 땅"이라 부르셨다출3:8. 풍요의 땅이다. 성경을 잘 모르는 사람들도 모든 것이 풍성하고 넘치는 낙원을 가나안이라 부른다. 열두 정탐꾼이 에스골 골짜기에서 갖고 온 포도송이는 장정 둘이 채를 꿰어 메어야 할 정도로 거대했다. 석류와 무화과도 그 땅이 정말로 비옥하고 좋은 땅임을 입증하였다민13:23-27, 신1:25. 모세도 그 땅에서 밀, 보리, 포도, 무화과, 석류, 감람나무 등이 날 뿐 아니라 철과 동 등 지하자원도 많아 모자람이 없는 땅이라고 소개한다신8:7-10.

그런데 가나안의 풍요는 우리가 보통 알고 있는 풍요와 달랐다. 성경은 과일이나 곡식이 어디서 나는지, 지하자원은 어디에 있는지, 젖과 꿀은 또 어디서 어떻게 흘렀는지 구체적으로 말하지 않는다. 오래전 아브라함은 그 땅에서 목축업을 주로 했다. 롯이 소돔 근처로 옮길 때 요단 주변의 땅이 '여호와의 동산 같았지만' 그것은 그 지역이 폐허가 되기 전의 일이다창13:10. 이스라엘 백성이 가나안에 들어갈 무렵 요단강 주변을 비롯한 그 땅이 어땠는지를 성경은 자세히 말하지 않는다. 성경의 관심은 다른 데 있기 때문이다.

성경이 가나안을 풍요의 땅이라 부를 때는 유독 한 가지를 강조한다. 그 땅이 하나님께 전적으로 의존하고 있다는 점이다. 가나안은 산과 골짜기가 있어 하늘에서 내리는 비를 흡수한 다음 샘물로 또는 냇물로 흘려보내 그 물로 농사를 짓는 땅이다신8:7, 11:11. 모든 것이 하나님께서 주관하시는 기후에 달려 있기 때문에, 그 땅에서 누리는 풍요의 가능성은 하나님을 얼마나 잘 믿고 순종하느냐 하는 데 달려 있었다레26:4-12, 신11:11-17. 하나님께서 주시는 비는 아침마다 맺히는 이슬과 더불어 하나님께서 베푸시는 은혜의 상징이었다시72:6, 호14:5, 미5:7. 이집트에는 나일이라는 거대한 강이 있어서 그 옛날에도 상시 물을 공급받아 농사를 지었다. 하지만 가나안은 비를 주관하시는 창조주 하나님과 잇닿아 있어서 하나님께서 당신의 주권으로 내려 주시는 이른 비와 늦은 비에 절대 의존할 수밖에 없었다호6:3, 욜2:23.

이스라엘의 풍요는 하나님과 맺은 언약에 근거한 풍요였다. 하나님께서는 모세를 통해 거듭 경고하셨다. 하나님을 믿고 순종하면 하나님께서는 필요한 비를 알맞은 때에 주실 것이다. 하지만 하나님을 배반하고 우상을 섬기면 하나님께서는 하늘을 닫아 비를 내리지 않으시는 벌을 주실 것이다신28:15-24. 가나안의 풍요는 철저하게 하나님을 의존하는 풍요였다. 하나님을 믿고 순종하면 번영, 그렇지 않으면 빈곤과 쇠약으로 죽게 되는 그런 땅이었다. 번영과 풍요의 모든 영역이 하나님을 믿고 순종하는 그 한 가지에 달려 있는 땅이 바로 젖과 꿀이 흐르는 가나안이었다신8:11-20.

가나안에서는 모든 것이 하나님의 은혜였다. 그런 점에서 가나안의 풍요는 잃어버린 낙원 에덴과 통한다. 하나님께서 모든 것을 은혜로 먼저 주셨다. 그리고 하나님을 절대 신뢰하고 순종함으로써 그 은혜를 누리라 하셨다. 내가 한 일이라고는 주신 은혜를 받은 것뿐이다. 만의 하나라도 내가 잘나 그 땅을 얻었다 생각해서는 안 된다신8:17-18. 하나님께서는 가나안을 가리켜 "네가 짓지 않은 크고 아름다운 성읍", "네가 채우지 아니한 아름다운 물건이 가득한 집", "네가 파지 아니한 우물", "네가 심지 아니한 포도원과 감람나무"라 하신다신6:10-11. 가나안은 약속의 땅, 풍요의 땅이기 이전에 하나님께서 은혜로 주신 은혜의 땅이었다.

그 땅에서 누릴 것은 하나님께서 약속하신 안식이다. 평안한 쉼이다. 하나님께서 엿새 동안의 창조를 마치고 누리신 그 안식, 여자의 후손을 통해 주마 약속하신 그 안식이다신12:9, 25:19, 시95:11. 그 안식에 들어가면 가시 및 엉겅퀴와 싸워야 했던 이 땅의 힘든 삶도 끝이 난다. 그래서 가나안은 그리스도인이 장차 누릴 영원한 구원의 상징이 되었다히4:1-10, 계14:13.

믿고 사랑하라

모든 것이 은혜임을 거듭 일깨우신 하나님께서는 당신의 백성들에게 이제 하나님만 믿고 순종하라 하신다. 순종해야 할 말씀을 수많은 규정으로 적어 주셨지만 핵심은 모든 것을 골고루 나누는 것이었다. 공평하게 나누고 함께 누리는 것, 곧 '서로 사랑하는 것'이 하나님의 나라 백성이 약속의 땅 가나안에서 하나님의 풍요를 누리는 방법이었다.

네 이웃 사랑하기를 네 자신과 같이 사랑하라레19:18

나와 이웃이 함께요 하나임을 알아야 한다. 그렇게 사람답게 살 때 풍요와 번영을 누린다. 무슨 풍요, 무슨 번영일까? 모두가 똑같이 나누는데 무슨 번영인가? 많아서 풍요가 아니다. 남보다 더 높아져서 번영이 아니다. 하나님의 은혜를 모두가 알고 그 주신 바를 함께 나누는 그것이 풍요였다. 이 땅의 도구로 측정할 수 없는 높은 차원의 풍요다. 바로 하나님께서 약속하신 영생 구원의 복이다. 영원히 누리게 될 참된 번영을 조금 앞당겨 이 땅에서 미리 맛보는 그런 삶이다.

하나님께서는 이스라엘 백성이 가나안에 들어가기 전 광야에 있을 때 날마다 먹던 만나를 통해 이 번영의 원리를 가르치시고 사십 년 동안 훈련시키셨다. 만나의 원리가 바로 천국 생활의 원리요 가나안 풍요의 원리였다. 만나의 첫째 원리는 하나님만 절대 의지하라는 것이다. 만나는 매일 아침 이슬이 맺히듯 주어진 음식으로 하나님께서 기적 같은 방법으로 주신 양식이었다. 내 능력을 넘어서는 영역이었기에 하나님만 의지하지 않을 수 없었다출16:7. 하나님께서는 이스라엘 백성으로 하여금 하나님의 주권과 은혜를 알고 믿도록 그렇게 그들을 낮추셨다신8:2.

만나를 먹는 둘째 원리는 반드시 하나님께서 주신 명령대로 먹어야 한다는 것이었다. 하나님께서는 만나를 주실 때 만나를 거두어 먹는 구체적인 규정까지 함께 주시면서 순종하라 명하셨다출16:12-30. 에덴동산의 풍성한 과일을 주실 때와 마찬가지다. 하나님의 풍요를 즐기는 조건은 언제나 순종이다. 하나님을 전적으로 믿어야 할 수 있는 순종이다. 내일도 주실 것을 믿고 남은 것은 다 없애야 한다. 안식일에는 안 주실 것이니 그 전날 두 배를 거두어야 한다. 이런 규정들을 통해 하나님께서는 사람이 만나를 먹어 사는 것이 아니라 하나님 말씀을 믿고 순종함으로써 산다는 것을 가르쳐 주고자 하셨다신8:3, 마4:4. 그렇게 하심으로써 이스라엘 백성에게 마침내 복을 주고자 하셨다신8:16.

그렇게 순종할 것 가운데 중요한 한 가지가 바로 '균등하게 하는 원리'였다고후8:13. 만나는 아침마다 나가서 거두었다. 그런데 많이 거두든 적게 거두든 오멜로 측정하여 공평하게 나누어 주셨다. 한 사람당 한 오멜이었다출16:16, 16:18, 16:21. 분배의 기준은 오직 하나 '먹는 입'이었지 비축하거나 내다 파는 것은 애초에 생각조차 할 수 없었다. 식구보다 많이 거둔 사람은 남는 것을 내놓고 적게 거둔 사람은 더 가져가 모두가 똑같이 나누는 것이 만나를 먹는 규정이었다. 모든 것이 하나님의 은혜인데 그 은혜와 함께 주시는 계명을 어찌 안 지키겠는가. 모두가 똑같이 나누어 먹음으로써 가나안 생활을 연습한 것이다.

이 원리가 가나안 땅에 들어간 이스라엘 백성에게 그대로 적용되었다. 우선 하나님께서는 땅은 모두 여호와 하나님의 것임을 분명하게 알려 주셨다레25:23. 하나님께서 은혜로 주신 땅이다신5:16, 대하7:20. 그 땅을 이스라엘 열두지파에게 골고루 나누어 주었다. 각 지파는 또 각 가구별로 땅을 분배해 주셨다수13:15, 15:1, 16:5 등. 만나의 원리 그대로다. 그런 다음 하나님께서는 토지 매매 자체를 엄하게 금지하셨다. 부득이한 경우 팔 수도 있지만 가까운 친척이 다시 사서 돌려주라 명령하셨다레25:25-28. 또 누가 아들이 없이 죽으면 동생이 형수와 결혼을 해 아들을 낳아 형의 아들이 되게 함으로써 대를 이어 가도록 조치하셨다신25:5-10. 이런 조치에도 불구하고 땅이 다른 사람 소유가 되었을 경우에도 희년에는 무조건 원주인에게 돌려주어야 한다고 규정하셨다레25:23-28.

땅은 생산의 근본이다. 삶의 바탕이다. 토지 소유권이 남에게 넘어가지 않도록 하신 것은 부의 편중을 막으시는 하나님의 강력한 조치였다. 부의 대물림을 용인하신 것이 아니라 그렇게 물려줄 과도한 부 자체가 생기지 않게 막으신 것이다. 이런 강력한 명령을 여러 겹으로 내리신 이유는 구원의 은혜를 입은 하나님의 백성의 마음 한구석에도 가시와 엉겅퀴가 여전히 생존해 있기 때문이었다.

가난한 자와 부자

균등케 하는 것이 우선이었지만, 하나님께서는 획일적으로 평등이나 공평을 명령하시는 것으로 그치지 않으셨다. 불가피하게 생겨날 희생자들에 대한 특별한 배려도 함께 명령하셨다. 세상은 단순하지 않다. 규정이 아무리 좋고 사람들이 그것을 잘 지킨다 해도 사람이 사는 세상에서는 그런 공평함을 흩뜨리는 일이 끊이지 않는다. 병이나 사고로 사람이 죽는다. 그래서 고아와 과부가 생긴다. 도둑질, 강도, 살인 등 범죄가 일어나고 피해자도 생긴다. 이런저런 이유로 타지에 가 살아야 하는 사람도 있다. 살다 보면 뜻하지 않게 살림이 기우는 집도 있다. 또 이스라엘 백성 가운데서도 레위 지파는 산업이 없었다. 땅도 소유할 수 없고 그저 집 하나만 갖고 살아야 했다.

가진 사람은 스스로 보호할 수 있지만 가지지 못한 사람은 남은 것마저 빼앗길 수 있다. 이들은 남의 번영욕에 희생되기 쉽다. 약자를 보호하지 못하면 모두가 더불어 살아가는 하나님의 나라가 구현될 수 없다. 약자 자체가 가시와 엉겅퀴 때문에 생기는 것이니 이런 잡초가 더 기승을 부리지 못하도록 억눌러야 한다. 그래서 하나님께서는 이들에 대한 배려를 소유의 균등과 함께 강력하게 명령하셨다.

하나님께서는 공평의 규례와 약자 보호의 규례를 함께 명령하셨다. 좋은 보기가 토지 경계표를 옮기지 말라는 명령이다.

> 네 하나님 여호와께서 네게 주어 차지하게 하시는 땅 곧 네 소유가 된 기
> 업의 땅에서 조상이 정한 네 이웃의 경계표를 옮기지 말지니라신19:14

우선은 남의 땅을 빼앗지 말라는 명령이다. 하지만 잠언에는 경계표를 옮기지 말라는 명령이 세 번 나오는데, 한 번은 이러한 일반적인 규정만 나오는 반면 나머지 두 번은 특별한 규정과 함께 나온다. 한 번은 과부를, 또 한 번은 고아를 보호하시는 말씀이다잠15:25, 23:10-11. 이 규정의 취지가 무엇인지 분명히 보여 주시는 말씀이다. 사유재산 보호를 넘어 약자를 배려하시는 뜻도 함께

담으셨다욥24:2 참고. 그런데 약자를 보호하시려 주신 이 규정을 요즘은 가진 자들이 제 재산을 보호하는 구실로 이용한다. 하나님 말씀이라 하면서 말이다. 그것은 하나님의 말씀이 아니라 말씀으로 위장한 자본주의적 탐욕이다.

약자를 배려하는 보기는 거듭 등장한다. 이미 하신 말씀을 하고 또 하신다. "네 이웃 사랑하기를 네 자신과 같이 사랑하라" 하시는 계명이 담긴 레위기 19장을 보면 하나님을 경외하는 삶의 보기들도 나오는데, 사회생활의 규정에서는 약자를 배려할 것을 가장 먼저 명령하신다. 추수할 때 밭모퉁이는 베지 말고 남겨 둘 것, 떨어진 이삭은 줍지 말 것, 포도원의 열매도 다 따지 말고 남겨 둘 것 등 가난한 사람과 타국인들을 배려하는 규례다레19:9-10, 23:22, 신24:19-21. 사람과 사람 사이에서 거짓말이나 도둑질 등도 말아야 하겠지만, 이웃을 억압하거나 품삯을 제때 주지 않는 행위를 금하고 장애인들을 배려해 줌으로써 "네 하나님을 경외하라"라고 명령하신다레19:13-14, 말3:5.

약자를 배려하는 일은 공동체 전체의 책임이지만 하나님께서는 그 가운데서도 부자들에게 더 큰 책임을 지우셨다레25:35-43, 신15:7-11. 죄가 있는 세상에서는 이런저런 이유로 남보다 더 가지는 수도 있다. 하지만 더 가지는 것은 덜 가지거나 못 가진 사람의 존재를 전제하는 상대적인 것이므로, 사회적 희생자들에 대한 보다 무거운 책임을 요구하신 것이다. 하나님께서는 친히 가난한 사람의 대리인 역할까지 맡으시면서 부자들의 책임이 엄중함을 일깨우신다잠14:31, 17:5. 남보다 더 가진 재물은 복이 아니라 '책임'이다. 가난한 사람을 돕는 구제는 칭찬 들을 선행이기 이전에 마땅히 해야 할 의무다잠3:27-28, 28:27. 온전하고 정직하고 악에서 떠났던 욥은 부자의 책임을 철저하게 이행함으로써 하나님을 경외한 사람이었다욥29:11-17, 31:13-14. 가난한 자를 외면하면 하나님께서도 그 사람을 외면하실 것이다잠21:13. 약한 자를 착취하는 자는 반드시 벌주셔서 약한 자의 억울함을 풀어 주신다잠22:22-23, 23:11. 반대로 가난한 자를 돕는 이들에게는 당신의 이름을 걸고 확실한 보상을 약속하신다신15:7-10, 잠11:24-25, 19:17, 22:9. 그것이 바로 이 땅에서 하나님을 믿고 순종하는 자가 누리는 '복된 형통'이다.

부자들의 이런 책임은 흉년이 올 때 더욱 중요해졌을 것이다. 이스라엘의 부자들은 흉년이 오면 창고를 열어 가난한 사람을 먹여 살려야 했다. 물론 이러한 구제를 공짜로 하라고 하셨던 것은 아니었다. 땅을 담보로 잡았고 나중에는 사람까지 종으로 삼아 집안에 들였다. 그렇게 해서 흉년을 버티고 다시 풍년이 오면 더 큰 부자가 될 수도 있다. 그렇지만 당장 같이 굶어죽을까 두려운 형편이라면 땅 늘리는 것이 무슨 소용이겠는가. 게다가 희년에는 사람도 땅도 다 돌려주어야 하니, 하나님을 절대 신뢰하지 않는다면 순종할 수 없는 규정이다. 룻기에 나오는 엘리멜렉 집안은 하나님의 이 명령을 지키기 싫어 다 가지고 이웃 나라로 도피했다룻1:2. 반면 하나님을 믿고 순종했던 보아스는 풍년이 왔을 때 더 큰 부자가 되었고 나중에는 계대결혼을 통해 엘리멜렉 집안까지 세워 줌으로써 참된 신앙과 순종의 본이 되었다.

약자를 배려해야 하는 것도 다시금 하나님의 구원의 은혜 때문이다신24:22. 우리가 이전에 다 노예요 약자였기에 은혜를 받은 지금 약자를 돌아보아야 한다. 남들 다 가진 그것마저 못 가진 사람이 많다. 이들을 배려하지 않고서는 더불어 사는 삶이 될 수 없고 하나님께서 약속하신 참된 번영에도 이를 수 없다엡2:18. 가나안에 들어가면 풍성한 수확을 거둘 것이다. 젖과 꿀이 흐르는 땅의 소산이므로 그 만물을 가져다 즐기라 하셨다. 그런데 반드시 레위인, 객, 고아, 과부와 함께하라 하셨다신26:9-12. 많이 거둔 내가 내 가족, 내 친구만 불러 즐긴다면 그것은 하나님께서 뜻하시는 번영이 될 수 없다. 거두지 못해 아파하는 사람이 하나라도 있는 한 구원자 하나님을 믿는 믿음의 번영, 가시와 엉겅퀴를 이기는 사랑의 번영, 영원의 세계를 바라보는 소망의 번영은 있을 수 없다. 그렇게 소외된 이들과 더불어 '사람 사는 세상'을 만들 때 참된 번영을 주겠다 약속하셨으니, 먼저 하나님의 나라와 의를 구하면 다른 것은 다 챙겨 주신다는 주님의 약속마6:33과 조금도 다르지 않다.

가난한 자에 대한 배려 가운데 중요한 것이 안식년과 면제년, 그리고 희년 규례다. 사회, 경제적 약자뿐 아니라 하나님 앞에서 영적 약자인 이스라엘 전체를 위한 절기로서, 하나님의 구원을 명백하게 보여 주는 때였다. 칠 년마다 돌아오는 면제년에는 이스라엘 백성의 모든 부채를 탕감해 준다레25:47-55, 신15:1-3. 면제년은 안식년이기도 한데 이 해에는 농사를 중단하여 땅을 쉬게 한다출23:10-11, 레25:1-7. 땅은 삶의 터전인 동시에 우리 고난의 현장이다. 땅을 쉬게 함으로써 우리도 고단한 삶으로부터 잠시 한숨을 돌린다. 그리고 면제년이자 안식년이 일곱 번 반복된 뒤 오는 희년에는 안식년의 규례에 더하여 그동안 노예가 된 모든 이스라엘 사람들을 해방하고레25:8-13, 25:38-43, 참고—출21:1-3, 신15:12 팔렸던 땅을 원주인에게 돌려준다레25:23-28. 경제적, 사회적으로 얽매인 사람을 풀어 주는 구원의 해다.

하지만 그런 해방 역시 이 땅의 해방일 뿐이다. 하나님께서는 그런 경제적, 사회적, 육체적 놓임을 통해 참된 해방을 간접적으로나마 경험해 보게 하셨다. 하나님의 백성에게 이 세상은 오직 영원을 바라보는 그림자일 뿐이다. 면제년과 안식년과 희년을 통해 그리스도인은 하나님께서 에덴에서 약속하시고 노아의 아버지가 바라보았던 그 안식, 곧 그리스도를 통한 영적 해방과 영원한 구원을 바라본다사61:1-3, 롬8:19-24.

3. 이스라엘 왕국의 실패

실패의 역사

이스라엘이 가나안 땅에 정착하고 나서 혼란스러웠던 사사시대가 막을 내린 후 마침내 이스라엘 왕국이 들어섰다. 이제 하나님을 믿고 순종하는 번영의 나라, 곧 안식의 나라가 시작되는 것 같았다. 그렇지만 그 나라는 얼마 가지 못했다. 아니, 하나님께서 뜻하신 그런 번영은 시작되지도 못했다. 이 땅의 나라가 가진 한계를 잘 보여 준다. 이스라엘 백성이 젖과 꿀이 흐르는 가나안에서 만약 하나님을 잘 순종하였다면 어떻게 되었을까? 천국을 미리 보여 주는 아름다운 공동체를 이루었을 것이다. 시편 133편이 그리는 그대로다.

> 보라 형제가 연합하여 동거함이 어찌 그리 선하고 아름다운고 머리에 있
> 는 보배로운 기름이 수염 곧 아론의 수염에 흘러서 그의 옷깃까지 내림
> 같고 헐몬의 이슬이 시온의 산들에 내림 같도다 거기서 여호와께서 복을
> 명하셨나니 곧 영생이로다시133:1-3

하나님을 믿고 의지하는 가운데 하나가 되어 서로 도우며 사는 이스라엘 백성은 하나님의 영께서 이스라엘 공동체를 온통 덮으시는 가운데, 마치 헤르몬 산의 이슬이 한데 모여 그 땅을 옥토로 만드는 것 같은 그런 풍요를 누리게 되어 있었다. 그렇게 더불어 사는 삶은 곧 하나님께서 약속하신 영생, 영원한 번영을 바라보는 이생의 모습이었다. 구체적으로는 공의, 공평, 자비 가운데 평화를 누리는 삶이었다. 하나님께서 모세를 통해 약속하신 것처럼 수고한 만큼 보상을 받아 누리고 가정생활, 경제생활, 사회생활이 두루 형통한 삶이다신 7:13-14, 시128:1-6, 사3:10, 65:19-22. 가진 자는 없는 자를 도우며 모두가 더불어 살려

고 애쓰는 그들의 삶은, 탐욕 때문에 서로 싸우고 죽이는 이방의 모든 민족에게 참으로 아름다운 본이 되었을 것이다출19:6, 사42:6. 이것이 하나님께서 당신의 백성을 향해, 곧 교회를 향해 품으신 기대였다.

하지만 이스라엘은 실패했다. 광야에서부터 하나님을 거역하여 다수가 약속의 땅에 들어가지 못하는 벌을 받았다. 하나님의 구원의 은혜를 금방 잊고 이전의 노예생활을 그리워했다. 말씀을 지켜야 산다고 거듭 가르쳤지만 이들은 하나님의 말씀을 우습게 여기고 순종하지 않았다고전10:5-6. 가나안에 들어간 다음 세대 역시 거기서 여호와만 믿고 의지하는 삶을 살지 않고 우상숭배에 빠져들었다. 전멸시키라 하신 가나안 민족들을 남겨 두었을 뿐 아니라 그들과 통혼하며 그들의 신을 섬겼다삿3:6. 모세가 들려준 경고출34:16, 신7:3-4가 예언이 되어 버린 것이다.

이스라엘의 부패의 핵심은 우상숭배였다. 왕 없이 지낸 수백 년 기간 동안 이미 그 지역의 우상인 바알, 아스다롯, 아세라에다 더하여 아람, 시돈, 모압, 암몬, 블레셋 족속의 온갖 우상을 숭배하는 일에 깊이 빠져들었다삿2:11, 2:13, 2:17, 2:19, 3:7, 10:6. 우상숭배는 곧장 사회, 경제적 불평등으로 나타났다. 하나님께서 기드온을 부르셨을 때 기드온 집에는 아버지 요아스가 모신 바알 우상이 있었다. 온 마을 사람들을 위한 신전을 집안에 보유한 데다가 아버지 몰래 부린 종이 열 명이나 되었으니 기드온은 상당한 부자였다. 집안에 바알신을 모신 덕이라 여겼을 것이다. 미디안 정복 후에 보니 기드온은 아내도 많고 첩까지 두어 아들만 일흔한 명이었다삿8:30.

사사 가운데 야일과 압돈은 수십 명의 아들들과 손자들까지 다 나귀를 탔다삿10:4, 12:14. 그 시대의 나귀는 우리 시대의 고급 승용차 이상이다. 지도자라는 사람이 아들을 수십 명 둔 것도 놀랍지만 자식들까지 남다른 호사를 누렸으니, 더불어 살려는 노력은 찾아보기 어렵다. 이 모든 것은 성적인 타락과 우상숭배와도 이어져 있었다. 사사 입다는 아버지가 창녀와 동침하여 낳은 아들이었다샷11:1. 그 입다는 또 딸을 하나님께 바친다며 불에 태워 죽임으로써샷11:39 가나안의 악습을 따르고 말았다신12:31. 사사 입산은 자녀를 예순이나 두었는데 전부 다른 민족들과 결혼시켜 여호와의 명령을 철저하게 어겼다샷12:9. 사사시대는 그렇게 왕이 없어 모두가 제멋대로 행동한 시대였다샷17:6, 21:25.

사사시대가 끝나 가던 사무엘 때 바알과 아스다롯을 제거하는 회개운동이 있었다삼상7:3-4. 왕국 초기에는 우상을 버리고 여호와 하나님께 돌아가는 일에 집중하였는데, 사회상이 구체적으로 어땠는지는 자세히 기록하지 않는다. 사울은 평범한 가정 출신으로 왕이 되었지만 남긴 재산은 수십 명의 장정이 함께 경작해야 할 정도로 넓었다삼상9:21, 삼하9:9-10. 왕이 백성의 땅을 빼앗아서는 안 된다 하신 하나님의 말씀이 제대로 지켜지지 않았음을 짐작할 수 있다겔46:18, 삼상8:14. 하나님을 철저하게 의지하고 순종한 다윗도 사울이 남긴 토지를 제 마음대로 남에게 줬다 빼앗았다 하여 인간적인 한계를 보여 주었다삼하16:3-4, 19:24-30.

이스라엘의 왕은 세상의 여느 왕들과는 달라야 했다. 단순히 국가를 보호하고 통치하는 역할을 넘어 하나님의 백성으로 하여금 하나님의 뜻에 맞게 살도록 인도할 책임이 있었다. 국가의 수장인 동시에 하나님의 백성, 곧 교회의 지도자였다. 그래서 하나님께서 이스라엘의 왕들에게 가장 먼저 요구하신 것이 하나님의 율법을 바로 알고 철저히 순종하는 일이었다. 하나님께 율법을 전해 받은 모세부터 그런 지도자였고 하나님께서는 모세의 후임 여호수아에게도 같은 믿음과 삶을 요구하셨다수1:7. 모세와 여호수아가 온 백성에게 부탁한 내용을 보면 지도자가 복 받는 비결이 곧 온 민족이 복 받는 비결이었다신5:33, 8:6, 10:16, 수23:6-16. 하나님께서 이스라엘의 첫 왕 사울에게 기대하신 것도 말씀 순종 하나였고삼상12:13-15 다윗왕도 아들 솔로몬에게 같은 내용을 유언으로 남졌다삼상2:3, 3:14.

순종할 내용은 무엇인가? 성경은 다윗이 '정의와 공의를 행하였다'고 기록한다삼하8:15, 대상18:14. 정의와 공의는 하나님께서 아브라함에게 말씀하신 바로 그 '의와 공도'다창18:19. 다윗 시대에는 비록 잠시나마 하나님께서 기대하신 나라가 이루어진 셈이다. 솔로몬 역시 초기에는 정의와 공의를 행하였음이 스바 여왕의 증언으로 짐작된다왕상10:9, 대하9:8. 정의와 공의는 무조건 공평하게만 대하는 것이 아니라 약자를 특별히 배려하는 것으로서, 이스라엘의 왕은 하나님께서 당신의 백성에게 기대하시는 올바르고 균등한 삶, 곧 '사람다운 삶'을 구현할 책임자였다시72:1-4.

이스라엘 왕국의 실패는 솔로몬 후반기에 들어 구체적으로 드러나기 시작하였다. 솔로몬은 이집트 공주와 결혼하면서 그릇된 길을 가기 시작하더니 말년에는 온갖 이방 여인들을 아내 또는 첩으로 들였다. 하나님께서 주신 부와 귀 덕분에 얼마나 번영을 구가했는지 후비와 후궁을 천 명이나 들였고 그들 하나하나를 위해 우상의 신전을 지어 주었다. 솔로몬 자신도 우상숭배에 동참하였다왕상11:1-8. 솔로몬의 우상숭배의 결과 나라가 둘로 나누어졌는데, 남 왕국 유다의 첫 왕 르호보암은 솔로몬의 아들이었지만 어머니가 이방 암몬 여인이어서 처음부터 우상숭배를 장려했다. 성적인 타락도 극심하여 그 시대에 이미 남창이 있을 정도였다왕상14:21-24.

북 왕국은 첫 왕인 여로보암 때부터 우상숭배가 온 나라를 덮었다. 여호와를 떠난 결과 정치적 불안이 끊이지 않았으며 그런 가운데 오래전 하나님께서 주신 사회제도 역시 변화를 보이기 시작하였다. 눈에 띄는 첫 변화는 오므리가 권력을 장악한 뒤 세멜에게서 산을 구입한 일이다왕상16:24. 여호와께서 세우신 토지제도를 최고 권력자가 어긴 첫 구체적인 기록이다. 그런 다음 오므리의 아들 아합은 악한 부인 이세벨의 부추김을 받아 나봇을 죽이고 포도원을 강탈함으로써 북왕국 전체를 경제, 사회적 혼란에 몰아넣었다왕상21:1-16. 죄악의 늪에 빠진 이스라엘 백성에게 하나님께서는 미가를 통해 그들이 '오므리의 율례와 아합 집의 모든 예법을 지키고 그들의 전통을 따른다'고 지적하셨다미6:16. 또 하나님께서는 왕이 '포학과 겁탈을 쌓아' 온 나라에 '큰 요란함과 학대함'이 있다고 아모스를 통해 책망하셨다암3:10.

부패와 포악함

이스라엘 왕국의 구체적인 부패상은 왕국 후기 선지자들이 하나님께 받아 전한 경고의 메시지에 잘 드러나 있다. 남쪽 유다 왕국 후반기에 활동한 이사야는 여호와 하나님을 떠난 이스라엘 백성의 죄악과 함께 그 시대의 경제, 사회적 부패상을 적나라하게 고발하고 있다. 간단히 줄이면 부패와 포악함, 곧 불의와 무자비였다. 노아 시대의 연장이요, 소돔과 고모라의 재현이었다사1:9-10, 3:9. 더불어 살라 하신 명령을 외면하고 몇몇 사람이 부와 권세를 독점하는 탐욕의 세상을 만들었다. 더 구체적으로는 공평과 의리의 실종, 속임수가 가득한 상거래, 뇌물로 부패한 관원들, 고아와 과부를 짓밟는 무자비 등이 하나님께서 싫어하신 그 시대의 악행이었다사 1:17, 1:21-23, 10:1.

> 불의한 법령을 만들며 불의한 말을 기록하며 가난한 자를 불공평하게 판결하여 가난한 내 백성의 권리를 박탈하며 과부에게 토색하고 고아의 것을 약탈하는 자는 화 있을진저사10:1-2

가진 자들이 그런 불법과 폭력을 통해 추구한 것은 오직 하나, 자기 집을 세우는 것이었다. 이들은 그저 '번영' 하나를 원했다. 하나님께서 예레미야, 에스겔, 호세아, 아모스 등 다른 선지자들을 통해 주신 경고도 거의 내용이 같다.

하박국이 본 것도 간악, 패역, 겁탈, 강포, 변론, 분쟁이었다합1:3-4. 돈과 권력을 가진 자들은 이웃과 나누기보다 더 가지고 더 누리고자 폭력을 휘둘렀다. 이들이 바란 것은 어디까지였을까? 이스라엘 백성의 역사에서 확인하는 한 가지는 인간의 탐욕에는 끝이 없더라는 점이다. 마음의 가시밭에 댕긴 탐욕의 불은 끝을 모르고 타올랐다. 하나님께서는 약한 사람을 짓밟고 빼앗는 이들을 향해 경고를 던지신다.

> 가옥에 가옥을 이으며 전토에 전토를 더하여 빈틈이 없도록 하고 이 땅
> 가운데에서 홀로 거주하려 하는 자들은 화 있을진저사5:8

토지 경계표를 옮기지 말라 하신 하나님의 말씀은 잊은 지 오래고, 이스라엘 사회는 부정, 불의, 폭력, 약탈의 온상이 되고 말았다. 아모스를 통해 지적하신 죄악은 돈을 위해 의인을 팔고 가난한 자도 팔고 심지어 가난한 자의 머리에 있는 티끌마저도 탐을 낸 것이었다암2:6-7, 8:4-6. 에스겔을 통해 주신 경고도 다르지 않다. 하나님께서는 "그들이 그 땅을 폭행으로 채우고"겔8:16 "그 땅에 피가 가득하며 그 성읍에 불법이 찼나니"겔9:9라고 하시며 유다 백성의 포악함을 꾸짖으셨다. 소돔과 닮은 그들의 죄는 남의 것을 빼앗아 물질의 풍요를 누리면서 가난하고 궁핍한 사람들은 도우지 않은 것이다겔16:49. 하나님께서는 그런 이스라엘 백성을 심판하실 것이다.

하나님께서 이스라엘 백성에게 기대하신 것은 세 가지였다. 하나님 당신께서 공평공법, 정의공의, 자비인애, 긍휼의 하나님이라 하시면서 백성들에게도 같은 것을 요구하셨다렘9:24, 호10:12, 12:6. 그것을 행하는 사람은 살 것이라 하셨다. 어떤 것이 공평이고 정의이고 자비인가?

사람을 학대하지 아니하며 빚진 자의 저당물을 돌려주며 강탈하지 아니하며 주린 자에게 음식물을 주며 벗은 자에게 옷을 입히며 변리를 위하여 꾸어 주지 아니하며 이자를 받지 아니하며 스스로 손을 금하여 죄를 짓지 아니하며 사람과 사람 사이에 진실하게 판단하며 내 율례를 따르며 내 규례를 지켜 진실하게 행할진대 그는 의인이니 반드시 살리라겔18:7-9

예수께서 들려주신 양과 염소의 비유와 뜻이 통한다마25:33-36. 하나님께서는 상당히 긴 이 말씀을 세 번이나 되풀이하여 들려주심으로써, 하나님의 명령을 지킨다는 것이 어떤 것인지 분명하게 가르쳐 주셨다겔18:7-9, 18:10-13, 18:15-17. 그렇게 믿고 순종하는 사람만이 생명, 곧 참된 번영을 누릴 것이라고 분명하게 말씀해 주셨다.

이 선지자들의 경고를 들을 때 오해해서는 안 될 것이 있다. 이 선지자들의 경고는 세상을 향한 경고가 아니라는 점이다. 하나님께서는 이 선지자들을 통해 당신의 백성, 곧 교회를 향해 말씀하셨다. 세상은 가시와 엉겅퀴로 뒤범벅이 되어 죄가 무엇인지, 이 땅의 번영이 왜 잘못인지, 참된 번영이 무엇인지 모른다. 하지만 교회는 다르다. 하나님께서 우리를 당신의 백성으로 택하시고 영원한 구원의 은혜를 주셨다. 참된 번영이 무엇인지 가르쳐 주시고, 그것을 얻은 우리에게 이 땅의 거짓 번영을 버리고 하나님처럼 공의와 공평과 자비의 삶을 살라 명하셨다. 그런 올바른 삶이 곧 어두운 세상을 비추는 우리의 빛이다마5:13-16. 그런데 하나님의 은혜로 이집트를 탈출하여 젖과 꿀이 흐르는 가나안 땅에 정착한 이스라엘은 하나님의 은혜를 잊고 실패하고 말았다.

바알을 섬긴 죄

이스라엘의 부패와 타락은 언제나 우상숭배와 함께 일어났다. 이들이 주로 섬긴 우상은 바알이었다. 가나안을 비롯한 고대 근동 지역에서 두루 섬기던 우상으로 구약성경에 거듭 등장한다. 아세라, 아스다롯, 밀곰 등 다른 신도 등장하지만 중심은 단연 바알이다. 바알이라는 말 자체가 주主 또는 신神이라는 뜻이어서 사실 바알이라는 이름을 한 다른 잡신들도 고대 근동 곳곳에 퍼져 있었다. 이스라엘 백성이 광야에서 발람의 유혹에 빠져 섬겼던 우상도 바알브올, 곧 '브올산의 바알'이었다민23:28, 25:3.

바알은 풍요의 우상이었다. 당시 풍요의 근본은 출산이었으므로 성행위가 풍요의 상징이 되었고 바알의 신전에는 성행위를 담당하는 여사제, 곧 신전창녀가 많았다. 신전창녀가 숭배자들과 성관계를 나누는 것이 이들의 중요한 예배행위였다. 따라서 우상숭배는 영적으로뿐 아니라 육적으로도 간음죄로 이어졌다. 오래전 며느리를 신전창녀로 오해하고 동침한 유다창38:15, 21-22는 저도 모르는 사이 바알 숭배의 원조가 된 셈이다. 이스라엘 백성은 가나안의 신을 섬기지 말라 하신 하나님의 거듭된 경고에도 불구하고 가나안 땅에 정착하기가 무섭게 바알 숭배를 시작하였고, 북쪽 이스라엘 왕국은 아예 처음부터 바알 숭배를 중심 종교로 채택하였다삿3:7, 왕상16:31-32.

이들이 바알을 섬긴 이유는 단 하나, 바알이 물질의 풍요를 준다고 믿었기 때문이다. 하나님보다 재물을 사랑한 이들은 무리를 지어 바알에게 달려갔다.

> 그가 이르기를 나는 나를 사랑하는 자들을 따르리니 그들이 내 떡과 내
> 물과 내 양털과 내 삼과 내 기름과 내 술들을 내게 준다 하였음이라호 2:5

떡, 물, 양털, 삼, 기름, 술 등을 이스라엘 백성 모두가 풍성하게 누렸으면 얼마나 좋았으랴마는 이 땅의 것은 언제나 제한되어 있다. 온 나라가 바알을 추종하였지만 실제 혜택을 누린 사람은 많지 않았다. 이스라엘의 가진 자들은

가난한 자들의 것을 빼앗아 온갖 종류의 사치로 몸을 꾸미고 호화로운 잔치를 벌이며 즐겼다사3:16-23, 5:12. 이들의 삶은 사치의 극을 달렸다. 이스라엘 여인들이 사용한 장신구는 이름조차 들어 보기 힘든 그런 것까지 포함하고 있었다사3:18-23. 반지, 귀걸이, 팔찌 같은 것뿐 아니라 코걸이와 발목고리도 있었다. 머리장식만 해도 망사, 반달장식, 면박, 화관, 머릿수건, 너울 등 여섯 가지나 되었다. 번영을 누리던 이스라엘의 상류층 여인들은 그런 장식으로 잔뜩 치장한 채 바알 앞에 무릎을 꿇었다호2:13.

생필품이든 사치품이든 그냥 여호와께서 주셨다 하지 못하고 굳이 바알에게 가야 했던 이유는 그런 번영을 여호와께서는 싫어하시는 반면 바알은 무한히 허용해 주기 때문이었다. 이 땅의 번영을 원한다면 당연히 우상에게 가야 한다. 그들이 여호와를 섬겼다면 공평과 정의를 행하고 가난하고 궁핍하고 억울한 자의 사정을 보살폈을 것이다렘22:15-16. 하지만 이스라엘의 가진 자들은 남이야 굶어죽든 말든 저만 더 가지고 더 누리면 그만이었다. 바알은 여호와께서 금하신 그런 풍요로운 번영을 허용할 뿐 아니라 잘한다고 부추긴 우상이었다. 바알의 축복 속에 이들은 하나님께서 주신 것 이상을 탐하고, 그것을 갖기 위해 약자를 짓밟고, 그렇게 해서 얻은 부와 권세를 누렸다. 하나님께서는 경계표를 옮긴 이스라엘 방백들에게 분노하셨다. 남의 땅을 빼앗은 그 죄는 곧 여호와를 섬기던 자리에서 바알을 섬기는 자리로 경계표를 옮긴 것이기도 하였다호5:10.

그렇다고 이스라엘 백성이 여호와 신앙을 완전히 버렸느냐 하면 그것은 아니다. 명목상으로는 여전히 여호와를 섬겼으니 사실상 두 신을 섬긴 셈이다. 평소에는 바알을 숭배하였다. 그러다가 위기를 만나면 바알의 무능함을 깨닫고 여호와께 돌아갔다사26:16. 사사시대부터 그랬다. 위기 때만 여호와를 찾았다삿2:18, 6:6, 10:10. 어떻게 보면 자신들은 늘 여호와를 섬긴다고 생각했을지 모른다. 그 시대에도 다들 자식 이름은 우리 식으로 하면 '하영'이, '주은'이로 지었다. 풍요를 위해 바알을 좇으면서도 말로는 여호와를 섬긴 이스라엘 백성은 두 마음을 품은 자들이었다호10:2, 마6:24, 약1:8. 이들의 위선을 하나님께서는 이렇게 지적하셨다.

> 너희가 도둑질하며 살인하며 간음하며 거짓 맹세하며 바알에게 분향하
> 며 너희가 알지 못하는 다른 신들을 따르면서 내 이름으로 일컬음을 받
> 는 이 집에 들어와서 내 앞에 서서 말하기를 우리가 구원을 얻었나이다
> 하느냐렘7:9-10

하나님께서 지적하신 것은 재물의 우상을 섬기면서 하나님을 섬긴다 고백하는 거짓 믿음이었다. 이웃은 사랑하지 않으면서 하나님을 사랑한다고 외치는 위선이었다요일4:20. 더불어 사는 삶은 외면한 채 형식적인 제사만 부지런히 드린 이스라엘 백성들에게, 하나님께서는 제사 같은 것 그만하고 인애, 공의, 긍휼을 행하라고 거듭 명령하셨다호6:6, 10:12, 12:6, 잠21:3. 하나님께서 기뻐하시는 금식은 창고를 닫아건 채 한두 끼 굶는 것이 아니라, 억눌린 자를 해방시키고 굶주린 자를 먹이고 빈민을 집에 들이고 벗은 자를 입히는 것이라고 거듭 가르쳐 주셨다사58:6-7.

여호와께서는 이스라엘 백성이 틀렸음을 보여 주시려고 비를 내리지 않으셨다. 그렇게 해서 가시와 엉경퀴가 땅에서 나면 백성들이 여호와께서 참된 하나님이심을 다시금 알고 우상숭배를 중단하고 돌아올 것이기 때문이었다사5:6, 호2:6, 9:6, 10:8. 가시와 엉경퀴는 거짓 풍요의 길을 막아 참된 풍요의 길로 인도하시는 하나님의 사랑의 매였다. 하지만 아합 시대의 선지자 엘리야의 경우에서 보듯 하나님께서 그렇게 조치하심에도 불구하고 이스라엘 백성은 참

된 하나님께 돌아오지 않았고, 결국 멸망의 길을 자초하고 말았다.

은혜를 잊은 결과

이스라엘이 이렇게 속히 우상숭배에 빠지고 온 사회가 도덕적 타락과 부패에 휘말리게 된 근본 이유가 무엇일까? 직접적인 원인은 물론 이 땅의 번영을 추구하는 타락한 본능일 것이다. 본능이기에 하나님의 백성도 다 갖고 있다. 문제는 하나님께서 우리를 당신의 백성으로 택하실 때는 그 본능을 뛰어넘을 수 있는 은혜도 주셨다는 점이다. 그러니 이스라엘 백성이 하나님을 믿고 순종하여 서로 사랑하는 공동체를 만들지 못한 것은 결국 하나님의 그 은혜를 잊었기 때문이다.

인류의 조상도 은혜를 잊어 죄에 빠졌다. 은혜를 잊으면 다른 것들도 어긋날 줄 아신 하나님께서는 이스라엘 백성에게 베푸신 은혜를 잊지 말라고 거듭 당부하셨다. 이집트에서 건져 내신 구원의 은혜와 값없이 가나안을 주신 은혜를 거듭 강조하셨다신3:20-21, 4:20. 하나님께서 이스라엘을 당신의 백성으로 택하신 것은 수가 많아서도 아니고 착해서도 아니고 오직 은혜였다신7:7, 9:5. 그 은혜의 내용은 조상들에게 주신 약속을 지키시는 하나님의 신실, 가나안 민족의 죄를 심판하시는 공의, 그리고 이스라엘을 향한 하나님의 까닭 없는 사랑이다신7:8, 9:4, 10:15. 하나님께서는 여러 선지자를 통해 이 구원의 은혜를 거듭 일깨우셨다호12:13.

하지만 이스라엘은 그 은혜를 잊었다. 특히 물질의 풍요가 그 망각을 부추겼다. 은혜를 잊고 교만에 빠져 내가 잘나서 부자가 되었다 생각한 것이다겔 16:49. 하나님께서는 에스겔에게 비유 하나를 들려주셨다. 태어나자마자 버림받은 핏덩이 여자아이 하나를 주워 먹이고 입히고 예쁘게 길러 나중에는 아름다운 장식까지 갖추어 주었더니, 그 화려함을 이용해 지나가는 사람들과 행음하는 죄를 짓더라는 것이다겔16:4-15. 하나님 은혜로 구원받고 하나님 은혜로 모든 것을 가졌으면서 그 은혜를 망각하고 우상에게 가 버린 이스라엘의 모습이었다겔16:22, 43.

은혜를 망각한 이스라엘 백성은 자기들이 누리는 모든 것을 자신들의 권리라고 착각했다호13:1. 그런 착각 속에 하나님의 법칙을 어기고 우상의 원리대로 빼앗고 독점하고 누렸던 것이다. 어쩌면 이들은 그 시대의 법대로 했을 뿐이라고 할지도 모른다. 그러나 가진 자들이 힘을 모아 법을 바꾸면 착취도 약탈도 얼마든지 합법적으로 할 수 있다. 북 왕국 이스라엘의 부자들도 그렇게 말했다.

> 나는 실로 부자라 내가 재물을 얻었는데 무릇 내가 수고한 모든 것 중에
> 서 죄라 할 만한 불의를 내게서 찾아낼 자 없으리라호12:8

중요한 구절이다. 라오디게아 교회처럼 스스로 부자라 여긴 것도 어리석지만 그 재물을 자기 자신의 수고로 얻었다고 생각한 것은 심각한 착각이다. 하나님의 은혜는 사라지고 내 공로만 남았다. 그리고 그 모든 것이 마치 합법인 듯 말한다. 그 시대의 상식을 따랐을 것이다. 법 자체가 불의하던 시대였다사10:1. 하지만 하나님께서 주신 기본 원리에 따르면 그런 치부, 부의 축적 자체가 이미 죄다. 세상이 보기에는 형통, 번영, 성공이겠지만 하나님의 백성에게는 그렇지 않다. 하나님을 버리고 우상을 섬기는 죄를 지었을 따름이다. 하나님께서는 그들을 심판하여 치부를 드러내실 것이다호12:14. 의롭지 못한 법이 많은 우리 시대에도 많은 그리스도인들이 재물과 권력과 명예를 '합법적으로' 얻고 하나님께 감사를 드린다. 거기서 불의를 찾아낼 자가 정말 아무도 없는가.

번영복음의 속임수는 끝이 없다. 이 땅에서 가능하지 않은 참된 번영을 가

능한 것으로 속인다. 그래서 이 땅의 번영을 옳다 여기게 만들고 자신을 하나님처럼 신뢰하게 만들 뿐 아니라, 더 나아가 소수의 사람만 누릴 수 있는 번영을 마치 모두가 다 누릴 수 있는 것처럼 속인다. 그래서 번영을 이미 얻은 소수는 번영복음이 진리라고 사람들을 속이고, 아직 번영을 맛보지 못한 다수는 나도 곧 번영을 누릴 수 있을 것이라고 속는다. 오늘날에도 번영복음 전도사들이 가난한 다수의 추종을 받아 남다른 번영을 누리고 있으니, 번영복음은 정말 대단한 속임수다.

이스라엘의 역사는 그렇게 끝이 났다. 하나님의 은혜를 잊고, 하나님 말씀을 거역하고, 끈질기게 우상을 섬기다가 차례로 멸망하고 말았다. 실패였다. 하지만 사람은 실패해도 하나님께서는 실패하지 않으신다. 성경은 이스라엘의 멸망으로 그들의 땅이 안식년을 누리게 되었다고 표현한다대하36:21, 참고—레 26:34-35. 노아의 아버지가 바라보았던 안식, 이스라엘이 꿈만 꾸고 이루지 못한 안식, 참된 안식을 비로소 기대한 것이다. 그 안식을 향한 희망은 이스라엘의 범죄를 꾸짖던 선지자의 글에도 담겨 있었다. 이사야와 예레미야는 이스라엘이 이룩하지 못한 공평과 정의와 자비와 평화를 이루실 메시아의 도래를 거듭 전한다사11:1-10, 16:5, 32:16-17, 렘23:5, 33:15. 잠시 빛났던 다윗의 나라도 메시아께서 이루실 하나님의 나라를 희미하게 보여 준 그림자일 뿐이었다. 사람이 처음 죄를 범했을 때 약속하신 '여자의 후손'께서 오셔서 그 나라의 왕이 되시면 온 인류가 대망하던 참된 안식이 비로소 이루어질 것이다. 그러므로 성경은 구약으로 끝날 수 없고 신약으로 이어져야 했다.

4. 신약성경과 번영복음

주님의 가르침

당신의 백성을 향한 하나님의 뜻은 신약 시대에 더욱 뚜렷해졌다. 하나님께서는 아담의 범죄로 빼앗긴 번영을 참되게 회복할 수 있는 방법을 당신의 아들 예수 그리스도를 통해 우리에게 가르쳐 주셨다. 구약에서 약속으로 주어진 것이 신약에 와서 그리스도께서 오심으로 이루어졌고 그 성취 가운데 하나님의 뜻 또한 확실하게 드러났다.

신약성경은 이스라엘 백성의 실패를 배경으로 시작한다. 이스라엘 백성들은 하나님의 부르심을 받았지만 끝내 하나님을 거역하였다. 하여 하나님께서 약속하신 메시아와 메시아의 선구자였던 세례 요한의 사역은 백성들의 회개를 촉구함으로 시작된다마3:2, 4:17. 가시와 엉겅퀴 가운데 태어난 모두가 사실 회개로 시작해야 한다. 요한이 요구한 회개에 걸맞은 열매는 지난날 하나님께서 이스라엘 백성에게 명하셨던 계명과 같은 것이었다.

> 옷 두 벌 있는 자는 옷 없는 자에게 나눠 줄 것이요 먹을 것이 있는 자도
> 그렇게 할 것이니라눅3:11

균등하게 하는 원리 그대로다. 요한은 어떻게 하는 것이 회개인지 묻는 세리와 군인에게 공평과 정의의 원칙을 지키고 내 것 아닌 것을 탐하지 말라 요구하였다눅3:12-14. 요한이 전한 하나님의 구원은 오래전 이사야가 예언한 그대로 '모든 골짜기가 메워지고 모든 산과 작은 산이 낮아지고 굽은 것이 곧아지고 험한 길이 평탄하여 지는 것'이었다눅3:5-6, 사40:3하 인용. 마리아도 메시아를 임신한 후 자신의 '비천함'을 돌아보신 하나님을 찬양하면서 메시아를 통한

하나님의 구원을 이렇게 표현하였다.

권세 있는 자를 그 위에서 내리치셨으며 비천한 자를 높이셨고 주리는
자를 좋은 것으로 배불리셨으며 부자는 빈손으로 보내셨도다눅1:52-53

높은 자를 낮추시고 낮은 자를 높이시는 하나님의 구원은 지난날 한나가
사무엘을 낳고 불렀던 바로 그 노래다삼상2:5-8. 권세 있는 자나 부자, 곧 이 땅
의 번영을 누리는 자들은 부를 수 없는 노래다. 주님께서 오셔서 가르치신 하
나님의 나라도 마찬가지다. 주님께서는 나사렛 회당에서 오래전 이사야가 한
예언을 인용하시면서 가난한 자, 자유를 빼앗긴 사람, 장애인, 억눌린 이들에
게 은혜의 복음이 전파된다고 선포하셨다눅4:18-19, 사61:1-2. 하나님께서 옛날 이
스라엘 백성에게 주셨던 하나님 나라의 원리를 주님께서 다시금 확인하시면
서, 그때 구현되지 못한 그 나라가 이제 주님께서 오심으로써 이루어졌음을
선포하신 것이다. 여호수아가 주지 못한 안식을 우리 주님께서는 주시며, 우리
는 그 안식에 든 사람으로서 그 안식의 완성에 도달하기 위해 믿음으로 몸부
림을 친다히4:1-16.

모든 것의 출발점은 다시금 구원의 은혜다. 주님께서는 '은혜의 해'를 선포
하셨다. 오래전 면제년과 안식년, 희년으로 선포되었던 그 안식과 구원을 그리
스도께서 주신다. 그리스도의 탄생은 우리를 구원하시는 하나님의 긍휼로, 죄
를 용서받은 것에서 비롯되는 구원이었다눅1:72-77. 구약 시대에는 사회적, 경제
적 해방을 통해 영적 자유를 어렴풋이 느꼈다면, 영적 구원이 이루어진 지금
은 그 구원의 능력이 경제와 사회를 비롯한 삶의 모든 영역으로 뻗어 갈 것이
다. 은혜를 아는 자들은 그 은혜의 힘으로 하나님의 뜻을 순종한다. 이전에는
실패를 거듭했지만 높아지신 그리스도께서 하나님께서 약속하신 성령을 보내

주심으로써 이제 그 명령을 순종할 수 있게 되었다행2:33-38, 롬8:1-4.

오순절에 성령을 받은 사람들은 가장 먼저 유무상통有無相通의 공동체를 이루었다행2:42-47. 다 팔아 교회에 바쳤으니 기존에 해 오던 경제생활에는 문제가 생겼을 것이다. 하지만 이들이 이룬 공동체는 오래전 하나님께서 이스라엘에게 기대하셨던 '형제가 연합하여 동거하는' 모습이면서, 또한 우리가 영원한 하나님의 나라에 가서 누리게 될 완전한 모습을 미리 조금이나마 보여 준 것이다. 안디옥 교회 역시 흉년이 올 것이라는 선지자의 예언을 듣자, 그 정보로 떼돈을 벌어 번영을 누리는 대신 이웃을 사랑하고 나누는 일에 활용하였다행11:27-30.

주님의 가르침은 처음부터 끝까지 한결같으며 내용도 분명하다. 주님께서는 천국을 전하러 오셨다. 썩어 없어질 이 땅과 영원히 있을 하늘나라를 대조하시면서 영원한 것을 얻어야 한다 가르치셨다. 그 나라는 태고 시절 잃어버린 그것을 다시 찾는 것이 아니라 하나님께서 예비하신 '새 예루살렘', 곧 이전보다 훨씬 좋은 것을 선물로 받는 것이다. 주님께서는 사람들이 바라는 번영은 죽음과 함께 사라지는 것들이라 가르치시고, 주 예수 그리스도를 믿어 구원의 은혜를 받은 사람은 아버지 하나님을 굳게 믿고 하나님의 나라 원리대로 살아 영원한 번영을 얻어야 한다고 가르치셨다. 이 땅의 번영에 대한 주님의 가르침은 분명하다.

> 그러나 화 있을진저 너희 부요한 자여 너희는 너희의 위로를 이미 받았도다 화 있을진저 너희 지금 배부른 자여 너희는 주리리로다 화 있을진저 너희 지금 웃는 자여 너희가 애통하며 울리로다눅6:24-25

이 땅의 번영은 복이 아니라 저주다. 라오디게아 교회는 이 둘을 혼동했다.

가진 것이 많아 제가 부자라고 으스댔지만 하나님께서 보실 때는 곤고하고 가련하고 가난하고 눈도 멀고 벌거벗은 자였을 뿐이다계3:17. 반대로 환난과 궁핍 가운데 있던 서머나 교회를 향해서는 오히려 부요한 자라고 칭찬해 주신다계2:9. 이 땅의 번영은 영원의 눈으로 볼 때 헐벗은 가난함일 뿐이다. 벌거벗었으면서도 부끄러운 줄도 모른다. 그런 자에게 주님께서는 얼른 깨닫고 참된 번영을 얻으라 명하신다계3:18. 하나님 나라의 백성으로 살며 고난을 겪는 이들에게는 참되고 영원한 번영이 약속되어 있다.

어느 번영을 택하느냐 하는 것은 다시금 어느 신을 섬기느냐 하는 것이다. 주님께서는 그것을 하나님과 재물 사이의 선택이라 하셨다마6:24, 눅16:13. 돈을 펼쳐 놓고 거기 절하는 사람은 없다. 돈을 섬기는 것은 돈을 주는 신 맘몬Mammon을 숭배하는 것이다. 맘몬은 지난날 이스라엘 백성이 섬겼던 바로 그 바알이다. 이스라엘 백성이 만물의 주인이신 여호와를 버리고 바알이라는 우상에게 갔듯이, 오늘도 이 땅의 번영을 바라는 이들은 하나님 나라의 원리와 방법을 거부하고 재물의 우상, 돈의 우상, 탐욕의 우상을 찾아가 절한다.

> 그리스도의 은혜로 너희를 부르신 이를 이같이 속히 떠나 다른 복음을 따르는 것을 내가 이상히 여기노라갈1:6

이천 년 전 갈라디아 교회가 율법주의에 속았다면 오늘은 이 번영복음이 사람들을 꾀고 있다. 하나님을 섬기는 사람은 마음을 하늘나라에 두고 보화도 하늘에 쌓는다마6:19-21, 눅12:33-34. 하늘의 보화는 영원한 참된 번영을 가리킨다. 하지만 이 땅의 번영을 추구하는 사람은 맘몬을 섬긴다. 그런데 맘몬이 주는 번영은 녹슬고 벌레도 먹어 오래 못 가는 헛된 번영이다. 두 주인을 섬기는 것은 불가능하다 하셨으니, 예수 믿어 영생 구원도 얻고 이 세상의 재물과 권세와 명예도 떡고물로 함께 얻겠다 하는 번영신학은 애초부터 틀렸다. 기독교 복음의 옷을 입은 거짓 교훈이다. 아니, 기독교 복음의 알맹이를 세상의 상식과 우리 속에 있는 더러운 탐욕으로 더럽히는 마귀의 속임수다. 통일교나 신천지보다 더 위험한 이단인데도, 놀랍게도 이것이 우리 교회 한가운데 들어와 지금 안방을 차지하고 있다.

가시와 엉겅퀴

번영복음이 교회를 장악하게 된 이유가 무엇일까? 다시금 해 아래 새 것이 없기 때문이다. 태고 시절 하나님 자리를 넘본 인간은 21세기인 지금도 교만에 빠져 탐욕을 추구하며 살고 있다. 우리 안에 있는 욕심이 우리를 하나님 아닌 우상에게 인도한다. 그래서 그리스도를 구주로 믿어 거듭난 사람은 자신의 욕심을 십자가에 못박아 죽인다갈5:24. 그런데 번영복음은 이 욕심의 불씨를 되살려 우리를 죽음으로 몰아간다.

주님께서는 씨 뿌리는 자의 비유를 통해 가시떨기가 우리 마음에 자라는 욕심임을 일깨워 주셨다. 주님께서 태초의 그 가시와 엉겅퀴를 염두에 두고 하신 말씀임은 의심할 여지가 없다. 이 비유 이전에 나오는 산상수훈에서도 쓸모없는 식물의 보기로 가시와 엉겅퀴를 언급하셨다마7:16. 마음에서 자라는 가시 떨기는 벌판에서 자라는 가시 및 엉겅퀴와 공통점이 있다. 둘 다 참된 번영의 길을 막는다. 태초의 가시와 엉겅퀴가 하나님께서 처음 주셨던 번영의 길을 막았다면, 주님의 비유에 등장하는 가시는 그 길이 막힌 이후 하나님께서 새롭게 약속하신 영원한 소망, 곧 참된 번영의 길을 가로막는다.

그런데 참된 번영의 길을 가로막는 존재 역시 번영이다. 세상의 염려와 번영의 속임수는 둘 다 이 땅에서 잘 먹고 잘사는 일에 관련된 것이다. 가시떨기로 상징된 이 땅의 풍요는 참된 풍요의 길을 가로막는 가짜 풍요다. 재물의 '속임수'라 하셨다. 이 땅의 번영은 우리를 속인다. 재물이나 권력을 많이 가지면 모든 안전이 보장되고 내가 바라는 것을 다 할 수 있을 것이라 속삭인다. 돈으로 안 되는 것이 있던가! 하지만 그렇게 돈을 신뢰하다가는 '파멸과 멸망'에 빠진다딤전6:9. 이것이 재물의 속임수다. 재물 자체가 불확실하고 허무한 것인데딤전6:17, 잠11:4, 23:5, 27:24, 그것이 어떻게 사람을 든든하게 지켜줄 수 있겠는가? 그러나 그렇게 속아 넘어간 사람들은 오늘도 썩어 없어질 그 풍요를 부지런히 끌어모은다. 그것이 제 운명인 줄도 모르고 그렇게 한다.

그런데 하나님의 구원의 은혜를 알았다 하는 사람들도 재물을 쫓아간다. 옛날 이스라엘 백성도 그랬다. 하나님을 섬기면서 재물도 함께 섬길 수 있다 착각하기 때문이다. 재물의 또 다른 속임수다. 주님께서는 둘 가운데 선택할 수밖에 없다고 분명히 경고하셨다. 저주의 말씀까지 마다하지 않으시고 속지 말라고 거듭 가르치셨다눅6:24-26. 사도 요한도 같은 경고를 들려준다요일2:15-17. 세상이나 세상에 있는 것을 향한 사랑은 하나님 아버지의 사랑과 공존할 수 없다. 세상을 사랑하면 하나님하고는 원수가 된다약4:4. 세상은 사라질 것이지만 아버지의 사랑과 그 사랑을 가진 사람은 영원할 것이다.

근세의 천주교 학자인 라피데Cornelius à Lapide, 1567~1637년는 『사도행전』 주석에서, 신학자 토마스 아퀴나스가 교황청으로 가서 교황 인노센치오 4세를 만났던 이야기를 전한다. 교황이 아퀴나스에게 교황청에 가득 쌓인 보물을 보여 주면서 "이제 베드로나 요한처럼 은과 금 나 없다는 이야기는 못 하겠지?" 하고 자랑하자, 아퀴나스가 "예 맞습니다. 하지만 예수 이름으로 일어나 걸으라는 말도 못하게 되었습니다" 하고 대답했다는 이야기다. 금은보화도 많이 갖고 영원한 권능도 부릴 수 있다면 참 좋겠지만, 안타깝게도 하나를 집었으면 다른 하나는 내려놓아야 한다.

가시는 메마른 땅에도 나고 우리 마음에도 난다. 아니, 세상에 죄가 들어

온 이후 사람들의 마음은 온통 가시덤불로 뒤덮여 있다. 그런 메마른 마음은 가짜 번영에 속아 참된 번영은 놓치고 만다. 그런 마음은 이내 행동이며 삶으로 나타나는데, 주님께서 말씀하신 그대로 무화과나 포도를 맺지 못하는 가시와 엉겅퀴 같은 삶이다마7:16. 무엇이 열매인지는 산상수훈에서 거듭 말씀하셨다. 모든 것을 주시는 하나님을 굳게 믿고 하나님 나라의 원리대로 사는 삶이 열매를 맺는 삶이다. 주님께서 황금률로 가르치신 것처럼 다 주시는 하나님을 믿고 사람들에게 부지런히 베푸는 그런 삶이다마6:33, 7:7-12. 간단히 줄이면, 오래전 아브라함에게 들려주신 '의와 공도'다. 이스라엘 백성에게 기대하셨던 공의, 공평, 자비다. 주님께서 오셔서 새롭게 주신 "서로 사랑하라"라는 계명이다요13:34.

성경 다른 곳에서도 열매 없는 삶을 가시와 엉겅퀴에 비긴다. 한 번 주님을 믿었다가 배반한 사람들의 행동을 두고 가시와 엉겅퀴를 내는 밭이라 하였다히6:1-8. 예수 그리스도를 구주로 고백만 해 놓고 그 믿음에 걸맞은 삶을 살지 않는 것은 예수 그리스도를 다시 십자가에 못박아 욕보이는 일이다. 참된 그리스도인들은 이들과 달리 쓸모 있는 먹는 채소를 내어야 한다. 그것이 어떤 삶인지 같은 본문에서 이어서 설명이 나온다. '행동' 곧 '하나님의 이름으로 성도를 섬기는 사랑'이다히6:10. 선을 행하는 성도의 교제로서 하나님께서 기쁘게 받으시는 제물이다히13:16. 지난날 이 땅의 번영을 추구하던 자들의 제물을 하나님께서는 싫다고 거부하셨다. 이웃의 것을 빼앗으면서 하나님께 제물을 드리는 것을 가증한 행위로 여기시고 꾸짖으셨다사1:10-14. 하나님을 믿고 하나님 명령대로 서로 사랑하는 그런 삶이야말로 하나님께서 기뻐 받으시는 참된 제물이 된다.

가시는 마음에 난다. 마음은 밭이다. 지난날 이스라엘 백성이 하나님을 거역했을 때 하나님께서 하늘을 닫아 비를 안 주셨고 땅에는 가시와 엉겅퀴가 났다. 그때 하나님께서는 백성들에게 회개를 촉구하시면서 가시덤불을 갈아 엎은 다음 파종하면 비를 주겠다 약속하셨다렘4:3, 호10:12-13. 그렇게 밭을 가는 것을 성경은 '마음의 가죽을 베는 것'이라 하는데렘4:4, 곧 '회개'를 가리킨다신10:16, 롬2:29. 죄를 끊고 의의 삶을 사는 것이다호10:12. 우리는 은혜를 받았다. 최상급 포도밭이다사5:1-2. 좋은 포도밭을 버려 두어 가시덤불이 덮이게 만드는 자는 지혜로운 사람이 아니다잠24:30-32. 이것이 열심히 일해 부자가 되라는 말씀이 아니라 하나님을 바로 믿고 순종하라는 말씀이다. 그렇게 하여 가시를 멀리하는 것이 영혼을 지키는 길이다잠22:5, 15:19. 필요대로 다 주시는 하나님을 믿고 하나님의 명령만 열심히 지키면 그것이 바로 번영이다. 이 땅 사람들은 이해하지 못하는 하늘의 영원한 번영이다.

번영했던 두 사람

이 땅의 번영에 속아 넘어간 사람을 주님께서 비유에서 둘 소개하셨다. 하나는 어리석은 부자다눅12:13-21. 어떤 부자가 있었는데 땅이 얼마나 많았는지 엄청난 수확을 거두었다. 지금 있는 창고에 다 넣을 수 없을 정도로 많았다. 하여 창고를 헐고 더 크게 지은 다음 거기에 곡식과 재산을 쌓아 두기로 하였다. 그러면서 "영혼아 많이 쌓아 두었으니 마음껏 먹고 마시고 즐기자" 하며 좋아하였다. 그런데 주님께서는 물으시기를, 그날 밤 하나님께서 "어리석은 자여" 하시며 그 사람의 영혼을 거두어 가신다면 어떻게 되겠느냐 하셨다. 이미 부자다. 거기다 엄청난 재물이 더 생겼다. 그런데 그 부자는 이웃과 나눌 생각은 꿈에도 하지 않았다. 집도 땅도 끝없이 소유하고 싶어 했던 지난날 이스라엘의 부자들처럼 자기 자신을 위해 끝없이 쌓아 두고 싶었을 뿐이다.

창고를 신축하면 경제가 살아나고 고용 촉진을 통해 낙수효과도 제법 나타날 것 같은데, 주님께서는 거기에는 관심조차 안 주시고 그저 그 부자를 어리석다 하신다. 왜 어리석은지 따로 설명하실 필요는 없었다. 재물은 사람의 생명을 지켜주지 못한다눅12:15. 돈이 아무리 많아도 안 죽을 수는 없다. 죽은 다음에는 하나님의 심판대 앞에 서야 할 터인데, 그렇게 쌓아 둔 그 재물이 나에게 불리한 판결을 내릴 것이다약5:3. 우주보다 더 소중한 것이 생명인데 알량한 재산 조금 지키려다가 제 생명을 잃고 말았으니 어리석다마16:26. 하나님을 의지하고 이웃을 사랑했더라면 이웃뿐 아니라 자신한테 얼마나 좋았겠는가. 그 부자는 번영의 속임수에 넘어간 전형적인 경우다.

주님께서는 하나님 보시기에 부요해야 한다 말씀하신다눅12:22-34. 어떤 것이 하나님 보시기에 부요한 것일까? 창고 하나 없는 까마귀도 하나님께서 기르신다. 그런 하나님을 아버지로 둔 사람이라면 먹고살 걱정일랑 다 잊고 그저 하나님 나라의 원리대로 살아야 한다. 하나님 나라의 원리는 언제나 같다. 부가 제한된 세상에서 모두와 더불어 나누며 사는 것이다. 너와 내가 서로 도우며 함께 '사람답게' 사는 것이다. 거대한 창고를 지어 쌓아 놓는 대신 사람들에게 나누어 줌으로써 "낡아지지 아니하는 배낭"을 만드는 것이다눅12:33-34. 엘리멜렉처럼 다 챙겨 떠나지 말고 보아스처럼 나누며 함께 살아야 한다. 마음을 하늘에 둔 사람은 그렇게 보물도 하늘에 쌓는다. 그렇게 할 때 하나님 보시기에 부요한 사람이 되어 이 땅의 재물에 속아 넘어가지 않을 수 있다.

또 다른 부자는 여섯 형제의 맏이였던 사람이다눅16:19-31. 대궐 같은 집에서 고급 옷을 입고 기름진 음식 먹으며 날마다 즐겼다. 그런데 그 집 대문에는 나사로라는 거지가 아픈 몸을 누인 채 구걸을 하고 있었다. 그러다가 그 부자는 죽어 뜨거운 불로 고통을 받는 곳에 갔다. 나사로는 반대로 아브라함의 품에 안겼다. 이 땅에서 번영을 누리던 자는 영원한 파멸에 떨어지고 이 땅에서 고통을 받았던 나사로는 영원한 번영을 얻었다. 주님께서는 아브라함의 입을 통해 이 땅의 형편과 다음 생애의 형편이 백팔십도 뒤집어진다고 말씀하신다.

비유 후반부에서 예수께서 성경을 언급하신다. 그래서 보통 부자는 예수를 안 믿어 지옥에 갔고 나사로는 예수를 믿어 천국에 갔다고들 설명한다. 틀린 말은 아니다. 주 예수를 구주로 믿어야 구원을 얻는다. 하지만 주님의 요점은 믿었느냐 안 믿었느냐 하는 문제가 아니라 믿는 사람이라면 어떻게 살아야 하느냐 하는 데 있다. 병자요 거지인 나사로를 문간에 그냥 둔 부자의 삶 자체가 틀렸다는 말씀이다. 그런데도 사람들은 자꾸 부자의 삶이 문제가 아니라 불신앙이 문제였다며 믿음과 삶을 분리시키려 한다. 이유는 간단하다. 둘 다 갖고 싶기 때문이다. 그렇게 부자로 살아도 예수만 잘 믿었더라면 천국에 가지 않았겠느냐 생각한다. 주님께서는 이 비유를 통해 그것이 가능하지 않다고 말씀하신다.

죽어서도 동생들을 걱정한 것을 보면 이 부자는 나름 괜찮은 사람이었다. 말을 들어 보니 동생들도 아주 부자였던 모양이다. 살진 고기를 먹으면서도 온 집안이 화목했던 것 같은데 결국 저와 식구들만 챙긴 그것이 이 부자의 한계였다. 부자는 동생들에게 회개할 기회를 주고 싶었다. 지옥에서 성경공부를 따로 하지는 않았을 터이니 제 삶이 죄였다는 것을 진작부터 알고 있었다는 이야기다. 하나님 나라 백성이 살아야 할 경건한 삶은 세속에 물들지 않고 공평하게 의롭게 정직하게 바르게 사는 것일 뿐 아니라 불가피하게 생겨나는 고아와 과부 등 소외된 이들을 돌아보는 그런 삶이다약1:27, 갈2:10. 하나님의 구원의 은혜를 아는 사람은 더불어 살아야 한다고 성경은 처음부터 가르치고 있다.

두 부자 이야기의 교훈은 같다. 탐욕을 조심하라는 것이다눅12:13-15, 16:14-18. 탐욕은 이 땅의 제한된 것들을 내가 더 많이 차지하고자 하는 마음으로, 성경은 그것을 우상숭배라 부른다골3:5, 엡5:5. 자신은 풍성하게 누리면서 나사로에게는 겨우 따뜻한 밥 한 끼 먹이고 천국에 갈 수 있다고 생각한다면 이미 우상숭배를 하고 있는 것이다. 하나님 아닌 재물신을 섬기는 것이요, 하나님께서 안 된다 하신 것을 재물신의 도움으로 얻고자 하는 그릇된 욕망이다. 탐욕에 속아서는 안 된다. 성경은 탐욕의 우상을 섬기는 사람은 하나님의 나라를 상속받지 못한다고 분명하게 선언한다엡5:5, 고전6:10. 하나님의 나라는 하나님 보시기에 부요한 사람, 다시 말해 믿음이 부요한 사람이 물려받는다약2:5.

주님께서는 부자가 고통을 받던 곳과 나사로가 복을 누리던 곳 사이에는 큰 구렁이 있어 왕래가 불가능하다 하셨다. 다시는 바뀔 수 없는 영원의 운명을 그렇게 표현하셨는데, 이 말씀을 뒤집어 보면 이 세상에서는 옮기는 것이 가능하다는 뜻 아닌가! 죽고 나면 불가능하지만 살아 있을 동안에는 얼마든지 바꿀 수 있다. 주님께서는 마음의 밭을 얼른 갈라고 거듭 촉구하신다. 번영복음에 속아 창고를 증축하지 말고 참된 번영의 지혜부터 얻으라 하신다. 하나밖에 없는 인생 '잘살아야' 하지 않겠는가.

우리의 자유와 책임

인류 역사 초기에 싹을 틔운 가시와 엉겅퀴는 오늘도 바깥 벌판뿐 아니라 사람 마음에서와 또 너와 내가 모인 사회에서 무성하게 자라고 있다. 그래서 오늘도 세상에는 불의, 불평등, 부조리가 있다. 경쟁이 있어 승리자와 패배자가 나누어지는 세상, 가진 자가 그렇지 못한 사람을 억누르고 조롱하는 왜곡된 세상이다. 그런 세상에 우리 그리스도인들도 섞여 살면서 부자가 되기도 하고 권력이나 명예를 얻기도 한다. 같은 세상을 비슷한 모습으로 산다. 하지만 다른 원리로 살기에 그리스도인이 존재 가치가 있다.

그리스도인이 안팎에서 찔러 대는 가시덤불과 싸우면서 가져야 할 태도 가운데 첫째는 '자유'다. 그리스도인은 마귀의 노예가 되었던 삶에서 해방되면서 지금까지 마귀의 도구가 되었던 모든 것들, 곧 육체와 재물과 권세와 이 세상의 모든 것들에 얽매이지 않는 자유를 얻었다롬6:12-13, 고전8:6-8, 고후3:17. 그것들은 모두 이 땅에 속한 것들이요 머지않아 없어질 것들이다고전7:31, 약1:10, 요일 2:17. 이 모든 것은 공중의 권세 잡은 자가 장악하고 있는 것들이지만엡2:2-3 우리는 부활하신 그리스도와 함께 그보다 더 높은 하늘에 앉은 사람들이다엡2:6. 믿음 가운데 영원한 참된 번영을 이미 얻었다히11:1. 구름보다 높은 곳에 앉아 인생을 내려다보니, 한 톨 먼지를 더 가지려고 서로 아옹다옹 다투는 현장 아닌가. 번영복음은 우리가 그리스도 안에서 자유를 누리는 하늘나라로부터 우리를 끌어내려 다시금 노예로 만들 기회만 엿보는 못된 세력이다갈2:4, 5:1.

먹고 입고 마시는 것들은 다 이 땅에서 육신의 생존을 위해 필요한 것들이다. 잘 먹는다고 남보다 낫고 못 먹는다고 못한 것도 아니다고전8:8, 롬14:17. 재물을 비롯한 모든 것도 그저 빈손으로 와 빈손으로 가는 나그네 인생 살아가는 데 필요한 것들에 불과하다딤전6:6-8. 풍족해도 좋고 가난해도 좋다 하였던 바울의 자유, 바로 "능력 주시는 자 안에서 모든 것을 할 수 있는"빌4:11-13 그런 자유를 우리도 누릴 수 있어야 한다. 번영복음 전도사들은 이 구절을 돈을 얼마든지 벌 수 있다는 뜻으로 왜곡하지만, 바울은 이 구절로 어떤 환경에서도 감사하며 살아갈 수 있는 자유의 능력을 말하고자 했다. 그리스도인의 삶은 마치 희년을 즐기듯 이 세상으로부터 자유를 누리는 것이다.

그리스도의 제자라면 누구나 이 자유를 누려야 하겠지만마19:27, 눅14:33 이런 자유를 가장 극적으로 보여 주는 사람은 삭개오다눅19:1-10. 삭개오는 통상의 관문 여리고의 세금 책임자로서 부자였다. 돈을 의지하며 닥치는 대로 모아 부자가 되었지만 주님을 만난 순간 돈으로부터 자유를 얻었다. 그래서 재산의 절반을 가난한 자들에게 주기로 했다. 부당한 방법으로 갈취한 재산은 율법이 규정하는 대로 네 배로 갚아 주겠다고 주님께 약속드렸다. 삭개오의 자유는 그가 얻은 구원을 보여 주는 분명한 증거였다. 물론 번영복음 전도사들은 삭개오가 그렇게 바친 결과 나중에 더 부자가 됐을 것이라는 식으로 사람들을 구슬릴 것이다.

자유를 얻은 만큼 우리는 이 땅의 것들에 대해서 또한 가치중립價值中立이 된다. 번영복음은 돈을 '축복'이라 부르고 가난을 저주라 보지만 돈의 유무는 복도 저주도 아니다. 수고해 얻은 대가는 값진 반면 부정한 방법으로 얻은 돈은 수치다. 어리석은 두 부자처럼 돈 때문에 영혼의 감각을 잃고 멸망으로 간다면 그런 돈은 저주일 뿐이다딤전6:9-10. 가난 역시 내 게으름이나 사치, 낭비, 도박의 결과라면 저주가 맞다. 하지만 대물림했거나 질병이나 장애 등의 이유로 생긴 가난이라면 그것은 사회가 지원해야 할 대상일 뿐 복도 저주도 아니다. 머리, 외모, 재산 등 부모에게 물려받은 것들도 그 자체로는 가치중립이다. 그것을 어떻게 사용하느냐에 따라 복이 될 수도 있고 저주에 빠질 수도 있다. 모든 것은 자유인인 나에게 달렸다.

그리스도인에게 '돈'은 그럼 무엇인가? 한마디로 '책임'이다. 사람들이 추구하는 권세나 명예도 마찬가지다. 이 땅을 성실하고 정직하게 살다 보면 돈, 권력, 명예, 인맥 등이 생긴다. 이것들은 복이 아니라 책임이다. 이 책임을 어떻게 수행하느냐에 따라 복이 될 수도 있지만 반대로 저주가 될 수도 있다. 가지는 순간, 다시 말해 내 재량권 안에 들어오는 순간 기억해야 할 말씀이 있다.

> 무릇 많이 받은 자에게는 많이 요구할 것이요 많이 맡은 자에게는 많이
> 달라 할 것이니라눅12:48

자유는 책임이다. 사랑의 노예가 될 책임이다갈5:13. '무릇'이라 옮긴 말의 원어는 '모든 사람'이다. NIV는 "everyone모든 사람"으로 옮긴다. 무엇이든 맡았으면 책임을 져야 한다. 이 말씀을 마음에 새기면 내 재물로 하나님께 영광을 돌릴 수 있다. 이 말씀을 잊는다면 내 재물은 말로 다할 수 없는 재앙이 되고

말 것이다. 하나님의 영광을 위해 재물을 맡아 관리하는 것은 그 재물로 번영을 누리는 것과 하늘과 땅처럼 다르다.

그리스도인은 창조의 선함을 아는 사람들이다. 자연도 그렇지만 사람의 삶 역시 의식주 같은 기본적인 삶에서부터 문학, 과학, 언어, 음악, 미술, 연극, 영화 등에 이르기까지 창조주의 권능과 영광으로 충만하다. 그런 세상을 우리는 열심히 살아간다. 몸 바쳐 우리를 구속하신 그 사랑을 알았기에 우리 역시 자칫하면 죄의 도구가 될 수도 있는 것들을 부지런히 건져 내어 주께 영광 돌리는 도구로 바친다엡5:16, 롬6:12-13. 자유인으로 그렇게 열심히 살다 보면 이 땅에서 말하는 번영을 누리기도 한다. 열심히 공부해 좋은 대학에도 가고 좋은 직장에 취직도 한다. 사랑이 넘치는 다복한 가정을 만들고, 자기 영역에서 값진 성취를 이루어 이름을 내고, 또 돈을 많이 벌기도 한다. 그렇지만 그리스도인은 잊지 않는다. 모든 좋은 것이 하나님께로부터 오지만 이 세상은 여전히 죄 가운데 있다는 사실과, 또 우리에게 주어진 모든 좋은 것은 사람들이 부러워하는 번영도 아니고 거짓 전도사들이 떠드는 축복도 아니라 그저 하나님께서 우리에게 맡기신 큰 '책임'이라는 사실을 늘 기억한다.

쉽지 않은 책임이다. 돈이든 권세든 명예든 남보다 많이 가졌다면 책임을 먼저 생각해야 하고 또 적게 가진 자들과 나누는 일을 잊지 말아야 한다. 가진 내가 앞장을 선다면 그만큼 영향력이 클 것이다. 균등한 사회로 가는 길은 여러 가지다. 가지지 못한 자들이 투쟁을 하거나 이론을 앞세워 논쟁함으로써 사회에 압력을 가하는 것으로도 결국은 보다 고른 사회로 이어지겠지만, 투쟁이나 논쟁으로 말미암은 갈등은 후유증도 만만찮다. 미움이나 질투가 동력이 될 때는 그 결과도 차가울 수밖에 없다. 하지만 그리스도인이 자신이 가진 것을 먼저 나누며 사회의 공평함을 추구한다면, 그런 사랑의 행동은 지역사회와 온 나라를 따뜻하게 데워 줄 것이다. 내 삶이 그런 열매를 맺을 때 세상의 악을 이기는 형통과 보람을 맛본다.

자본주의의 최대 약점을 보통 빈익빈貧益貧 부익부富益富 현상이라 본다. 가진 자는 더 부자가 되고 없는 사람은 더 가난하게 되는 모순이다. 뉴턴이 발견한 만유인력의 법칙이 여기도 적용되는 듯 가진 양이 클수록 잡아당기는 힘도 커진다. 대형교회로 교인이 모이는 것도 같은 원리다. 그런데 뉴턴이 관찰한 이 과학적 현상에 대해 성경과 신학은 이유까지 제공한다. 잡아당기는 힘은 다름 아닌 사람의 욕심, 곧 마음에서 자라는 가시와 엉겅퀴다. 돈의 힘이 아니라 탐욕의 힘이다. 있는 놈이 더하다는 속담처럼 돈이 많아질수록 탐욕도 커지고 잡아당기는 힘도 세진다. 그리스도인이 사회를 이해할 때는 이 힘의 존재를 알아야 한다. 법이나 제도를 만들거나 고칠 때도 이 힘이 너무 강해지지 않도록 조치함으로써 가급적 많은 사람이 최대한 골고루 나눌 수 있게 해야 한다. 우리가 본이 되는 일이 물론 앞서야 한다. 가진 것이 많아 잡아당기는 힘이 남보다 셀 것 같은 사람이 주 예수의 은혜로 자유를 얻어 오히려 사람들에게 나누어 준다면, 우리 사회를 아프게 하는 탐욕의 힘도 그만큼 줄어들 것이다.

이 책임은 무거운 것일 뿐 아니라 적지 않은 위험부담이 따른다. 믿는 우리 마음에도 탐욕의 가시덤불이 조금이나마 아직 자라고 있기 때문이다. 돈, 권력, 명예는 그 가시의 성장을 촉진하는 고성능 비료가 될 수 있음을 잊지 말아야 한다. 성경은 돈을 사랑하는 것이 지극히 많은 악의 뿌리라 경고한다딤전 6:10. 한두 번 돈맛을 보다가 노예로 전락할 수 있음을 잊어서는 안 된다. 그러니 이 땅의 것을 우선 많이 가진 다음 그것으로 주께 영광을 돌리겠다는 꿈은 참으로 위험천만한 것이다. 많은 돈을 맡아 책임을 잘 감당한 사람은 성경의 인물 가운데도 보아스룻2-4, 고넬료행10, 루디아행16, 가버나움의 백부장마8 등 손에 꼽을 정도다. 미리 잘 따져 보라 하셨다눅14:28-33. 루디아처럼 멋진 사업가가 되어 주께 영광을 돌리겠다는 시도 자체가 어쩌면 이미 내 욕심의 왜곡된 표현일 수 있다. 안타깝게도 그 사실을 스스로 입증해 버린 사업가가 한국 교회에도 적지 않다. 허황된 꿈을 꾸지 말라는 야고보 사도의 경고를 귀담아 들어야 한다약4:13-5:4.

십자가를 지는 삶

주님께서 우리를 어두운 이 세상에 두신 뜻은 빛을 비추라 하심이다. 빛이신 주님을 믿는 우리는 다 주님의 빛을 가져 그 빛으로 세상을 밝힐 책임을 맡았다마5:13-16. 그렇게 빛을 비추어 하늘 아버지께 영광을 돌리는 것이 우리 그리스도인의 으뜸 존재 목적이다.

나눔으로써 빛을 비출 수 있다. 세상은 더 가지고자 한다. 탐욕의 후손인 까닭이다. 하지만 우리는 하나님의 말씀을 통해 그것이 죄라는 것을 알았고 주 예수의 십자가의 능력으로 그 욕심을 이길 수 있게 되었다. 그리스도의 이름으로 행하는 이 땅의 수많은 구제와 자선은 하나님의 빛을 비추는 아름다운 일이다. 우리는 또 방법에 집중함으로써 빛을 비출 수 있다. 세상은 돈이 궁극적인 목표인 까닭에 그것을 얻기 위해 수단방법을 가리지 않는다. 그럴 때 그리스도인은 정직, 성실, 공평 등의 바른 원리를 추구하고 제도와 법도 그런 원리에 입각해 세움으로써 방법이 목표보다 더 소중함을 사람들에게 보여 줄 수 있다. 만나를 먹는 것 그 자체보다 바르게 먹는 방법이 더 중요했던 것에서 보듯 그리스도인들에게는 사실 옳은 방법이 그 자체로 참된 목표다.

그런데 이런 두 가지는 세상도 따라한다. 모세가 지팡이로 뱀을 만들었을 때 이집트 술사도 따라했다출7:11-12. 우리도 나누지만 하나님의 구원의 은혜를 모르는 사람들도 나눈다. 구제도 하고 선행도 하여 언론에 오르내린다. 그 선행을 활용하여 더 많이 가지겠다는 추악한 위선도 없지 않겠으나 인간의 기본 양심에서 우러나오는 아름다운 행동도 많다. 목표보다 방법에 치중하는 것 역시 세상도 따라한다. 정직이나 성실은 자연의 능력인 양심으로도 얼마든지 추구할 수 있는 가치이기 때문이다.

자유는 어떨까? 구름보다 더 높이 사는 그리스도인의 자유를 보여 주면 세상을 제대로 밝힐 수 있지 않을까 싶은데, 그것도 세상이 이미 흉내를 냈다. 우리 조상들도 재물 없음을 즐기는 안빈낙도安貧樂道의 원리를 알았다. 불교에서도 공수래공수거空手來空手去를 바울보다 먼저 가르쳤다.

사실 이런 방법들을 최대한 잘 활용하여 이룩할 수 있는 이상적인 사회는 오늘날 덴마크, 노르웨이, 스웨덴 등 북유럽의 복지국가 정도일 것이다. 사회주의 원리에 따라 골고루 나누어 모든 국민이 혜택을 누린다. 행복도도 세계 최고의 수준을 자랑한다. 하지만 이런 행복은 참된 복은 아니다. 구원을 모른다면 이 땅을 행복하게 살아도 마지막은 영원한 파멸로 가고 만다. 우리가 비추어야 할 빛은 정의, 공평, 평등, 자비의 빛 이전에 주 예수 그리스도를 통한 생명의 빛이다. 하나님께서 이 땅의 번영을 제한하시면서 약속하신 참된 번영이다. 영원한 그 번영을 가능하게 하시는 하나님의 아들을 세상에 알리는 것이 참된 빛을 비추는 일이다. 그렇기에 이집트 술사가 따라할 수 있는 정도의 능력이 아닌 홍해를 가를 정도로 강력한 능력, 곧 살아 계시는 창조주 하나님의 능력, 우리를 위해 독생자까지 아끼지 않으신 사랑의 하나님의 능력이 아니고서는 불가능한 그런 강력한 빛을 비추어야만 한다. 남들이 다 하는 그것 말고 주님께서 말씀하신 "남보다 더하는 것"이 있어야 한다마5:47.

방법은 똑같다. 불신자들도 흉내 내는 그 방법을 우리도 쓴다. 정직하고 성실한 삶을 살되 그 결과로 얻게 된 돈과 권세와 명예를 이웃과 최대한 나누는 방법이다. 차이가 있다면 우리를 우리답게 하는 것, 곧 하나님의 구원이다. 독생자를 보내신 하나님의 사랑, 우리를 위해 십자가를 지신 주 예수 그리스도의 은혜, 그 은혜로 오늘도 제대로 살게 하시는 성령의 능력이다. 우주의 주인이신 하나님을 아버지로 모신 우리의 신분이 우리 삶을 다르게 만든다. 우리에게 영원한 생명을 약속하시고 성령을 선물로 주신 하나님의 신실하심이 오늘 우리로 하여금 세상이 흉내 낼 수 없는 참사랑을 실천하게 한다. 그리스도인의 차별성은 곧 하나님의 구원의 은혜를 안다는 차별성이다. 이 땅 너머에 있는 영원한 참된 번영을 알고 믿는 사람으로 살아가는 삶은 이 세상밖에 모르고 사는 삶과 결국은 차이를 보일 수밖에 없다.

우리가 말씀을 원색적으로 실천하면 고난이 당연한 결과로 오게 된다. 세상과 다른 가치관을 실행하기에 고난이 오고 또 말씀대로 살면 이 땅의 것들이 주는 혜택에서 멀어지기 때문에 또 고난스럽다. 그것이 바로 주 예수의 제자로서 십자가를 지는 삶이다. 우리가 다 테레사 수녀처럼 살아야 한다는 것은 아니다. 우리가 감당해야 할 고난은 오늘 우리의 삶, 곧 우리가 날마다 살아가는 일상의 삶에 있다. 밥 먹고 잠자고 일 나가고 자녀 기르고 사람 만나는 평소의 삶을 하나님의 은혜에 입각해 철저하게 사랑 하나로 한다면 우리 삶에는 당연히 고난이 올 것이다. 그런 고난에도 불구하고, 아니 그런 고난 중에서도 감사하면서 우리가 사랑의 삶을 계속 살 때 사람들은 우리 속에 있는 소망의 이유에 대해 물을 것이고, 우리는 하나님께서 우리에게 기대하시는 빛의 역할을 제대로 감당할 수 있다벧전3:15.

이 땅의 번영을 추구하지 않는 삶도 쉽지는 않다. 돈이 위험하기는 해도 돈 없이 사는 것이 쉬운 일은 아니다. 거지에다 몸마저 아파 할 수 있는 일이 아무것도 없었던 나사로는 참으로 힘든 생애를 살았다. 나사로가 받은 고통은 오래전 하나님께서 이 땅에 내리신 가시와 엉겅퀴의 저주가 가장 극렬하게 나타난 경우다. 건강도 재물도 행복한 가정도 남들이 다 가져가고 나는 아무것도 없다. 하지만 그런 힘든 상황에서도 끝까지 하나님을 믿고 의지하여 아브라함의 품에 안겼으니 정말 위대한 믿음이다.

나사로의 삶에서 우리는 이 땅의 번영에서 소외된 자의 복에 대해 생각해 볼 수 있다. 가시와 엉겅퀴에 담긴 긍정적인 뜻이다. 사람들 마음에 나는 가시와 엉겅퀴가 참된 번영의 길을 가로막는다면, 믿음의 사람이 현실의 삶 가운데서 겪는 가시와 엉겅퀴는 이 땅의 헛된 번영의 길을 막음으로써 오히려 영원한 번영을 바라보게 만든다. 바울이 자신을 괴롭히던 문제를 '가시'라 부른 것도 가시의 이런 기능과 무관하지 않다고후12:7. 주인께서 가라지를 즉각 제거하지 않고 심판 때까지 놓아두시는 것 또한 당신의 알곡들을 위한 배려다마 13:29. 우리 삶에서 고난이 갖는 참으로 긍정적인 뜻이다.

5. 우리 시대의 교만

다시 하나님처럼

세상은 옛 세상 그대로다. 사람도 어제나 오늘이나 똑같다. 지난날 에덴의 두 사람을 사로잡았던 교만이 우리 시대 사람들도 여전히 장악하고 있다. 사람들의 마음은 오늘도 가시와 엉겅퀴로 뒤덮여 있다. 번영복음은 앞으로도 번영을 구가할 것이며 가난한 사람들도 변함없이 우리와 함께 있을 것이다신 15:11, 마26:11, 요12:8.

우리 시대의 교만은 하나님의 은혜를 모르는 것이다. 오늘날 번영복음은 물질적인 풍요 가운데 나날이 번영하고 있다. 현대 번영복음의 원산지인 미국은 지난 세기 엄청난 경제 발전을 이루어 지금은 세계 초강대국이 되었다. 우리나라도 지난 수십 년 동안 고도성장을 이룬 결과 지금은 세계에서 잘사는 나라에 속하게 되었다. 한국교회도 라오디게아교회처럼 이제 잘 먹고 잘 입고 잘 노는 시대를 맞이하였다. 그렇지만 급성장의 후유증이 크다. 그 성장을 부추긴 사상적 배경이 번영복음이라서 더 그렇다. 가진 자들이 뒤틀어 놓은 제도적인 모순도 크게 작용했다. 헬Hell조선! 소수의 가진 자들은 행복을 구가하고 그렇지 못한 다수는 상대적 박탈감 가운데 온갖 한계와 억압을 떠안아야 하는 우리 사회는 번영복음이 가진 근본 문제를 극명하게 보여 준다.

감사가 없는 시대다. 가진 자들은 제 수고로 얻었다고 생각해 그렇다. 시간과 노력을 들이는 것으로 모자라 하나님을 애써 무시하며 양심도 속이고 폭력도 써서 얻는다. 가지지 못한 이들은 감사할 것이 아예 없다고 한다. 남들에게는 풍성하게 주시면서 유독 나한테만 안 된다 하시는 하나님 아니냐고 한다. 그런 양 극단이 공존하는 나라에 개신교 인구가 가장 많다. 교회 대표라는 사람들이 그것을 또 자랑삼아 들먹인다. 벌거벗은 것을 자랑하는 부끄러운 무감각증이다계3:17.

은혜를 모르는 마음은 하나님처럼 되려는 욕심과 이어져 있다. 현대인들도 오래전 하나님 자리를 넘본 조상들의 마음을 그대로 간직하고 있다요8:44. 그런데 인류 역사만큼 긴 이 욕심이 지난 몇 세기를 거치면서 새로운 동력을 얻었다. 근세 이후 높아진 인권 덕분이다. 노예제나 성차별 등 부당한 억압을 제거하는 일에는 성경도 일조했지만 오늘날 인권이 높아지는 데는 하나님을 부인하는 수많은 이론이 큰 역할을 했다. 창조주를 잊어버린 세상에서는 피조물의 으뜸인 사람이 최고 위치를 누리게 되어 있다.

현대의 번영신학도 우상을 섬긴다. 우리 시대의 우상은 '우주의 신'이다. 바탕은 힌두교에서 온 범신론이다. 창조주와 피조물을 구분하지 않고 사람을 신의 일부, 신의 현현, 신의 본질로 높인다. 사람이 생각하고 행하는 모든 일이 신이 수행하는 창조의 사역이다. 과거의 번영신학도 하나님 아닌 다른 신을 섬겼지만, 오늘날 미국과 한국 그리고 세계 곳곳의 교회를 사로잡고 있는 번영신학은 그 어느 신보다 사람을 높이고 대우해 주는 신을 골랐다. 피조물 신분을 벗고 조물주와 어깨를 나란히 함으로써 인류의 오랜 숙원을 풀었다. 이제는 지난날처럼 굶어죽지 않게 해 달라고 신에게 빌지 않는다. 풍요의 노래도 내가 직접 후렴까지 부른다. 항상 있어 온 교만이지만 오늘날의 교만은 과거와 격을 달리한다.

뒤집힌 신구약 순서

하나님의 말씀을 무시하는 교만 역시 우리 시대에 넘쳐난다. 일반 학문의 발전 덕에 신학도 눈부신 발전을 이룩하여 이론과 사상으로 무장을 했다. 그런데 거짓 이론을 드러내 내쫓고 하나님의 말씀으로 교회를 보호해야 할 신학이 거꾸로 번영신학의 발전을 부추겨 교회를 타락시켰다요일4:1, 제2:2. 교회에 거짓 선지자들이 많이 들어왔기 때문이다갈2:4, 유1:4. 오늘날 거짓 선지자들이 주로 이용하는 방법은 크게 두 가지다. 하나는 신구약의 관계를 뒤집는 방법이고, 다른 하나는 성경의 핵심 교리를 곡해하여 말씀의 엄중함을 약화시키는 방법이다.

하나님의 말씀 성경은 신약과 구약 두 권으로 이루어져 있다. 그런데 구약은 내용이 희미하고 또 우리 영의 눈도 허약하여 신약의 안경을 쓰지 않고서는 제대로 깨달을 수가 없다. 시기적으로는 물론 구약이 먼저다. 게다가 구약의 약속을 모르고는 신약의 성취도 명확하게 이해할 수 없다. 하지만 성경을 읽을 때는 그런 역사적, 논리적 순서와 다른 진리 발견의 순서가 있다. 신약 성경에서 하나님의 아들로 오신 구주 그리스도를 만나는 것이 첫째요, 주님 당신의 손을 꼭 붙잡고 구약으로 가야 구약의 뜻도 제대로 파악할 수 있다. 그리스도를 모르고 구약을 읽으면 우리 마음을 덮은 수건이 벗겨지지 않을 것이다고후3:14. 성경을 외국처럼 '구, 신약'이라 하지 않고 '신, 구약'이라 부르는 우리말 표현은 신학적으로 참 멋진 어법이다.

그런데 구약을 먼저 보고 그것으로 신약도 푸는 풍조가 교회에 만연해 있다. 사실 신약을 잊은 채 구약만 읽어도 술술 풀리는 것 같다. 일반 상식으로 풀기 때문이다. 하나님의 특별 계시지만 자연 상태의 종교나 역사와 닮은 점도 많은 구약성경을 그런 상식으로 풀고, 그것을 갖고 신약으로 건너와 신약마저 억지로 푸는 것이다. 말이 좋아 상식이고 자연이지, 사실 그런 해석의 숨은 동력은 사람 마음에 자리 잡고 있는 욕심이다. 우리 속에 있는 탐욕이 하나님의 말씀 성경을 자연과 상식의 수준으로 풀게 만들고 그렇게 억지로 푼 결과를 갖고 더욱 분명한 계시인 신약성경까지 왜곡하는 것이다. 구약을 읽을 때 마음을 덮었던 수건이 신약을 읽을 때도 그대로 우리 마음을 덮어 버린다. 이유는 간단하다. 우리가 아직 주께 돌아가지 않았기 때문이다고후3:16. 구주 예수님께서 신구약 전체의 주인이심을 고백하는 신자의 눈만이 주님의 구원의 말씀을 제대로 읽을 수 있다요6:39, 눅24:27, 요20:30-31, 벧전1:8-12.

신약성경도 구약 못지않게 하나님께서 풍성하신 분이심을 강조한다. 풍성, 부요 등의 표현은 훨씬 더 많이 나온다. 재물 또는 부자를 가리키는 말과 같은 말이다. 그런데 그 모든 풍성함이 이 땅의 번영과 무관한 하늘의 번영이다. 육의 번영 아닌 영의 번영이요, 현세의 일시적 번영이 아닌 내세의 영원한 번영이다. 창조주시고 구세주이신 하나님의 영광이 풍성하고엡3:16, 골1:27, 빌4:19 우리를 향한 하나님의 은혜가 풍성하다엡1:7, 2:7, 롬10:12. 하나님께서는 지혜와 지식이 풍성하시며롬11:33 인자하심, 용납하심, 길이 참으심이 풍성하고롬2:4 무엇보다 긍휼에 풍성하신 하나님이다엡2:4, 롬9:23. 하나님의 풍성함은 또한 그리스도의 풍성함이기도 하다고후8:9, 엡3:8, 딤전1:14.

하나님께서는 당신의 부요를 우리에게 베풀어 주신다. 우리는 그리스도의 말씀을 풍성히 가지고골3:16 성령을 풍성하게 받으며딛3:6 그리스도를 아는 지식이 풍성해지고빌1:9 그리스도께서 주시는 생명을 풍성하게 얻는다요10:10. 그런 우리는 믿음약2:5, 사랑살후1:3, 소망히6:11을 풍성하게 갖추고 섬김을 위한 은 사도 풍성해진다고전14:12. 모두가 하늘에 속한 것들이다. 하나님께서 주시는 풍성하고 부요한 것 가운데 재물이나 권세나 명예나 건강 같은 이 땅에 속한 것은 조금도 들어 있지 않다.

그런데도 구약을 뚝 잘라내어 갖고 와 신약의 맥락을 뒤트는 것이다. 본문은 "하늘에 속한 신령한 복"엡1:3을 읽어 놓고 정작 설교에서는 돈 주시고 승진시켜 주시고 합격시켜 주시고 일등하게 해 주시는 하나님을 소개한다. 믿음의 조상 아브라함은 재산이 많았다. 아들 이삭 및 손자 야곱도 거부였다. 그러니 구약 시대에 하나님께서 복이 무엇인지 가르치시기 위해 많은 재산을 주셨다는 주장도 일리가 있다. 구약에는 부와 귀 그리고 장수 등 이 땅에서 얻는 좋은 것들을 하나님의 복으로 말하는 구절도 많다. 그렇지만 신구약 순서를 뒤집으면 안 된다. 믿음의 조상에 대해 말하는 신약성경은 족장들의 재산에 대해 단한 번도 언급하지 않는다. 오히려 이 땅을 타국으로 여기고 하나님께서 마련하신 하늘의 본향을 사모하며 평생을 살았다고 가르친다히11:8-16. 아브라함 소유의 땅이라고는 죽은 아내를 묻기 위해 구입한 매장지 하나였는데, 그것도 자신이 가나안 민족이 아님을 명확하게 하려고 구입했을 따름이다. 그런데 아브라함을 '믿음의 조상'이라 하면서 거대한 재산이나 광대한 부동산과 연결시키는 목사가 참 많다.

욥의 경우는 정신 안 차리면 오해하기 꼭 좋다. 하나님을 그렇게 잘 섬기던 사람이 재산도 엄청났으니 설교하기 참 좋은 주제다. 게다가 시험을 잘 참고 견디었더니 나중에는 이전의 두 배나 되는 재산을 받았는데 신약은 그것을 "주께서 주신 결말"이라 부른다약5:11. 이 정도면 번영복음의 멋진 결과 같겠지만, 아쉽게도 신약성경은 욥이 받은 두 배의 재산을 예수 잘 믿고 부자 된 증거로 말하지 않는다. 신약은 욥이 받은 보상을 이 땅의 삶을 믿음으로 잘 참고 견

딘 사람들이 주 예수께서 다시 오시는 날 받을 보상을 가리키는 것이라고 말한다약5:7-11. 이 땅의 번영을 거부한 이들에게 주시는 참된 번영의 증거라는 말씀이다.

히브리서 11장은 참된 믿음의 사람들은 구약 시대에 이미 번영복음을 거부하고 영원한 참된 번영을 바라보았음을 보여 준다. 모세는 당대 최고의 부귀영화를 누릴 수 있었지만 그리스도를 위하여 하나님의 백성들과 함께 고난 받는 쪽을 택하였다. 번영복음에 물든 사람들이 볼 때 모세는 어리석기 짝이 없는 사람이겠지만, 모세는 이 땅의 거짓 보화를 버리고 '더 큰 풍요'를 선택한 믿음의 사람이었다히11:24-26.

신약에서 주 예수를 만나 눈을 가린 수건부터 벗어던져야 한다. 그런 다음 구약을 읽어야 제대로 보인다. 잠언 말씀도 세상 사는 지혜 정도로 보지 말고 하나님 나라 원리에 맞게 다시금 풀어야 한다. "채소를 먹으며 서로 사랑하는 것이 살진 소를 먹으며 서로 미워하는 것보다 나으니라" 하였다잠15:17. 상식으로 풀면 음식 잘 먹는 육체적인 만족보다 서로 사랑하여 느끼는 정신적 만족이 중요하다는 뜻일 것이다. 가난한 마음에 행복이 있다는 안빈낙도 사상과도 통한다. 하지만 성경은 나 혼자의 삶으로 만족하는 그런 처세법을 가르치지 않는다.

하나님께서 내게 주신 것만으로 만족하는 경건은 가지지 못한 이들을 배려하는 경건으로 즉각 이어져야 한다딤전6:6, 약1:27. 먹을 것이 제한된 이 세상에서 살진 소를 먹으며 사랑을 할 수는 없다. 부자라면 사랑하는 온 식구가 소고기를 먹으며 행복할 수는 있겠지만, 우리 식구가 고기를 먹기 때문에 흔한 채소조차 먹지 못하는 사람이 생길 수 있고, 그렇게 되면 우리 가정의 행복도 하나님께 기쁨이 되지 못한다. 그러니 가정의 행복을 가르치는 구절도 아니다. 성경은 하나님의 나라 원리로 풀어야 한다. 주인공이신 그리스도를 제쳐 놓은 해석을 속히 제거해야 한다.

"가산이 적어도 여호와를 경외하는 것이 크게 부하고 번뇌하는 것보다 나으니라" 하였고잠15:16 "마른 떡 한 조각만 있고도 화목하는 것이 제육이 집에 가득하고도 다투는 것보다 나으니라"라고도 했다잠17:1. "적은 소득이 의를 겸하면 많은 소득이 불의를 겸한 것보다 낫다"는 말씀도 있고잠16:8 "의인의 적은 소유가 악인의 풍부함보다 낫도다"라는 말씀도 있다시37:16. 이런 구절을 상식으로 푼다면 올바른 방법으로 많이 버는 것이 최고일 것이다. 가산도 많고 여호와도 경외하는 삶이다. "의인의 집에는 많은 보물이 있어도 악인이 소득은 고통이 된다"라는 말씀도 있지 않은가잠15:6.

올바른 방법으로 많이 버는 것이 정말로 가능한지 따지는 것도 의미가 있지만, 그러나 그보다 앞서 많이 버는 그 자체가 옳은가부터 따져야 한다. 하나님의 구원의 은혜를 맛보았다면 말이다. 많이 벌어서 많이 구제하겠다 하는 것은 주기 위해 먼저 빼앗겠다는 식의 모순이다. 구약을 읽을 때도 그리스도께서 왜 오셔야 했는지를 기억해야 한다. '의인의 집에 가득한 그 보물'을 합법적인 방법으로 얻은 엄청난 수익으로 착각해서는 안 된다. 신약이든 구약이든 성경을 억지로 푸는 것은 멸망을 자초하는 일이다벧후3:16.

오늘날 교회를 장악하고 있는 번영복음의 실체를 알고 축출하기 위해서는 올바른 신학 훈련이 정말 시급하다. 구약을 상식으로 푼 다음 그것으로 신약을 왜곡하는 관행을 얼른 중단시켜야 한다. 하나님의 언약의 성취로 오신 주 예수 그리스도를 신약에서 만난 다음, 구약에서도 그리스도께서 주인공이심을 분명히 알고 구약에 접근해야 한다. 그런 점에서 구약성경의 독립성을 강조하는 최근의 풍조가 우려를 자아낸다. 학문적 자율성을 핑계로 성경의 주인공이신 그리스도께로부터 멀어질 가능성이 있기 때문이다. 구약학뿐 아니라 신약학, 교의학, 교회사, 실천신학 등 신학의 어느 분야든, 성경과 역사와 삶의 주인이신 그리스도를 중심에서 조금이라도 밀어 놓는 순간 캄캄한 어둠 속으로 빨려 들어가고 말 것이다. 최근 유대교의 번성으로 유대인 학교에서 공부하는 목사나 신학자가 많고 그 결과 그리스도 없는 구약해석이 복음주의 신학교 및 교회에도 깊이 스며들었다. 교회와 신학도 위험에 처했지만 번영복음과의 싸움도 더욱 어려워졌다.

말씀에 대한 에누리

우리 시대의 교만도 첫 인류의 교만과 모양이 닮았다. 특히 하나님 말씀을 제멋대로 에누리하는 점에서 그렇다. 하나님께서는 반드시 죽는다고 경고하셨지만 이 말씀을 정면으로 부인하는 뱀의 유혹에 넘어간 여자는 '정말 그럴까?' 하는 의심을 품고 말았다.

"결코 죽지 아니하리라"창3:4 이것으로 마귀는 거짓의 원조가 되었고 오늘도 수많은 사람들을 속이고 있다요8:44. 마귀는 살인자다. 마귀에게 속으면 죽는다. 그런데도 사람들이 속는 이유는 마음에 탐욕이 자리 잡고 있기 때문이다요8:44. 말씀을 가벼이 여기는 풍조가 우리 시대 교회를 덮고 있다. 말씀을 그대로 수용하지 않고 듣기 좋게 풀어서 받아들인다. 내 탐욕을 까발리지 않는 멋진 해석이다. 말씀은 넘친다. 설교의 홍수, 묵상의 범벅이다. 하지만 가볍다. 순종하지 않는다. 절대 안 죽는다는 마귀의 속삭임이 섞였기 때문이다.

부자가 천국에 들어가는 것이 낙타가 바늘귀로 들어가는 것보다 어렵다고, 한마디로 불가능이라고 주님께서 말씀하셨다마19:23-24, 막10:23-25, 눅18:24-25. 그런데 우리는 성경에서 보아스, 루디아, 고넬료, 백부장, 삭개오가 부자이면서 천국 백성이 되었다는 점에 주목한다. 주님 말씀은 완전히 불가능하다는 뜻은 아닐 것이라 기대하고, 결국 주님께서 과장법을 사용하셨다는 결론을 낸다. '바리새인을 건강한 사람이라 하실 때는 반어법을 쓰시고 씨 뿌리는 자의 비유에서는 점층법을 쓰시더니, 역시 주님께서는 수사법修辭法에도 달인이시구나!' 한다.

주님께서는 불가능하다 하시지만 우리는 얼마든지 가능하다 믿는다. 아니, 그렇게 믿고 싶은 이것이 우리 마음의 탐욕이고 우리 시대의 교만이다. 하나님께서만 하실 수 있는 일인데 우리도 할 수 있다 착각한다마19:26. 그래서 주님의 과장법을 최대한 과장해서 수용한다. 주님께서는 우리가 그렇게 똑똑한 사람이 되어 말씀을 희석시키기보다, 주님의 요점을 바로 알고 이 땅의 재물에 속지 않으려 몸부림치기를 바라신다. 그렇게 항상 기도하며 깨어 있지 않으면 방탕함, 술 취함, 생활의 염려 등으로 마음이 둔해지고 다시 오시는 주님을 영접하지 못할지도 모른다고 경고하셨다눅21:34-36.

한 번 믿은 사람이 구원에서 탈락할 수 있을까? 성경은 두 가지로 말한다. 하나님의 주권과 예정의 관점에서 본다면 하나님께서 한 번 부르시면 그 구원은 영원하다. 우리는 성도를 견인하심을 믿는다. 아무도 하나님의 사랑에서 우리를 끊을 수 없다롬8:28-30. 성경은 우리 구원의 확실성을 하나님의 신실하심에 근거하여 가르친다. 옳다. 우리 구원은 우리 믿음에 달려 있지 않고 하나님의 긍휼과 사랑에 달려 있다. 그렇지만 성경에는 반대의 표현도 적지 않게 나온다. 구원의 불변성만큼 많이 나오지는 않지만, 성경 곳곳에서 탈락 가능성을 언급하면서 조심하라, 정신 차리라 경고한다.

그런데 이런 경고를 그저 겁주시는 정도로 이해하려는 경향이 있다. 하나님의 주권적 예정을 강조하니 그럴듯해 보이지만, 이것은 사람이 책임져야 할 자리에 하나님의 주권을 갖다 놓는 오류다. 하나님께서 예정하시면 예수 안 믿어도 구원받는다는 식의 억지다. 실족하는 일이 있다고 주님께서 말씀하셨다마18:6-7, 눅17:1-2. 만약 실족하는 일이 없다면 연자맷돌을 목에 메고 물에 빠지는 것이 낫다 하신 주님 말씀은 농담이 되는가? 열매 맺지 않는 가지는 모조리 잘라 버린다 하셨다요15:2, 롬11:21. 불신자를 두고 하신 말씀이라 둘러대지만, 그렇다면 애초에 왜 '내게 붙어 있는 가지'라 하셨을까? 바울은 갈라디아 교인들을 믿음으로 인도한 자기의 수고가 그릇된 교리 때문에 물거품이 되지 않을까 걱정하였다갈4:9-11. 절대 탈락하지 않는다면 바울은 기우杞憂보다 더한 걱정을 한 셈이다.

탈락 가능성을 갖고 하나님의 신실하심을 흔들어도 안 되겠지만, 하나님의 예정을 근거로 심각한 경고 말씀을 무시하는 것도 잘못이다. 성경은 조심하라 한다. 정신 차리라 경고한다. 두려워하라 한다. 넘어질 수 있기 때문이다고전10:12. 떠내려갈 수도 있다히2:13. 마귀에게 먹힐 수도 있다벧전5:8. 배도의 길을 갈 수도 있고마18:15-17 진리를 떠날 수도 있고약5:19 이단사설異端邪說에 빠질 수도 있고딛3:10 하늘의 은사와 내세의 능력까지 맛보고도 타락의 길을 갈 수 있으니히6:4-6 몸부림을 쳐야 한다. 본디 가지도 자르신 하나님이시라면 접붙여진 가지는 가차 없이 잘라 버리실 것이다롬11:20-21.

그런데 그런 구절을 겁주시는 정도라 속삭이는 마귀의 유혹에 넘어가, 잘려 나가지 않게 몸부림을 쳐야 할 우리의 삶이 그저 손가락 까딱하는 정도로 가벼워진다. 한 번 받은 구원은 떼 놓은 당상이니 이제 그런 것 걱정하지 말고 이 땅의 것도 한 번 맛보라 속삭인다. 지옥 갈 걱정은 제쳐 놓고 편안한 마음으로 번영복음에 기웃거리게 만든다. 하나님의 영광을 드러내어야 할 하나님의 주권과 예정, 그리고 구원의 확실성에 대한 가르침이 우리의 교만함과 뒤엉켜 우리를 엉뚱한 길로 인도하고 있다.

이신칭의以信稱義 교리가 최근 논란이 되고 있다. 믿음으로 의롭게 된다는 교리다. 쉽게 말해 구원은 오직 믿음으로만 받는다는 교리로서 부인할 수 없는 성경의 명백한 가르침이다. 그런데도 이 교리가 문제가 되는 이유는 믿음에 대한 오해 때문이다. 믿음으로만 구원받는다 할 때의 '믿음'을 우리의 행위와 반대가 되는 것으로 여기고는 한다. 물론 우리는 우리의 행위 아닌 주 예수의 공로로, 주 예수를 믿음으로 의롭게 된다. 그런데 이미 구원받은 사람의 삶에서는 믿음과 행위가 같은 것이 된다요3:36, 히3:18-19, 4:2-6, 11:31, 요일3:23. 믿음이 곧 순종이요, 행함이 없다면 가짜 믿음이다약1:22, 2:14-17, 요일2:9, 4:20. 하나님께서 주시는 구원의 은혜가 성령의 인도하심 가운데 삶으로 나타나기 때문이다. 야고보가 잘 정리했다.

믿음이 그의 행함과 함께 일하고 행함으로 믿음이 온전하게 되었느니라
약2:22

참 믿음은 "사랑으로써 역사하는 믿음"이요갈5:6, 참사랑은 "믿음을 겸한 사랑"이다엡6:23. 그런데 성도의 삶을 이야기하면서 여전히 믿음과 행동을 가른다. 믿음을 심리적인 요소로 국한시킨 결과 사랑하지 않으면서도 믿음이라 주장한다. 순종 안 해도 된다고 대놓고 말하지는 않는다. 대신 구원은 행위 아닌 믿음으로 얻는다 하여 사람들을 속인다. 그렇게 순종에서 멀어진 이들에게는 믿음이 내 모든 것을 드리는 헌신이 아니라 그저 머리로만 판단하고 지키는 이데올로기로 전락해 버린다.

성경은 마지막 심판 날 하나님께서 우리를 우리 행위대로 심판하실 것이라 하였다마16:27, 요5:29, 롬2:6, 고후5:10, 벧전1:17. 우리 행위는 물론 우리 구원을 위한 공로가 될 수 없다. 그 행위는 그저 하나님께서 우리에게 주신 은혜의 능력으로, 우리 믿음의 능력으로, 우리에게 주신 성령의 역사로 우리 삶에 나타나는 열매일 뿐이다. 그러니 결국 은혜로 구원을 받는다계20:12-15. 모든 것이 은혜요 또 믿음이다. 그렇지만 은혜라 하는 것 가운데 값싼 은혜도 있고 믿음 가운데도 입술만의 믿음이 있다고후6:1, 고전15:2, 약2:14-17. 우리 시대의 거짓 복음은 삶

의 열매가 없는 값싼 은혜, 행함은 없는 거짓 믿음을 진짜 은혜, 진짜 믿음으로 서둘러 인정해 줌으로써 그들이 참된 은혜를 받아 참된 믿음을 가질 기회조차 빼앗고 말았다.

칭의가 단번에 이루어진 것인지 아니면 종말에 가서 완성되어야 하는 것인지, 칭의에 성화도 포함이 되는지 아닌지, 그런 복잡한 논쟁을 여기서 다 다룰 수는 없다. 우리는 오직 주 예수를 구주로 믿어 구원을 받았다. 믿었다는 것은 우리가 한 것이 없음을 인정하는 것이다. 그 믿음은 하나님의 은혜 가운데 있는 것이다. 우리에게 구원을 주시는 참된 믿음은 하나님의 은혜를 우리에게 주고, 우리를 그리스도와 연합시키고, 성령을 통해 우리에게 하나님의 사랑을 부어 준다. 일만 달란트 빚을 탕감해 주셨다. 상상조차 하기 어려운 엄청난 액수다. 그 은혜의 힘, 그 사랑의 힘은 우리 안에 오신 성령의 역사와 더불어 우리에게 새로운 삶을 준다. 구원은 오직 은혜, 오직 믿음이다. 그리고 구원받은 사람은 새 삶을 산다.

오백 년 전에는 공로주의가 문제였다. 돈을 바쳐 공로를 쌓음으로써 내가 천국으로 직행하거나 연옥에 계시던 부모님을 천국으로 모실 수 있다고 했다. 그렇게 교회가 타락했기에 개혁자들은 내 공로가 아닌 믿음으로 의롭게 된다는 이신칭의를 외쳤다. 오백 년이 지난 지금은 이 이신칭의가 심하게 오염되고 왜곡되어 마음으로 믿으면 행동은 없어도 된다는 괴상한 논리로 변모했다. 순종에는 관심이 없지만 믿음 하나는 훌륭한 그런 교인이 교회에 많다. 이웃 사랑의 계명은 안 지키면서 "우리가 구원을 얻었나이다" 하고 제물을 드리던 예레미야 시대의 교인들과 닮았다렘7:10. 번영복음에 물든 이들이 이신칭의의 아름다운 교리를 인간의 탐욕으로 더럽혀 교인들에게 거짓 확신을 심어 주고 교회의 타락을 부추긴다. 왜곡되고 오염된 이신칭의 교리는 정말 어느 학자의 지적대로 '우리 시대의 면죄부'가 되고 말았다. 교회를 개혁하려는 몸부림이 시작되는 지금 이 교리가 곳곳에서 논란이 되는 것은 지극히 자연스럽고 또 고무적인 현상이다.

우리 시대 강단의 상당 부분을 발람 계열의 거짓 선지자가 장악하여 번영 복음을 선포하고 있다. 신학교에서 잘못 배웠을 수도 있겠지만, 문제는 밖에서 들어온 이론이 아니라 처음부터 마음에 자리 잡고 있던 가시와 엉겅퀴다. 번 영복음을 전해 교인들이 수단 방법을 가리지 않고 번영을 쟁취하니 그 번영의 혜택이 설교한 사람에게도 간다. 그렇게 이 땅의 것에 취해 목사와 교인이 함 께 죽음의 길을 간다. 옛날 이스라엘에 번영복음이 한창일 때 사람들은 선지 자의 말을 음악 공연처럼 들었다. 선지자를 부지런히 모셔 말씀에 귀를 기울 였지만 순종은 전혀 하지 않고 그저 제 욕심대로 살았다겔33:30-33. 요즘은 설 교자들이 설교를 음악 공연처럼 한다. 수준도 높고 예술성까지 갖춘 그런 설 교가 교회에 넘친다. 교인들도 설교를 듣고 가슴을 치는 대신 손뼉을 친다. 결 단과 순종을 요구하지 않고 귀만 살살 긁어 주는 그런 설교 덕분에 오늘도 교 인들은 심판의 두려움을 깨끗이 잊은 채 각자의 욕심을 따라 산다딤후4:3. 돈 많은 번영복음 이단에게 연구비를 두둑하게 받은 적지 않은 성경학자들이 심 오한 연구를 통해 성도들의 교만한 요구를 마음껏 충족시켜 주고 있다.

참된 번영을 바라보며

신약성경이 기록될 무렵에도 번영복음 추종자들이 있었다. 성경은 그런 사 람들을 가리켜 '발람의 추종자'라 부른다. 발람은 불의의 삯을 사랑한 사람이 다벧후2:15, 유1:11. 저만 죄를 지은 것이 아니라 다른 사람들까지 우상숭배 및 음 란의 죄에 빠지게 부추겨 저도 망하고 남들도 망하게 만들었다벧후2:18, 계2:14. 지난날 발람을 칼로 죽이신 주님께서는 오늘날 발람을 추종하는 사람들 역시 당신의 입에서 나오는 칼로 죽이실 것이다민31:8, 계2:16.

지난날 번영복음을 추종하던 이스라엘 백성들에게는 불로 타는 심판으로 경고하셨다신32:22, 사9:18, 욜1:19, 말3:19. 가시와 엉겅퀴가 불에 타듯 마음의 밭에서 가시와 엉겅퀴를 무성하게 키운 이들 역시 하나님의 심판의 불에 탈 것이다약5:3. 그리스도의 선지자 요한은 그리스도께서 오시면 이 불의 심판을 행하실 것이라 전했다마3:12, 눅3:9, 3:17. 주님께서도 마음에 자라는 가시에 눌려 열매를 맺지 못하는 자들은 다 이 불에 들어갈 것이라고 거듭 일깨워 주셨다마7:19, 13:30, 13:42, 25:41, 요15:6.

우리가 목표로 하는 참된 번영은 새 하늘과 새 땅이다. 그 가운데서도 하나님께서 예비하신 새 예루살렘이다. 하나님께서 오래전 낙원에서 여자의 후손을 통해 약속하신 바로 그 참된 번영의 자리다. 거기에 생명나무가 있고 생명의 물도 흐른다. 그렇지만 하나님의 심판을 받은 사람은 그 자리에 들어가지 못한다계20:13-15, 21:8, 살후2:8. 그 심판은 칼로 행하시는 심판이요 불로 행하시는 심판이다. 그러니 지난날 낙원 입구를 막았던 그 칼의 불길이 오늘은 참된 번영의 자리를 막고 있는 셈이다.

불의 심판과 칼의 심판을 이기는 방법은 그러면 무엇인가? 심판의 두려움을 이기게 하는 것은 '사랑'이다요일4:17-18. 말과 혀로 하는 사랑이 아니라 궁핍한 형제를 재물로 돕는 행동이 있는 진실한 사랑이다요일3:17-18. 하나님께서 사람을 만드실 때 기대하신 사람이 되는 일이면서 또 가시와 엉겅퀴로 고통 받는 세상에서 모두와 더불어 사는 것이다. 심판을 이기는 또 다른 힘은 '긍휼'이다약2:13. 헐벗고 굶주리는 형제에게 먹을 것과 입을 것을 주는 사랑, 행동이 있는 산 믿음이다약2:14-17. 세상이 있는 한 사라지지 않을 약자들, 소외된 자들, 억압받는 자들을 보살피는 그 따뜻한 마음이 있을 때 우리는 심판을 이기고 자랑할 수 있다. 그렇게 이기는 자는 유황의 심판을 면하고 생명나무 열매를 먹을 것이라 주님께서 약속하셨다계2:7, 2:11.

우리는 생명과 구원을 바라본다. 이미 얻은 구원의 완성을 갈망한다. 독생자까지 아끼지 않고 내어주신 하나님께서 우리에게 믿기만 하라 하시며 하나님의 나라, 하나님의 의를 구하라 명하신다. 하나님의 나라와 의는 우리 주님께서 주신 가장 큰 계명, 곧 서로 사랑하라는 바로 그 명령이다요일3:10. 모든 것은 다시금 하나님의 은혜로 시작한다. 오래전 약속하신 메시아께서 이 땅에 오셔서 하나님의 사랑이 이루어졌음을 우리에게 보여 주셨다. 그리고 그 은혜를 입은 우리에게도 같은 삶을 요구하신다.

> 새 계명을 너희에게 주노니 서로 사랑하라 내가 너희를 사랑한 것 같이
> 너희도 서로 사랑하라 너희가 서로 사랑하면 이로써 모든 사람이 너희가
> 내 제자인 줄 알리라요13:34-35

주님께서 우리를 먼저 사랑하셔서 십자가를 지셨다. 그리고 우리에게 구원과 영생의 은혜를 주시면서 "서로 사랑하라"라는 새 계명을 주셨다. 이 계명은 오래전에 주신 옛 계명, 곧 "네 이웃 사랑하기를 네 자신과 같이 사랑하라"레19:18와 통한다요일2:7-11. 이전에는 명령만 주셨다면 이제는 주님께서 본을 보이셔서 우리에게도 사랑할 수 있는 충분한 동력을 주셨다롬8:3, 갈5:16, 요일4:23-24, 5:3. 가시와 엉겅퀴가 세상을 덮은 이후 내 한 몸 유지하기도 버겁다. 하지만 우리는 하나님의 은혜를 알았기에 사랑의 십자가를 즐겁게 진다. 그렇게 사랑하여 사람다운 삶의 모습을 사람들에게 보여 주는 것이 예수 그리스도의 제자들의 사명이다. 그것은 또 하나님의 나라 백성이 이 땅에서 누릴 가장 멋진 번영이기도 하다.

제2장
번영복음의 사상적 기초

1. 신사고 개요

기복이와 번영이

시골의 가난한 부부에게서 딸이 태어났다. 입에 풀칠조차 하기 어려운 형편에 식구가 하나 늘어 막막했다. 하늘을 향해 비는 것 말고 뭘 할 수 있으랴. 이름부터 '기복祈福'이라고 지었다. 복을 달라는 기도다. 복이 별 것인가, 어른이든 아이든 굶어 죽지 않으면 그것이 복이다. 제발 죽지 말고 살아만 다오! 김동인의 『배따라기』에 나오는 뱃사람들의 노래를 박자에 맞춰 부르며 기복이를 길렀다. "비나이다, 비나이다. 산천후토 일월성신 하느님 전 비나이다. 실낱같은 우리 목숨 살려 달라 비나이다."

부지런히 빌었기 때문일까? 아니면 이름을 잘 지은 덕일까? 아이가 태어난 뒤로는 다행히 온 식구가 밥을 굶는 일은 없었다. 풍족하게 먹이지는 못해 아이가 크게 잘 자라지는 못했지만 그래도 세 끼 밥 제대로 챙겨 먹은 것이 어디인가. 부모로서 책임의 무게를 느끼며 열심히 일한 것도 아마 크게 작용했을 것이다. 남편이 밭일을 도맡아 하는 사이 아내는 강 건너 마을 부잣집 일까지

해 가며 살림을 보탰다. 찌그러진 단칸방 초가집 신세지만 아이가 병치레도 별로 하지 않고 세 식구가 다 나름 건강하게 지냈다. 살림도 조금씩 나아지기 시작하니 아이의 재롱을 즐기게도 되었다. 기복아! 우리 예쁜 기복이!

그렇게 몇 해가 가더니 이번에는 아들이 하나 태어났다. 이제는 걱정 대신 욕심이 좀 생겼다. 목숨 부지하는 단계를 넘어섰으니 이제는 제대로 좀 살고 싶어졌다. 그래서 아들 이름을 '번영繁榮'이로 지었다. 꿈을 좀 담았다. 그냥 사는 것이 아니라 잘살고 싶다. 우리라고 죽을 때까지 계속 못살라는 법이 있는가. 때마침 나라에서 새마을 운동을 벌여 앞장을 서 주었다. "초가집도 없애고 마을길도 넓히고 푸른 동산 만들어 알뜰살뜰 다듬세."

그래, 집도 근사하게 고치고 재산도 좀 모아 보자 했다. 일손도 늘었다. 열심히 일하는 부부에다 제법 자란 딸도 날마다 학교가 마치기 무섭게 밭으로 달려왔다. 세 식구가 함께 애쓴 덕에 살림은 나날이 나아졌다. 잘 먹여 그런지 아들 녀석은 누나와 달리 건장한 체격으로 자랐다. 누나는 국민학교만 겨우 마쳤지만 번영이는 도회지로 보내 공부를 더 시켰다. 우람한 몸집에 학교도 잘 다니며 듬직하게 자라는 아들은 온 집안의 희망이요 활력이었다.

그런데 아들 녀석이 자라는 모습이 좀 이상했다. 우선 몸집이 너무 크다. 아무리 잘 먹여도 그렇지 제 부모는 이렇게 작은데 어쩌면 저렇게 키도 크고 덩치도 좋을 수가 있을까? 얼굴을 뜯어보니 제 어미를 닮은 구석은 좀 있는데 아비를 닮은 흔적은 눈을 씻고 보아도 없다. 게다가 집에서 저 혼자 왼손을 쓴다. 언제부턴가 마을사람들이 수군거리기 시작하더니 그 소문이 드디어 집 안까지 들어왔다. 강 건너 마을의 덩치 좋은 신가 놈을 닮았다는 소리다. 게다가 그놈도 왼손잡이! 말을 듣고 다시 보니, 보면 볼수록 그놈이랑 닮았다. 집안에서 한바탕 난리가 났다. 품삯을 유달리 많이 받아 온 것도 그것 때문이었던가. 하지만 아이들한테는 말도 못했다. 그런 아픔은 어른들 선에서 삭여야지, 우리만 입 다물면 녀석들은 평생 같은 부모한테서 난 줄 알겠지 했다.

키는 작지만 착한 누나와 건장한 몸에 공부도 많이 한 동생은 아무것도 모른 채 힘을 합쳐 집안을 일으켜 세웠다. 누나는 차곡차곡 쌓여 가는 재산을 관리하고 동생은 공부한 덕에 세간에 이름도 좀 올렸다. 둘 다 좋은 믿음을 물려받아 열심히 빌며 구한다. 하늘에도 빌고 땅에도 빈다. 차이가 있다면 태어난 순서와 자라난 환경 정도다. 부모는 평생 죽도록 일하고도 단칸방 신세를 못 면했는데 녀석들은 근사한 집도 하나 장만하고 여름이면 휴가 계획을 짠다. 기복이는 물 맑은 계곡이 좋겠다 하고 영어를 배운 번영이는 해외로 가자 하며 신나게 밀고 당긴다.

기복이와 번영이는 말하자면 동기간이다. 기복이가 누나, 번영이가 동생이다. 둘이 참 닮았다. 같은 배에서 나왔으니 당연한 일이다. 유전자도 거의 같다. 하지만 씨는 다르다. 기복신앙은 원초적이다. 죽지 않으려는 본능에서 시작하여 사람답게 살 최소한의 조건을 추구한다. 말로는 복을 달라 하지만 병마나 죽음 같은 화禍만 피하면 된다. 인생 복잡하게 볼 것 없다. 화만 아니면 다 복이라고 한다. 평균, 중간만 가면 이미 잘사는 것이다. 기복신앙은 자기 보호 본능에 속한다. 생물이면 다 갖는 존재 본능이다. 소박하다. 나만 잘살겠다든지 혼자 호의호식하리라는 생각은 아직 머리에 들어오지 않았다.

이 정도로 기본이 갖추어지면서 슬슬 고개를 드는 것이 번영복음이다. 이제 굶어죽을 걱정 같은 것은 없다. 그런데도 더 바란다. 남들처럼 되었으면 하던 마음이 이제 남들과 달랐으면 하는 마음으로 간다. 부잣집 씨가 섞인 까닭이다. 살고 싶다던 원초적 본능이 이제 잘살고 싶은 소원으로, 남보다 더 잘살고 싶은 욕심으로 자란다. 내 욕심, 내 꿈이다. 하나밖에 없는 인생 좀 멋지게 살아 보아야 하지 않겠나 한다. 그런데 이게 왜 '복음'인가? 하나님을 걸었다! 하나님의 이름으로 건강과 돈과 명예와 쾌락을 누려 보겠다고 한다. 생존이 문제일 때는 생각할 틈조차 없더니 이제는 약간의 여유가 생겨 이성의 합리적인 설명도 요구한다. 그래서 논리적 체계까지 갖춘다. 기복일 때는 그냥 신앙이었는데 번영에 대한 욕심으로 발전하면서 복음이 된다. 성경도 좀 읽었다는 이야기다. 책을 몇 권 추가하면 신학이라는 거창한 이름까지 얻는다. 번영복음, 번영신학이다.

기복일 때는 그래도 함께 기도라도 할 수 있었다. 온 마을이 다 초가집 아니었던가. 좋은 일이 있으면 빈대떡, 파전도 돌렸다. 그런데 번영으로 자라면서 기쁨도 감사도 나누기 어렵게 되었다. 번영이가 태어나 자랄 무렵 자본주의가 세상을 덮었다. 하나가 많이 가지면 다른 사람은 적게 가질 수밖에 없는 모순을 품었다. 가장 바라는 돈부터 그렇다. 그렇게 나와 이웃은 더 이상 형제가 아니라 더 빼앗으려 다투고 지켜내기 위해 싸우는 사이가 되었다. 전에는 못 먹어 죽었는데 이제는 남만큼 떵떵거리지 못해 화병이 나고 죽기도 한다. 모두에게 좋은 소식이 복음 아니던가? 서로 싸우지 말고 사랑하자는 것이 복음의 핵심 아니던가? 싸우게 만드는 그 본성, 서로 죽이려는 그 욕심을 누르고 함께 살자는 것이 복음인데, 이 번영이라는 이름의 복음은 복음의 이름으로 더 싸우게 하고 하나님의 이름으로 더 죽이게 만든다. 마을에서 슬레이트 지붕 올린 집은 아직 몇 안 된다. 여행 계획을 짜는 우리 집 주변에는 아직 초가집이 즐비하지만 우리 계획을 그들과 나누지는 않는다. 아니, 나누어서는 안 된다. 그들이 거기 그렇게 있지 않다면 나의 번영이 번영일 수가 없기 때문이다.

둘이 한 배에서 나왔다. 거의 똑같다. 모두가 사람의 마음이라는 한 배에서 나온다. 너와 나의 마음이 기복이를 낳고 번영이를 길렀다. 그런데 좀 복잡해졌다. 딸 하나 있을 때는 그래도 실낱같은 목숨만이라도 살려 달라던 원초적 모습 그대로였는데, 강 건너 다른 씨가 섞이고 공부도 좀 하면서 정체를 파악하기가 어려워졌다. 집안에서 대판 싸움이 난 이후로는 내내 긴장감이 돈다.

발가락밖에 안 닮은 아들을 기르는 것이 어디 쉬운가. 그런 와중에도 녀석은 단순한 신앙을 넘어 체계를 갖춘 복음으로 자라더니 급기야 몇 년을 연구해도 파악하기 어려운 신학이라는 집까지 지어 버렸다. 어디서 무엇을 섞었는지, 무슨 공부를 어떻게 해 제 모습을 교묘하게 숨겼는지, 이것을 파악해야 우리 시대의 이 거짓 복음의 정체를 드러낼 수 있다. 그래야 번영복음이 복음의 옷을 걸친 가짜일 뿐 아니라 참된 복음의 원수라는 것도 밝힐 수 있다.

배경은 신사고

번영복음의 골자는 간단하다. 하나님 덕에 이 세상에서 잘 먹고 잘살자는 것이다. 목표는 번영이다. 두루 잘되려는 것이지만 첫째는 돈이다. 재정의 번영! 왕의 재정이든 내 재정이든 일단 돈은 많고 볼 일이다. 그렇게 많이 벌어 권력도 잡고 이름도 내야 한다. 이 모든 것을 누리자면 몸도 당연히 건강해야 한다. 이런 것은 이 땅의 누구나 다 바라는 것인데 왜 복음이라는 이름이 붙었나? 영혼 구원이라는 기독교의 복과 함께 온다고 하기에 복음이요, 또 하나님께서 이 모든 것을 주신다고 하니 복음이 되었다. 건강복음, 부자복음, 형통신학, 성공신학이다.

우리 시대의 번영복음, 곧 지금 한국 교회를 어지럽히고 있는 번영복음의 역사적 기원은 19세기말에서 20세기 초에 미국에서 전개된 신사고新思考, New Thought 운동이다. 이 신사고가 교회에 침투하여 번영복음이 되었는데, 신사고의 대강이 기독교 교리의 중심 구도를 차용하고 있기 때문에 이것이 교회에 침투해 들어올 때 교회들은 저항할 생각조차 하지 않았다. 아니, 이질감조차 느끼지 못했다.

신사고는 몇 가지로 추려 설명하기 어려운 복잡한 사상체계다. 대체적인 이해를 위해서는 실용주의 계열의 의사, 심리학자, 철학자인 윌리엄 제임스William James, 1842~1910년의 명저 『종교경험의 다양성The Varieties of Religious Experience』이 도움이 된다. 저명한 기포드 강좌The Gifford Lectures를 책으로 엮은 것인데, 제임스는 '건강한 마음의 종교The Religion of Healthy-Mindedness'라는 제목 아래 두 번의 강의를 통해 신사고를 소개한다. 그의 강의에 따르면 사람은 누구나 행복을 추구하는데 현실적인 행복이 없을 때 초자연적인 방법으로 행복을 추구하는 종교가 생겨난다. 건강한 마음의 종교는 그런 종교의 하나라는 것이 제임스의 통찰이다. 제임스 자신도 이 운동의 영향을 상당히 받았고 말년에는 이 운동과 통하는 신지학협회神智學協會, Theosophical Society 회원이 되었다.

제임스는 건강한 마음의 종교가 루소, 디드로, 생피에르 등 18세기 말의 반기독교 사상가들이 가졌던 '낙관주의'에서 비롯되었다고 본다. 이들은 사람이 자연을 충분히 신뢰하기만 하면 자연은 절대적으로 선하다고 가르쳤다. 그렇게만 되면 아이 같은 천진난만함을 간직한 채로 뒤틀린 세상이 아닌 조화로운 자연을 보게 된다는 것이다. 이들은 주장하기를 하나님에 대해서도 긍정적인 생각만 가지면 죄라는 것은 느끼지 못할 뿐더러 오히려 인생이 밝아지고 선도 쉽게 행할 수 있다고 한다. 자연 및 인간에 대한 이런 낙관론이 20세기 초 유럽과 미국을 휩쓴 진화론과 어울려 보편적인 세계의 개선 및 진보에 대한 희망을 심어 주었다. 제임스는 물론 이들의 자연주의가 위선에 가깝다고 꾸짖기를 잊지 않는다.

이런 낙관적인 태도가 미국에서 신사고라는 구체적인 종교로 자리를 잡았다. 이 종교의 원천은 성경의 사복음서, 에머슨의 선험주의先驗主義, Transcendentalism[1], 버클리의 관념론Idealism[2], 법칙과 진보와 발전을 메시지로

---

1. 경험에 앞서 선천적으로 인식 가능한 것의 존재를 인정하고 그것을 철학 원리로 삼는 철학 사상. 칸트의 철학이 이 범주에 속한다.
2. 정신, 이성, 이념 등을 본질적인 것으로 보고 이것으로 물질적 현상을 밝히려는 이론.

하는 영혼주의Spiritism, 진화론, 힌두교 등이다. 이 운동의 핵심은 '마음'이다. 건강한 마음가짐 그 자체에 모든 것을 구원하는 능력이 있다는 사상이다. 마음만 바로 먹으면 해결하지 못할 문제가 없다고 한다. 따라서 용기, 희망, 신뢰를 강조하고 반대로 의심, 두려움, 걱정 등은 배격한다. 악은 실제로 있는 것이 아니라 우리 판단에 달린 것이라 하면서 악이라는 개념 자체를 거부하라 가르친다. 그러므로 죄와 부패를 강조하는 전통 교회와 달리 인간의 존엄성을 부각시킨 자유주의 신학이 이 새 종교에 큰 도움을 주었다.

제임스는 이 종교에 '마음치료 운동Mind-cure Movement'이라는 이름을 붙여 주었다. 이 종교에서는 생각이 곧 힘이다. 생각을 바꿈으로써 정신건강 시스템을 구축하는 것이다. 기독교와 비슷한 모양을 한 '크리스천사이언스Christian Science'도 이 무렵 생겨난 종파로 이 운동과 많은 공통점을 갖고 있다.

이 사상의 중요한 한 요소가 힌두교에서 온 범신론이다. 우주는 곧 무한한 생명이요 힘의 영이며, 그 무한이 우리 각자를 통해 자신을 드러내고 우리는 모두 신의 생명에 참여한다는 사고방식이다. 이렇게 신의 생명과 인간의 생명이 연합을 이루는 장소는 사람의 마음, 그 가운데서도 잠재의식이라고 한다. 이전에는 자연계 너머 영계가 있고 이 두 세계가 서로 통한다 하면서도 어디서 어떻게 교류하는지 설명하기 어려웠다. 그런데 프로이트 심리학이 의식 아래 깔린 잠재의식 또는 무의식의 존재를 밝혀냄으로써 사람의 마음과 우주가 만날 장소를 제공한 셈이 되었다.

신사고에서는 인간이 몸과 마음으로 이루어진 것이 아니라 몸, 잠재의식, 의식으로 이루어져 있다고 한다. 의식은 영으로서 잠재의식을 지배하고 잠재의식은 몸을 다스린다. 몸을 직접 움직이는 것이 잠재의식인데, 잠재의식은 영의 의지를 따르는 눈먼 힘과 같으므로 의식 곧 영은 말씀을 통해 이 잠재의식을 바로 다스려야 한다고 주장한다. 기독교 신비주의와 통하는 듯한 부분이다.

하지만 우주와 나의 합일에는 기독교의 핵심인 은혜, 기적, 거듭남 같은 것이 전혀 필요하지 않다. 그렇지만 신사고 이론가들은 기독교 용어를 거듭 사용한다. 그런 합일의 표본으로 '아버지와 나는 하나다' 하였던 나사렛 예수를 꼽는다. 신의 에너지가 끊겼던 내가 전능자와 다시금 하나가 되는 것을 부활이라고도 부른다.

그런데 모든 사람이 신과의 합일을 백 퍼센트 경험하는 것은 아니라고도 한다. 오직 하늘에서 오는 힘을 향해 자신을 여는 정도만큼 무한생명을 실현한다는 것이다. 그러므로 우리 삶 역시 연합을 이루는 정도만큼 변할 수 있다고 한다. 그렇게 변하면 더 이상 지옥에 머물러 있을 필요가 없다. 우리 자신의 선택으로 천국으로 오를 수 있다. 이렇게 가장 내적이고 가장 깊은 의식으로 향하는 삶이 하나님의 나라를 구하는 삶이라고 설명한다. 그렇게 최고를 열망하면 다른 것들도 다 더하여 주실 것이라 한다.

어떻게 실천해야 한다고 말하는가? 신사고는 잠재의식에서는 이미 합일이 이루어져 있다는 사실을 중요시한다. 그것을 아는 것이 첫째라는 것이다. 신사고 운동의 선구자인 큄비Phineas Quimby, 1802~1866년가 가르친 교리로서 루터나 웨슬리가 가르친 구원의 원리와 통하는 부분이 있다. 어떻게 해야 구원받을 수 있느냐 묻는 사람에게 루터는 구원받았다고 믿으면 이미 구원받은 것이라 하였다. 어떻게 하면 건강하게 살 수 있느냐 묻는 이들에게 신사고는 너희가 건강한 줄 알기만 하면 너희는 이미 건강하다고 가르친다. 모든 병이 마음에서 온다고 한다. 그러니 올바른 생각에 치료효과가 있다고도 한다. 신사고에서는 진리라 생각하고 살면 내 삶이 그 순간부터 진리가 된다. 내가 노력해 얻으려 하는 것은 헛수고다. 대신 항복해야 한다. 그러면 어떤 변화가 일어나는데, 나는 한 것이 없으므로 어떤 외적인 힘이 작용했다고 믿게 된다. 그것이 바로 '우주의 힘'이다.

이 원리가 윌리엄 제임스의 심리학에 자리를 잡았다. 이른바 '척하는 원리 As If Principle'다. 가상을 현실인 양 밀어붙이니 정말로 현실이 되더라는 것이다. "어떤 성품이 갖고 싶다면 이미 가진 듯 행동하라"라고 제임스는 조언한다. 생각이 행동으로 나타나는 것이 일반적인 순서지만 거꾸로 행동이 생각을 바꿀 수도 있다는 것이다. 즐거우면 나오는 것이 웃음이지만 반대로 웃다 보면 기분이 좋아지기도 한다. 아리스토텔레스도 극도의 분노가 격한 말투와 행동으로 나타나지만 반대로 거친 말씨나 행동이 오래 쌓이면 그것이 사람의 성격과 사람됨까지 결정한다고 가르쳤다. 파스칼도 믿는 사람인 양 행동하면 없던 믿음도 생길 것이라 하지 않았던가. 물론 제임스의 이론은 개인 심리의 차원을 넘지 않는다. 호주머니에 천 원짜리를 한 장 넣어 놓고 아무리 만 원짜리인 양 행동해도 절대 만 원짜리로 바뀌지는 않는다. 그런데 범신론을 바탕으로 한 신사고는 마음의 힘을 강조하면서, 이미 가진 듯 행동하는 이런 태도가 자신뿐 아니라 다른 사람, 나아가서는 환경까지 바꿀 수 있다고 가르쳤다.

신사고가 우주의 힘을 받기 위해 실제 사용한 방법도 그렇게 이미 합일을 이루었음을 알고 인정하는 방법이다. 가장 중요한 방법은 암시, 곧 '자기암시'다. 아침마다 "젊음! 건강! 활력!" 하고 외치면 젊고 건강하고 활기찬 삶이 이루어진다고 한다. 내 잠재의식에 변화가 왔기 때문이라는 것이다. 소화계통의 병이 있던 어떤 사람은 음식을 먹을 때마다 '내 위장을 만드신 분이 내가 먹은 음식도 처리해 주신다' 하고 내적인 진리 암시를 거듭한 결과 효과를 보았다고 주장한다. 상황은 정반대였지만 자기는 처음부터 믿고 시작했다고 한다. 이 방법으로 성공하기 위해서는 집중과 자기통제가 또 절대적으로 필요하다고도 한다. 이런 자기암시는 나중에는 거의 최면 수준까지 간다.

이 종교의 가르침도 '계시'다. 권위 있는 것처럼 다가온다. 그러면서 실천을 요구한다. 해보기 전에는 알 수 없다 주장하며, 해 보면 결과에 놀랄 것이라 약속한다. 아닌 게 아니라 그렇게 실천해 효과를 보았다 느낀 사람은 개종하게 된다. 기독교의 거듭남에 비길 수 있는 현상이다. 그러면 새로운 세계로 들어가는 것이다. 신사고는 영혼의 진짜 세계는 스스로 만드는 것이라고 가르친다. 할 의지만 있다면 우리는 영적인 세계, 참된 세계로 상승할 수 있다고 한다. 이 종교가 급속히 번지게 된 것은 교리의 힘보다 실제 효과를 내세웠기 때문이었다. 병자가 낫고 허약하던 사람이 활력을 되찾으며 침침하던 가정에 웃음이 돈다고 광고했다. 마음가짐을 새롭게 함으로써 도덕적으로 새 사람이 된 경우도 있다. 실제로 이 가르침을 실천해 효험을 보았다는 사람들을 중심으로 수많은 추종자가 생겨 결국 거대한 사회집단 내지 종교 집단을 이루기에 이르렀다.

돈과 번영복음

신사고는 처음에는 돈에 무관심했다. 그러다가 신사고의 기교를 돈 버는 기술로 원용하는 흐름이 생기더니 이것이 교회에 들어오면서 돈과 결탁했다. 성경이 시종 부정적으로 언급하는 돈이 어떻게 하나님께서 주시는 복으로 변모했을까? 시작은 나쁜 것이 아니었다. 하나님의 택하심을 받은 사람은 불신자와는 다른 인격과 삶으로 자신의 구원을 증명할 수 있어야 한다는 칼뱅주의의 관점에서 출발했다. 그런데 정직과 성실이라는 도덕적인 탁월함을 강조하던 것이 변해 물질적인 풍요에 더 관심을 두게 되면서 '복음' 앞에 '번영'이라는 두 글자가 붙게 되었다. 정직하고 성실한 삶 그 자체가 아닌 그 삶의 결과로 생길 수도 있는 돈과 출세가 구원의 은총을 입증하는 증거가 되어 버린 것이다.

독일의 사회학자 막스 베버Max Weber, 1864~1920년의 분석이 여기에 도움을 준다. 베버는 『프로테스탄트 윤리와 자본주의 정신Die protestantische Ethik und der Geist des Kapitalismus』에서 종교개혁자들이 정직하고 성실한 노동윤리와 근검절약하는 삶을 가르친 결과 재화의 축적과 투자가 가능해졌다고 주장한다.

이를 통해 개신교가 우세한 북유럽 지역에서 초기 자본주의가 가장 빨리 자리를 잡게 되었다는 것이다. 특히 구원은 전적으로 하나님의 예정에 달려 있다는 칼뱅의 가르침을 받은 사람들은 자신이 구원의 은혜를 받았다는 사실을 그 은혜의 열매인 성실하고 검소한 삶으로 확인하고자 했는데, 그런 확인 작업의 중요한 한 요소가 성실하고 검소한 삶이 가져오는 결과물인 재화라고 베버는 분석하였다. 베버의 주장에 따른다면 재물은 내 이기적인 탐욕의 대상이 아니라 하나님의 구원에 따르는 결과 내지 그 구원을 확인해 주는 증거로서 새로운 가치를 지니게 된 셈이다.

북유럽에서 수백 년 기간에 이루어진 자본주의의 역사가 북미에서는 수십년 만에 기적 같이 이루어졌다. 하지만 과속에는 후유증이 따르는 법이다. 시작은 똑같이 은혜로 했으나 은혜의 초점이 도덕적인 삶이라는 중간단계를 건너뛴 채 최종 열매인 재물로 서둘러 건너가 버렸다. 재물 자체가 하나님의 은혜가 되어 버렸으니, 사람을 거듭나게 하시는 하나님의 구원의 은혜는 온데간데없이 어느 사이 재물의 신을 따르게 된 것이다. 재물을 얻는 방법도 달라졌다. 급속한 경제성장이라는 시대적 배경 속에서 사람들은 성장 이면의 가공할 힘이 적극적인 마음에서 나왔다고 생각하기 시작했다. 북유럽에서 오랜 세월동안의 성실이나 절제로 축적되었다던 재물이 미국에서는 그저 마음의 힘 하나만으로 순식간에 얻을 수 있는 것으로 바뀌었다.

여기에는 적극적 사고방식으로 성공학을 전한 나폴리언 힐Napoleon Hill, 1883~1970년이나 데일 카네기Dale Carnegie, 1888~1955년의 공이 컸다. 사회복음을 부르짖던 사람들은 부를 통해 가난한 이웃을 돕는 것이 그리스도인의 책임이라고 가르쳤지만 성공학이 휩쓸고 지나가면서 마음의 위력을 모두가 느끼게 되었고, 이전에는 하나님의 나라를 위한 수단이었던 재물이 이제는 그 자체로 목적이 되는 지경에 이르렀다. 미국이 세계 최대의 강대국으로 발돋움하던 기간이었기에 이러한 성공학으로 효과를 보았다고 느낀 사람이 적지 않았다.

이 시기 에섹 케년Essek William Kenyon, 1867~1948년이 '긍정 고백Positive Confession'을 통해 건강과 부를 얻어 누릴 수 있다 가르침으로써 번영복음의 선구자가 되었다. 케년은 보스턴의 에머슨 스쿨에서 공부하면서 신사고 운동의 영향을 강하게 받았다. 케네스 하긴Kenneth Hagin, 1917~2003년은 케년이 시작한 '믿음의 말Word of Faith' 운동을 확산시켜 그 운동의 대부가 된 사람이다. 신사고 운동을 따라 믿음은 물리적인 힘과 비길 수 있는 어떤 '힘force'으로 보고, 말word, speech을 통해 믿음의 힘을 방출할 수 있다 주장했다. 오럴 로버츠Oral Roberts, 1918~2009년는 오순절 은사운동을 펼친 대중설교가로 유명하며 자기 이름을 딴 대학도 설립한 사람이다. 하나님께서 그리스도인이 부자가 되기를 원하신다고 가르쳐 '번영복음' 및 '풍성한 삶'의 기초를 놓았다. 최근 들어 조엘 오스틴Joel Osteen이 '긍정의 힘'을 선포하며 이 분야의 세계적인 스타로 떠올랐는데, 정작 본인은 번영복음이 아니라고 딱 잡아뗀다. 이들 외에도 『야베스의 기도The Prayer of Jabez』를 쓴 브루스 윌킨슨Bruce Wilkinson을 비롯하여 코플랜드 부부Kenneth & Gloria Copeland, 조이스 마이어Joyce Meyer, 베니 힌Benny Hinn 등이 오늘날 멸망으로 이끄는 이 운동에 열을 올리는 미국 번영복음의 주역들이다.

미국에서 태어나 자란 현대의 번영복음이 미국 다음으로 인기를 구가하고 있는 나라가 한국이다. 한국에 번진 번영복음을 생각한다면 가장 먼저 떠올릴 사람은 노먼 빈센트 필Norman Vincent Peale, 1898~1993년과 로버트 슐러Robert H. Schuller, 1926~2015년다. 이 두 사람의 사상은 책을 통해서도 많이 알려졌지만 무엇보다 한국을 '대표하는' 목사 조용기를 통해 한국교회 곳곳에 스며들었다. 로버츠도 문제고 윌킨슨도 얼른 잡아야 되겠지만, 지금 이 순간에도 한국교회 속 깊은 곳까지 파고들어 주 예수 그리스도를 믿는 믿음의 기초를 허물고 있는 주역은 필, 슐러, 조용기 세 사람이다. 최근에는 조엘 오스틴이 가세하여 막강한 영향력을 행사하고 있다. 이들 덕분에 한국의 번영복음은 미국 번영복음의 인기를 능가하는 경지에 이르렀다.

2012년에 존 할러John S. Haller Jr.가 신사고의 역사를 총괄하는 저서를 냈다. 책 제목이 *The History of New Thought: From Mind Cure to Positive Thinking and the Prosperity Gospel*신사고의 역사: 마음치료에서 적극적 사고방식 및 번영복음까지로 되어 있다.[3] 이 책 부록에서 신사고의 대표 저자를 이백 명 가량 소개하고 있는데, 신사고 운동가인 어니스트 홈즈, 플로렌스 쉰과 뉴 에이지New Age의 론다 번 외에도 미국 번영복음의 주역인 에섹 케년, 케네스 하긴, 노번 빈센트 필, 조엘 오스틴 등을 포함시켰다. 우리나라에서는 조용기David Yonggi Cho 한 사람이 이름을 올렸다.

번영복음도 복음인 이상 하나님의 뜻에 귀를 기울이는 것처럼 보인다. 이들은 그리스도인의 번영이 하나님의 뜻이라 주장한다. 하나님의 구원은 우리를 저주에서 벗어나게 하는데, 병들고 가난한 것 역시 죄가 가져온 저주에 속하므로 참된 믿음을 가진 그리스도인이라면 몸도 건강하고 돈도 많이 벌어야 된다는 것이다. 하나님을 말하고 구원도 언급하지만 번영복음은 세상을 가시와 엉겅퀴가 뒤덮고 있음을 무시한 낙관적 재물 숭배에 지나지 않는다. 이것을 설명하기 위해 범신론과 엮었다. 온 우주에 신의 풍요함이 가득하여 누구든 제 마음을 이용해 이 신의 능력과 통하기만 하면 그 풍요함을 제 것으로 누릴 수 있다고 한다. 따라서 가난, 질병 등의 문제는 인간의 탐욕이나 사회구조의 모순과 무관하게 그저 풍요함을 찾아 누리지 못하는 개인의 문제로 만들어 버렸다. 곧 우리 시대의 번영복음은 인간의 마음에 담긴 탐욕이 신사고 범신론을 만나 새 모양을 갖춘 것으로서, 맘몬과 더불어 범신론의 신도 섬기는 이

---

3. John S. Haller Jr., *The History of New Thought: From Mind Cure to Positive Thinking and the Prosperity Gospel* (SWEDENBORG STUDIES21, Swedenborg Foundation Publishers, 2012).

중의 우상숭배다.

2. 신사고의 뿌리: 스베덴보리와 에머슨

스베덴보리

신사고의 중심을 이루는 몇 가지 핵심 요소는 18세기 스웨덴의 과학자, 사상가, 신비주의자인 에마누엘 스베덴보리Emanuel Swedenborg, 1688~1772년에게로 거슬러 올라간다. 스베덴보리는 본디 과학자였다. 태양계의 생성 및 발전에 대해 성운이 자라나서 별이 된다는 성운설星雲說을 처음 내세운 사람이면서 또 다빈치와 무관하게 비행기 아이디어도 낸 사람이다. 그런데 신학 교수였던 아버지의 영향이었는지 처음부터 영적인 문제에 관심이 많았고 창조의 과정이나 우주의 구조 등에 관한 논문도 출판하였다. 그러다가 오십대 중반에 들어 꿈이나 환상 같은 일련의 신비 현상을 경험하면서 신학 연구를 시작하였는데, 이 무렵 하나님께서 직접 나타나셔서 기독교를 바로잡으라는 명령을 주셨다고 한다. 또 하나님께서 영의 눈을 열어 주신 결과 천국과 지옥을 방문하고 영계를 자유자재로 드나들며 천사들과 교류도 나누었다고 주장한다. 스베덴보리는 남다른 신통력도 가졌었다는데, 수백 킬로미터 밖에서 불이 난 것을 알아내어 사람들을 놀라게 한 일도 있었다고 한다.

스베덴보리는 자신이 '계시'라 부른 이 신비적인 경험을 바탕으로 기독교 교리 및 성경을 새롭게 해석하였다. 사소해 보이는 구절에 심오한 영적 진리가 숨어 있다 주장하면서, 성경이 하나님의 말씀인 이유는 문자적인 뜻 이면에 보다 중요한 영적인 뜻이 있기 때문이라고 주장하였다. 성경의 영적인 뜻을 추구한 점에서 주후 1세기의 필론Philon, 영어식으로는 필로이나 주후 2세기 오리게네스Origenes, 영어식으로는 오리겐의 전통을 이었지만 자신의 신비경험을 해석의 근거로 삼음으로써 새로운 흐름을 시작한 셈이다. 스베덴보리는 방대한 성경연구 및 해석을 책으로 출판하여 후대에 엄청난 영향을 끼쳤다. 또한 유수한 과학자였던 스베덴보리가 신비적 경험을 토대로 글을 씀으로써 그의 후계자들 사이에서 종교와 과학을 조화시키려는 시도들이 일어났다. 이만 쪽 가까이 되는 스베덴보리의 친필 원고는 지금 유네스코 세계기록유산에 포함되어 있다.

스베덴보리는 하나님께서는 오직 한 분이시라고 믿었다. 기독교의 전통적 삼위일체론과 달리 영원한 신인神人이신 '주님' 또는 '주 예수' 한 분만 하나님이시라고 했다. 하나님이신 동시에 사람이신 분이시다. 성부, 성자, 성령께서 완전한 신성을 가지셨다고 보기는 했지만 그에게 이 세 분께서는 서로 다른 위격이거나 한 하나님의 세 가지 모양이 아니라, 한 하나님을 이루는 세 가지 본질적 구성요소다. 마치 영혼, 몸, 행동이 한 사람을 이루는 것과 같다. 우리가 알 수 없는 영혼의 영역이 성부이고, 몸처럼 보이게 나타나신 하나님께서 성자, 하나님께로부터 흘러나오는 진리와 능력이 성령이시라는 것이다. 그는 신성의 핵심이 사랑과 지혜라고 했다. 하나님께서는 사랑 그 자체, 지혜 그 자체이시라고 보았다.

스베덴보리는 하나님의 사랑과 지혜가 창조로 이어졌다고 생각했다. 그는 하나님께서 창조하신 우주가 위아래로 여러 층을 이루고 있다고 보았다. 가장 위에 주님께서 계시고 그 아래에 주님의 나타남, 곧 주님을 조금 덜 완전하게 보여 주는 천국이 있고, 그 아래 천국의 나타남인 영의 세계, 그리고 가장 아래에는 영의 세계의 나타남인 자연세계가 있다고 했다. 그에 따르면 주님을 제외한 세 개 층 가운데 우리는 가장 아래에 있는 자연계에 몸담고 살고 있다. 창조라는 용어는 사용하지만 성경의 창조론보다 시리아 영지주의나 신플라톤주의자 플로티누스가 주장한 유출설流出說에 가깝다. 하나님께서는 무한하시고 영원하시고 전능하신 창조주로서 당신의 본질인 사랑과 지혜로 우주를 창조하셨다. 하나님의 사랑은 지금도 온 우주를 관통하며 하나님께서는 그 사랑으로 우리 삶에 그대로 임하여 계신다. 무한이 유한 가운데 계시는 것이다. "창조된 것들은 모두 유한하다. 무한이 유한 안에 있는 방식은 내용물이 그릇 안에 있는 것과 같고 무한이 사람 안에 있는 방식은 실체가 형상 안에 있는 것과 같다."[4]

스베덴보리의 이론에서 하나님의 본질에서 나온 우주가 하나님과 같은 본질인지 아닌지는 분명치 않다. '창조'를 하셨지만 당신의 '본질'로 하셨기 때문이요, 하나님께서 세 개 층의 우주를 창조하셨다 하지 않고 하나님까지 포함하여 우주가 네 개의 층이라 말하기 때문이다. 그는 무한의 실체이신 하나님께서 유한의 형상인 우리 안에 계신다고 했다. 하나님께서 우주의 생명의 본질 곧 사랑과 지혜 그 자체로 우주에 내재해 계신다는 이 주장은 범신론 원리에 근접한다. 그러면서 창조주의 초월성을 동시에 견지하므로 모양은 소위 범재신론과 비슷해진다. 스베덴보리의 하나님께서는 창조주이시면서 또한 우리의 맥박이나 호흡보다 더 가까이 계시는 분이시다.

스베덴보리는 하나님께서 인격이심을 강조했다. 그래서 하나님을 '보편적인 인간' 내지 '거대한 인간'이라 불렀다. 우리처럼 몸이 있으시다는 말이 아니라 사람을 사람답게 하는 사랑과 지혜의 근원이시라는 뜻이다. 사람이 하나님의 형상이라는 말이 바로 그것을 가리킨다고 보았다. 주님께서는 당신의 생명을 사람의 모양으로 내뿜으시고 사람은 그 생명을 완전하게 활용하여 일상의 삶을 살아갈 수 있다고 했다. 그에게는 우리가 삶에서 경험하는 사랑과 지혜는

---

4. Emanuel Swedenborg, *True Christian Religion* pdf(West Chester, PA: Swedenborg Foundation), #33.

하나님의 사랑과 지혜가 사람을 통해 나타나는 것으로서, 하나님과 사람 사이에는 그런 역동적인 관계가 늘 존재한다. 그래서 갈멜산의 엘리야 이야기는 하나님께서 주시는 생명을 보여 주는 사건이며, 모세에게 '나는 나다'라고 말씀하신 것은 하나님의 생명이 언제나 우리와 함께 있음을 보여 준다고 해석했다.

그에게 성령은 하나님께서 세상에서 행하시는 활동을 가리킨다. 하나님께서는 인간으로 이루어진 천국을 만들 계획을 갖고 계시며, 인간이 하나님께서 계획하신 목표에 따라 살아 천국을 이루기 원하신다고 했다. 그렇게 할 수 있도록 하나님께서 우리에게 자유의지를 주셨다는 것이다. 따라서 그는 사람이 이 땅을 살 때 주님께서 주신 법칙에 따라 살아야 한다고 했다. 그렇게 할 때 나의 쓰임새, 곧 창조의 목적을 이루는 것이 된다. 스베덴보리에게 거듭남이란 살아가면서 사랑을 더욱 실천하고 하나님과 더욱 가까워짐으로써 영적 사람으로 다시 창조되는 것이다. 물질적 존재에서 영적 존재로 바뀌는 변화로서, 이것을 가능하게 해 주는 책이 바로 성경이라고 했다.

성경의 창조 기사도 사실은 창조 이야기가 아니라 거듭남의 여섯 단계를 설명한 것이라고 보았다. 시작은 회개 및 죄 사함이다. 우리가 죄를 깨닫고 멀리하는 순간 지난 잘못은 다 용서받는다. 그런 다음 지성과 의지를 활용해 자신의 삶을 바꾸어 가는 점진적인 성장의 과정이 이어지는데, 이 과정은 전적으로 마음을 통해 이루어진다. 자연의 마음은 물질적인 것에 관심을 쏟지만 속마음은 사랑으로서 우리가 우리 생각을 보다 높은 사랑과 지혜로 끌어올릴수록 우리는 하나님께 더 가까이 나아간다. 이 모든 것이 마음에 달려 있으니 스베덴보리에게는 그 무엇보다 마음이 중요했다. 그렇게 사랑을 실천하는 삶이 우리 안에 있는 천국을 이루는 삶이요, 이는 또한 하나님을 도와 새 하늘과 새 땅을 창조하는 일이라고 했다.

스베덴보리는 개인의 자유의지에 바탕을 둔 구원관을 내세웠다. 그에게 그리스도의 십자가는 우리 죄를 지신 것이 아니라 악을 눌러 세상의 균형을 회복하신 일이다. 하나님께서 사랑과 지혜를 주셨기에 누구든 올바른 마음과 선한 믿음만 가지면 천국에 간다는 것이다. 또 고대 그리스 로마를 비롯하여 동서양의 모든 종교가 한 분 신을 믿는 믿음으로 통한다 하여 종교다원주의를 시대에 앞서 주장하였다.

여러 층으로 된 스베덴보리의 우주에서 중요한 한 가지가 '상응相應'이다. 맞붙은 두 층 사이에서 상응관계가 성립된다는 주장인데, 그가 특히 주목하는 부분은 자연계와 영계 사이의 상응이다. 이를테면 태양이 제 온기와 빛으로 온 자연계에 스며들어 있는 모습은 하나님의 사랑의 온기와 지혜의 빛으로 덮여 있는 영의 세계를 그대로 반영한다. 자연계의 태양은 영의 세계가 눈에 보이게 나타난 것인데, 이는 단순한 비유나 상징이 아니라 하나님의 사랑과 지혜가 자연계 구석구석에 스며있음을 보여 준다는 것이다. 성경의 창조와 확연히 다른 주장이다. 태양이 하나님의 피조물이 아니라 영계의 나타남이요, 영계는 또 천국의 나타남이요, 천국은 주님의 나타남이니 창조주와 피조물의 경계가 모호해진다. 비단 태양뿐 아니라 자연계의 모든 요소에 상응하는 요소가 영계에 있으므로 우리는 자연계의 경험을 통해 하나님께서 영의 세계에서 어떻게 일하시는지 깨달을 수 있다고 스베덴보리는 주장했다.

또 스베덴보리는 하나님께서 사랑으로 피조물 구석구석 스며 계시기 때문에 맞붙은 두 층 사이에는 상호 교류도 가능하다고 주장했다. 우리는 가장 아래인 자연계에 살고 있으므로 마음을 통해 바로 위에 있는 영의 세계와 교류할 수 있다고 했다. 죽어야 가는 곳이 영의 세계지만 그 세계가 자연계와 같은 시간대에 공존하고 있으므로 자연계를 사는 내가 한 차원 위의 그 세계와 얼마든지 교류할 수 있다는 말이다. 보이는 것을 통해 보이지 않는 것을 깨닫는다. 스베덴보리는 해부학을 연구할 때 몸과 마음의 상호 교류 방법으로 공기,

에테르, 진동 등 다양한 가능성을 추론하였는데, 이것을 확대하여 나중에는 자연계와 영계 사이의 교류 방법으로 주장했다. 스베덴보리 자신도 모세나 엘리야를 비롯한 영계의 천사들, 심지어 태양계의 여러 행성에서 온 영들과도 많은 대화를 나누었다고 하면서 그 대화에서 얻은 가르침을 제 성경 해설의 바탕으로 삼았다. 성경의 자연적인 뜻과 영적인 뜻 사이에도 이 교류 관계가 성립된다고 했다. 영적인 뜻은 오직 계시, 곧 영계와 나누는 교류를 통해서만 알 수 있다는 것이 스베덴보리의 주장이었다.

그에 따르면 사람은 죽으면 영의 세계로 간다. 자연계와 비슷하지만 더욱 아름다운 곳으로서 거기서 천국과 지옥을 놓고 마지막 선택을 한다. 그러나 하나님께서 무한한 사랑과 자비로 사람을 도우시므로 실제로 지옥을 선택하기란 거의 불가능하다고 했다. 천국을 선택한 사람들은 그 순간 천사로 변한다. 그런데 그렇게 천사로 변한 사람들이 모여 이루는 천국도 사람의 모양을 하고 있다고 한다. 주님께서 보편적 인간이시요 그 주님의 나타남이 천국이라 그럴 것이다. 스베덴보리는 교회가 그리스도의 몸을 이룬다는 말이 비유 아닌 현실로 이루어지는 것으로 보았다. 이 땅을 사는 사람들 곧 하나님의 뜻에 따라 사랑과 지혜로 사는 사람들이 하나님의 몸을 이루는 것이니 나도 하나님의 일부가 된다고 했다. 그에게는 주님과 이루는 그런 연합이 바로 구원이요 영생이다.

스베덴보리는 영계에서 일어나는 이 모든 일을 직접 경험했다고 주장했다. 스베덴보리는 천국의 모습을 고대 로마신화나 단테Dante Alighieri, 1265~1321년의 『신곡神曲, La divina commedia』 이상으로 구체적이고도 생생하게 묘사하고 있는데, 실제 내용은 『가이드포스트Guideposts』 같은 잡지에서 볼 수 있는 임사체험을 한 이들의 증언과 비슷한 점이 많다. 스베덴보리가 전하는 천국 역시 천국에 가 보았다는 다른 사람들과 마찬가지로 이 땅 사람들이 좋다 하는 것들을 양적으로나 질적으로 극대화시킨 그런 곳이었다. 어처구니없는 내용들이지만 경험의 진위는 확인할 방법이 없다. 자연계와 영계가 서로 상응하는 관계라고 함에도 불구하고 논리적으로 연결하지는 못하기 때문이다.

스베덴보리 평가

스베덴보리의 사상은 정통 기독교와 완전히 다르다. 근본 문제는 모든 것을 자신의 신비경험에 의지하고 있다는 점이다. 스베덴보리가 경험했다는 환상에 대한 의견도 다양하다. 아예 거짓말이라고 보는 이들이 있는가 하면, 스베덴보리와 동시대 사람인 감리교의 창시자 존 웨슬리John Wesley, 1703~1791년는 스베덴보리를 정신병자로 보았다. 대부분의 사람들은 스베덴보리가 영매가 되어 접신接神 현상을 경험한 것이라 본다. 거짓 영에게 현혹되어 성경이 엄격하게 금지하고 있는 접신의 죄에 빠졌고 그 결과 성경마저 엉터리로 해석했다는 것이다. 성경에 통달했던 스베덴보리가 성경의 이 경고를 못 보았을 리 없지만 자신의 경험을 신뢰한 나머지 성경 자체를 뒤집어 버렸다. 그래 놓고 정작 독자들에게는 접신이 위험하다고 경고한다. 이렇게 자기 일을 남 일처럼 말하는 것을 요즘은 '유체이탈 화법'이라고 한다. 유체이탈을 자주 경험하다 보니 자연스레 유체이탈 화법을 구사한 셈이다.

어쨌든 스베덴보리의 말보다는 행동을 더 추종하던 사람들이 많았는데, 스베덴보리의 경험에 독일의 프란츠 메스머Franz Mesmer, 1734~1815년가 창안한 최면술催眠術, Hypnosis이 결합되어 신령주의神靈主義, Spiritualism라는 새로운 종교가 탄생했다. 미국 동북부에서 시작된 이 종교는 지금 세계 각지로 확산되어 오늘날도 죽은 사람과 직접 교류하는 경험을 부지런히 실천하고 있다.

스베덴보리의 환상을 신뢰할 수 없는 이유는 쉽게 말해 성경과 전혀 맞지 않기 때문이다. 스베덴보리는 자신의 환상을 성경으로 판단하지 않고 거꾸로 제 환상을 기준으로 성경을 재단하였다. 그 결과 자신의 영적 해석과 맞지 않는 것들은 정경에서 제외해 버렸다. 특히 신약 가운데 사복음서와 요한계시록만 영감을 받은 하나님의 말씀이라 하였으니, 나가도 너무 나갔다. 영해靈解, Spiritual Interpretation라는 것이 본디 겉으로 드러난 문자적인 뜻과 아무런 연결고리가 없기 때문에 성경의 객관적인 진술은 가치를 잃고 만다. 게다가 영적인 뜻의 옳고 그름을 가릴 기준이 없으니 누구든 제멋대로 풀어낼 수 있는 것이 이른바 영해다. 실제로 스베덴보리는 영해의 선구자인 필론이나 오리게네스와는 비교할 수 없을 정도로 자의적인 해석을 좌충우돌식으로 쏟아 내고 있다. 교회사 학자인 필립 샤프Philip Schaff, 1819~1893년는 스베덴보리의 해석을 두고, 기발하기는 하지만 비평적으로나 신학적으로 전혀 가치가 없는 것이라 결론지었다.

스베덴보리의 사상 가운데 성경과 특히 맞지 않는 부분이 신론神論, 창조론, 우주론이다. 그의 말에서 '주님' 또는 '예수'가 수시로 등장하지만 성경의 그분은 아니다. 피조물이 신과 같은 본질을 가졌다면 그것은 말로만 '창조'일 뿐, 실상은 신과 우주가 같다고 주장하는 범신론이 되고 만다. 하나님의 본질인 사랑과 지혜가 사람을 통해 표현되고 사람과 하나님이 함께 우주의 존재목적을 구현해 간다는 입장 역시, 우주를 신의 일부로 보고 사람의 마음이 신의 마음의 표현이라 보는 범신론과 기본 축을 공유한다. 특히 사랑과 지혜로 사는 사람들이 하나님의 몸을 이룬다는 마지막 주장은 우주가 곧 신의 몸이라는 범신론과 완전히 일치한다. 성경이 비유로 말한 것을 실제라 주장하니 자신의 영해와 반대로 가는 해석이기도 하다. 게다가 그리스도의 재림과 함께 약속된 몸의 부활을 설명할 방법이 없다. 하기는 스베덴보리는 최후의 심판이 자신의 생애 중에 이미 시작되었고 재림 또한 말씀으로 이미 이루어지고 있다 보았으니 몸의 부활이 따로 필요하지도 않다.

독일의 철학자 포이어바흐Ludwig Feuerbach, 1804~1872는 주저 『기독교의 본질Das Wesen des Christentums』 9장 각주에서 스베덴보리의 천국 경험을 간단히 소개한 다음 이렇게 결론지었다. "신비가에게는 이 세상이 저 세상이요, 그러다 보니 저 세상은 또 이 세상이 된다." 포이어바흐는 카를 마르크스Karl Marx, 1818~1883에게 유물론을 전수해 준 근세 유물론의 대부다. 그는 『기독교의 본질』에서 기독교의 신은 인간의 의식이 만들어 낸 산물에 지나지 않는다고 주장한다. 세상의 온갖 좋은 것들을 모아 극대화시킨 개념이 바로 신이라는 말이다. 스베덴보리의 천국관은 포이어바흐의 그런 주장을 입증하는 멋진 보기다. 현세와 내세가 그렇게 비슷하다면 내세 역시 인간의 마음이 만든 산물에 불과할 것이요, 그런 내세라면 믿을 가치도 전혀 없을 것이다.

성경은 새 하늘과 새 땅의 놀라움을 이 땅의 말로 표현할 수 없어 갖가지 상징과 비유를 사용한다. 사도 바울도 셋째 하늘에 올라가는 신비로운 경험을 했지만 거기서 들은 말을 사람의 말로 표현할 수 없다 하였다고후12:1-4. 그런데 스베덴보리는 거기도 여기랑 비슷하더라 하였으니, 포이어바흐가 볼 때는 결국 천국이라는 것도 우리의 상상력이 지어낸 이야기에 지나지 않을 것이다. 현세를 살 때는 내세에 넋을 잃고 제대로 못 살더니 정작 내세에 가 보니 현세와 별다를 바가 없다고 한다. 이 세상과 저 세상이 엎치락뒤치락한다는 포이어바흐의 조롱에 낯이 뜨겁다.

스베덴보리가 신비경험으로 바쁠 즈음 영국에서는 존 웨슬리를 중심으로 교회 개혁 운동이 활발하게 일어나고 있었다. 스베덴보리도 소문을 들었는지 죽기 직전에 웨슬리를 만나보라는 계시를 받았다고 하고, 실제 만나자는 편지까지 보내 웨슬리를 놀라게 만들었다. 그러나 만남이 성사되기 전 스베덴보리는 세상을 떴다. 몇 해 뒤 웨슬리는 스베덴보리의 책을 모두 입수하여 꼼꼼하게 읽어 본 다음 스베덴보리의 사상을 비판하는 글을 여러 편 출판하였다. 웨슬리의 입장은 분명했다. 스베덴보리가 주장하는 교리 및 성경 해석이 '성경하고도 맞지 않고 이성에도 모순되고 이론 자체로도 앞뒤가 맞지 않다'는 것이었다. 웨슬리는 다음과 같은 엄중한 경고로 글을 마무리하였다. "형제들이여, 여러분이 하나님을 두려워한다면 그런 사람을 절대 남에게 추천하지 마십시오. 엉터리나 헛소리 정도는 봐줄 수 있지만 하나님을 거짓말쟁이로 만드는 것은 용납할 수 없습니다. 그 사람의 글이 정말로 하나님께로부터 나온 것이라면 성경은 지어낸 이야기가 되고 말 것입니다."[5]

그렇지만 웨슬리의 바람과는 달리 스베덴보리의 사상은 급속히 번져 나갔다. 스베덴보리의 조국 스웨덴에서는 한때 이단 시비도 일었지만, 유럽과 미국의 수많은 인사들이 스베덴보리의 사상에 빠져들어 갔다. 영국에서는 시인 윌리엄 블레이크William Blake, 작가 토머스 칼라일Thomas Carlyle과 코난 도일 Arthur Conan Doyle 등이 이 사상에 심취하였고, 미국에서는 뉴잉글랜드의 사상을 주도했던 랄프 왈도 에머슨Ralph Waldo Emerson이 스베덴보리의 글을 탐독하고서 세상 학문의 기준으로 평가할 수 없는 고귀한 책이라는 격찬을 남겼다. 프랑스의 소설가 오노레 드 발자크Honoré de Balzac와 시인 샤를 보들레르 Charles Baudelaire, 아일랜드의 시인 윌리엄 예이츠William Butler Yeats, 러시아의 소설가 표도르 도스토옙스키Fyodor Dostoevsky, 독일의 문호 요한 볼프강 폰 괴테Johann Wolfgang von Goethe, 『톰 아저씨의 오두막Uncle Tom's Cabin』을 써 미국 노예해방에 큰 공을 세운 해리엇 스토Harriet Beecher Stowe 등도 스베덴보리의 영향을 크게 받았다. 철강재벌 앤드류 카네기Andrew Carnegie와 사회운동가 헬렌 켈러Helen Keller도 스베덴보리의 가르침을 추종하였다.

심리학자 카를 융Carl Gustav Jung은 의학을 공부하는 동안 스베덴보리 전집

---

5. John Wesley, "Works", XIII, *The Arminian Magazine*, 1783, 409.

을 독파하였고 큰 영향을 받았다고 직접 밝히고 있다. 심리학자겸 철학자였던 윌리엄 제임스William James와 소설가인 동생 헨리 제임스Henry James Jr.도 스베덴보리 계열의 신학자였던 아버지를 통해 이 사상을 배우며 자랐다. 일본의 선불교 학자인 다이세츠 스즈키鈴木大拙도 스베덴보리를 깊이 연구하였으며, 크리스천사이언스를 시작한 매리 에디Mary Baker Eddy는 스베덴보리의 영향을 하도 받아 스베덴보리를 표절했다는 비판을 오래도록 받고 있다. 이들 가운데 많은 사람이 스베덴보리가 세상을 뜬 백 년 뒤 미국에서 싹트기 시작한 신사고 운동에도 직간접으로 이어져 있다.

스베덴보리가 신사고에 끼친 가장 큰 영향은 범신론이라는 큰 틀이다. 신의 초월과 내재를 동시에 믿고 또 신과 인간이 함께 목표를 향해 나아간다고 보는 전형적인 범재신론이다. 스베덴보리가 말하는 자연계와 영계의 교류도 신사고에 그대로 스며들었다. 이 모든 것을 가능하게 하는 '마음의 힘' 또한 신사고가 전폭 수용하였다. 신사고에서는 영계 탐방뿐 아니라 거듭남도 오직 마음의 힘 하나로 이루어진다. 성경을 자의적으로 해석하는 전통 역시 신사고가 스베덴보리에게 배운 점이다.

스베덴보리를 추종하는 교회도 생겼다. 흔히 '새 교회The New Church' 또는 '새 예루살렘 보편교회General Church of the New Jerusalem'라 부르는 이 흐름에는 오늘날 세계 각지의 여러 교파가 소속되어 있다. 이들은 스베덴보리의 책을 성경과 거의 동등한 권위로 받아들인다. 백여 년 전인 1893년에 시카고에서 열렸던 제일차 세계종교회의Parliament of the World's Religions도 스베덴보리의 다원주의 가르침에 충실한 사람들이 주도한 모임이었다. 지금은 한국에도 스베덴보리를 추종하는 '새 교회'가 있다.

에머슨

스베덴보리와 함께 신사고의 형성에 큰 역할을 한 사람은 19세기 미국의 사상가 랄프 왈도 에머슨Ralph Waldo Emerson, 1803~1882년이다. 에머슨 자신도 물론 스베덴보리의 영향을 크게 받았다. 스베덴보리 계열의 신학자였던 헨리 제임스 시니어Henry James Sr., 그러니까 윌리엄 제임스와 헨리 제임스 형제의 아버지와도 남다른 친구 사이였다. 에머슨은 스베덴보리의 생애와 사상을 자세하게 분석한 「스베덴보리, 또는 신비가Swedenborg: or, the Mystic」라는 글도 남겼다. 스베덴보리의 일부 신학에 대해 비판적인 입장을 취하기도 했지만 사상 전반, 특히 도덕적인 삶을 강조한 부분과 영계와 물질계 사이의 교류 사상은 전폭 수용하였다. 어떤 면에서는 스베덴보리가 제창한 사상을 에머슨이 미국인의 심성에 와닿는 언어로 담아냄으로써 신사고라는 거대한 흐름을 시작했다 할 수도 있다.

유니테리언Unitarians 목사의 아들로 태어나 자란 에머슨은 하버드 대학 학부와 신학교에서 공부한 뒤 유니테리언 목사가 되었다. 유니테리언주의 Unitarianism는 말 그대로 신의 '단일성'을 믿는 사상으로 예수님의 신성 및 삼위일체론Trinitarianism을 거부한다. 예수 그리스도의 십자가를 통한 구원을 믿지만 예수를 예배하지는 않는다. 유니테리언 가운데서도 유니테리언 보편주의Unitarian Universalism는 그리스도의 공로로 모든 인류가 구원받을 것이라 믿는데, 교리보다는 영적 성장에 치중한다. 유니테리언 신앙은 계몽주의 시대에 유럽과 미국에서 싹을 틔웠고 19세기 이후 뉴잉글랜드 지역에 깊이 뿌리를 내리면서 하버드 신학교를 거의 장악하였다.

에머슨은 보스턴 제이교회 부목사로 사역을 시작하며 목사로 안수를 받았지만, 스무 살 아내가 결핵으로 죽으면서 유니테리언 신앙에 회의를 느끼기 시작하였고 이듬해 교회를 사임하였다. 조직 교회와 결별한 다음 아내가 남긴 유산으로 유럽을 두루 여행하며 존 스튜어트 밀John Stuart Mill, 토머스 칼라일 Thomas Carlyle, 윌리엄 워즈워스William Wordsworth, 새뮤얼 테일러 콜리지Samuel Taylor Coleridge 등을 만나 교분을 쌓았고, 여행에서 돌아온 뒤 새롭게 형성된 문화에 발맞추어 대중 강연자로 새로운 삶을 시작하였다. 이 무렵 유니테리언 보편주의를 버리고 개인의 자유에 기반을 둔 새로운 사상을 제창하였다. 장편 수필 "Nature자연"1836년을 통해 자기 사상의 골격을 제시한 에머슨은 이후 두 권의 수필집과 수많은 강연을 통해 후대에 큰 영향을 끼쳤다.

에머슨이 펼친 사상을 보통 초월주의超越主義, Transcendentalism라 부른다. 초월을 거부하는 사상이 초월주의라는 묘한 이름을 얻은 셈이다. 종교와 철학은 인간의 경험 아닌 인간성 내부의 영적 본질에 근거를 두어야 한다는 주장이니 '선험주의先驗主義'가 올바른 번역이다. '초월명상법'으로 알려진 마하리시 요기Maharishi Mahesh Yogi의 명상 역시 초월자를 명상하는 것이 아니라 내 안의 자신을 중시하는 것으로서, 초월명상이 아닌 '선험명상'이다. 하버드 중심의 주지주의主知主義에 반기를 든 선험주의는 영국 및 독일의 낭만주의와 흐름을 같이 한다. 에머슨과 같은 선험주의자들은 사람의 마음에 본디부터 있던 신성을 강조했다. 또 사람을 포함한 자연은 본질적으로 선하며 사회나 조직이 그것을 더럽힌다고 보았다. 이들은 우주의 통일체 내지 연합체라 부를 수 있는 자연Nature 내지 우주 영혼Over-soul을 믿으며, 각 사람의 영혼이 다 이 우주 영혼에 참여하여 거대한 연합을 이룬다고 보았다. "자연의 모든 개체 곧 잎 하나, 물 한 방울, 결정結晶 하나, 한 순간이 모두 전체와 잇닿아 있고, 전체의 완전함에 동참하고 있다. 조각 하나하나가 소우주로서, 자기가 세상과 닮았음을 충실하게 표현하고 있다."“Nature”, 54-55.

이들에 따르면 개인의 영혼은 우주의 영혼의 일부를 간직하고 있다. 독특한 개인 개인이 다른 모두와 어우러져 하나를 이룬 것이 바로 거대한 우주 영혼이다. 이러한 관점은 선험주의가 우주와 자아의 연합, 곧 범아일여梵我一如를 믿는 힌두교의 영향을 크게 받았기 때문이다. 우주 영혼 역시 힌두교에서 가르친 다르마달마, 達摩와 별반 다르지 않다. "보는 행위와 보는 대상, 보는 이와 눈에 보이는 광경, 주체와 객체가 다 하나다."Essays, I, 253. 에머슨은 동료들과 함께 불교 및 힌두교 경전을 번역해 출판하면서 우주의 통일성에 대한 확신을 더욱 다졌다. 우주와 내 마음이 하나이기에 사람은 자연계를 살피고 명상함으로써 사람의 영혼과 함께 태어난 우주를 발견할 수 있다고 여겼다. 때로는 에머슨도 스베덴보리가 한 경험과 비슷한 경험도 맛보았다 주장한다. "맨땅에 발을 딛고 서면 싱그러운 공기에 휘감긴 머리가 무한의 공간으로 솟구치면서 유치한 이기주의는 다 사라진다. 난 투명한 눈알이 된다. 난 아무것도 아니지만 모든 것을 본다. 보편자의 기류가 나를 관통해 흐른다. 난 신의 일부 내지 조각이다.""Nature", 13.

에머슨이 말하는 '투명한 눈알'은 성경을 대체하는 계시의 주체다. 신의 존재 자체는 믿는다. 하지만 자연을 통해 직관적으로 신을 경험할 수 있으므로 성경 같은 계시는 필요가 없다. 성경의 영적 의미를 추구한 스베덴보리와 달리 에머슨은 성경 자체에 별 관심을 두지 않았다. 지혜는 자연으로부터 직관적으로 깨닫는 것이다. 어떤 종교를 믿느냐는 물음에 에머슨은 대답했다. "나는 고요하고 세미한 음성을 믿는다. 그 음성은 내 안에 있는 그리스도다." 에머슨에 따르면 사람 개개인이 우주의 표현이므로 결국 사람의 생각과 삶은 각 인간의 영적 본질에서 우러나오는 원리를 그대로 반영한다. 내 안에서 모든 진리를 깨달을 수 있으므로 마음의 힘이 그 어느 때보다 강조된다. 중국의 노자, 맹자와도 통하는 입장이다.

하버드 신학교에서 행한 「신학교 연설」에서는 자신의 사상을 '개개인이 가진 무한성'으로 요약하였다. 내 영혼이 우주의 영혼과 통한다고 했다. "내 머리와 무한한 하늘 사이에는 가리개도 천장도 없다."*Essays*, I, 255. 따라서 자기신 뢰Self-reliance 및 독립이 최고의 가치가 있다. 에머슨의 범신론도 인도처럼 개인주의로 곧장 이어진다. 에머슨은 오직 개인의 마음 하나하나가 거룩하므로 남의 생각에 따르기보다 자신의 고유한 것을 개발하는 것이 중요하다고 역설하여 미국 개인주의의 대부가 되었다. 그에게 최고 권위는 '나 자신'이다. 남들이 이해 못해도 개의치 말고 날마다 새로운 삶을 살도록 애쓰라 한다. 우리가 아는 사람 가운데 에머슨과 교류하면서 사상을 깊이 나눈 이로는 『월든 Walden』1854년을 쓴 소설가 헨리 소로Henry David Thoreau와 「풀잎Leaves of Grass」 1855년의 시인 월트 휘트먼Walt Whitman 등이 있다. 철학자요 의사였던 윌리엄 제임스 역시 아버지의 친구요 자신의 대부였던 에머슨의 영향을 크게 받았다.

에머슨은 그리스도의 신성을 부인하는 유니테리언 목사로 시작하였으므로 처음부터 정통 기독교와 출발이 달랐다. 설상가상으로 유럽 여행에서 돌아온 뒤 내세운 범신론 우주관은 창조주 하나님의 인격성마저 부인함으로써 기독교 신앙의 근간을 흔드는 것이었다. 또한 인간의 범죄와 타락과 세상에 넘치는 악의 존재를 인정하지 않아 기독교의 구원 또한 무의미하게 만들었다. 스베덴보리나 에머슨이 내세운 범신론적 세계관은 창조주와 피조물을 같은 차원에서 본다. 따라서 하나님의 아들이 사람을 구원하시려 사람이 되어 오신 성육신이 얼마나 놀라운 사건인지 느끼지 못하게 된다. 우주와 내가 하나라는 범신론과 자연을 좋게 보는 낙관론 등 에머슨이 구축한 세계관의 핵심 요소들은 이후 신사고 운동가들에게 수용되어 신사고 운동의 핵심을 이루게 되었고, 나중에는 번영복음의 기초로 자리를 잡았다.

3. 범신론과 범내신론

범신론

스베덴보리가 희미하게 가르치고 에머슨이 확실하게 정리한 세계관은 범신론이다. 범신론은 범汎, 두루, 우주이 곧 신神, 그러니까 우주가 바로 신이라는 이론이다. 영어 'Pantheism'의 번역으로 모든 것을 뜻하는 그리스말 'πᾶν pan'과 신을 뜻하는 'θεός theos'를 합친 낱말이다. 범신론은 우리 자신을 포함해 우리가 보고 듣고 느끼는 모든 것이 신이라고 주장한다. 이 우주 곧 존재하는 모든 것이 신이지 그것을 초월하는 신이 따로 있는 것이 아니라는 말이다. 결국 지구도, 나도, 내 발가락도, 특히 우주의 모든 법칙과 질서도 신의 일부 내지 존재방식인 셈이다. 무한하고 영원한 신의 존재를 인정하니 무신론은 아니지만 그 신이 우주와 구별되는 인격적인 신은 아니다. 기독교 용어로 말하자면 창조주와 피조물이 똑같다. 신과 무관한 자연도 있을 수 없고 자연에서 벗어난 신도 존재하지 않는다.

그렇지만 범신론에서 우주와 신이 같다고 해서 똑같은 대상을 이름만 다르게 부르는 것은 아니다. 범신론은 현실에서 경험하는 우주와 신으로서의 우주를 다르게 본다. 우주는 복잡한 단위지만 신은 거대한 하나의 본체다. 신은 개별적인 존재의 단순한 결합이 아니라 전체를 하나로 통일하는 모든 존재의 본질 내지 중심이다. '우주의 통일성'은 범신론의 중요한 주제다. 온 우주의 조화를 사랑이라 부르기도 한다. 또 개별 존재는 신의 일부일 뿐 아니라 신의 속성을 반영하기도 한다고 보는데, 신은 무한한 존재이므로 각 개체가 신의 본질 곧 전체 우주를 반영한다고 한다. 브루노Giordano Bruno, 1548~1600년는 이것을 거울에 비유한다. 큰 거울 하나가 한 대상 전체를 비추다가 그 거울이 수천 개로 산산조각이 난 뒤에는 각 조각 하나하나가 또 그 대상 전체를 비춘다는 것이다. 우주의 모든 것이 소우주小宇宙다.

어떻게 해서 우주를 신으로 보게 되었을까? 자연에서 느끼는 외경심이 자연을 신적 존재로 느끼게 했을 수도 있다. 자연을 신으로 착각했다는 말이 아니라 루돌프 오토Rudolf Otto, 1869~1937년가 말한 '누미노제Numinose'의 경험을 통해 자연이 곧 신이라는 사실을 알게 되었다는 말이다. 장엄한 산이나 광대한 바다 또는 거대한 폭포 등에 압도되어 그 너머에 있는 어떤 존재에 대한 두려움 내지 경외감을 느끼는 것이 누미노제의 경험이다. 아니면 거꾸로 전지전능한 신이라는 개념을 먼저 생각한 다음 신은 곧 우주와 같다고 결론지었을 수도 있다. 신이라면 안 계시는 곳이 없어야 하고 따라서 신 바깥에는 아무것도 없을 터이니 결국 우주가 곧 신이라는 결론을 내리는 것이다. 신을 필연적인 존재로 정의할 경우에도 신은 우주의 모든 것을 포괄해야 한다는 결론으로 곧장 갈 수 있다.

범신론은 해, 달처럼 특정한 대상이나 자연 현상을 숭배하는 자연숭배와 통하는 면도 있지만 근본적으로 다르다. 범신론은 자연을 신의 몸으로 높게 치면서도 우주 전체의 통일성을 강조한다. 또 범신론은 자연숭배 같은 예배행위를 하지 않는다. 나 자신도 신의 일부인 까닭이다. 또 법칙과 질서가 곧 신이니 범신론은 초자연적인 요소가 배제된 결정론이다. 하지만 자연의 범위 안에서 우리가 깨닫지 못하는 것들도 있으므로 자연 내의 초자연이라는 개념도 언제나 가능하다.

악의 문제에 대해서는 선악을 명확히 구분하여 개인의 도덕적 선택을 강조하는 사람도 있지만 대개는 악의 개념 자체를 무시하거나 부인한다. 스토아학파의 주장처럼, 거대한 틀에서 보면 다 조화를 이루는데 그저 단편적인 것만 보고 악이라 부른다는 것이다. 범신론이 악의 존재 그 자체보다 그것을 점점 줄여 완벽함으로 나아가는 과정을 더 강조하는 것은 발전을 전제하기 때문이다. 나 개인의 선택이 우주의 발전에 이바지하니 도덕적 선택이 중요하다. 이런 발전이 사실 범신론에서 가능한 유일한 구원 개념이다. 범신론은 기독교처럼 단번에 얻는 영원한 구원을 거부한다. 스베덴보리의 거듭남처럼 개인의 윤리적인 결단을 통한 점진적인 발전이 있을 뿐이다.

범신론은 역사가 깊다. 인도의 힌두교나 중국의 도교가 주로 범신론 세계관이고 유대교에도 신비주의 교파 카발라kabbālāh처럼 범신론을 신봉한 그룹이 있었다. 스토아학파도 범신론 세계관을 갖고 있었다. 초월신인 창조주를 믿는 기독교 역사에서도 에리우게나Johannes Scotus Eriugena, 810~877년, 쿠자누스Nicolaus Cusanus, 1401~1464년 등 범신론 경향을 띄는 사상이 수시로 등장하고는 했다. 르네상스 말기의 조르다노 브루노는 범신론을 펴다가 교회의 정죄를 받고 화형을 당했다. 브루노는 우주는 무한하며 신은 보편적인 세계영혼이고 온 우주가 바로 이 무한한 원리의 나타남이라고 보았다.

범신론 가운데 대표적인 것이 스피노자Baruch Spinoza, 1632~1677년의 철학이다. 브루노의 영향을 크게 받은 스피노자는 『윤리학Ethica』이라는 책에서 우주 전체를 '신 또는 자연deus sive natura'이라 부르며 우주가 바로 신 그 자체라는 이론을 폈다. 우리가 보고 느끼는 모든 것이 신의 몸이고 우리의 생각이 곧 신의 생각이다. 몸과 마음은 데카르트가 주장한 것처럼 분리된 것이 아니라 서로 연결된 신의 두 속성이라는 이야기다. 괴테, 워즈워드, 휘트먼, 소로 같은 문학가들, 만유인력의 법칙을 발견한 뉴턴과 상대성원리를 발견한 아인슈타인 같은 과학자들이 범신론 내지 그와 비슷한 믿음을 가졌다. 대중문화에서는 <스타워즈>, <아바타>, <라이언 킹> 같은 작품에 범신론 사상이 깔려 있다.[6]

---

6. William Mander, "Pantheism," *The Stanford Encyclopedia of Philosophy*(http://plato.stanford.edu/entries/pantheism/) 참고.

범내신론

　스베덴보리나 에머슨의 사상은 엄밀하게 말해 범신론 가운데서도 범내신론에 속한다. 보통 쓰는 용어는 범재신론汎在神論이다. 만유재신론萬有在神論 또는 만유내재신론萬有內在神論이라 부르기도 한다. 영어로 'Panentheism'인데 모든 것汎, pan이 신神, theos 안內, en에 있다는 뜻이므로 굳이 한자로 옮기자면 범재신론보다는 '범내신론汎內神論'이 더 낫다. 범내신론은 범신론의 범주에 속하면서도 분명한 차이점을 보인다. 물론 중간지대가 많아 완벽한 구분은 불가능하므로 핵심적인 몇 가지 요소를 중심으로 차이를 알아볼 수 있다.

　범내신론은 신이 우주의 구석구석에 스며들어 있다는 믿음이다. 신이 우주에 내재해 있다고 믿는다는 점에서 기본적으로 범신론과 통한다. 하지만 범신론과 달리 신의 초월성도 믿는다. 우주가 곧 신이라는 것이 범신론이라면 범내신론은 우주 전체가 신이지만 신은 우주 전체보다 더 크다는 입장이다. 물론 그렇게 초월해 있지만 신이 우주와 거리를 두고 있는 것이 아니라 우주 안에 있다고 본다. 그래서 초월인 동시에 내재다. 신의 초월성 때문에 우주는 신의 일부이면서 자기 나름의 독특성을 갖는다고 한다. 신은 온 우주를 자기 안에 품고 있으며 우주 역시 자기 안에 내재하는 신을 품고 있다고 말한다. 물론 비유적인 표현이다. 서로 포함하지만 신은 언제나 우주보다 크다고 여긴다.

　우주가 신 안에 있다는 말이 무슨 뜻일까? 범신론의 경우처럼 우주가 신의 존재에 참여함으로써 존재한다는 뜻으로 풀 수도 있고 플로티누스처럼 우주가 신의 유출이라 풀 수도 있겠으나, 가장 많이 사용되는 것은 심신心身 모델, 곧 사람의 마음과 몸의 관계로 설명하는 방식이다. 마음이 유기체의 조직에 구조나 방향을 제공하듯 신은 세계를 자신의 몸처럼 통제하면서 그 세계를 통해 자신을 드러낸다는 것이다. 마음이 몸에 내재하는 것과 마찬가지로 신이 우주에 내재하면서도 초월성을 유지한다고 한다. 내재와 초월이 어떻게 동시에 가능할까? 철학자 화이트헤드Alfred N. Whitehead, 1861~1947년식으로 풀자면 전통 유신론에서는 신과 우주가 상호 교류하되 서로 본성이나 본질에는 영향을 미치지 않지만, 범내신론에서는 서로 존재에 영향을 미치는 내적 관계를 이룬다. 이때 신이 우주의 변화에 따라 흔들릴 수는 없으므로 신에게는 양극Dipole, 곧 신 자신만의 본질에 속하는 원초적 본성과 우주와 교섭이 가능한 결과적 본성이 있는 것으로 본다.

범내신론도 역사가 깊으나 근세 이전까지는 범신론과 뚜렷하게 구분되지 않았다. 온 우주가 신의 유출이라고 보는 플로티누스의 이론은 우주가 신의 유출이니 신의 일부이긴 하지만 신은 그 우주를 초월해 존재하므로 명확한 범내신론이다. 피히테, 셸링, 헤겔로 이어지는 근세의 독일 관념론 역시 범내신론에 속한다. 특히 헤겔은 절대정신이 자기를 실현하는 과정은 곧 자기를 겉으로 드러내는 일인데, 그 드러냄 곧 '외화外化, Entäußerung 또는 Entfremdung'가 세계의 존재 근거요 역사의 원리라 하였다. 이 과정에서는 신이 유한세계를 제 안에 품어 그것들과 분리되지 않으면서도 그것들을 능가하여 초월하고 역사를 통한 절대존재의 발전으로 통일성을 제공한다.

현대에 들어 다윈이 역사 개념을 생물학에 도입하여 진화론을 제창한 것처럼 많은 철학자들이 발전이라는 기본 틀을 이용해 물리 세계를 개념적으로 설명하기 시작했다. 대표적인 것이 화이트헤드를 태두로 하는 '과정철학過程哲學, Process Philosophy'인데, 기본적으로 신과 세계가 상호관계 속에서 함께 자라 간다는 설명이다. 과정철학에서는 우선 신이 세계와 무관하게 존재하는 영원한 존재로서 세계의 변화 및 발전의 가능성도 제공한다. 하지만 그런 가능성이 실제 변화로 이어지려면 신 또한 세계를 자신 안에 품어야 한다. 이 점은 범신론과 같지만 범내신론은 신의 영원성과 세계의 유한성을 뚜렷하게 구분하고, 세계 역시 신이 제공하는 가능성을 실현할 때는 사건들을 스스로 자유롭게 결정한다는 점을 강조한다. 이렇게 인간 자유의 가능성을 인정함으로써 악의 문제를 해결하지 못하던 범신론을 넘어선다. 화이트헤드의 과정철학에서 싹튼 것이 찰스 하츠혼Charles Hartshorne, 1897~2000년과 존 캅John B. Cobb, Jr., 1925~현재의 과정신학이다.

현대에 들어 범내신론이 관심을 끄는 이유는 첫째로 전통 유신론이 이론적 한계가 있다는 인식 때문이다. 창조주의 초월성을 강조하여 피조물과 완전히 분리시킬 경우 피조물의 존재에 대한 설명이 어려워진다. 유한한 세상과 떨어져 있을 수 없는 피조물의 생명 및 존재의 근거인 영루아흐이 어떻게 창조 이후에도 오직 영원한 창조주의 힘과 섭리를 통해서만 계속 존재할 수 있다고 할 수 있느냐 하는 것이다. 게다가 성경이 말하는 인격적인 창조주의 인격적인 현존은 초월성만으로 설명하기가 더욱 어렵다. 이런 분리의식이 지구를 무시하고 학대하게 만들었다는 비판도 있다. 하여 철학자 떼야르 드 샤르댕Pierre Teilhard de Chardin, 1881~1955년같은 이는 범신론과 기독교 신앙을 혼합한 범내신론을 시도한다. 신학자인 위르겐 몰트만Jürgen Moltmann, 1926~현재은 성부 성자 성령의 친근한 내적 관계를 설명하는 '상호내주페리코레시스' 개념을 하나님과 우주 사이에 적용한다. 또 독일 관념론의 영향을 받은 이들은 그리스도께서 성육신 때 보이신 '자기 비움케노시스, Entäußerung'을 창조의 원리로 적용한다.

둘째로 현대 과학의 발전이 과학적 설명 자체의 한계를 드러내고 있기 때문이다. 과학적 설명은 닫힌 인과론因果論의 체계를 갖추고 있어 외부 주체의 개입을 허용하지 않는다. 이에 대해 범내신론은 우선 모든 실재를 물리적으로 설명할 수 있다는 무신론적 환원주의에 반기를 든다. 새로운 차원의 창발創發, Emergence은 단순한 물리적 차원에서 설명할 수 없으며 특히 하위 속성들이 상위 속성들을 결정한다는 수반隨伴, Supervenience의 원리와 충돌한다. 물은 수소와 산소가 합쳐져 생성되지만 수소나 산소와는 전혀 다른 저 나름의 법칙과 원리를 가지고 있는 것과 같다. 새로운 개체는 하위 개체 전체를 합친 것과 다르므로 여기에는 분명 창조적 역학이 작용한다. 무기물질에서 유기체가 생겨난 생명현상도 놀라운 일이요, 물리적 활동만 있던 곳에서 정신적 활동이 출현한 것도 닫힌 과학의 원리로는 설명할 수 없는 창발이다.

범내신론은 이러한 변화와 발전을 우주에 내재한 신의 섭리와 활동으로 풀어낸다. 셸링 같은 이는 하나님께서 만유의 주로서 만유 안에 계신다고 하는 고린도전서 15장 28절을 근거로, 우주와 신의 완전합일이 마지막에 일어날 생겨남이라 주장한다. 우주는 신이 되고 신은 스스로를 완성하는 이 과정이 스베덴보리가 희미하게 바라보고 과정철학이 뚜렷하게 내세우는 구원이다. 과학의 새로운 발견이 범내신론에 도움을 주기도 한다. 이를테면 양자역학量子力學에서 확립된 '양자 얽힘Quantum Entanglement'의 원리는 우주와 신의 관계에 대한 범내신론의 설명과 상통한다.[7]

범신론에 담긴 뜻

범신론은 과학에서 말하는 인과법칙과 이중의 관계를 이룰 수 있다. 범신론은 우선 결정론決定論, Determinism, 곧 우주에 존재하는 모든 것이 원인과 결과로 이어져 있다는 입장이 되기 쉽다. 완전한 통일성을 갖는 우주에 신이 법칙 내지 질서로 완전히 내재해 있다면 신을 포함한 모든 것이 정해진 법칙에 따라 움직일 것이다. 따라서 기적 같은 초자연적 현상은 애초에 불가능하며 자유의지가 개입될 가능성도 전혀 없다. 스토아학파를 비롯하여 스피노자나 아인슈타인 같은 범신론자들이 이런 입장을 견지하였다. "신은 우주를 갖고 주사위놀이를 하지 않는다God does not play dice with the universe." 아인슈타인이 남

---

7. John Culp, "Panentheism", *Stanford Encyclopedia of Philosophy*(https://plato.stanford.edu/entries/panentheism/) 참고.

긴 유명한 말이다. 범신론의 신은 인격적 존재가 아니라 법칙과 질서를 포괄하는 우주를 가리킨다. 주사위놀이를 하지 않는다는 것은 우연이나 개연성의 여지가 없이 우주의 모든 것이 법칙으로 이루어져 있다는 뜻이다. 멋진 표현이지만 사실 말 자체는 모순이다. 이들의 관점으로는 주사위놀이도 우연이 아닌 필연적인 법칙의 지배를 받고 있기 때문이다.

정반대의 논리도 가능하다. 우주가 곧 신이므로 신의 전지전능함에 초점을 둘 경우 신이 모든 일을 주관하게 되어 우주는 저 나름의 자율성을 잃어버린다. 우인론偶因論 또는 기회원인론機會原因論에 빠지는 것이다. 영어로 'Occasionalism'인데 세상이 인과법칙에 따라 움직이는 것이 아니라 모든 일에 신이 직접 개입해 유효 원인 역할을 한다는 논리다. 기온이 내려가면 물이 어는데 낮은 기온이 유효 원인이 되는 것이 아니라, 기온의 강하라는 현상이 신에게 요구하여 신이 물을 얼게 만든다는 식이다. 이 논리에서는 자연법칙이라는 것이 우주에 내재하는 것이 아니라 우리가 관찰한 결과일 뿐이다. 중세 이슬람 철학에서 발달한 논리지만 근세 유럽에도 동조자가 많았고 현대 들어 양자역학의 발전과 함께 상당한 설득력을 얻고 있다.

특히 신의 초월과 내재를 동시에 믿는 범내신론의 경우 신의 개입 없이는 아무것도 이루어질 수 없으므로 우인론이 더욱 힘을 얻는다. 이런 논리는 실험과 관찰의 결과로 얻은 보편적인 자연법칙 외에 또 다른 어떤 법칙의 존재 가능성을 열어 둔다. 이 입장은 기적 같은 것을 쉽게 설명할 수 있다는 장점이 있는 반면 우주 자체를 무시하게 만들 위험도 있다. 다시 말해 성실, 정직, 인내 등 현실 생활의 중요한 지침들을 외면하고 요행 같은 것에 기대게 할 수 있다는 것이다. 또 신의 뜻이 무엇인지는 궁극적으로 확인이 불가능하므로 무엇이든 신의 뜻이라 우길 수 있다는 문제점도 내포하고 있다.

신의 존재 자체를 인정한다는 점에서 범신론은 유신론에 속한다. 하지만 우주를 벗어난 존재가 아니라 우주와 동일시되는 존재를 믿으므로 창조주를 믿는 기독교 신앙과 전혀 다르고, 따라서 그리스도인에게도 별 위협이 되지 않는다. 그런데 범내신론의 경우 신의 초월을 함께 인정하기 때문에 창조주를 말하는 성경과 통하는 듯 보인다. 하여 과학의 도전에 직면한 많은 그리스도인 학자들이 범내신론을 대안으로 채택한다. 하지만 범내신론이 말하는 신의 내재는 창조주와 피조물 사이를 지나치게 친근한 관계로 만드는 데다, 피조물이 창조주께 전적으로 의존하는 것뿐만 아니라 창조주 또한 우주에 의존하는 관계라 주장함으로써 무에서 모든 것을 만드신 창조주의 영광에 손상을 끼친다.

이런 문제를 해결하기 위해 신의 본성을 가깝고도 먼 양극으로 나누어 설명하기도 하지만 그렇게 한다고 해서 해결될 문제가 아니다. 피조물과 뗄 수 없이 얽힌 신의 모습은 성경이 가르치는 창조주 하나님의 모습과 조화되기 어렵다. 자연을 존중하고 사랑과 평화를 강조하는 것은 좋으나 범신론을 벗어나지 못하는 범내신론은 이를 방해하는 악의 문제를 근본적으로 해결하지 못한다. 또 죄와 타락에 대한 성경의 가르침 또한 심하게 왜곡한다. 더 나아가 우주의 역사를 통해 이루시는 하나님의 구원의 은혜와 독생자까지 아끼지 않으시는 아버지의 사랑도 보여 주지 못한다.

참으로 놀라운 것은 신사고가 가진 이런 범신론 세계관이 번영복음이 되어 교회 중심부까지 침투해 들어왔다는 사실이다. 번영복음은 인간의 마음에 있는 탐욕을 최대한 허용하기 위해 신사고가 가르친 우주의 신을 교회로 끌어들였을 뿐 아니라, 그 신을 성경의 하나님으로 잘못 전함으로써 창조주시며 구원자이신 하나님의 모습을 심하게 일그러뜨리고 말았다.

4. 번영복음에 큰 영향을 끼친 두 사람

어니스트 홈즈

번영복음을 주창한 대부분의 사람이 다양한 방법으로 신사고의 영향을 받았지만 노먼 빈센트 필과 로버트 슐러와 관련하여 말할 경우 두 사람을 꼽을 수 있다. 먼저는 신사고 지도자급에 속하는 어니스트 홈즈Ernest Holmes, 1887~1960년이다. 그는 심령운동가요 대중연설가로서 신사고 운동가들 가운데서도 '마음의 과학'을 집중적으로 가르친 사람이다.

홈즈는 에머슨을 비롯한 신사고 운동의 선구자들의 저서를 탐독한 뒤 종교와 과학을 접목한 독특한 신앙 체계를 이룩하였다. 홈즈가 발표한 신앙고백문에 따르면 그는 우선 스스로 계시고 전능하신 창조주를 믿는다. 그런데 그는 우주가 창조주와 구분되기는 하지만 단순한 피조물이 아니라 창조주의 몸이며, 창조주는 우주를 통해 자신을 드러낸다고 주장한다. 곧 범내신론이다. '길가의 돌 하나가 곧 설교다!' 또 그의 입장에서는 우주가 곧 신의 몸이니 존재하는 모든 것이 선하다. 홈즈는 또 모든 생명의 통일성을 믿으며 가장 높은초월 신과 가장 내면우리 안의 신이 결국 하나요 내가 지금 살아가는 이 생명이 곧 신이라고 주장하였다.

"물 한 방울이 전체 바다일 수는 없지만 분명 바다와 닮았고 바다와 똑같은 성품들과 속성들을 제 안에 품고 있다. 따라서 사람은 하나님 안에 있고 하나님은 사람을 통해 일하신다 할 수 있다. '나와 아버지는 하나이니라.' '하나님의 나라는 너희 안에 있느니라.'"[8] 그도 사람은 물론 신이 아니라고 한다. 하지만 거대한 바다도 한 방울 한 방울이 모여 이루어지듯 사람은 신의 생각의 중

---

8. Ernest Holmes, *The Science of Mind*, 1926, 47. 1938년에 확대개정판이 출간되었다. 우리나라에서는 『마음의 과학』으로 역간되었다. 이하 *SoM*으로 표기한다.

심이기에 사람 하나하나가 우주를 보여 주는 작은 우주라고도 한다.

홈즈는 자연이 선하며 질서와 조화를 이룬다고 말한다. 그러므로 인생의 목표는 자연의 모든 불일치로부터 자신을 완전하게 해방시키는 것이며, 사람이면 누구나 이 목적을 이룰 수 있다고 주장한다. 그에게는 죄를 비롯한 삶의 부정적인 요소는 실제로 있는 것들이 아니라 마음이 만들어 낸 것들이다. 신은 선하여 인간의 고통을 바라지 않는다는 것이다. 따라서 생각을 긍정적으로 바꿈으로써 삶을 변화시킬 수 있다고 주장한다. 그리고 자연의 선함을 구현하기 위해서는 우선 우주가 인격이 아니라 하나의 거대한 법칙임을 알아야 한다고 말한다. 힌두교에서 말하는 카르마업, 業의 법칙, 곧 모든 것이 원인과 결과로 얽혀 있다는 그 원리다. 이러한 세계에는 죄라는 것이 없다. 신의 심판 같은 것도 무지가 만든 이론이라며 오히려 신과 합일을 이루면 모든 나쁜 것들이 사라진다고 주장한다. 홈즈는 또 전체 우주가 하나의 몸을 이루는 까닭에 과학이나 철학뿐 아니라 세계 모든 종교를 관통하는 어떤 핵심 개념, 곧 '진리의 금줄Golden thread of truth'이 있다고 믿었다.

홈즈의 사상은 '마음의 과학'이다. 홈즈는 세계 여러 사상을 종합하여 *The Science of Mind*마음의 과학를 저술하고 또 같은 제목의 잡지를 창간하여 이후 수많은 사람들에게 영향을 끼쳤다. 홈즈의 저서 가운데 몇 권은 우리말로도 출판되었다. 그에게는 마음이 전부다. 우주는 신이 생각한 결과 생겨났다. 보이는 모든 것은 보이지 않는 것에서 나왔다. 그는 사람의 생각에도 그런 창조력이 있다고 주장한다. 사람의 마음은 보편 마음, 곧 창조주의 정신이 모습을 드러낸 것이므로 사람은 이 마음에 현존하는 신을 느끼고 또 계시도 받을 수 있다는 것이다. 천국은 내 안에 이루어지는 것으로서 내가 천국을 의식하는 만큼 천국을 경험할 수 있다고 한다. 이 천국은 곧 '잠재의식'을 가리킨다.

그에게는 이러한 우주의 법칙을 배워 마음을 활용할 수 있다는 것이 우리 시대의 최고 발견이다. 마음의 그릇을 바꾸면 거기 담기는 내용도 달라진다고 여긴다. 잠재의식을 활용함으로써 사람은 신과 더불어 공동 창조자가 된다고 까지 한다. 마음에는 스스로 병을 치료하고 또 바깥 상황까지 통제하는 놀라운 힘이 있다 하여 홈즈는 마음을 언제나 대문자Mind로 썼다. 할 수 있다 생각하면 할 수 있다는 것이다. 그는 이 생각의 힘을 '믿음'이라 부르기도 했다. "너희 믿음대로 되라" 하신 예수님의 말씀마9:29이 바로 이 생각의 힘을 두고 하신 말씀이라는 것이다.

홈즈는 범신론에 근거하여 마음의 능력을 분석함으로써 필이나 조용기의 번영복음뿐 아니라 자기계발 운동에 큰 영향을 끼쳤다. 마음의 능력을 구현하는 방법으로는 '말하기'를 강조하였는데 이는 말씀으로 우주를 창조하신 신의 창조력을 그대로 따라하는 것이다. 곧 생각하는 대로 되고 말하는 대로 이루어진다. 에머슨의 가르침처럼 홈즈에게서도 온 우주는 한 영으로 이루어져 있으므로 사람의 영과도 서로 통한다. 또 우주를 덮고 있는 에테르가 우주와 내 마음을 이어주는 매개체 역할을 한다고도 하므로 스베덴보리가 말한 두 세계의 상응도 가능하다. 또 홈즈는 온 우주가 하나의 법칙 아래 서로 이어져 있기 때문에 같은 것끼리는 서로 끌어당긴다고 주장한다. "나는 가난하다" 하고 말하면 그것이 잠재의식에 기록되어 내 몸과 환경을 가난한 상태로 만든다는 식이다. 자기암시의 힘인데, 홈즈는 이것을 '끌어당김의 법칙Law of Attraction'이라 부른다. 그러므로 번영을 원하면 번영 의식을, 건강을 원하면 건강 의식을 가져야 한다고 한다.

플로렌스 쉰

필과 슐러에게 영향을 준 또 한 사람은 플로렌스 스코벨 쉰Florence Scovel Shinn, 1871~1940년이다. 쉰은 심령운동가로서 신사고를 직접 실천하면서 저술

활동도 한 사람이다. 책은 짤막한 몇 권만 써서 신사고의 대표 지도자급에 오르지는 못했지만, 오늘날 영매로 직접 활동하는 사람들 사이에서는 큰 스승으로 추앙을 받고 있다. 미술을 공부한 뒤 화가인 남편과 함께 작품 활동 및 연극 배우 활동을 하다가 사십대 초반 이혼을 계기로 신사고 운동에 몸담았는데, *The Game of Life and How to Play It*인생의 게임과 그 게임을 노는 법, 1925년을 출판하면서 일약 이 운동의 지도자로 떠올랐다. 홈즈가 범신론 세계관으로 번영복음에 영향을 끼쳤다면 쉰은 그 원리에 바탕을 둔 구체적인 실천 방법을 번영복음에 전해 주었다. 필, 슐러, 조용기 등은 쉰이 이 조그만 책자에서 전해 주는 원리를 무척이나 다양하게 활용해 왔다.

쉰이 말하는 인생의 목표는 성공이다. 그에 따르면 인생은 투쟁이 아닌 놀이이므로 규칙만 잘 알면 누구든 성공적인 인생을 살 수 있다. 쉰이 말하는 성공적 인생이란 '풍요한 삶', 곧 '건강, 재물, 집, 사랑, 친구, 완벽한 자기과시, 최고의 이상' 등을 얻어 누리는 삶이다. 이런 것들은 내 욕심이기 이전에 하늘이 주신 권리라고 한다. 완벽한 것만이 신의 뜻이므로 적당하게 타협해서는 안 된다고도 한다. 궁궐을 지어야 할 자리에 오두막을 짓지 말라는 것이다. 쉰이 말하는 성공의 방법은 무엇인가? '긍정적인 태도'다. 생각도 행동도 긍정적으로 하되 특히 말이 중요하다고 한다. 그렇게 삶의 법칙을 잘 지켜 얻는 부와 번영을 성경은 '약속의 땅 가나안'이라 부른다고 주장한다.

쉰은 이 가르침을 실천하여 효험을 본 수많은 사례를 저서에서 소개한다. 대부분 뜻하지 않게 횡재를 했다는 이야기이고 허무맹랑한 이야기도 많지만, 옆집 사는 아무개, 급하게 돈이 필요했던 누구, 제자 하나가 겪은 이야기 등으로 소개하여 실제 이야기처럼 느끼게 만들었다. 게다가 자신의 모든 가르침을 철저하게 성경과 엮었다. 백 쪽이 조금 못 되는 책인데 성구 인용이 없는 페이지가 거의 없고, 어떤 페이지는 인용이 대여섯 개나 될 정도여서 기독교를 배경으로 하는 미국인들의 마음에 쉽게 파고들었다. 책을 읽으면 저자의 풍부한 성경 지식에 먼저 놀라고 그것을 자기 목적에 끼워 맞추는 재주에는 탄성이 나온다. 하지만 쉰의 성경 풀이는 구원과 상관이 없고 그저 홈즈가 말한 '마음의 과학'이다. 인간의 마음, 특히 잠재의식을 속박에서 풀어 주어 풍요를 누리게 도와주겠다고 하는 책이다. 그래서 쉰 역시 스베덴보리처럼 자기 입맛에 맞는 영적인 뜻을 부지런히 창작해 낸다.

쉰은 하나님께서 전능하시고 우주를 초월해 계시는 창조주시면서 동시에 모든 사람의 마음에 내재해 계신다고 주장한다. 하나님께서는 보편자로서 개별자의 자리에서 일하시는데, 곧 사람 안에서는 그리스도가 되시고 행동하실 때는 성령이 되신다는 것이다. 스베덴보리가 가르친 바로 그 하나님이다. 내 안에 와 계시는 분은 그리스도이신데, 곧 내 안에 있는 '하나님 마음'이요 '하나님의 나라'라는 말이다. 그러므로 인간을 하나님의 형상이라 부르기도 하지만 결국 하나님과 상관없이 나 자신을 가리키는 것이다. 너 자신을 알라는 고대 그리스의 지혜나 내가 곧 신인 줄 아는 힌두교의 범아일여梵我一如 사상과 통한다. 말은 무한 지성이 나를 통해 자신을 나타낸다고 하지만 그렇게 해서 이룬 결과는 나 자신의 창조물이라고 한다. 곧 천재는 내 안에 있는 것이 된다.

쉰도 범신론 원리에 따라 온 우주에 하나의 법칙이 있음을 강조한다. 여호와를 경외하는 것은 곧 이 우주의 법칙을 두려워하는 것이다. 그러나 쉰도 모든 것이 철저하게 법칙대로 움직이며 요행이나 인격의 개입은 있을 수 없다고 본다. 또한 쉰이 말하는 법칙은 흔히들 알고 있는 자연계의 물리법칙과는 다른 것이다. 모든 일이 사람의 마음에서 일어나므로 우주의 법칙은 동시에 마음의 법칙이기도 하다. 내 안과 밖은 스베덴보리가 말한 상응관계로 이어져 있다. 법칙의 핵심은 "사람이 무엇으로 심든지 그대로 거두리라"라는 성경 구절이다갈6:7.

쉰은 이것을 '주고받음의 법칙' 또는 '부메랑 게임'이라 부른다. 무슨 새로운 깨달음은 아니다. 당시 미국을 휩쓸고 있던 황금률 원칙을 신사고의 기본 체계와 잘 엮었을 따름이다. 내가 남에게 하는 대로 남들도 나에게 할 것이라는 말이다. 우주의 법칙은 수요공급의 법칙이기도 하다. 수요는 내 욕망이요 공급자는 하나님이다. 내가 바라는 바를 법칙에 따라 요구하기만 하면 받을 수 있다. 힌두교에서는 이것을 카르마業의 법칙이라 부른다. 가난과 질병은 전생의 업보業報이므로 돈과 권세와 행복을 마음껏 얻어 누리는 것이 윤회의 굴레에서 벗어나는 구원이 된다.

인생에서 성공하는 방법은 그럼 무엇이라고 하는가? 모든 것이 마음에 달렸다. 쉰은 마음을 의식, 잠재의식, 초의식으로 나눈다. 그에 따르면 의식은 보이는 대로 판단하여 허상을 진짜로 착각하여 죄나 악 같은 것이 정말 있는 줄 알지만 진짜는 초의식에 있다. 초의식은 곧 신의 마음으로 거기는 완벽한 것들, 플라톤 식으로 하면 이데아Idea만 있다. 내 마음에 있는 하나님의 나라다. 쉰은 의식 아래 있는 잠재의식이야말로 마음을 움직이는 진짜 힘이라고 말한다. 쉰에 따르면 잠재의식은 방향성이 없어 의식이 지시하는 대로만 움직이는데, 문제는 이 의식이 온갖 오류에 사로잡혀 있다는 점이다. 따라서 쉰은 진리의 초의식을 잠재의식과 연결하여 잠재의식을 인도하게 해야 한다고 강조한다. 그렇게 되면 하늘이 우리 삶을 위해 준비하신 건강, 재물, 사랑, 성취 등 모든 좋은 것을 얻는다는 것이다. 내가 마음을 새롭게 하여 변화를 받으면 하나님께서 내 영혼을 소생시키시고, 하나님의 나라를 먼저 구하기만 하면 다른 문제는 다 해결되는 것이 이 원리를 따른다고 말한다.

쉰에 따르면 초의식이 잠재의식을 만나면 우주와 내가 서로 통한다. 그렇게 합일을 이루기만 하면 우주의 모든 것이 곧 내 것이 된다. 마음은 우선 몸과 통한다. 남을 헐뜯으면 관절염이 오고, 용서하지 않으면 피부병에 걸리고, 반대로 영혼을 치료하면 몸도 건강해진다고 한다. 마음의 중요성은 불교의 화엄경도 가르친다. 원효대사가 밤에 그릇에 담긴 물을 달게 마신 뒤 아침에 그것이 해골바가지였음을 알고 다시금 깨닫게 된 것이 바로 '일체유심조一切唯心造' 곧 '모든 것이 마음에서 비롯된다'는 것이다. 그런데 쉰은 한술 더 뜬다. 마음이 내 몸뿐 아니라 나와 무관한 바깥 환경까지 지배한다고 한 것이다. 하는 말인즉, 호흡기가 안 좋았던 어떤 사람이 밤에 숨이 막혀 창문을 열려 했는데 열리지 않아 유리창을 깨뜨렸더니 시원한 바람이 들어왔다고 한다. 그래서 단잠을 자고 아침에 일어나 보니 창문이 아니라 벽에 있던 책장의 유리를 깬 것이었다고 한다. 시원한 공기가 들어왔다는 믿음 덕에 실제로 신선한 산소를 호흡하며 잘 잤다는 소리인데, 해골바가지가 최고급 산소공급기로 변했으니 원효대사가 들었더라면 자다가도 벌떡 일어나 아멘 했을 일이다. 이렇게 잠재의식의 힘으로 마음, 몸, 상황이 함께 움직이는 것이 신사고의 세계다.

이렇게 초의식이 잠재의식을 완전히 지배하는 상태를 쉰은 '사차원의 세계'라 부른다. 사차원이라는 말은 수학이나 물리학에서도 사용하지만, 쉰이 말한 사차원은 러시아의 밀교도密敎徒인 우스펜스키Peter D. Ouspensky, 1878~1947년의 저서 *The Fourth Dimension*사차원, 1909년에서 가져온 것이다. 우스펜스키에 따르면 사차원은 현실세계를 뛰어넘는 신비의 세계를 가리킨다. 지구에서 멀리 떨어지면 중력의 영향을 안 받는 것처럼 사차원에 올라가면 삼차원의 삶에서 자유로워진다고 한다. 원하는 것을 다 가진 놀라운 세계요 새 하늘과 새 땅이며, 내 안의 그리스도가 곧 사차원의 자아다. 신사고 운동가들은 사차원에는 사차원만의 법칙이 있다고 주장한다. 그래서 신사고 지도자들을 메타피지션Metaphysician이라 부르기도 한다. '형이상학자'라는 말인데, 자연계physis 너머meta에 있는 그 원리를 연구해 가르치는 사람이라는 뜻이다. 신사고 식으로 하자면 이 원리만 알면 수천 달러의 돈도 갑자기 생기고 좋아하는 사람과 결혼도 하고 꿈의 직장을 얻거나 호화식기세트도 순식간에 장만할 수 있다. 오직 마음의 힘만으로 된다.

고대 그리스의 형이상학자들은 덧없는 세상 너머 있는 영원한 진리를 추구하였는데 신사고 형이상학자들은 거꾸로 이들이 덧없다 보았던 돈, 명예, 성취, 행복 등을 부지런히 좇아다녔다. 그리고 이 사차원의 법칙이 번영복음을 만나 번영신학이 되었다. 그리스도인이라는 사람들이 이런 허무맹랑한 이야기에 쉽게 속아 넘어가는 이유는 무엇일까? 일단 그리스도인들이 하나님의 섭리를 믿기 때문이다. 하나님의 섭리는 우주의 법칙을 뛰어넘는 어떤 원리다. 그렇다 보니 우인론을 믿는 사람들처럼 그리스도인들도 일단 무언가를 섭리라고 믿으면 과학뿐만 아니라 그 무엇으로도 그 믿음을 꺾기가 어렵다. 그리스도인임에도 땅에 뿌리박고 살던 사람들은 그런 식으로 에머슨과 함께 날아올라 구름 속으로 들어가 그곳이 천국인 줄 안다. 번영복음과 만나면 크게 타오를 욕심의 불씨가 그리스도인 속에도 여전히 자리 잡고 있기 때문이다. 그 욕심을 누르는 것이 기독교 복음인데, 거꾸로 복음이라는 탈을 쓴 채 불을 댕기고 기름마저 끼얹는 것이 번영복음이다.

그리기와 말하기

쉰은 초의식과 잠재의식을 이어 주는 방법으로 두 가지를 소개한다. 둘 다 신사고에서 널리 가르치던 방법인데, 첫째는 '그리기'다. 쉰은 마음은 곧 상상이니 상상력은 마음이 가진 창조력이 된다고 한다. 그리고 내가 그리는 자화상대로 되니 잘 그려야 한다고도 한다. 이것은 계획을 잘 세우면 동기부여도 되고 열심히 살아 성공 가능성이 높아진다는 뜻이 아니다. 오직 '생각의 힘'에 대해서 말하는 것이다. 그리는 그대로 이루어진다는 말이다. 무서운 병을 두려워하면 그 병에 걸리고, 과부 옷을 즐겨 입으면 남편이 곧 죽는다는 식이다. 멋진 그림을 잠재의식에 그려 우주와 통하는 초의식과 연결하면 성공적 인생이 보장된다고 주장한다. 그런데 그리기는 사차원에 속한 것이기 때문에 논리적 사고를 유보하고 직관, 육감, 느낌 등을 의지해야 한다고 한다. 쉰은 이 직관 또는 직감이 우리 삶의 인도자가 되어야 한다고 주장한다. 그런데 쉰은 그리기의 좋은 보기를 성경에서 찾지는 못했는지, 열두 정탐꾼이 '보는' 그것을 받았다 하는 정도로 그친다. 성경을 더 많이 알았던 누군가는 나중에 이 원리에 근거해 '바라봄의 법칙'을 만든다.

신사고가 가르친 그리기는 안셀무스Anselmus, 1033~1109년의 논증을 능가한다. 중세의 신학자 안셀무스는 '존재론적 논증'이라는 논리를 창안했다. 하나님께서는 '생각할 수 있는 그 어떤 것보다 크신 분'으로 정의할 수 있다. 그런데 하나님의 존재를 부인하는 사람의 마음에도 이 개념은 있다. 그렇다면 하나님께서는 현실에도 반드시 존재하셔야 한다. 왜냐하면 마음 및 현실에 동시에 존재하시는 분께서는 마음에만 존재하시는 분보다 더 크실 것이기 때문이다. 언뜻 들으면 말장난 같지만 사실 반박하기 쉽지 않은 논리다. 말하고자 하는 핵심은 이 논리가 개념 내지 생각 하나로 하나님의 실제 존재 증명까지 시도하는 당찬 논리라는 점이다. 그런데 신사고는 생각이 또 다른 차원에서 힘이 있다고 말한다. 하나님처럼 굳이 필연적 존재가 아니라도 마음에 품기만 하면 현실에도 그대로 존재하게 된다는 논리다. 마음에 어떤 대상을 가짐으로써 그 대상으로 하여금 현실에도 존재하게 만드는 가공할 힘이다.

신사고는 상상하는 바가 현실로 이루어지는 이유를 사람의 의식이 우주의 일부이기 때문이라고 한다. 그리기라는 기법 자체도 힌두교 범신론 세계관에서 왔다. 홈즈도 그리기의 중요성을 강조한 바 있지만 '창조적 그리기Creative visualization'를 신사고에 도입하여 퍼뜨린 사람은 월러스 워틀스Wallace Wattles,

1860~1911년다. 그는 *The Science of Getting Rich*부자가 되는 기술, 1910년[9]라는 책에서 힌두교의 그리기 관습을 소개하면서 그리는 그대로 이루어진다고 강조하고 있다. 쉰이 가르친 것도 바로 이 기법이다. 특히 중요한 것이 구체적이고 명확한 그림을 그리는 것이다. 워틀스는 말했다. "생각을 과학적으로 활용하는 방법은 그대가 바라는 것의 선명하고도 뚜렷한 이미지를 만드는 것이다."Wattles, 51. 그리기는 우주에 가득한 무형의 물질에다가 뚜렷한 모양을 새겨 넣는 일이다. 마음만 잘 이용하면 나도 미켈란젤로가 되어 대리석에서 아름다운 형상을 끄집어낼 수 있다. 창조적 그리기는 '끌어당김의 법칙'과 밀접하게 이어져 있는데, 우리나라에서 베스트셀러가 된 『시크릿The Secret』의 저자 론다 번Rhonda Byrne도 워틀스의 책에서 영감을 받았다고 고백했다. 그리기 기법은 오늘날 번영복음뿐 아니라 뉴 에이지 운동에서도 널리 사용되고 있다.

두 번째 방법은 '말하기'다. 마음에 그린 것을 소리로 표현하는 일로, 사람의 말에는 떨리는 힘이 있어 우리 몸과 환경을 재구성하기 때문에 중요하다고 한다. 말하기를 통해 내 잠재의식이 초의식과 이어진다는 것이다. 큰 집에 살던 사람이 집 관리가 귀찮아 오두막에 살았으면 좋겠다고 노래를 부르더니 알거지가 됐다는 식이다. 하나님 말씀은 한 번 나가면 헛되이 돌아오지 않는다고 하더니 사람의 말도 마찬가지라고 한다. 아람어 주문인 '아브라카다브라'나 알리바바 이야기에 나오는 '열려라, 참깨!' 역시 말의 힘을 보여 주는 예로 사용된다.

다시 말해 상상력이 그린 그림을 현실로 구현하는 방법이 말하기다. 그러므로 쉰은 오직 긍정적인 말만 하되 힘주어 '단언'해야 한다고 말한다. 또 크게 반복해 외치는 것이 좋으며, 소원을 문구로 만들어 몇 시간 동안 계속하거

---

9. 우리말로는 『부자가 되는 과학적 방법』이라는 제목으로 역간되었다.

나 아침마다 해서 습관이 되게 해야 한다고도 한다. 운율을 이용하고 음악이나 춤을 곁들이면 더욱 좋으며, 효과가 좋은 문구를 전문가에게 부탁할 수도 있다고 했다. 쉰 자신 긍정적인 문구를 모아 *Your Word is Your Wand*당신의 말이 당신의 마법봉이다라는 주문 모음집을 펴내기도 했다. 영어판 부적인 셈인데, 구체적인 상황에 맞춘 것들이니 연말마다 무작위로 뽑는 성경 구절보다는 더 효과가 있을지도 모른다.

쉰이 가르치는 말하기 기법은 그 당시 막 알려지기 시작하던 '자기암시Autosuggestion'의 원리를 활용한 것이다. 이 기법은 프랑스의 에밀 쿠에Émile Coué, 1857~1926년가 개발한 심리치료 방법으로서 신사고 운동가들에게 전폭 수용되었다. "날마다 또 매사에 나는 좋아지고 또 좋아진다Tous les jours à tous points de vue je vais de mieux en mieux." 이것이 쿠에가 남긴 유명한 자기암시의 문구다. 미국 성공학의 대부로 번영복음에 큰 영향을 끼친 나폴리언 힐도 *Think and Grow Rich*생각해서 부자 되기, 1937년라는 책에서 생각을 잠재의식에 심는 방법은 자기암시뿐이라 강조하였다. 이것이 심해지면 최면까지 간다. 자기 암시의 경우 집단으로 사용하면 효과가 훨씬 커진다. 부흥회의 단골메뉴인 주여 삼창이나 할렐루야 삼창도 이런 암시효과와 무관하지 않다.

성경도 말의 중요성을 가르치지만 신사고는 그와 무관하게 말 자체의 힘, 곧 말이 가진 주술적인 힘을 믿는다. '말이 씨가 된다' 또는 '입이 보살이다' 하는 우리네 미신과 맥을 같이한다. 돈이 급히 필요했던 사람이 직관에 유의하면서 '무한의 영'께 풍성함의 길을 열어 달라고 큰소리로 여러 번 말했더니 얼마 뒤 연락도 없던 친구가 돈뭉치를 들고 찾아오더라는 식이다. 실패를 맛본 사람이라면 그 실패에다가 성부와 성자와 성령의 이름으로 '성공의 세례'를 주면 성공으로 바뀐다고 한다. 물세례, 불세례에 비길 수 있는 '말의 세례'다.

이런 식으로 바라는 것을 얻는 과정에서는 믿음의 역할이 중요하다고 한다.

내 요구사항을 마음에 그리고 그것을 말로 표현할 때 마음에는 믿음이 있어야 한다는 것이다. 신사고는 성경에서 "믿음대로 되라" 하는 것이 곧 생각하는 대로 되고 말하는 대로 된다는 말이라고 가르친다. "믿음은 바라는 것들의 실상이요 보이지 않는 것들의 증거"라는 말씀히11:1도 마찬가지다. 믿음이 이미지를 굳게 붙잡아서 잠재의식에 기대감을 새겨 준다고 보기 때문이다. 따라서 신사고에서 말하는 믿음의 내용은 내가 생각한 바, 내가 마음에 그린 내 소원이다.

신사고의 믿음은 또 행동한다. 믿음은 우주의 법칙을 감히 행동으로 옮기는 용기다. 따라서 믿음의 반대는 의심이 아니라 두려움이 된다. 성공을 요구해 놓고 실패에 대비한다면 대비한 그것을 받는다고 한다. 하나님께서 물을 주겠다 하시면 이미 비가 쏟아진 양 서둘러 도랑을 파야 한다왕하3:16-17. 마찬가지로 거금이 입금될 줄 믿는다면 얼른 가서 계좌부터 열어 놓아야 한다는 말이다. 찢어지게 가난한 한 여인은 돈이 생길 때마다 고급 모자와 옷을 사더니 결국 재벌과 결혼해 고소득 배당을 받았다고 한다. 그러나 쉰이 말하는 믿음이 성경이 말하는 믿음과 다른 것은, 하나님을 언급하지만 내 믿음의 대상으로 삼지는 않는다는 것이다. 모든 것은 법칙대로 될 뿐이다. 내 욕심을 신이 주신 권리라 믿기만 하면 된다고 한다.

플로렌스 쉰은 범신론 세계관을 바탕으로 그리기, 믿음, 말하기 등의 기법을 통해 내 욕심을 성취하는 방법을 가르친 것이다. 쉰에 따르면 내 생각은 다신의 생각이요 내 욕심은 하늘이 내리신 권리다. 그러므로 보이는 것 너머에 있는 우주의 법칙을 터득하면 몸의 건강, 재물, 성취 등 내가 바라는 그 어떤 것도 얻을 수 있다. 탐욕을 안에 품은 인간들 중 그 누가 이 주장에 무관심할 수 있을까. 쉰은 또 그것을 수많은 성경 구절과 연결시킴으로써 마치 성경의 가르침인 양 사람들에게 가르쳤다. 그리고 그것을 기독교인들이 받아들이기 쉽게 믿음이라는 틀에 담았다. 불교에서는 일체유심조의 깨달음이 마음의 욕심을 멀리하는 쪽으로 발전했는데, 어떻게 된 일인지 기독교에서는 마음의 힘을 이용해 그 욕심을 추구하는 쪽으로 달려간다. 부끄러워 스님들 앞에서 고개도 못 들 지경이다.

번영복음을 부르짖던 이들은 쉰의 가르침을 받아 그들이 전하는 복된 소식의 근거로 삼았다. 복음이라고는 하지만 복음의 근간인 믿음의 내용도 대상도 성경과 다르니 명백한 속임수다. 쉰은 기독교를 덧입은 범신론자다. 좀 더 정확하게 말하면 기독교식 무당이다. 쉰은 실제로 무당 학교를 운영해 제자를 많이 길렀다. 지금도 미국에는 쉰처럼 예수 이름으로 점을 치거나 무당 노릇을 하는 사람이 많다. 모양은 조금 다르지만 한국에도 비슷한 일을 하는 사람이 적지 않다.

제3장
필의 '원조' 번영복음

1. 필의 기본 사상

필의 신앙고백

　미국의 번영복음을 논할 때 빠질 수 없는 사람이 노먼 빈센트 필Norman Vincent Peale, 1898~1993년이다. 필은 소위 '성공학'으로 얻은 대중적 인기를 바탕으로 전 세계에 번영복음을 퍼뜨렸다. 잘 먹고 잘살려는 것은 모두의 본능이지만 필은 이 본능을 잘 분석하고 짜임새 있게 잘 설명했다. 탐욕이라는 벌거벗은 수치를 기독교 신학이라는 무화과 잎으로 잘 가려 주었다.

　감리교 목사의 아들로 자라 감리교 목사가 된 필은 뉴욕 맨해튼에 있는 미국개혁교회Reformed Church in American, RCA 소속의 교회에서 52년 동안 담임목사로 일했다. 1952년에 발행한 책 *The Power of Positive Thinking*적극적 사고의 힘[1]이 대히트를 기록하면서 '적극적 사고방식'이라는 자기계발의 새 분야를

---

1. Peale, Norman Vincent, *The Power of Positive Thinking* (New York: Wings Books, 1992). 이하 *PPT*로 표기한다. 우리말로는 『적극적 사고의 힘』 또는 『긍정적 사고방식』, 『적극적 사고방식』 등 다양한 제목으로 다양한 출판사에서 역간되었다. 필자가 참고한 한국어판은 이만갑 옮김, 『긍정적 사고방식』(세종서적, 1997)으로,

개척한 사람이다. 이 책은 뉴욕타임스 베스트셀러 목록에 186주 연속 이름을 올렸고 지금까지 어마어마한 수가 팔렸는데, 정확한 판매 부수는 적게는 오백만에서 많게는 이천 만까지 오락가락하고 있다. 1945년 창간해 네 쪽 짜리 주간지로 발행해 오던 『가이드포스트Guideposts』도 이 무렵 발행부수가 폭발적으로 늘어 반세기가 더 지난 오늘날도 세계 곳곳에서 주류 월간지로 이름을 이어 가고 있다.

필은 수많은 책을 쓰고 강연이나 설교를 수없이 했지만 자신의 신앙고백을 공적으로 표명한 일이 거의 없다. 다만 필에 관한 강연 하나가 필이 했다는 신앙고백을 이렇게 전하고 있다. "나는 주 예수 그리스도를 나 개인의 구주로 영접했습니다. 그 분이 십자가에서 하신 은혜의 속죄사역으로 내 죄가 용서받았다고 믿습니다."[2] 자신이 죄인인 것과 그리스도의 공로로 속죄의 은혜를 받았음을 분명히 고백하는 내용이다. 그리스도인이라면 누구나 하는 기본적인 신앙고백으로서 기독교 복음의 핵심과 일치한다. *The Power of Positive Thinking*에서도 그리스도를 가리켜 '인간 생명의 주님이요 구원자'라 표현하였다. 필은 그리스도를 '가장 위대한 스승'이라 부르면서 예수 그리스도 이분의 가르침에서 자신의 답을 얻었다고 고백한다. 필은 예수 그리스도를 발견하지 않고는 행복도 평화도 없다면서 그리스도를 삶 속에 다시금 모셔야 한다고 사람들에게 거듭 강조하였다.

그런데 필이 현역에서 은퇴한 직후 가진 한 인터뷰에서는 이야기가 좀 달라진다. 1975년 Modern Maturity현대의 성숙이라는 잡지와 가진 인터뷰에서 필

영어판 페이지에 이어 한국어판 페이지도 따로 표기했다. 의도적으로나 실수로나 오역이 있는 경우에도 따로 표기했다.

2. Ian Ellis-Jones, "Norman Vincent Peale: The Father of Positive Thinking"(An address in Sydney, Australia, Dec. 10, 2006), 4.

은 이렇게 말했다. "사람은 바탕이 선합니다. 나쁜 태도가 본모습은 아니예요. 사람 하나하나가 하나님神의 자녀이기에 악보다는 선이 더 많습니다. 다만 환경이나 주위 사람들이 악을 부추기고 선을 위축시키지요. 나는 인간의 아름다움과 우아함을—선함이라 해도 좋겠습니다—확고하게 믿습니다."

성경은 사람은 다 죄인이라 가르친다. 그렇지만 성경을 믿는다 하면서도 사람이 스스로의 힘으로 구원받을 수 있다거나 구원 자체가 아예 필요하지 않다고 우긴 사람이 펠라기우스 이후에도 많이 등장했다. 그런데 필은 사람이 본디 선하다 주장함으로써 성경의 가르침을 거부할 뿐 아니라 악보다 선이 많다 하여 펠라기우스를 능가하는 낙관론을 펼친다. 기독교가 아닌 신사고다. 신사고의 대부 에머슨이 가장 힘주어 전한 것이 바로 '자연의 선함'이다. 영어로 하면 사람의 본성도 자연과 똑같이 네이처nature다. 자연이 선하고 사람의 본성이 선한 이유는 우주 자체가 신이기 때문이요 사람도 그 우주의 일부라고 보기 때문이다.

필이 자신은 사람이 선하다 믿는다고 한 것은 그저 성경이 성악설을 말하는 데 반해 자기는 성선설을 믿는다 하는 정도의 의미가 아니다. 성경이 가르치는 기독교 복음 전체를 거짓말이라고 선언해 버리는 엄청난 일이다. 자기 입으로 믿는다 고백했던 그리스도의 십자가 대속을 내팽개치는 발언이기 때문이다. 그리스도께서 그저 깨끗한 내 본성에 묻은 약간의 세상 때를 빼 주시려 십자가를 지셨다는 말인가? 사람이 선하다는 이 입장 하나를 받아들이는 순간 하나님께서 죄인을 구원하시려 독생자를 보내셨다는 성경 전체가 동화책이 되고 만다. 웨슬리가 스베덴보리를 조심하라 한 것도 바로 이 이유 때문이다. 필은 평생 성경을 가르치고 하나님을 전했다. 필이 전한 성경은 어떤 성경일까? 필이 믿었던 하나님은 우리가 믿는 하나님과 같은 하나님일까?

필은 결국 제 본심을 드러내고 말았다. 1984년 10월 텔레비전 프로그램인 필 도나휴 쇼The Phil Donahue Show에 출연해 이렇게 말했다. "거듭남이 꼭 필요한 건 아닙니다. 하나님신께 갈 때 그대는 그대의 길로 나는 내 길로 가면 됩니다. 전에 신도神道 사원을 방문한 적이 있는데 거기서 영원한 평화를 맛보았습니다. 하나님신은 어디나 계십니다."

하나님께서 신도 사원에도 계신다고 했다. 이 말에 충격을 받은 도나휴가 물었다. "아니, 기독교 목사님이라면 그리스도께서 길이시요 진리시요 생명이시라 말씀하셔야 되는 것 아닙니까?" 그러자 필은 "그리스도는 여러 길 가운데 하나예요!" 하고 못박은 다음 하나님신은 모든 곳에 계시다는 말을 다시한 번 덧붙였다. 모든 곳이니 신도 사원뿐 아니라 이슬람교 모스크나 불교 사원에도 계시다는 말이리라. 명백한 종교다원주의 입장으로서, 그가 말하는 "God"은 기독교에서 부르는 '하나님'보다는 그냥 '신'으로 옮겨야만 어울린다. 신도는 일본의 전통 종교다. 조상숭배와 신비주의를 결합시킨 종교로 고대 그리스에 못지않은 많은 신을 섬긴다. 거기서 영원의 평화를 맛보았다면 필이 자기가 말한 여러 길 가운데 과연 그리스도를 택하기나 했는지부터 의심이 든다. 필이 발행한 잡지 『가이드포스트』에는 그리스도인 아닌 사람들이 하나님신을 의지하여 어려움을 극복했다는 이야기나 신앙으로 성공했다는 감동적인이야기가 자주 등장한다. 필의 노선 그대로다.

이것이 노먼 빈센트 필의 참모습이다. 이렇게 본색을 드러낸 것이다. 두 번의 인터뷰 모두 현역에서 은퇴한 다음 가진 것이지만, 필의 책이나 강연을 보면 필은 처음부터 사람의 선함을 믿었고 독생자를 보내신 하나님의 사랑에는 관심이 없었다. 성경의 표현을 활용하여 제 본색을 효과적으로 감추었을 따름이다. 필의 사상이 기독교가 아니라 신사고라는 점은 필의 주저 *The Power of Positive Thinking* 곳곳에 나타나 있다. 평생토록 신사고를 확신 가운데 가르쳐 온 필은 신사고를 처음 발견했을 때 받았던 놀라운 감동을 이렇게 표현하고 있다. "죽음은 없다, 모든 생명은 분리할 수 없다, 여기와 나중이 하나다, 시간과 영원은 떼놓을 수 없다, 우주는 막히지 않은 하나의 우주다. 나는 이런 것들을 발견하고 이것들을 내 생애를 통틀어 가장 만족스럽고 신뢰감이 가는 철학으로 확고하게 믿게 되었다."*PPT*, 202(한361).

필은 자신이 깨달은 진리를 "이 적극적인 신앙"이라 부르면서 "절대적으로, 전심으로, 철저하게 확신한다absolutely, wholeheartedly, and thoroughly convinced"라고 거듭 강조한다*PPT*, 181(한319, 오역). 필은 "기록된 바 하나님이 자기를 사랑하는 자들을 위하여 예비하신 모든 것은 눈으로 보지 못하고 귀로도 듣지 못하고 사람의 마음으로도 생각지 못하였다 함과 같으니라" 한 고린도후서 2장 9절을 거푸 인용하여, 마치 신사고가 하나님께서 예비하신 바로 그것인 양 소개하고 있다*PPT*, 203(한362).

필이 가르친 '적극적 사고방식'은 그저 열심히 살면 성공한다는 이야기가 아니다. 온 우주를 포괄하는 세계관이다. 스베덴보리에서 시작되어 에머슨을 통해 전해진 범내신론을 바탕으로 하여 창조주 하나님, 구세주 하나님을 부인하는 반反성경적 세계관이다. 그의 깨달음대로 여기와 나중이 하나라면 스베덴보리식 교류가 언제나 가능하다. 천국기행문 모양을 한 임사체험 이야기가 『가이드포스트』에 자주 등장하는 것은 우연이 아니다. 이 세계관에는 죽음이 없다. 거듭되는 윤회와 환생만 있을 뿐이다. 사람이 본디 선하니 죄도 없고 따라서 징벌로서의 죽음도 없다. 필은 예지, 텔레파시, 투시 등의 방법도 소개한다. 그런 이야기를 들으면 영혼불멸이 믿어지고 또 천국이 정말 있는 듯 느껴질 수도 있을 것이다. 하지만 그런 허무맹랑한 주장에 놀아나는 사이, 죄와 타락에서 인간을 구원하고자 오시는 주 예수 그리스도의 재림과 그때 일어날 우리 몸의 부활과 구원의 결과로 하나님께서 약속하신 영원한 생명은 조용히 사라진다. 포이어바흐의 조롱 가운데.

필과 신사고

필은 기독교 목사가 아니라 신사고 전도사였다. 『세계종교 백과사전The Encyclopedia of World Religions』[3]은 필을 신사고 운동의 주요 멤버로 소개한다. 존 할러의 *The History of New Thought*도 적극적 사고방식 및 번영복음을 신사고 운동의 한 흐름으로 다루고 있다. 필은 신사고 운동가들 가운데서 특히 어니스트 홈즈와 플로렌스 쉰 두 사람의 영향을 많이 받았다. 홈즈는 필에게 범신론 세계관이라는 큰 틀을 전수해 주었고, 쉰은 그 틀을 활용할 수 있는 여러 가지 방법을 가르쳐 주었다.

홈즈의 영향은 거의 절대적이다. 필 스스로가 홈즈가 창간한 잡지 *The Science of Mind*마음의 과학와 가진 1962년의 인터뷰에서 이 사실을 분명하게 밝혔다. 그가 신문사 수습기자로 사회생활을 막 시작했을 무렵 홈즈의 친구였던 편집장으로부터 홈즈가 가르친 적극적 자세에 대해 일장 훈계를 듣고 홈즈의 초기 저서도 한 권 받았다면서, "그 대화 및 홈즈 박사의 책이 내 인생관 전체에 영향을 미쳤다"라고 말했다. 필은 그 후로 얼마가 지나서 화재사건을 취재하러 갔다가 그 현장에서 홈즈 사상의 능력을 직접 목격하고는 목사가 되기로 결심하였다고 했다. 필을 목사의 길로 인도한 사람은 목사였던 아버지가 아니라 신사고의 홈즈였다. 인터뷰 기사에 따르면 필은 홈즈를 '영적 스승'으로 여겼고 필의 생애는 홈즈의 사상을 실현하고자 힘쓴 생애라고 평가하고 있다.

필은 홈즈의 주저 *The Science of Mind*에 멋진 추천사도 썼는데 이 추천사는 1998년판에 처음 사용된 이후 홈즈의 저서에 감초처럼 등장하고 있다. "나는 하나님신이 이 사람 어니스트 홈즈 안에 있었다고 믿습니다. 그는 무한의 존재와 조화된 사람입니다." "무한의 존재와 조화된In tune with the Infinite"이

---

3. Robert Ellwood & Gregory Alles ed, *The Encyclopedia of World Religions*, Infobase Publishing, 1998, 323.

라는 표현은 신사고의 대표주자 중 하나인 랄프 왈도 트라인Ralph Waldo Trine, 1866~1958년의 책 제목이다. 이 표현을 이용해 필은 자기가 말하는 하나님이 신사고에 등장하는 무한과 같은 존재임을 밝히고 있다. 이 추천사는 홈즈에 대한 격찬과 자신의 신앙고백을 합친 것이다. 아닌 게 아니라 필의 책을 보면 홈즈가 썼다 해도 조금도 이상하지 않을 구절로 가득하다.

쉰에게 받은 영향은 표절 논란을 계기로 알려졌다. 1995년 *Lutheran Quarterly*계간 루터란이라는 잡지에 필이 쉰을 표절했다는 비판 기사가 실렸다. 아이디어뿐 아니라 문구까지 베껴 놓고 제 것인 양 했다면 분명 표절일 것이다. 하지만 필은 자신이 쉰에게 배웠음을 숨긴 적이 없다. 그보다 십 년 앞서 쉰의 주저 *The Game of Life and How to Play It*인생의 게임과 그 게임을 노는 법 재판이 나왔을 때 필이 추천사를 썼다. 앞뒤 표지에 각각 실린 추천사 내용은 이렇다. "*The Game of Life and How to Play*에는 지혜와 독창적인 통찰력이 가득합니다. 이 책의 가르침들이 효과가 있다는 것을 저 자신이 오랫동안 활용해 보고 직접 확인했습니다." "이 책에 설명된 원칙들을 배워 실천하는 사람은 번영을 누리고, 문제를 해결하며, 건강도 좋아지고 멋진 인간관계를 이룰 것입니다. 한마디로 인생의 게임에서 승리할 것입니다."

쉰이 시키는 대로 하면 뜻하는 바를 다 이룬다 하였으니 멋진 추천사다. 자기가 직접 해 보고 확인했다는 말은 추천사인 동시에 마음을 담은 간증이다. 오랫동안 활용해 효험을 보았다고 증언해 주는 사람한테 내용 조금 베낀 것으로 시비할 필요는 없지 않을까. 필의 추천사는 빈말이 아니다. 주저 *The Power of Positive Thinking*에 보면 필 자신이 직접 시도해 효험을 보았다는 이야기가 자주 나오는데 주로 쉰에게 배운 것들이다. 사실 필의 책을 조금만 읽어 보면 그가 가르치는 잠재의식의 힘이나 육감의 중요성뿐만 아니라 말하기, 그리기, 암시, 끌어당김의 법칙 등 구체적인 방법까지 거의가 쉰의 책에서 나온 것임을 금방 알 수 있다.

필의 번영복음은 기독교인뿐 아니라 불신자들에게도 인기가 있었다. 이른바 '성공학'의 모양을 하고 있기 때문이다. 필은 제 가르침을 "번영과 성공의 놀라운 법칙"이라 부른다. 성공의 열쇠는 '적극적인 사고방식'이다. 필은 실패를 맛보고 주저앉아 있는 이들에게 새로 시작할 용기를 주고 멋진 삶을 위해 분투하도록 도와주었다. 열등감에 빠진 이들에게도 장점이 많이 있음을 일깨우고, 무기력감에 빠진 이들에게 삶의 활력을 심어 주었다. 대충 살고자 하는 사람들을 열심히 살아 반드시 성공하라고 격려하였다. 가난에 찌든 이들을 격려해 부자가 되기 위해 노력하도록 만들고, 낙심하여 처져 있는 이들을 승진과 출세를 향해 걷도록 이끌었다. 좌절감, 패배감, 죄책감 등에 사로잡혀 삶을 내던져 버린 이들에게 그것들이 참 문제가 될 수 없음을 가르쳐, 기어이 성공적인 삶을 향하여 살아가게 만들었다. 그런 효력 없이 어떻게 책이 천만 권이나 팔릴 수 있었겠는가.

필은 제 성공학이 종교와 과학의 융합이라 주장하면서 특히 과학임을 강조한다. 따라서 책에 많이 등장하는 표현이 '법칙' 및 '방법'이다. 과학임을 강조하기 위해서인지 필의 책에는 원칙, 공식, 체계, 기술, 규칙, 재주, 기교 등의 낱말이 끊임없이 등장한다. 그는 쉰의 주장처럼 올바른 공식을 배워 활용하기만 하면 누구나 행복한 사람이 될 수 있다고 했다. 필이 말하는 과학은 심리학이다. 그는 프로이트 이후 상당한 발전을 이룬 심리학의 여러 이론을 기독교와 접목시키는 듯 보인다. 그런데 그것 역시 필의 아이디어가 아니라 신사고 운동의 핵심 방법을 가져온 것이다. 말이 좋아 기독교와 심리학의 접목이지 실제로는 신사고의 세계관 및 원리를 있는 그대로 이용한다. 신사고도 기독교 용어를 많이 사용하기 때문에 별 생각 없이 읽는 기독교인들은 십중팔구 그것이 기독교인 줄 착각한다.

신사고는 마음의 힘에 바탕을 두기에 심리학이 핵심이다. 신사고 운동가들은 마음에 내 몸이나 삶뿐 아니라 바깥 환경까지 바꾸는 힘이 있다고 가르쳤다. 기독교인들은 전능하신 하나님께서 내 믿음에 따라 환경을 바꾸시기 때문이라 믿겠지만, 신사고는 대신 우주의 법칙을 믿는다. "신은 법칙에서 어긋나는 그 어떤 일도 하지 않는다는 점을 기억하라. 또한 우리의 자잘한 물질 법칙들은 우주를 관통해 흐르는 위대한 힘을 단편적으로 계시하는 것일 뿐임을 기억하라."*PPT*, 155(한273). 우리말 번역은 "위대한 힘"을 "하나님의 위대한 능력"으로 고쳐 저자의 본뜻을 왜곡하고 있다. 저자는 인격적인 하나님이 아닌 인격을 초월한 법칙과 과학을 말하고 있다. 물질세계가 우주의 힘을 단편적으로 계시하는 범신론 세계관이다. 이 세계관에서는 우주를 관통하는 어떤 일관된 법칙이 있는데, 그 법칙을 이해하고 수용하는 주체가 바로 마음이다. 그러니 필의 저서도 주 내용은 홈즈처럼 '마음의 과학'이다. 홈즈에게 배운 이 원리가 필의 책을 온통 덮고 있다.

2. 필의 하나님神

필이 믿은 신

필은 제 사상을 '응용 기독교Applied Christianity'라 부른다. 기독교 신앙을 현장에 적용했다는 말이다. 필의 책에는 하나님, 믿음, 성경, 기도 등 기독교의 핵심 용어가 거듭 등장한다. 하지만 겉모양만 그럴 뿐 담은 내용은 기독교와 거리가 멀다. 성경도 많이 인용하지만 제 입맛에 맞는 구절만 반복한다. 물론 쉰처럼 제 주장에 끼워 맞춘 것들이다. 스베덴보리의 영해靈解 전통의 계승이다. 따라서 필이 사용하는 용어나 인용하는 성구의 참뜻이 무엇인지 주의 깊게 살피지 않으면 안 된다. 마귀는 빛의 천사의 모습을 하기도 하고고후11:4 매끈한 '양복'羊服, "양의 옷", 마7:15을 입기도 한다.

기독교 용어 가운데 필이 단연 많이 사용하는 개념이 '하나님'이다. 영어로 'God'인데, 이 말은 기독교의 하나님도 되지만 일반적인 신을 가리키는 명칭도 된다. 필의 하나님은 기독교의 하나님인 듯 보일 때도 없지 않으나 대부분의 경우 일반적인 신으로서 어느 종교에나 등장하는 그런 대상이다. 신은 어디나 계시다고 제 입으로도 말했다. 『가이드포스트』에 나오는 바로 그 신이다. 따라서 성경의 하나님일 필요가 없고 오히려 성경의 하나님과 모순되는 경우가 대부분이다. 필 자신이 처음부터 그 점을 한 번도 숨긴 적이 없다. 하지만 기독교의 옷을 입고 있어서 그리스도인들은 성경의 하나님으로 혼동하기 쉽다. 필의 책을 읽을 때 하나님을 신으로 바꾸어 읽으면 저자의 참뜻이 잘 와닿을 것이다.

필은 신을 창조주요 지금도 세상을 주관하는 전능자로 소개한다. 그렇지만 사람에게 명령을 주시고 순종을 기대하시는 하나님, 죄에 대해 진노하시고 죄짓는 자에게 심판을 행하시는 공의로우신 하나님은 아니다. 필이 믿는 신은 오직 한 가지 속성, 곧 선함만 가진 존재다. 신의 여러 속성 가운데 선함 하나만 강조하면 어떤 문제가 생길까? 그런 신의 존재는 이 세상의 고통에 대해 답을 주지 못한다. 고통이 어디서 왔는지 설명할 수 없고 그 고통을 해결할 능력도 없다. 그렇기에 이런 신을 믿는 사람들로서는 고통, 악, 불의, 죽음 등의 존재는 그저 부인하는 것 외에 달리 방법이 없다.

신이 그렇게 좋기만 한 존재라면 우주의 역사에는 죄나 타락 같은 것도 없어야 하고 따라서 구원도 필요하지 않다. 스베덴보리에서 에머슨으로 이어지는 세계관 그대로, 좋은 것에서 보다 나은 것으로 나아가는 점진적인 발전이 있을 뿐이다. 이들은 신의 선함과 함께 사랑도 강조한다. 서로 잘 통하는 것

같다. 그래서 창조도 신의 사랑의 표현으로 이해한다. 물론 사랑의 창조와 현실의 고통은 서로 조화되지 않는다. 게다가 그렇게 내내 좋기만 한 신은 사실 사랑의 신일 수도 없다. 성경이 가장 중요하게 가르치는 사랑이 바로 죄인을 구원하시려 독생자를 보내신 하나님의 사랑인 까닭이다.

필의 신은 범신론의 신이다. 필은 그것을 보여 주는 중요한 단서를 하나 남겼다. "우리는 작은 모양의 신들이다. 하나님의 형상으로 만들어졌으니까." 1991년 '가이드포스트'사社에서 발행하는 잡지 *Plus*에 쓴 글이다. 사람을 작은 신이라 보는 것은 신사고와 번영복음의 공통된 입장으로, 특히 하긴이 퍼뜨린 '믿음의 말 운동'이 이 점을 강조하였다. 사람을 신으로 높이는 이유는 온 우주에 가득한 풍요를 마음껏 누리라고 하기 위해서다. 이들이 주로 인용하는 성구는 시편 82편 6절의 일부분이다. "너희는 신들이며 다 지존자의 아들들이라" 그리스도께서도 "너희는 신들이라" 하는 이 구절을 인용하시면서 "성경은 폐하지 못하나니" 하셨다요10:35.

그러나 이 시편 구절은 하나님 뜻대로 하나님의 백성들을 이끌어야 하는 이스라엘 지도자들의 막중한 책임을 일깨우시는 경고일 뿐 사람이 정말 신이라는 뜻이 아니다. 주님께서 인용하신 것도 구약의 계시보다 더 분명한 기사와 표적을 보이시는 주님 당신께서 자신을 하나님의 아들이라 말씀하시는 것이 신성모독이 될 수 없음을 설명하신 것이다. 하지만 신사고 및 믿음의 말 운동은 전후 맥락은 생략한 채 이 구절 하나만 거듭 인용한다. 평소 열심히 하던 영해도 여기서는 잠시 유보하고 굳이 문자의 뜻 하나만 굳게 붙잡는다.

성경에는 사람이 마지막 때에 하나님과 비슷하게 되리라 암시하는 구절이 여럿 있다. 베드로는 우리가 "신성한 성품에 참여하는 자"이 될 것이라 했다벧후1:4. 바울도 우리 몸이 부활하신 그리스도의 몸처럼 영광스럽게 변할 것이라고 말한다빌3:21, 요일3:2, 롬8:29. 그렇지만 신사고나 믿음의 말 운동가들이나 필은 아직 변화되지 않은 현재의 상태를 두고 이야기한다. 성경적으로 보면 지금의 형편은 사실 하나님처럼 높아지려 하다가 오히려 더 낮아져 버린 상태다. 가시와 엉겅퀴 가운데서 그것을 날마다 깨닫고 다시는 같은 잘못에 빠지지 않도록 조심 또 조심해야 할 단계다요일2:13-15. 우리가 지금 이미 작은 신들이라면 마지막 날에 변화를 경험할 필요도 없을 것이다.

시기의 문제보다 더 큰 문제는 사람이 하나님과 똑같다고 주장하는 근거다. 사람이 작은 신들인 이유는 하나님께서 당신과 닮게 창조하셨기 때문이라는 것이다. 이것은 성경의 본뜻과 거리가 멀다. 사람이 하나님의 형상으로 창조되었다 할 때 성경은 사람이 하나님의 피조물임을 먼저 강조한다. 닮았다고 말하기 전에 무한한 차이부터 보여 준다. 게다가 성경은 인간이 죄로 타락하면서 그 형상을 잃어버렸다고 선언한다. 예수 그리스도의 은혜가 아니고서는 아무도 하나님의 형상을 회복할 수 없다. 지금 우리가 하나님의 영광을 누리는 것은 하나님의 형상으로 창조되었기 때문이 아니라, 은혜로 구원받아 그 형상을 회복했기 때문이다롬3:23-24. 본디부터 사람은 하나님의 자녀가 아니었다. 오직 그리스도를 영접한 사람만이 하나님의 자녀가 된다요1:12.

신과 닮았으니 신이라 말하는 것은 범신론의 입장이다. 창조주의 초월성은 사라지고 신의 내재성만 남았다. 성경이 다르다 한 것을 같다고 우기는 일이다. 게다가 이는 죄와 타락이라는 우주 역사의 핵심적 사건을 무시하는 오류다. 플로렌스 쉰은 하나님의 형상이라는 기독교 교리가 힌두교에서는 '신이 우리 안에 계신다'라고 표현된다고 했다. 필도 모든 사람 안에 신이 계신다고 거듭 선언한다. 사람은 모두 하나님의 자녀라고 인터뷰에서도 분명히 말한 바 있다. 하지만 성경은 하나님께서 말씀으로 우리 안에 오시고 당신의 영으로 우리 안에 거하신다는 약속을 오직 그리스도를 믿고 구원받은 사람에게 국한한다엡2:22, 요일4:12-3.

작은 신 이론은 한마디로 사람을 높이자는 것이다. 성경을 비틀어서라도 사람을 높여야 할 이유는 오직 하나, 이 땅의 혜택을 마음껏 누리자고 말하기 위해서다. 신학적으로 사람을 높여야만 가능한 것이 번영복음이다. 내가 우주의 창조자와 동급이거나 적어도 그분의 자녀라면 내게 허락되지 않을 것이 뭐가 있겠는가. 하지만 이것은 고도의 속임수다. 범신론에서는 사람은 다 신이다. 그렇다면 신사고나 번영복음이 추구하는 바를 온 인류가 다 함께 누릴 수 있어야 한다. 하지만 이들이 추구하는 이른바 '번영'이라는 것은 거의 상대적인 것이다. 내가 남보다 더 가지고 더 누려야만 번영일 수 있다. 어떤 경우에는 내가 누리면 남들은 누리지 못하는 배타적인 번영이다. 모두가 조엘 오스틴처럼 일등석을 탈 수는 없지 않은가. 사실 남들은 못 누리는 것이기에 번영이라 부를 가치가 있다. 그러니 말은 사람을 다 높이는 듯 떠들지만, 실제 혜택은 오직 나 자신에게만 주어지기를 바란다.

번영복음의 이 속임수가 기독교에서 왜곡된 신학으로 나타났다. 곧 하늘나라의 지위를 이용해 이 땅의 혜택을 추구하는 기묘한 이론이 된 것이다. 그것이 바로 번영신학이다. 이렇게 하여 번영복음은 예수를 구주로 믿는 우리만 하나님의 자녀이므로 세상의 혜택 또한 우리가 더 받아야 한다고 선언한다. 창조주의 자식이니 최고를 누려야 한다는 것이다. 게다가 창조주의 능력으로 불신자 금수저들보다 더 쉽게 모든 것을 얻어야 한다고 여긴다. 하늘나라의 신분은 오히려 영원한 것을 바라보고 이 땅의 것은 멀리할 것을 요구하는데, 번영복음은 신자의 시선을 땅으로 끌어내려 이 땅의 것을 추구하게 만든다. 기복신앙도 그랬지만 번영복음은 더 노골적이다. 모두에게 햇볕을 골고루 내려 주시면서 우리도 당신을 닮아 완전하게 되라 하신 하나님마5:43-48은 이미 사라지고 안 계신다. 십자가를 지고 따라오라 하시던 주님의 음성마16:24도 전혀 들리지 않는다.

신 또는 자연

사람이 신처럼 높아지면 신은 어떻게 되는가? 사람이 높아지는 만큼 신은 낮아진다. 필의 신이 그렇다. 필이 하나님神에 대해 가장 강조하는 부분은 '힘'이다. 성경의 하나님처럼 우리를 구원하시고 어려울 때 도우시는 그런 힘이 아니라 물리학에서 말하는 것과 비슷한 개념의 힘force, power이다. 생명life이라는 용어도 에너지로 충만한 상태 곧 생명력vitality이라는 뜻으로 사용한다. 필은 1986년에 잡지 *Plus*에서 신의 에너지를 흡입하는 방법으로 명상기법을 소개하면서 하나님에 대해 이렇게 말한다. "하나님이 누구냐고? 신학에나 등장하는 그런 분? 하나님은 신학보다 훨씬 크신 분이다. 하나님은 생명력이다. 하나님은 생명이다. 하나님은 에너지다. 그대가 하나님을 들이마시고 그분의 에너지를 그릴 때 그대는 에너지의 재충전을 얻는다."

필은 물론 직접적으로 하나님을 에너지라 하지 않고 에너지의 '원천'이라고 부른다. 하나님을 인격적인 분으로 묘사하는 성경의 표현을 사용하기 때문이다. 하지만 하나님의 힘을 받는 방법은 '과학'이라고 한다. 자기가 말한 원칙, 방법, 기술대로만 하면 힘이 자동으로 주어진다는 것이다. 그러니 에너지를 우리에게 주시는 하나님이 따로 계실 필요가 없다. "인간이 번영을 얻는 참으로 위대한 기교의 하나는 하나님의 회복의 능력에 자신을 맡기는 일이다. 재창조의 힘이 자신 안에서 작용하고 있음을 정신적으로 의식하면서 그 창조적 과정에 자신을 의식적으로 결합시키면 된다. 환자는 우주에 내재한 생명력의 조류 및 재창조의 에너지를 향해, 다시 말해 지금껏 긴장이나 강한 압력 등 번영 법칙에서 어긋난 것들 때문에 얻지 못했던 그 에너지를 향해 자신의 의식을 열게 된다."*PPT*, 152(한268).

재미있는 문구다. 하나님께 맡기라는 듯 시작하더니 우주의 에너지를 받으라고 하며 마무리한다. 그에게는 하나님이나 우주의 에너지나 결국 같은 말이다. 필은 "하나님은 오직 법칙대로만 하신다"라고 분명히 썼다*PPT*, 155(한273).
필의 신은 더 이상 성경이 보여 주는 인격자 하나님이 아니다. 아인슈타인이
믿었던 그 결정론의 신이다. 그래서 종교가 곧 과학과 통한다고 한 것이다.
"하나님과 접촉하는 사람에게는 세상을 재창조하고 해마다 봄날을 새롭게 하
는 그런 종류의 에너지의 흐름이 생긴다. 우리의 생각 과정을 통해 하나님과
영적으로 접촉하면 신적 에너지가 인격을 통해 흘러 최초의 창조 행위가 저절
로 다시 시작된다 …… 기독교의 원리를 과학적으로 활용하면 인간의 마음과
몸에 에너지가 끊임없이 흘러 들어오게 만들 수 있다."*PPT*, 44(한64-65).

필은 마치 인격적인 하나님을 믿는 듯 말하기도 한다. 하나님을 믿으라, 하
나님을 의지하라, 하나님께서 도우신다 한다. 특히 "하나님과 동행한다"라는
표현을 자주 사용하는 것이 독특하다. 더하여 "하나님과 실질적인 동반자 관
계를 맺었다", "하나님을 동반자로 삼았다", 심지어 "하나님과 동업자가 되었
다" 내지 "하나님과 합병을 했다"라는 표현도 사용한다. 말 그대로 모종의 결
합을 이룬다는 뜻이다. 신인관계의 법칙을 알고 활용한다는 말이다.

동행은 함께 간다는 말이다. 필은 하나님과 동행할 때 보조를 맞추는 것이
중요하다 가르친다. 보조를 맞추는 그것이 바로 우주와 '조율되는in tune with'
것이다. 그런데 필의 하나님은 이미 정해진 보조가 있다. "차분하고, 느리게,
완벽한 짜임새로 움직이신다."*PPT*, 83(한135). 이런 보조를 몸으로 느낄 수 있는
곳이 있다. 바로 자연이다. 필은 숲, 나무, 개울, 호수, 산, 계곡 등 자연의 치유
효과를 강조한다. 필이 말하는 하나님의 에너지도 '세상을 재창조하고 해마다
봄날을 새롭게 하는' 에너지, 곧 우주 순환의 바로 그 원리다. '그리스도의 평
화' 또는 '하나님의 평화'라는 표현도 사용하지만 내용을 보면 그리스도를 통
해 죄를 용서받아 얻는 평화가 아니다. 우뚝 솟은 산, 안개 낀 골짜기, 송어가
햇볕을 번쩍이며 뛰노는 개울, 물에 비친 은빛 달그림자 등 자연의 여러 모습

을 경험하고 생각할 때 느끼는 평화다.

자연을 좋아하지 않을 사람이 있을까. 그리스도인은 온 우주가 하나님의 창조물이요 하나님의 영광과 권능을 보여 주기에 사랑한다. 웬만한 교회라면 해마다 한두 번은 예배당을 두고 산으로 들로 나가 야외 예배를 드리지 않는가. 하지만 지금 우리가 보는 자연은 죄의 영향 아래 있다. 바깥 벌판도 또 사람 마음도 가시와 엉겅퀴로 뒤덮여 있다. 그래서 그리스도께서 오셔야 했다. 그런데 필은 자연이 깨끗하다고 한다. 그에게 자연은 죄의 흔적이라고는 찾아볼 수 없는 곳이다. 그 자연의 중심에 선 사람도 마찬가지다. 필은 사람의 본성뿐 아니라 온 우주가 선하다 하는 신사고 범신론을 그대로 계승한다. 속세에서 더럽힌 마음을 금강산의 운무로 깨끗하게 씻자는 것이다.

필의 자연은 하나님의 피조물이라기보다 하나님과 같은 어떤 존재다. 에머슨의 입장 그대로다. 물론 기독교적 표현을 유지하느라 노골적으로 그렇게 말하지는 않는다. 대신 위대한 발명가 토머스 에디슨Thomas Alva Edison, 1847~1931년을 슬쩍 이용한다. 에디슨은 이름도 형제처럼 비슷한 에머슨을 평생 추종하였다. 에디슨이 죽은 뒤 에디슨의 부인이 남편은 '자연의 사람'이었다 했는데 필은 그 말을 '자연 및 하나님과 완벽한 조화를 이루었다'는 뜻으로 푼다PPT, 46(한67). 그냥 자연이 아니라 '자연 및 하나님'과 조화를 이루었다 하여 '신 또는 자연deus sive natura'이라는 표현으로 자연과 신을 동일시하였던 범신론의 대부 스피노자를 연상시킨다. 억지가 아니다. 에디슨 자신이 생전에 한 편지에서 분명히 밝혔다. "남들이 신이라 부르는 대상을 나는 자연이라 부른다."

필은 그런 에디슨을 통해 제 사상을 간접적으로 표현한 것이다. 필이 거듭 강조한 '하나님과 동행하는 삶'이 바로 에디슨처럼 '우주와 조화를 이루는 삶'이다. 에디슨을 통해 힌트를 준 다음 필은 이렇게 자신의 생각을 정리한다. "지금까지 내가 알았던 위대한 인물 곧 엄청난 일을 이루어 제 능력을 입증하였던 그런 인물은 다 무한자와 통했던 사람들이었다. 그런 사람들은 모두 자연과 조화를 이루고 신의 에너지와 이어져 있었던 것 같다."*PPT*, 46(한68). 자연과 조화를 이루는 것이 곧 신의 에너지와 이어지는 것이다. 하나님과 동행하는 것은 '우주의 흐름과 조화를 이루는 것'이다.

어니스트 홈즈가 그런 사람이었다고 추천사를 쓴 필은 제 책에서 그런 위대한 인물들을 거듭 언급한다. 신사고의 정신적 스승이었던 에머슨을 비롯하여 에머슨의 동료요 제자인 소설가 소로, 시인 휘트먼, 학자 윌리엄 제임스 등이다. 흔히들 하나님과 동행한다 하면 에녹이나 노아를 떠올리거나 자신을 하나님의 동역자라 소개한 바울을 생각하겠지만 성경의 인물은 단 한 사람도 등장하지 않는다. 필은 하나님의 능력을 전하고자 잡지 『가이드포스트』를 창간했다 말하지만 그의 하나님이 "종교를 초월하는inter-faith" 존재라고 분명히 밝히고 있다. 어느 종교든 우주의 그 힘과 통하기만 하면 된다는 이야기다. 한국어판 『긍정적 사고방식』은 이 부분을 "종파를 초월한 잡지"라고 옮김으로써 의도적으로 오해를 유도한다*PPT*, 170(한298). 필의 본색을 감추어야 할 이유가 있었을 것이다.

에디슨이나 휘트먼 같은 위인들은 그렇다 치고, 우리 같은 필부는 그러면 어떻게 우주와 통할 수 있다고 할까? 사실 조금도 어려운 일이 아니다. 필에게 사람은 모두 그 무한자의 일부요 따라서 처음부터 무한자와 통하고 있기 때문이다. 필은 하나님께서 사람 안에 계신다고 거듭 강조한다. 그리스도인이라면 그리스도께서 우리 안에 계시고 성령께서 우리 안에 계신다는 말씀을 떠올리겠지만, 필은 그리스도인 아닌 보편적인 사람을 두고 말하고 있다. 필은 처음부터 독자들에게 "하나님이 그대와 함께 계심을 상기하라" 하였다. 또한 사람은 온 우주를 관통하고 있는 그 힘의 일부가 되어야 한다고도 했다. "사람은 연속된 힘의 흐름 곧 하나님에게서 나와 개인을 관통하고 다시금 하나님께 돌아가 새롭게 되는 그 힘의 흐름에 붙어 있도록 되어 있다. 이 끊임없는 재창조의 흐름과 조화를 이루고 사는 사람은 무위자연의 원리처럼 느긋하게 일하는 값진 재주를 배우게 될 것이다."*PPT*, 187-188(한331).

필은 레크리에이션Recreation이라는 단어로 말장난을 한다. 휴식이라는 뜻이면서 재창조라는 뜻도 되는 단어다. 우주를 흐르는 그 힘으로 재창조를 할 때 참된 휴식도 가능하다고 하는 것이다. 성경의 창조와 안식을 원용한 것이지만 필의 힘은 창조주 하나님께서 피조물 사람에게 주시는 힘이 아니다. 그 힘은 하나님으로부터 사람에게 왔다가 다시 하나님에게 돌아간다. 곧 범신론의 흐름이요 우주 순환의 원리다. 필은 사람이 이 거대한 우주의 흐름에 결합되어야 한다고 주장한다. 우주 곧 자연의 거대한 흐름에 속하기만 하면 다 된다고 한다. 목표는 '완전히 자연스러워지는 것'이다. 자연과 내가 하나가 되기만 하면 노는 것이 일하는 것이요 일하는 것이 노는 것이 된다고 가르친다. 중국의 범신론자인 노자가 가르친 무위자연無爲自然과 상통하는 가르침이다.

3. 필의 기도론

기도의 과학

필은 기도를 강조한다. 목사다운 모습이다. 학교에서 공부를 잘하려면 예습과 복습을 잘해야 하듯 성공적인 신앙생활의 비결은 말씀과 기도다. 필이 성경을 수도 없이 인용하여 풀지만 성경의 본뜻과 거의 무관하다는 사실은 이미 보았다. 그런데 기도도 마찬가지다. 성경이 말하는 신앙생활을 위한 그런 기도가 아니라 자기가 가르치는 성공을 위한 기도다. 우주와 통하고 우주의 힘을 받는 필의 방법이 바로 기도다.

필이 가르치는 기도의 목표는 '성공적인 삶'이다. 그가 가르치는 것이 성공학 아닌가. 성공을 위해서는 문제부터 해결해야 하는데 그 방법은 기도다. "무슨 문제든 기도만 하면 올바로 해결할 수 있다."*PPT*, 55(한82). 할렐루야! 따라서 기도는 필의 성공학에서 중요한 부분을 차지한다. 본디 기독교의 기도란 하나님께 우리의 필요나 소원을 아뢰는 것이다. 전능하신 하나님께 우리의 마음을 아뢰되, 그것이 하나님의 뜻과 맞을 때 하나님께서 들어주신다. 그런데 필은 이와는 다른 새로운 기도를 제안한다. '영적 천재들이 발견한 새롭고 참신한 영적 기교들'을 활용해 기도하라는 것이다. 여기서 가장 중요한 점은 '기도는 곧 과학'이라는 점이다. "원자 에너지를 방출하는 과학 기술이 있듯이 기도의 역학을 통해 영적 에너지를 방출하는 과학적인 과정이 있다."*PPT*, 56(한84).

재래식 기도도 물론 효과는 있다. 하지만 전깃불을 경험한 사람이 어떻게 남폿불을 켜고 살겠는가. 재래식 기도가 기도의 내용에 치중했다면 필의 새 기도는 오직 방법 하나에만 집중한다. 하여 그의 글에서 기교, 방법, 양식, 기술, 과정, 공식 등의 단어가 거듭 등장한다. "누구든 행복하게 되려고 마음먹고 올바른 공식을 배워 적용하기만 하면 행복한 사람이 될 수 있다."*PPT*, 71(한111). 그래서 기도는 과학이다. 공식대로 하기만 하면 백 퍼센트 맞아 들어가는 수학처럼 필의 성공학에서도 올바른 방법을 따르기만 하면 효과가 나타나는 과학적인 엄격함이 강조된다. 따라서 필의 책은 일종의 기도 지침서다. 과학에서는 모든 것이 정해진 법칙에 따른다. 필의 기도는 온 우주를 뒤덮고 있는 그 법칙에 나를 맞추는 일이다.

"나는 개인적으로 기도가 한 사람에게서 다른 사람 및 하나님께로 떨림을 내보내는 것이라 믿는다. 우주 전체가 떨림 가운데 있다. 탁자의 분자에도 떨림이 있다. 공기도 떨림으로 가득하다. 사람들 사이의 상호작용 역시 떨림 가운데 있다. 남을 위해 기도를 내보내는 것은 영적인 우주에 내재해 있는 그 힘을 활용하는 것이다. 그대가 사랑, 도움, 후원 등의 감각을 그대로부터 다른 사람에게 이동시키면 그 과정에서 우주의 진동을 일깨우게 되고 그 진동을 통해 하나님께서는 그대가 기도한 것들을 이루어 주신다."*PPT*, 62(한96). 처음과 마지막에 하나님을 슬쩍 끼워 넣었지만 모든 것이 과학 법칙에 따라 이루어지므로 하나님을 성가시게 할 필요는 없다. 우주에 가득한 떨림과 일치되는 떨림을 내보내기만 하면 우주의 그 힘이 내 힘이 되어 내가 뜻하는 바가 이루어진다는 것이다.

필이 말하는 '영적 천재'는 신사고의 지도자를 가리키고, 그가 제안하는 새로운 기도 역시 신사고가 가르친 기도다. 이 우주의 힘 곧 떨림을 홈즈는 '에테르Ether'라 하였다. 그 기원은 자연계와 영계가 통한다 하였던 스베덴보리다. 떨어져 있는 것들이라도 에테르로 연결되어 있기 때문에 내가 우주와 주파수만 맞추면 나와 멀리 떨어져 있는 것도 내 말을 듣는다! 필은 기도를 '겸손하게 마음을 여는 일'이라 하는 등 기독교 표현을 거듭 사용하기 때문에, 글을 읽는 사람들이 그가 마치 하나님께 기도하는 줄로 착각할 수 있다. 하지만 필의 기도에는 듣는 이가 없다. 우리 기도를 들으시고 응답하시는 하나님 대신 우주를 관통하고 있는 그 법칙에 나를 맞추기만 하면, 다시 말해 우주와 조율되기만 하면 그 기도는 자동으로 이루어진다.

필은 "우주에는 어마어마한 힘이 있다는 것과 그 힘이 사람 안에 거할 수 있다는 것을 종교가 가르친다" 하였다*PPT*, 175. 한309. 성경에는 그런 말이 없고 정통 기독교 신학에도 그런 내용이 없으니 필이 말하는 종교가 일단 기독교는 아니다. 필이 말하는 혁신적인 기도에서 가장 중요한 것은 주파수를 맞추는 일이다. "우리 두뇌에는 이십억 개의 조그만 축전지가 있다. 사람의 두뇌는 생각과 기도로 힘을 내보낼 수 있다. 우리 몸에 자력이 있다는 것은 실제로 검증되었다. 우리에게는 수천 개의 조그만 송신국이 있어서 이것들이 기도로 주파수만 맞게 되면 어마어마한 힘이 한 사람을 통해 흐르고 또 사람들 사이로 오고갈 수도 있다. 우리는 동시에 송수신기지 역할을 하는 기도를 통해 힘을 내보낼 수 있다.”*PPT*, 65(한102-103).

필은 기도로 우주의 떨림과 주파수를 맞춘다고 하는데, 사람의 두뇌가 기도뿐만이 아니라 ‘생각’을 통해서도 힘을 내보낼 수 있다 하였다. 곧 기도가 생각과 통한다는 말이다. 필은 기도를 자력에 비긴다. 사람들이 기도를 ‘전기 에너지처럼’ 느낀다는 표현도 쓴다. 몸이 자력을 가진 것처럼 두뇌 곧 생각에도 자력이 있다는 것은 신사고의 입장, 특히 휘트먼이 시 “Leaves of Grass풀잎”1900년에서 노래한 바로 그 “Body electric전기가 통하는 몸”이다. 쉰도 휘트먼의 이 표현을 ‘죽음을 초월한 몸’이라는 뜻으로 인용한다. 이것을 감안하면 에디슨이 전기 분야에서 이룩한 수많은 발명은 우주의 힘을 믿은 제 신앙의 구현이었던 셈이다.

자신에게 하는 기도

그러면 어떻게 우주의 주파수에 나를 맞추라고 하는가? 필이 제시하는 답은 ‘마음’이다. 기도의 힘은 곧 생각의 힘이라고 했다. 마음의 힘은 신사고의 핵심 가르침이다. 필은 미국의 철학자 윌리엄 제임스를 ‘미국이 낳은 최고의 지혜자 가운데 하나’로 추켜세우며 그의 문장을 하나 인용한다. “우리 시대의 가장 위대한 발견은 인간이 마음가짐을 바꾸면 삶을 바꿀 수 있다는 사실을 알게 된 것이다.”*PPT*, 167(한291). 사실 누가 한 말인지 밝혀지지 않은 문장이지만 필은 여기에 제임스의 권위를 슬쩍 덧씌웠다. 마음은 ‘생각의 자리’라고 했다. 그리고 생각은 ‘영적 능력’이 흐르는 통로라고 했다. 그러므로 우주와 통하는 자리가 마음이다. “우리 의식 속에서 우리는 무한 에너지의 저수지로부터 힘을 끌어올 수 있다.”*PPT*, 44(한65). 필은 ‘마음을 새롭게 하라’는 성경의 가르침롬12:2을 '사고방식을 바꾸라'는 뜻으로 푼다. 성공하는 쪽으로, 잘되는 방향으로 바꾸라, 그래야 건강과 행복을 누릴 수 있다는 것이다. 성경하고 비슷해 보이지만 정작 그런 변화의 보기로 소개하는 사람은 바울도 베드로도 아니고, 고대 스토아 철학자인 마르쿠스 아우렐리우스 황제와 미국의 범신론자 에머슨이다.

마음은 도대체 어떤 힘을 가졌다는 것인가? 우선 마음이 몸을 지배한다고 한다. 원치 않는 결혼을 강요당한 한 여인은 류마티스 관절염에 걸렸고, 미워하던 동생과 화해한 어떤 사람은 고질적인 손 습진이 나았다는 예시를 든다. 터무니없는 소리 같지만 신사고에서는 얼마든지 가능하다는 일이다. 온 우주가 떨림으로 서로 연결되어 있다는데 그것을 우리가 몰랐을 따름이다. 그런 점에서 마음의 변화를 가르치는 성경이 필에게는 '개인 건강에 관한 최첨단의 서적'이다.

몸만이 아니다. 필은 마음에 바깥 환경까지 변화시키는 힘이 있다고 말한다. "그대가 변하면 세상도 변한다."*PPT*, 78(한126). 전형적인 신사고의 원리다. "생각은 말하자면 물건이다. 역동적 힘이 정말로 있다 …… 생각으로 나를 아프게 만들 수도 있고 낫는 생각을 하여 건강하게 될 수도 있다. 생각을 한 방향으로 모으면 그 생각이 가리키는 상황을 끌어당기게 된다. 생각을 바꾸면 전혀 다른 상황을 만들 것이다. 상황이 생각을 창조하는 힘보다 생각이 상황을 창조하는 힘이 훨씬 크다."*PPT*, 169(한296). 신사고에서 가르치는 '끌어당김의 법칙'이다. 홈즈와 쉰이 함께 가르치고 론다 번이 『시크릿』으로 널리 보급한 원리다. 조용기는 설교와 책으로 이 법칙을 전파했다.

필은 이 법칙을 "우주에 있는 최고의 법칙 가운데 하나"라 추켜세우며 이 법칙을 하나님과 연결시킨다. "이 법칙은 내 생애에서 참으로 위대한 발견, 어쩌면 하나님과의 관계 다음으로 가장 엄청난 발견이라 할 수 있다. 그리고 깊은 의미에서 이 법칙은 사람과 하나님의 관계의 한 요소이기도 하다. 왜냐하면 이 법칙을 통해 하나님의 능력이 사람에게 전달되기 때문이다."*PPT*, 170(한297). 이 법칙은 신사고의 핵심 가운데 하나다. 신사고를 처음 발견했을 때 받았다던 그 감동이 여기서도 그대로 우러나온다. 필이 말하는 생각이 가진 힘은 결국 하나님의 힘을 나에게 끌어오는 힘이다. 그리고 우주의 힘을 끌어오는 힘이 내 마음에 있기에 사실 우주의 힘은 내 안에 있는 것과 같다. 그것이 바로 '마음의 힘'이다. "성공적인 삶을 위한 재료는 모두 마음에 있다."*PPT*, 63(한98). 살면서 만나는 문제들을 올바르게 해결하는 능력 역시 "그대 안에 내재해 있다." 그 힘이 내 안에 있는 이유는 "고난을 극복할 수 있는 힘을 전능하신 하나님께서 그대 안에 두셨기" 때문이다*PPT*, 118(한204, 오역).

"설사 그대가 최악의 상태에 빠져 있다 하더라도 최선은 그대 안에 잠재해 있다. 그대는 그걸 발견하여 방출하고 그것과 함께 일어서기만 하면 된다."*PPT*, 104(한178). 필은 이 능력을 '하나님의 나라'라 불렀다. 하나님을 다시금 들먹이지만 출처를 따라가 보면 성경과 무관한 것임을 금방 알 수 있다. 신사고의 홈즈는 이렇게 말했다. "모든 질문에 대한 답은 사람 안에 있다. 왜냐하면 사람은 영 안에 있고 영은 나눌 수 없는 전체이기 때문이다. 모든 문제에 대한 해결은 사람 안에 있다. 모든 질병에 대한 치유는 사람 안에 있다. 모든 죄의 용서는 사람 안에 있다. 죽은 자들의 부활도 사람 안에 있다. 하늘이 사람 안에 있다. 그래서 예수께서는 이 내재하시는 '나는 나다여호와'께 기도하신 것이요, '하늘에 계신 우리 아버지' 하고 기도하셨고 '하나님의 나라는 너희 안에 있다' 하고 말씀하셨다."*SoM*, 129.

모든 답이 내 안에 있다는 필의 말은 이런 범신론 세계관을 바탕에 두고 있다. 성경의 하나님이 아닌 범신론의 신이다. 모든 것이 내 마음의 힘에 달렸다. 따라서 필의 기도는 기도하는 사람 자신을 향한다. 필의 기도는 결국 나 자신에게 하는 것이다. 내 마음을 바꿈으로써 삶을 바꾸는 행위다. '하나님을 향해 마음을 연다'는 표현은 '기도의 과학을 잘 배워 내 마음에 우주의 능력이 흐르게 한다'는 말을 기독교식으로 각색한 것이다. 그렇다면 하나님과 동반자 관계를 갖는다는 말도 이제 뜻이 명확해진다. 성취는 '하나님께서 도우시고 나 자신의 능력을 활용함으로써' 이룬다. 마치 하나님을 의지하는 것 같다. 그런데 하나님과 사람이 나란히 등장한다. '하나님과 그대'가 결정하고 행동한다. 곧 믿는 대상이 '하나님 또는 나 자신'이다. 이러한 문제 해결의 능력은 '내 위에 있는 동시에 내 안에 있는' 능력이다.

　"하나님에 대한 엄청난 믿음을 기르라. 그러면 그대 자신에 대한 겸손하면서도 무척이나 실제적인 믿음이 생길 것이다."*PPT*, 21(한22-23, 오역). 시작은 하나님의 능력인데 결론은 나 자신의 능력이다. 필의 믿음은 자신감이다. 열등감의 반대다. 말은 하나님과 나에 대해서 하지만 사실은 똑같은 대상에 대해 하는 말이다. 내가 한다. 하나님의 능력이 나를 통해 나타난다고 말하는 것과 하나님의 능력이 내 안에 내재한 '내 능력'이라고 말하는 것은 비슷해 보이지만 근본적인 차이가 있다. 바로 하나님과 나 사이의 관계다. 내가 하나님의 피조물임을 알 때 하나님께서 부족하고 연약한 나를 통해 능력을 나타내신다. 그래서 하나님을 의지해야 할 이유가 있다. 하지만 하나님의 능력이 곧 나 자신의 능력이라면 하나님과 내가 동급이 된다. 나 자신이 곧 우주의 일부라는 신사고의 틀에 맞춘 것이다. 그렇게 되면 따로 하나님이라는 존재를 믿을 필요가 없다. 그렇기에 필의 책은 '자신을 믿으라'는 권고로 시작한다. "그대 자신을 믿으라. 그대의 능력을 신뢰하라." 이 책을 쓴 이유 또한 "그대 자신을 믿고 내적 능력을 방출하도록" 돕기 위해서라 했다*PPT*, 17(한15).

말하기와 그리기

　나와 우주의 연합은 내 안에서 이루어진다. 필은 홈즈 및 쉰을 따라 그 연합이 잠재의식에서 이루어진다고 본다. 프로이트 심리학이 발견해 낸 곳, 곧 스베덴보리가 평생 동안 찾아 헤맸던 바로 그 자리다. 성경이 말하는 '하나님의 나라'가 거기라고 이들은 주장한다. 삶의 모든 필요를 채워 주는 능력이라고 한다. "우리의 창조주이신 하나님이 우리 마음 및 인격 속에 건설적 삶을 위해 필요한 모든 잠재력과 능력을 담아 놓으셨다"는 뜻이다*PPT*, 63(한98).

　"문제가 있을 때 인도를 받으려면 기도가 잠재의식에 스며들 정도가 되어야 한다. 잠재의식은 그대가 행동을 바르게 할지 그르게 할지 결정하는 힘의 자리다 …… 잠재의식에 깊이 새겨 넣은 기도는 그대를 새 사람으로 만들 수 있다. 그런 기도는 능력을 방출하여 콸콸 흐르게 만든다."*PPT*, 56(한85). 필의 기도는 의식의 내용인 생각을 잠재의식에 흘려보내는 과정이다. 쉰이 가르친 그대로다. 말은 기도지만 내가 나에게 하는 것이니 굳이 하나님을 생각할 필요가 없다. 기도하는 나와 기도를 들으시는 하나님 사이의 인격적 관계도 없고, 은혜의 보좌 앞으로 나아가게 하는 그리스도의 공로도 필요 없다. 잠재의식의 인도만 받으면 된다. 필은 하나님의 인도를 받으라는 말을 하지만 인도의 방법은 쉰이 '인간의 무오한 안내자'로 소개한 '직감' 내지 '직관'이다.

　위에서 말한 것처럼 필의 기도는 방법에 치중한다. 그 방법의 핵심은 의식의 내용을 잠재의식 또는 무의식으로 주입하는 것이다. 필의 성공학은 마음 곧 잠재의식을 개혁하는 방법이다. 그에 따르면 사람들의 잠재의식은 부정적인 내용으로 가득 차 있다. 각자가 스스로 만들어 놓은 부정적인 태도 때문이다. 걱정을 지속적으로 하는 것은 걱정하는 그 일이 일어나도록 상황을 만드는 것과 같다. 그것을 제거하고 긍정적, 적극적 생각을 심어야 한다. 결국은 잠재의식이 힘을 발휘하게 만들기 위해서다. "잠재의식에 고정하면 …… 원하는 바를 이룬다."*PPT*, 99(한166). 잡지 『가이드포스트』에 기고한 글에서는 이렇게 말하기도 했다. "그대의 무의식은 …… 소원을 현실로 바꾸는 힘을 가졌다. 그 소원이 충분히 강하기만 하다면."

바른 생각을 잠재의식에 주입시키는 구체적인 방법으로 필은 신사고 운동가들이 가르친 '말하기'와 '그리기' 두 가지를 그대로 도입해 소개한다. 두 가지 모두 당시 새롭게 등장한 자기암시의 방법과 연결되어 있다. 이 둘은 신사고에서 말하는 믿음을 구현하는 구체적인 방법이기도 하다.

필은 말이 '심오한 암시능력'을 갖고 있다고 주장한다. 그에 따르면 말하기는 '소리 내는 암시기법'으로서 생각을 잠재의식에 스며들게 한다. 생각이 먼저 있어서 그것이 말로 나타나지만, 거꾸로 말 역시 생각에 영향을 미친다고 했다. 평화라는 말을 되풀이하면 마음에 평화가 온다는 식이다. 윌리엄 제임스의 '척 하는 원리'와 통한다. 잠재의식이 암시를 가장 잘 받아들이는 시간이 잠들기 5분 전이므로 필은 그 시간이 "지극히 중요"하다고 한다. 그래서 기도든 성구암송이든 이때 하라고 권한다. 잠들기 직전에 "긴장이 풀린 잠재의식 속에 기도를 주입시키면 막강한 효과"를 낸다는 것이다*PPT*, 64(한100), 97(한162).

"이런 믿음의 개념들을 그대 의식에 일단 담으라. 몇 번이고 되풀이해 말하되 특히 밤에 잠들기 직전에 하라. 그것들은 영적 삼투현상을 통해 그대의 의식으로부터 잠재의식에 스며들 것이며 곧 그대의 기본 사고방식을 바꾸고 조정할 것이다. 이 과정은 그대를 믿는 사람으로, 기대하는 사람으로 변화시킬 것이며, 그런 사람이 되면 머지않아 성취하는 사람이 될 것이다. 그대는 하나님과 그대가 그대의 삶에 필요하다 판단하는 것을 얻을 새 힘을 갖게 된다."*PPT*, 97(한162-163). 말하기를 통해 잠재의식에 담기만 하면 원하는 바를 얻을 수 있다. "소리를 내라", "세 번 크게 말하라", "하루 열 번 외치라", "천천히, 조용히, 곡조에 맞추어 반복하라" 등 쉬이 가르친 말하기의 기법을 필도 십분 활용한다. 발이 아픈 사람이라면 "내 발가락이 지금 푹 쉬고 있다"라는 말을 조용히 되뇌면 좋다고 한다. 하나님과 조율되기 위해서는 시를 한 수 읽거나 책을 몇 구절 읽고 "하나님께서 우리를 힘으로 채우고 계신다" 하고 외치면 된다고 한다.

내용은 반드시 "긍정적이고, 즐겁고, 낙관적이고, 마음에 드는" 것이어야 한다. "매일 적어도 열 번 '난 가장 좋은 것을 바란다. 하나님의 도우심으로 난 가장 좋은 것을 얻을 것이다' 하고 확언하라."*PPT*, 109(한187). 목표는 언제나 최고다. 하나님을 추임새로 넣는 일도 잊지 않는다. 필은 쉰이나 홈즈처럼 실제 사용할 문구까지 만들어 제공했다. 소리로 된 부적인 셈이다.

필이 '말하기'에서 중요시하는 한 가지가 확언Affirmation, 단언이다. 믿음은 확언 믿음Affirmative Faith, 기도라면 확언 기도Affirmative Prayer가 된다. 확언은 첫째로 현재의 부정적인 상태가 아닌 긍정적인 결과에 초점을 둔다. 병든 상태를 말하면서 거기서 벗어나게 해 달라고 기도하는 대신 최상의 건강상태가 '이미 이루어진 것처럼' 확언하라고 한다. 이것이 바로 신사고가 가르치고 필이 계승한 '과학적 기도'다. 신사고에서는 이것을 그냥 '치료'라 부른다. 확언은 또 이미 받았다는 믿음으로 이어져야 한다. 달라고 구하는 대신 이미 주셨음을 감사하라고 한다. 그래서 긍정 고백이기도 하다. "완전히 자연스러워지라. 하나님께 사랑하는 사람을 고쳐 달라고 구하라. 그게 그대가 온 마음으로 바라는 바이니 꼭 고쳐 달라고 구하되 '꼭'이라는 말은 단 한 번만 하기를 권한다. 그런 다음에는 하나님의 선하심에 감사하라. 이런 확언 믿음은 하나님의 따뜻한 돌보심을 재확인함으로써 깊은 영적 능력과 기쁨을 방출하는 데 도움이 될 것이다."*PPT*, 156(한274).

언뜻 보면 성경하고 통하는 것 같다. 그리스도께서도 기도에 대해 가르치셨다. "무엇이든지 기도하고 구하는 것은 받은 줄로 믿으라 그리하면 너희에게 그대로 되리라"막11:24 받았다고 믿으면 이루어진다 하셨다. 필도 이 구절을 '기도의 기교' 가운데 하나로 인용한다. 그런데 그가 인용하여 푸는 것을 보니 성경의 가르침이 아니라 하나님의 선하심, 곧 자연 상태 그 자체의 아름다움에 근거를 두고 있다. 범신론의 바탕에서 나온 이론인데, 사실은 기도할 필요조차 없는 셈 아닌가. 있는 그대로를 좋게 보는 관점이니 기도 같은 것은 관두고 그냥 명상이나 즐기는 것이 더 나을지도 모른다.

필의 말하기가 얻을 능력을 구현하는 과정이라면, 그리기는 얻고 싶은 내용을 구체적으로 만드는 과정이다. 필은 우선 부정적인 모든 것을 생각에서 제거하기 위해 '창조적 상상의 과정'을 수행해야 한다고 말한다. 싱크대 마개를 뽑아 물을 흘려보내듯 걱정거리가 흘러나가는 모습을 그려 보라고 한다. 이때 말하기를 곁들이면 효과가 배가된다고 한다. "그림을 그리는 동안 '하나님의 도우심으로 지금 걱정, 두려움, 불안을 마음에서 없애고 있다' 하고 다섯 번 천천히 되풀이하라. 이것들이 다 사라진 깨끗해진 마음을 그려 굳게 붙잡으면서 '걱정, 두려움, 불안이 내 마음에서 완전히 없어졌음을 믿는다' 하고 천천히 다섯 번 말하라. 그리고는 두려움에서 벗어나게 해 주신 하나님께 감사한 뒤 잠자리에 들라."*PPT*, 124(한217).

비운 자리는 그대로 두면 안 되고 좋은 것으로 채워야 한다고도 한다. 잠재의식을 '믿음, 소망, 용기, 기대' 등의 생각으로 채우고 크게 확언해야 한다. 그리기는 '성공하는 내 모습을 구체적으로 그려 지울 수 없게끔 마음에 새기는 일'이다. 필은 목록을 만들라, 자화상을 그려보라 등 구체적인 조언을 들려준다. 효과가 있을 만한 보기도 몇 개 알려 준다. 시험공부를 할 때는 공부한 내용이 머리에 쏙쏙 들어오는 그림을 그리고 시험장에서는 하나님께서 정답을 알려 주셨음을 확언으로 기도하라고 한다. 남편과 관계가 소원해져 이혼까지 요구받았던 한 여인이 새로운 자화상을 마음에 그리기 시작했던 이야기도 들려준다. 그녀가 자신의 모습을 유능하고 매력적인 여성으로 그리면서 남편과 정답게 지내는 장면까지 날마다 마음에 그렸더니 몇 달이 못 되어 모든 문제가 사라지고 가정이 회복되었다는 이야기다. 실화든 지어낸 이야기든 마음의 힘이 위대하다고 말하고 싶은 것이다.

필은 그리기는 반드시 구체적으로 해야 한다고 가르친다. 갖가지 내용을 구체적으로 그리라고 조언한다. 기도는 구체적이어야 한다는 말이다. 필은 성경의 보기를 든다. 예수께서 그냥 '산'이 아니라 '이 산'에게 명하라고 구체적으로 말씀하셨다는 것이다. 이렇게 구체적이어야 하는 이유는 마음의 힘 때문이다. 필은 말하기 및 그리기의 효과를 잠재의식과 연결해 설명한 다음 곧바로 에머슨을 인용한다. "뭘 바랄지 조심하라. 그걸 얻을 것이기 때문이다."*PPT*, 99(한167, 오역). "성취의 비결은 성공적인 결과를 마음에 그리는 것"이라 한 소설가 소로의 말도 인용한다*PPT*, 118(한205). 그리기 또는 상상력이 가진 힘을 필은 다른 책에서는 이렇게 요약한다.

"사람의 본성에는 강력하고 신비로운 힘, 말하자면 정신적 공학이 있다 …… 그리기라 불리는 정신적 활동이다. 우선 바라는 바나 목표를 그대의 의식적인 마음에 선명하게 그린 다음 그 그림을 끈질기게 붙잡아 그대의 무의식적인 마음으로 빠져 들어가게 하면 그것이 무의식 속에서 엄청난 에너지를 발산한다. 이 그리기 개념을 지속적이고 체계적으로 적용하면 모든 문제가 해결되고 성품이 강인해지며 건강이 좋아지고 하는 일마다 성공할 가능성이 대단히 높아진다."[4] 결국 필이 말하는 기도는 마음이 가진 힘을 활용해 우주의 힘을 끌어당기는 것이다. 그 일을 하는 곳은 내 잠재의식이요 방법은 그리기와 말하기다. 하나님을 비롯하여 기독교 용어를 거듭 사용하지만 내용은 그냥 신

---

4. Norman Vincent Peale, *Positive Imaging* (New York: Ballantine, 1983), 1.

사고 일색이다. 기교에 집중하는 사이 기도의 내용은 독자들의 것으로 남겨
둔다. 이것이 더욱 큰 문제로 이어진다. 기도의 내용, 곧 필의 믿음관이 문제가
되는 이유다.

믿음의 기도

필은 자신의 복음을 세 낱말로 줄였다. "믿으라, 그리고 성공하라Believe and
Succeed!" 믿어야 성공하니 믿음은 필의 성공학에서 뺄 수 없는 중요한 요소다.
문제는 무엇을 믿을까 하는 것이다. 믿음의 내용은 무엇인가? 그 내용은 누가
결정하는가? 필은 신사고를 이어받아 생각의 힘을 주장하였는데 믿음은 생각
의 또 다른 모습이다. 필은 에머슨을 인용한다. "정복할 수 있다고 믿는 사람
이 정복한다."*PPT*, 27(한34). 그러니 생각의 힘은 곧 믿음의 힘이다. "말하라. 그
리라. 믿으라. 그러면 이루어질 것이다."*PPT*, 27(한33). 말하고 그리는 두 가지가
믿음으로 압축된 셈이다. 믿음은 적극적 사고의 또 다른 이름이라 했다. 필의
성공학은 쉽게 말해 '믿음의 마법'이다.

그러면 필이 말하는 믿음은 무엇일까? 하나님이나 기도에 대해서 말하는
경우처럼 필은 자기가 말하는 믿음이 마치 성경에 나오는 그 믿음인 양 말한
다. 믿음을 얻기 위해 성경을 읽으라 권한다. 하루 한 시간씩 읽고 주요 구절은
암송하라 하였다. 확언을 통해 잠재의식에 심어야 할 내용 역시 성경에 나오
는 믿음에 관한 내용들이다. 그러면서 필은 자기 책이 기독교 복음을 다루고
있다고 거듭 주장한다. 믿음의 동력도 또 믿음의 내용도 다 성경이라는데 누
가 이의를 제기하랴. 필은 하나님을 믿으라 말한다. 믿음의 능력은 곧 우리 믿
음의 대상이신 하나님의 능력이라는 말이니 성경의 가르침과 통하는 것처럼
보인다. "믿음의 힘은 워낙 엄청난 것이어서 우리가 하나님으로 하여금 당신
의 힘을 우리 마음에 흐르게 하시도록 하기만 하면, 전능하신 하나님께서 우

리를 위해, 우리와 함께, 우리를 통해 못하실 일이 하나도 없다."*PPT*, 108(한185).

그런데 이때도 하나님은 다시금 힘의 원천이시고 그분의 능력을 받는 것 역시 법칙에 달려 있다. '우주의 창조적 능력'을 끌어다 쓰는 것이며, 그 능력은 결국 내 것이다. "최고를 기대하라. 그러면 영적으로 창조적인 마음의 능력이 하나님의 능력의 도움을 받아 최고를 만들어낼 것이다."*PPT*, 104(한177). 창조적인 능력은 내 것이다. 하나님의 역할은 도움을 주시는 일이다. 사실상 필요하지도 않은 그 도움을 말이다. 믿음에 관한 성경 인용 역시 믿음을 '힘'으로 규정하는 몇 구절에 국한되어 있다. 믿기만 하면 그대로 이루어진다는 구절이다. 가장 많이 등장하는 구절들의 내용은 믿는 자는 모든 일을 할 수 있다마17:20, 막9:23, 믿음대로 된다마9:29, 막11:24, 하나님은 내 편이시다롬8:31 능력 주시면 모든 것을 할 수 있다빌4:13는 네 가지 내용이다.

필은 마지막 구절인 빌립보서 4장 13절을 가리켜 "마법의 문장"이라 부르며 책에서 열 번도 넘게 인용한다. 어떤 상황에서도 잘 지낼 수 있다고 한 바울의 본뜻이 불가능이 없다는 마법의 주문으로 바뀌었다. 미국의 미식축구 선수인 팀 티보우Tim Tebow가 대학시절 곳곳에 적어 널리 알린 구절이다. 이 구절의 힘이었는지 티보우는 대학 시절 최고선수상인 하이즈만 트로피까지 받았다. 티보우는 그래도 하나님의 능력을 의지하니 낫다. 필의 경우 하나님을 입에만 올릴 뿐 결국 믿는 것은 자신이다.

이 구절과 더불어 필이 자주 인용하는 구절이 다음의 구절이다.

만일 하나님이 우리를 위하시면 누가 우리를 대적하리요롬8:31

아멘! 그런데 바로 다음 절에서 "어찌 그 아들과 함께 모든 것을 우리에게 주시지 아니하겠느냐" 하는 내용이 활용도가 더 높을 듯한데도 불구하고 단

한 번도 인용하지 않는다. 이유는 간단하다. 이 구절 앞부분에 "자기 아들을 아끼지 아니하시고 우리 모든 사람을 위하여 내주신 이"라는 표현이 나오기 때문이다. 필은 독생자를 보내신 성경의 하나님께는 관심이 없다. 성경 중에서도 '믿음, 희망, 행복, 영광, 빛남' 등을 말하는 구절에만 집중한다. 스베덴보리식 거듭남에 도움이 되는 구절들이다. 결국 필이 말하는 믿음은 신사고가 가르친 '마음의 힘'을 기독교 용어로 각색한 것에 지나지 않는다. "믿음이 잠재의식을 통제하지 못하면 그 어떤 좋은 것도 얻을 수 없다." *PPT*, 156(한274).

그렇다면 그런 믿음으로 무엇을 하자는 것일까? "공식은 이렇다. 그대가 바라는 것이 뭔지 분명하게 하고 그것이 올바른 것인지 확인한 다음 그대 자신을 변화시켜 그것이 저절로 주어지도록 하되, 늘 믿음을 간직하라. 믿음의 창조적 능력으로 상황들을 자극해 올바른 조합이 이루어지기만 하면 그대의 간절한 소원이 이루어진다." *PPT*, 102(한172-173) 프로이트의 지도교수로 프로이트에게 무의식의 존재 가능성을 일깨워준 철학자 브렌타노Franz Brentano, 1838~1917년는 사람의 의식은 지향성志向性, Intentionality이 있다 주장하였다. 아리스토텔레스가 체계적으로 분석하고 중세 스콜라 철학이 계승한 이 개념은 쉽게 말해 생각은 언제나 반드시 '무언가에 대한 것'으로서의 내용을 갖고 있다는 말이다. 브렌타노의 제자 후설Edmund Husserl, 1859~1938년은 나중에 생각을 의식작용인 '노에시스Noesis'와 그 작용의 내용인 '노에마Noema'로 구분하였다. 바라거나 믿거나 사랑하거나 미워하는 모든 정신활동에는 반드시 그 대상이 있게 마련이라는 것이고, 우리가 어떤 것을 관찰하면 그 대상은 바깥의 실제 존재로만이 아니라 우리 생각 속에도 존재하게 된다는 말이다.

지금까지 신사고 및 필이 주장한 생각의 힘은 후설의 용어를 빌자면 '노에시스의 힘'이었다. 무엇이든 노에시스의 내용, 곧 노에마가 되기만 하면 현실로 이루어진다고 하는 것이다. 그러나 신사고가 말하는 생각의 힘은 바깥의 대상이 우리 의식에 들어와 또 다른 존재를 갖는 것과는 반대 방향으로 작용한다. 우리 생각 속에 존재하기만 하면 우주와 관통하는 생각의 힘으로 바깥 세계에도 존재하게 된다고 이야기한다. 내가 바라는 바를 그렇게 내 생각의 내용물, 곧 노에마로 만드는 작업이 '기도'요, '생각'이요, 또 '믿음'이라는 말이다. 생각의 힘이 곧 믿음의 창조력이다. 기도하고 믿기만 하면 그대로 된다하신 그리스도의 말씀은 신사고와 필에게서 결국 그리기와 말하기 기법을 잘 활용하여 생각의 내용으로 만들기만 하면 다 이루어진다는 말이 되었다. 하나님에 대한 생각으로부터 현실의 하나님의 존재를 추론하는 안셀무스를 능가한다.

그러면 믿음의 내용은 무엇일까? 필이 말하는 성공은 '그대가 간절히 바라는 것을 얻는 것'이다. '내가 정말로 원하는 것'을 얻을 능력을 하나님께서 주신다고 말한다. 범신론답게 간절히 기대하면 우주가 나서서 도와줄 것이라는 말이다. 마음의 욕망을 성취하는 것이 인생의 게임에서 승리하는 길이라고 한다. 이것을 믿음이라고 가르친다. '간절한 소원'을 믿음의 내용으로 삼으라고 한다. 필의 성공학은 이렇게 나, 그대, 자신으로 가득하다. 목표로 삼을 것은 '번영, 성공, 성취'다. '직업, 건강, 미래' 등도 내 소원의 내용이 된다. 바라라, 구하라, 그리라, 말하라 거듭 주문하지만 구하고 바랄 내용은 언제나 독자들 몫으로 남겨 두었다. 따라서 무한 탐욕의 무한 추구가 가능하다.

목표는 언제나 '최상의 것'이다. '최고를 기대하라'고 거듭 강조한다. '최상'의 것을 '최선'의 것으로 오해하면 안 된다. 최선의 것은 내가 내 노력을 다한 끝에 얻는 것이지만, 최상의 것은 무조건 다른 사람보다 더 나은 것이요 그러므로 내가 얻으면 다른 사람은 얻을 수 없게 되는 것이다. 필이 보기로 든 것은 대부분 이처럼 상대적이고 배타적인 성공이다. 불굴의 의지로 이긴 튜더 장군 이야기 이면에는 누군가의 패배가 있다. 테니스 챔피언 곤잘레스 이야기가 진행되는 과정에서는 많은 선수가 곤잘레스에게 져 탈락했을 것이다. 필이 말하는 성공은 언제나 다른 사람의 실패를 동반한다. 상대방이 스스로 실패를 바라지 않는 한 동시에 둘 다 성공할 수는 없다.

물론 필은 몇 가지 방어 장치를 제공한다. 내 소원이 올바른 것인지 확인하라 하였다. 또 '도덕적, 영적, 윤리적으로 옳은 것'을 추구해야 한다고 말했다. 하지만 심리적인 만족을 위한 최소한의 예의일 뿐이다. 탐욕을 추구하라고 노골적으로 말하면 말하는 이도 듣는 이도 서로 민망하지 않겠는가. 필은 자기 책이 명예, 부, 권력을 위한 것이 아니라고 하지만 용어만 다른 우아한 용어로 대체했을 뿐이다. 필이 성공적인 삶의 구체적인 모습으로 언급하는 수많은 것들 가운데 명예, 부, 권력 이 세 가지와 무관한 것은 거의 없다. 한 사람이 가지면 다른 사람은 빼앗겨야 하는 이것들은 윤리학에서는 '하급가치'라고 부른다. 그런데도 번영복음은 마치 그것을 모두가 가질 수 있는 양 호도한다. 필은 가시와 엉겅퀴가 있는 이 세상에서 우상의 일꾼이 되어 가짜 번영으로 사람들을 유혹한다. 그것이 바로 필의 성공학, 곧 '적극적 사고의 힘'이다.

4. 필의 죄 두 가지

필이 받은 비판

필은 살아 있을 때뿐 아니라 죽은 뒤에도 뭇사람의 칭송을 받았다. 정치가들로부터는 '적극적 태도를 심어 준 사람'으로 찬사를 받았다. 기독교계에서는 로버트 슐러를 비롯한 숱한 추종자들 외에 특히 필을 격찬한 사람으로 세계적으로 알려진 전도자 빌리 그레이엄Billy Graham, 1918~2018년이 있다. 그레이엄은 "하나님의 나라를 위해 그 사람만큼 일을 많이 한 사람은 다시없을 것이다" 하고 필을 추켜올렸다. 자신이 도움을 많이 받았다 하니 칭찬하는 것은 이해가 되지만 이렇게 극찬을 할 정도라면 무슨 도움을 어떻게 받아 도대체 무엇을 했을까 궁금해진다.

칭찬과 더불어 비판의 목소리도 높다. 비현실적이라는 비판이 첫째다. 주장하는 바에 과장이 많다고 한다. 성공학의 효력이 주장만큼 크지 않았다는 이야기다. 책에 등장하는 보기들에 대해서도 지어낸 것이 아니냐는 의문이 많았는데, 필은 그 가운데 단 하나도 사실로 입증하지 못했다.

필이 사용한 방법에 대해서도 비판이 많다. 우선 자기암시 및 자기최면 방법을 폭넓게 사용하면서도 그런 방법을 성경 및 신학 용어로 감추었다는 지적이 있다. 이는 이교사상을 도입했다는 비판과 이어졌다. 또 필의 인간 이해가 천박할 뿐 아니라 그릇되었다는 공격도 있다. 필이 사용한 자기최면의 방법은 자기 인식이나 자아의식에 심각한 손상을 끼칠 수 있고 현실감을 잃거나 비판적 사고를 하지 못하게 만든다는 것이다. 저명한 신학자 라인홀드 니버Reinhold Niebuhr, 1892~1971년는 필의 가르침이 마약 효과를 낼 수 있다고 경고한다. 현재의 어려움이 그저 심리적인 것이라 말하면 용기가 생길 수도 있지만, 반대로 현실의 냉엄함을 잊어버리고 남을 의존하거나 현실에서 도피하게 만들 수도 있다는 것이다.

성공학 자체에 대한 비판도 빠질 수 없다. 필을 비롯한 수많은 사람들이 널리 퍼뜨린 성공학은 누군가에게는 성공의 방법으로는 효과가 있었을지도 모른다. 하지만 그 바탕에 깔린 사상은 기본적으로 성공하지 못한 다수를 정죄하고 조롱하는 이론이 되고 만다. 욥은 마귀의 장난으로 극도의 불행을 당했지만 그보다 욥을 더 아프게 만든 것은 숨기고 있는 죄를 회개하라는 친구들의 조언이었다. 실패 자체도 견디기 힘들지만 그 실패를 하나님의 벌이나 저주로 보는 것은 상처에 왕소금을 뿌리는 격이다. 필의 성공학은 가진 자의 논리요 성공한 사람들의 노래다. 가난에 찌든 채 죽는 날까지 빚더미에서 헤어나지 못하는 이들, 대물림한 가난 때문에 시작부터 극도의 고통을 겪어야 하는 이들 가운데 필의 가르침을 받고 성공에 이를 사람이 과연 몇이나 있을까?

어떤 수저를 물고 나왔느냐 하는 것이 너무나 많은 것을 결정하는 시대가 되었다. 성공한 사람들은 부당한 압력 아래 몸부림치는 이들을 필이 설파한 이론을 가지고 게으르다고 비난할 것이다. 지금 겪는 고통만으로도 충분히 괴로운데 가난, 병, 장애, 소외 등 모든 것이 내 게으름 때문이요, 내 불신앙 때문이라 하니 괴로움이 배가된다. 세상에는 참 쉽게 사는 듯 보이는 이들도 많다. 그런 사람들은 성공도 쉽게 하는 듯 보인다. 그러나 오늘도 바닥에서 짓밟히며 살아야 하는 대다수의 수많은 이들에게 필의 성공학은 먼 나라 이야기일 수밖에 없다.

정말로 필의 말이 옳을까? 열심히 살면 다 성공할까? 필이 시키는 대로 하는 사람마다 우주의 힘을 받아 멋지게 살 수 있을까? 필의 낙관주의는 범신론이라는 합리주의에서 왔다. 인과응보든 윤회든 범신론에서는 결국 모든 것이 그럴듯하게 맞아 들어간다. 모든 것이 합리적으로 움직이는 그런 세상이라면 성공하는 이들은 칭찬받아 마땅하고 성공하지 못하는 이들은 비난을 피할 수 없을 것이다. 모든 것이 마음먹기에 달렸다면 모든 것이 자신의 책임인 까닭이다. 그러나 다른 성공학과 마찬가지로 필도 현실에 담긴 모순과 악에 대해 참으로 피상적인 입장을 취한다. 구조적인 모순과 병폐도 쉽게 생각한다. 죄를 말하는 성경의 세계관을 수용하지 않기 때문이다.

하지만 이상의 여러 가지는 그냥 문제일 뿐 죄는 아니라고 할지도 모르겠다. 필의 진짜 문제를 두 가지 죄로 요약할 수 있다. 하나는 불신자에게 또 하나는 그리스도인에게 저지른 죄악이다. 필이 잘한 일이 바로 그의 죄이기도 하다. 불신자에게 지은 죄는 복음 아닌 것을 복음이라고 전해 예수 그리스도를 믿고 생명을 얻을 기회를 박탈한 것이다. 그리스도인들에게 지은 죄는 가짜 복음을 진짜인 양 전해 진리에서 벗어나거나 올바로 가던 길을 멈추고 방황하게 만든 것이다.

불신자에게 지은 죄

필은 서두에서 자신의 책이 고통과 어려움과 갈등을 겪고 있는 사람들을 위한 것이라고 밝히고 있다. 믿음의 능력을 통해 그런 어려움을 이기고 삶의 창의적 가치를 성취하게 하는 것이 책을 쓴 목적이라는 것이다. 책에서 거듭 언급한 열등감, 패배의식, 무기력감, 비관주의 등에 빠져 하나밖에 없는 인생을 제대로 못 사는 사람이 사실 많다. 그런 사람들이 믿음을 가져 힘과 용기를 얻고 그래서 삶을 보람되게 산다면 그건 참으로 값진 일이다. 술주정뱅이나 마약중독자가 갱생하여 새 삶을 시작한다면 사회 전체가 밝게 변할 것이요 그것 하나만으로도 이 책은 칭찬받아 마땅하다. 게다가 적극적 사고방식은 좋은 부모가 자녀에게 들려주는 가르침하고도 많이 닮았다. 꿈을 크게 갖고 열심히 노력하라는 것은 필뿐 아니라 모든 부모가 자녀에게 부지런히 가르치고 기대하는 바다. 우리는 다 자녀나 배우자 또는 사랑하는 사람에게 그런 기대를 갖는다.

필은 그렇게 해서 얻는 열매를 성공이라고 부른다. 성공은 누구나 바란다. 하나뿐인 생을 중독자로 끝내고 싶은 사람이 누가 있겠는가? 열등감에 빠져 아무것도 하지 못하는 생애보다는 자신감을 갖고 활기차게 사는 삶을 누구나 바랄 것이다. 하지만 무엇이 성공인지는 보는 눈마다 다르다. 삶의 의미에 대한 생각이 사람에 따라 다른 까닭이다. 내 판단에 성공했다 싶은 인생이 다른 사람의 눈에 그렇지 않을 수 있다. 심지어 보는 입장에 따라 성공과 실패가 뒤집어질 수도 있다. 삶이란 무엇이며 어떤 생애가 진정으로 성공한 생애인가?

우리 삶에는 고통이 있다. 몸도 아프고 마음도 괴롭다. 그렇게 힘겹게 살다가 나중에는 고통의 정점인 죽음을 맛본다. 고통을 분석해 보면 직접적인 원인을 알 수 있다. 몸이 아프다면 바이러스가 원인일 수 있고, 마음이 아프다면 어떤 일에 실패했거나 이웃의 배신 때문일 수 있다. 돈 없는 부모를 만나거나 좋은 줄을 잡지 못한 환경적 요인도 있을 것이다. 이런 직접적인 원인은 합리적인 인과관계를 바탕으로 하므로 나도 이해할 수 있고 남에게도 납득시킬 수 있다. 그렇게 확인 가능한 원인은 찾는 족족 부지런히 제거함으로써 고통을 줄이고자 애쓰는 것이 우리 삶이다.

그런데 고통에는 그런 직접적인 원인 말고 또 다른 원인이 있다. 사람은 개별적인 고통을 넘어 고통 그 자체의 원인을 파고든다. 도대체 고통이라는 것이 왜 있게 되었는지, 아픔, 슬픔, 괴로움이 어디서 왔는지 묻는다. 고통이라는 것 자체가 없었다면 팔을 다쳐도 아프지 않을 것이다. 아니, 애초에 다칠 일도 없었을 것이다. 그런데 이 물음은 자연적인 인과론을 넘어서는 것이기에 답 또한 일반적인 인과론의 고리를 추적해서는 얻을 수 없다. 세상에 고통이 들어오게 만든 사건이 일어났을 때 그 원인을 알 수 있는 능력을 상실해 버렸기 때문이다. 하여 수많은 사람들이 이 문제와 씨름하여 저 나름의 답을 제시한 것이 이른바 철학이 되고 종교가 되었다.

이 물음에 명확한 답을 주는 것이 기독교 복음이다. 성경은 인간 세계에 있는 모든 고통이 죄라고 부르는 단 하나의 원인에서 왔다고 가르친다. 아담이 죄를 지었을 때 땅은 가시와 엉겅퀴를 내기 시작했고 인간의 근본 존재 이유인 노동이 고통이 되었다. 몸의 질병이나 장애도 그렇고 정신적인 문제도 마찬가지다. 인간관계가 틀어지고 일이 뜻대로 되지 않는 것은 가시와 엉겅퀴가 사람의 마음 밭에서도 자라기 때문이다. 번영복음을 싹틔우고 성장시킨 탐욕, 이기주의, 미움, 싸움이 그래서 생겨났다. 죄가 낳은 최악의 열매는 죽음이다. 죽음은 인간이 겪어야 하는 최대의 고통이다. 죄는 인간 세계에 있는 모든 고통의 근본 원인이다. 그리고 이 원인은 우리를 몸의 죽음뿐 아니라 영원한 파멸이라는 더 큰 고통으로 몰아넣는다. 하나님께서 보내신 독생자 예수 그리스도를 믿음으로써 이 고통의 근본 원인인 죄를 해결할 수 있다는 것이 기독교 복음이다.

누구나 고통을 싫어한다. 고통이 올 때 우리는 직접적인 원인을 제거함으로써 고통을 없애고자 애쓴다. 그런 해결도 꼭 필요하다. 좋은 의료인이나 좋은 약이나 환경이 그래서 복이요 화목한 가정이나 약자를 배려할 줄 아는 의로운 사회 역시 복이다. 하지만 고통의 또 다른 원인을 생각한다면 고통 그 자체가 무조건 나쁜 것만은 아니다. 성경은 고통이 우리가 아는 직접적인 원인 아닌 보다 근본적인 원인 때문에 오는 것이라 한다. 만약 그렇다면 우리가 직접 겪는 하나하나의 고통은 직접적인 원인을 알아 서둘러 제거해야 할 것이 아니라 고통의 근본 원인을 찾게 만드는, 그리하여 그 근본 원인을 해결하여 참된 복을 누리게 만드는 계기가 될 수도 있다. 이를테면 우리가 경험하는 고통은 보다 근본적인 영적 고통을 일깨우는 증세일 수 있다. 몸이 병들거나, 각종 장애를 가졌거나, 이별이나 배반으로 마음이 상하거나, 환경이나 능력 때문에 일이 뜻대로 되지 않아 답답하거나, 그 어떤 종류의 고통이든 단 하나의 고통이요 모든 고통의 근본인 죄라는 문제를 깨달으라는 신호가 될 수 있다.

그리스도께서는 죽음, 질병, 장애 등의 고통이나 사회적 소외뿐 아니라 사업, 심지어 가족의 재산 분쟁이 일어나는 모든 상황을 기회로 삼아 천국 복음을 전하셨다. 바울이나 베드로도 기회가 생길 때마다 주 예수 그리스도와 그분을 믿어 얻는 영원한 생명을 전했다. 성경에 보면 수많은 병자와 장애인이 그 병 때문에 그리스도를 만났다. 병도 고쳤지만 그분의 놀라운 능력을 보고 믿어 영혼의 구원을 얻었다. 사람들에게 손가락질 받던 죄인들도 마음의 고통이 계기가 되어 하나님의 아들 그리스도를 만나 구원과 영생의 은혜를 얻었다.

그런데 필은 고통을 겪는 이들에게 개별적인 원인은 참으로 자상하게 가르쳐 주고 효과적인 해결책도 푸짐하게 안겨 주면서 고통의 근본 원인에 대해서는 침묵으로 일관한다. 아픔을 안고 찾아오는 이들, 그러니까 고통의 참된 원인을 알아 영원으로 가는 길을 발견할 가능성이 참으로 높은 이들에게서 그 기회를 박탈해 버린다. 필 자신이 그리스도의 은혜로 죄를 용서받고 구원받았다 하지 않았던가. 가끔이기는 하지만 예수 그리스도를 문제의 해결자로 소개하기도 했다. 그런데 사람들에게는 그 구원의 길을 말해 주지 않고 현재 나타나는 증세를 완화시키는 방법만 가르쳐 준다. 엉뚱한 길만 가르쳐 준 것이다. 고통을 호소하는 이들에게 정확한 진단 없이 강력한 진통제만 서둘러 처방해 준 셈이다.

필은 근심, 두려움, 죄책감 등을 제거해야 한다고 누누이 강조하였다. 그런데 이런 영적인 감정의 참된 원인 자체는 무시한 채 증세를 없애는 데만 집중한다. 근심은 타고나는 것이 아니라 배워 익히는 것이라고 주장하면서 고혈압, 심장병, 위궤양 등의 원인이 되므로 제거해야 한다 하였다. 두려움 역시 상상력이 만들어낸 허구라 설명하여 두려움에 담긴 보다 깊은 뜻을 외면한다. 성경을 안 믿던 불신 철학자들조차도 두려움에는 보다 깊은 뜻이 있을 것이라 믿고 깊이 탐구하였는데, 성경을 배워 전한다는 사람이 그것을 그냥 상상력의 산물로 치부해 버렸다.

가장 안타까운 요소는 필이 죄책감에 대하여 거듭 언급하는 내용이다. 죄책감 내지 죄의식은 죄를 지어 생긴 무거운 마음이다. 하나님의 뜻을 어겨 마음이 무겁고 벌 받을 것을 생각해 겁도 나는 마음이다. 필은 그 죄책감을 제거하는 것이 행복한 삶의 한 비결이라 가르친다. 죄책감에 시달리며 삶이 피폐해져서는 안 되니 백 번 옳은 말이다. 그런데 그의 방법이 틀렸다. 죄책감은 잘못을 저질렀다는 깨달음이니 그 잘못을 먼저 해결하면 저절로 사라진다. 사람과 해결할 문제도 물론 있지만 죄는 일단 하나님의 뜻을 어기는 것이다. 따라서 하나님께 구하여 용서받는 것이 가장 중요하다. 그래야 죄책감뿐 아니라 죄에 따르는 벌도 없어진다. 다윗이 느낀 행복이 그런 것이었다.

그런데 필은 죄와 형벌의 문제는 그냥 덮어둔 채 죄책감만 없애라 권한다. 예수 이름으로 죄를 용서받는다는 이야기도 하지만 참된 복음을 전하려는 것이 아니다. 죄의 심각성이나 그리스도의 공로에 대한 설명은 없이 죄책감 자체를 없애는 일에만 열중한다. 죄책감이 적극적인 삶을 사는 데 걸림돌이 되니 얼른 박멸하자는 것이다. 자신이 상담한 한 사람에게는 상담을 통해 먼저 해방감을 느끼게 해 주고 그 다음에 하나님께 용서를 구하라 권했다고 한다. 하나님 없이도 이미 마음의 평화를 얻었다는데 용서는 왜 또 필요한지 알 수 없는 일이다.

"성경은 최고의 지혜서다. 삶과 건강에 대한 실천적인 조언이 가득하다. 분노, 원한, 죄책감이 우리를 병들게 한다는 현대 의사들의 지적은 거룩한 성경이 개인의 건강을 위한 최첨단의 서적임을 다시 한 번 입증한다. 너무나 많은 사람들이 이 성경을 그저 종교적인 책이요 실질적인 도움은 전혀 못 되는 책으로 무시해 버린다." *PPT*, 163(한286-287). 필의 성경관, 기독교관을 압축한 문장이다. 필은 자기 책이 '죄책감 바이러스를 무력화시키는 항생제'라 주장하였다. 죄책감이 문제의 전부라면 필의 책이 정말로 항생제일 수도 있을 것이다. 하지만 죄책감보다 더 심각한 문제는 그것을 불러일으키는 죄다. 필의 책은 문제를 해결하는 항생제라기보다 병은 그대로 두고 증세만 없애는 진통제에 가깝다.

강력한 진통제를 쓰면 일순간 홀가분해질 것이다. 살맛도 날 것이다. 하지만 죄는 그대로 있고 죄에 따르는 벌도 그대로 있다. 진통제를 거듭 사용하면 나중에는 자신이 아프다는 사실도 모를 것이다. 그렇게 아무것도 느끼지 못하는 무감각한 상태 가운데 어느 날 갑자기 죽음이 닥칠 것이다. 다시는 헤어날 수 없는 영원한 파멸의 죽음을 맞는 것이다. 필은 첨단 과학서적인 성경을 사람들이 종교적으로만 푼다 불평했지만 자신은 종교 경전인 성경을 첨단 과학서적으로 푸는 잘못을 저질렀다. 필에게는 심리학이나 의학 등의 첨단과학이 성경을 푸는 열쇠였다.

기독교 복음은 사람의 삶을 영원이라는 틀에서 이해한다. 잠시 살다가 사라지는 것이 아니라 그 길지 않은 기간 동안 영원과 이어질 수 있는 것이 인생이다. 따라서 인생 자체의 성패를 평가할 때도 영원의 관점을 유지한다. 오래전 아삽은 짧은 생애를 남부럽지 않게 큰소리치며 살다가 영원한 파멸로 가는 생애와, 떵떵거리지는 못해도 죄 짓지 않기 위해 몸부림을 치다가 하늘에서 영광스러운 영접을 받는 생애를 비교해 놓았다시73:1-28. 그리스도께서 하신 비유에서도 평생을 호의호식하던 부자는 죽어 지옥에 간 반면 거지요 아픈 몸으로 평생을 살던 나사로가 아브라함의 품에 안겼다. 어떤 것이 진정으로 성공한 인생인지를 그리스도께서는 분명하게 가르쳐 주셨다눅16:19-31.

필이 목사가 아니었더라면 그를 향한 비판의 날이 조금은 덜 날카로웠을 것이다. 자신의 주장이 성경이요 기독교 복음이라 주장하지 않았더라면 굳이 필을 성경에 비추어 분석하여 비판할 이유도 없었을 것이다. 적극적 사고방식은 처음부터 기독교 복음과 반대의 길을 걸었는데도 필은 명백히 자신의 이 성공학을 기독교 복음이라는 이름으로 사람들에게 던져 주었다. 필은 잡지 *The Science of Mind*마음의 과학와 가졌던 그 인터뷰에서, 기독교가 지금까지 파괴산업에만 종사해 왔다 지적하면서 이제는 건설적인 방향으로 나갈 때라고 역설하였다. 사람을 죄인으로 규정하고 회개를 촉구한 것이 파괴산업이었다면 이제는 사람이 선하다고 보고 적극적인 사고방식을 통해 승리하는 인생을 살게 하자는 말이었다. 하나님께 가는 길이 다양하다 한 주장보다 더 심각한 문제다. 필은 스베덴보리에게서 시작되어 에머슨을 거쳐 온 낙관론을 그대로 수용함으로써 우리 고통의 참된 원인이 따로 있다 가르치는 성경을 내던져 버렸다.

그리스도께서 사용하신 표현을 빌자면, 필은 사람들에게 떡을 배부르게 먹여 준 반면 표적은 보지 못하게 막았다. 하늘의 메시지를 전해 생명을 구원해야 할 순간에 하늘 아닌 땅의 이야기를 대신 전함으로써 생명이신 그리스도께 가는 길을 막아 버렸다. 그릇을 잘 닦아 자랑하고는 거기 담긴 보배는 끝내 보여 주지 않았다. 그런데 필의 성공학이 대성공을 거두는 바람에 필의 잘못도 그만큼 커졌다. 필은 참으로 맛있는 떡을 너무나 많은 사람들에게 배불리 먹여 주었다. 필을 읽으면 스베덴보리를 향한 웨슬리의 경고도 생각나지만, 무엇보다 그리스도께서 경고하신 말씀이 떠오른다.

> 화 있을진저 너희 율법교사여 너희가 지식의 열쇠를 가져가서 너희도 들어가지 않고 또 들어가고자 하는 자도 막았느니라눅11:52

오늘도 필처럼 구원의 길을 막는 이들이 많다. 전도의 기교는 좋아서 교회에 많이들 데려오고 조직 운영도 잘해 교회생활도 열심히 하게 만든다. 그러나 많은 목사들이 가르치는 하나님은 주로 아픔을 위로하고 실패를 성공으로 바꾸어 '축복의 인생'을 살게 만드는 하나님이다. 아프던 몸이 건강해지고 날마다 싸우던 가정이 사랑으로 덮이는 것은 누구나 바라는 바지만, 떡만 먹지 말고 표적을 보라 하시던 주님의 경고는 이미 뒷전으로 밀려났다. 독생자를 십자가로 보내신 하나님도, 자기 십자가를 지고 뒤를 따르라 하신 주 예수님의 모습도 찾아보기 어렵다. 그래서 교회마다 수 년 수십 년 교회를 다니고도 안 믿는 사람이 많다. 그런 큰 흐름의 선구자가 바로 노먼 빈센트 필이다.

신자들에게 지은 죄

필은 성공학을 통해 불신자들에게도 큰 잘못을 저질렀지만 주 예수를 구주로 믿는 하나님의 백성들에게도 큰 해악을 끼쳤다. 복음의 내용을 왜곡한 것이 첫째다. 사람을 선하게 보면 구원도 필요하지 않고 독생자를 보내신 하나님의 사랑도 거짓말이 된다. 그 사랑을 전하는 성경책 역시 지어낸 이야기가 되어 버린다. 필의 책에는 이교사상으로 뒤틀어 인용한 성경구절이 부지기수다. 그렇게 왜곡된 말씀은 암시효과를 통해 독자들의 마음 깊은 곳에 자리를 잡아 독자들이 성경을 직접 읽을 때도 그 뜻을 곡해하게 만들 것이다.

필의 책을 읽고 나면 우리를 사랑하셔서 구원하시고 끝까지 도우시는 하나님 대신 남보다 더 갖고 더 누리게 만드는 힘의 공급자를 생각하게 될 것이다. 그런 신은 창조와 구원의 하나님이 아니라 풍요와 성취를 주는 바알이요 맘몬이다. 그런 신을 따르면 이웃을 사랑할 수 없고 오히려 미워하게 된다. 대자연을 볼 때도 하나님의 피조물로 알고 창조주 하나님의 영광을 보기보다 그것이 마치 하나님의 몸이라도 되는 양 엉거주춤한 태도를 갖게 될 것이다. 성경을 왜곡하면 온 우주가 함께 왜곡되는 법이다. 필의 책을 한 번이라도 정독한 사람이라면 왜곡된 성구 및 내용으로 마음이 이미 많이 오염되었을 것이다. 따라서 그곳에 인용된 성구의 참뜻을 다시금 올바로 깨닫고 우주를 보는 올바른 눈까지 회복하려면 필의 책을 읽은 시간보다 훨씬 길고 많은 시간과 노력이 필요할 것이다.

필은 또 하나님께서 우리 삶에 주신 고난의 의미를 왜곡한다. 이것이 큰 문제인 것은 고난의 의미가 달라지면서 인생 자체의 의미도 달라지기 때문이다. 그가 가르친 모든 것은 성경의 세계관이 아닌 범신론 우주관에 바탕을 두고 있다. 우주가 모든 것이 연결된 단일한 세계라면 내세도 현세와 같을 것이다. 따라서 내세를 바라보며 현세를 고난 받으며 살 이유가 없다. 필의 세계는 문제나 모순은 없는 참 쉬운 세상이다. 모든 것이 선한 좋은 곳이다. 필은 죄를 모른다. 그 죄 때문에 독생자를 보내신 하나님을 안 믿는다. 하나님의 나라에 들어가기 위해서는 많은 고난을 받아야 한다는 성경의 가르침에도 조금의 관심도 보이지 않는다. 가시와 엉겅퀴를 주신 하나님의 뜻을 모르기 때문이다. 몸이 아프든 마음이 괴롭든 어떤 형태의 고난이든 그저 안 좋은 것이요 속히 제거해야 할 악이라고 한다. 그리스도인이 하나님의 사랑에 겨워 이웃을 위해 기꺼이 감수해야 할 고난 같은 것은 필의 머리에 들어 있지 않다.

필이 그리스도인들에게 지은 가장 큰 죄는 하나님께서 우리 질그릇에 담아 주신 값진 보화를 내던지고 그 자리에 썩어 없어질 세상의 것들을 채우라 유혹한다는 것이다. 간단히 말해 우리 믿음의 내용을 바꿔치기하는 죄악이다. 필의 믿음은 하나님에 대한 것으로 시작하기는 하지만 이내 하나님을 잊고 우주의 법칙에 말려들어간 다음 자신을 믿는 믿음으로 결론이 난다. 믿음의 대상과 함께 믿음의 내용도 달라진다. 우리 믿음의 내용은 오직 성경이 가르치는 것들로, 곧 창조주 하나님에 관한 것, 하나님의 사랑과 구원에 관한 것, 그리스도에 관한 하나님의 약속, 믿음으로 사는 이들이 받을 영원한 구원의 복에 대한 약속 등이다. 무엇보다 현세를 살되 영원한 세월을 바탕으로 살아가는 삶을 가르친다. 영원한 즐거움을 위해 여기서는 고난을 견디며 살라 말한다. 그런데 필은 그것을 다 꺼내 버리고 그 자리에 몸의 건강과 마음의 평화와, 바울이 똥으로 여겼던 돈, 명예, 권력, 쾌락 등을 채우라 부추긴다. 적지 않은 사람이 필의 이 달콤한 유혹에 넘어갔고 오늘도 넘어가고 있다.

인생은 하나뿐이다. 우리도 다 성공적인 인생을 살고 싶다. 어떤 인생이 성공한 인생인가? 성경은 나중을 약속하는데 번영복음은 여기가 좋다 한다. 필은 여기와 나중이 하나로 이어져 있다 했지만 성경은 오히려 정반대라고 거듭 강조한다. 우리는 시간과 영원 사이에서 선택해야 한다. 내 욕심 아닌 하나님의 뜻을 추구해야 한다. 그것이 성공하는 인생이다. 하나님을 기계처럼 조종하여 내 욕심을 채우는 인생이 아니라 죄로 찌든 내 본성을 하나님의 은혜로 바로잡아 하나님의 뜻에 나를 맞추어 나가는 인생이다. 패니 크로스비Fanny Crosby, 1820~1915년가 찬송가 가사로 잘 표현하였다. "나의 품은 뜻 주의 뜻 같이 되게 하여 주소서!"<주의 음성을 내가 들으니>(새찬송가 540장) 2절 2행

　믿음은 하나님의 뜻을 알아 순종하는 것이지 내 욕심을 앞세워 온 우주를 좌지우지하려는 것이 아니다. 우리가 부를 찬송, 우리가 드릴 기도도 이것 하나다. 보잘것없는 그릇이지만 거기 하나님께서 선물로 주신 영원한 보화를 가득 채우겠다는 각오다. 그것이 진짜 성공이고 참된 번영이다. 죽는 날까지 그렇게 일관되게 사는 삶이 참으로 성공한 인생이다.

제4장
슐러의 한판 뒤집기

1. 로버트 슐러의 범신론

스승과 제자

로버트 슐러Robert Schuller, 1926~2015년는 노먼 빈센트 필에게서 번영복음을 전수받아 확산시킨 사람이다. 미국 아이오와의 농장에서 네덜란드계 부모 아래 태어난 슐러는 목사였던 외삼촌의 영향으로 목사가 되었고 필과 같은 미국 개혁교회RCA 목사로 평생을 일했다. 슐러는 사역 초기부터 은퇴하는 날까지 번영복음 하나를 몸소 실천하며 전파했다. 캘리포니아의 가든그로브에서 교회를 개척하여 대형교회로 키웠고 1980년에는 건물 벽 전체가 유리로 된 수정교회당Crystal Cathedral, 수정대성당을 건축해 유명세를 탔다.

방송사업도 활발하게 했는데 특히 1970년에 시작한 'Hour of Power능력의 시간'이라는 프로그램이 대히트를 기록하였다. 책도 수십 권을 써 그 가운데 몇 권은 베스트셀러 반열에 올렸다. 다섯 자녀를 두었는데 1남 4녀 모두 배우자와 함께 아버지의 사업에 동참했다. 은퇴한 뒤 교회를 아들에게 물려주었다가 두 해 뒤 빼앗았고 얼마 뒤에는 또 맏딸에게 세습을 시켰다. 2010년에는 평생 일구어 온 교회가 재성난으로 파산보호 신청을 했고 두 해 뒤에는 내부 갈등으로 슐러 가족 전원이 수정교회와 결별했다. 수정교회 건물은 2012년 천주교에 매각되어 이름에 걸맞은 대성당The Christ Cathedral이 되었다. 슐러가 키워 놓은 교회는 다른 건물로 옮겼는데 지금은 슐러의 손자가 담임을 맡고 있다. 슐러는 교회당 매각 세 해 뒤인 2015년에 88세의 나이로 세상을 떴다.

슐러는 필과 달리 한국교회와 직접적인 인연도 제법 있다. 조용기 목사와 오랜 친분을 유지하여서 한국에 와 설교도 하고 조 목사의 책 『4차원의 영적 세계』에 '추천의 글'도 썼다. 저서도 여러 권이 우리말로 번역되었다. 한국에 관심이 많았는지 책에서 한국을 심심찮게 언급하는데, 책을 들여다보면 연탄 재를 안 버리고 얼음판에 깔았던 지난날의 정겨운 역사도 만나볼 수 있다.

누가 뭐래도 로버트 슐러는 노먼 빈센트 필의 제자다. 필은 슐러의 초기 저서인 *Move Ahead with Possibility Thinking*가능성 사고를 계속해 나가라[1] 및 *Self-Love*자기 사랑[2]에 서문을 썼다. 슐러도 책에서 필을 자주 언급한다. 슐러의 초기 저작을 보면 필이 썼다 해도 이상하지 않을 정도로 필과 비슷한 내용이 많다. 슐러의 기본 사상, 특히 '적극적 사고방식'은 필에게서 온 것이다. 필이 적극적 사고positive thinking라 한 것을 슐러는 가능성 사고possibility thinking라는 말로 바꾼 정도다. 필이 부정적인 태도를 넘어 긍정적이고 적극적인 자세를 강조한 반면, 슐러는 '할 수 있다'는 가능성을 강조하였다.

단편적인 것들도 정말 많이 닮았다. 예화에 등장하는 사람이 대부분이 유명 인사다. 정치가, 사업가, 운동선수, 연예인 등이다. 그런 사람들과 개인적인 친분이 있음도 은근히 과시한다. 책의 구조도 닮았다. 일화를 소개하는 방식이나 저명인사의 글을 인용하는 것도 비슷하고 또 개인적인 편지도 많이 인용한다.

---

1. 한국어판으로는 『불가능은 없다』라는 제목으로 번역되었다.
2. Robert Schuller, *Self-Love* (New York: Hawthorn Books, 1969). 이하 *SE*로 표기한다.

책에 나오는 내용을 직접 경험해 효과를 보았다는 표현도 심심찮게 나온다. 두 사람 다 명예박사 학위를 많이 받아 스스로를 소개할 때는 항상 필 박사, 슐러 박사로 한 것도 같다. 또 둘 다 제 책에서 저한테 듣거나 책을 읽어 감동받았다는 사람들을 많이, 정말 많이 소개하고 있다.

적극적 사고방식이라는 큰 틀과 이런저런 단편적인 유사점을 제외하면 차이도 있다. 몸통도 똑같지는 않지만 꾸밈새에서 확연히 차이가 난다. 무엇보다 슐러는 정통 기독교의 모양을 갖추었다. 필은 하나님도 이야기하고 성경도 자주 들먹거리지만 막상 글을 읽어 보면 이게 어떻게 기독교인가 싶은 의구심이 금방 든다. 그리스도도 거의 언급하지 않는다. 다원주의가 뚜렷하고 곳곳에서 범신론 세계관을 노골적으로 드러내고 있다. 그런데 슐러의 글에는 성경에 바탕을 둔 기독교 세계관이 너무나 뚜렷하다. 창조와 구원이라는 기독교의 핵심 원리를 바탕으로 이야기를 전개한다. 하나님께서 우주의 창조주이실 뿐 아니라 우리와 부자관계를 맺으시는 분이라고 한다. 죄와 타락을 많이 다루지는 않지만 무엇보다 그리스도를 정말 자주 언급한 점이 필과 크게 다르다. 이름만 언급하는 것이 아니라 십자가를 지신 그리스도의 사역을 구체적으로 언급하고 그리스도께서 내 안에 살아 계신다는 점도 거듭 강조한다. 유대교를 기독교와 동일하게 본다는 점 말고는 필 같은 다원주의도 보이지 않는다. 슐러는 오직 그리스도를 통해서만 하나님께 갈 수 있다는 사실도 분명히 밝힌다. 이런 내용이 기독교가 아니라면 도대체 뭐가 기독교일 수 있겠느냐 물을 만하다.

하지만 결국은 마찬가지다. 큰 틀과 단편적인 것들이 많이 닮은 점도 그렇지만 무엇보다 가장 중심에 있는 알맹이가 똑같다. 슐러도 필의 범신론을 그대로 간직하고 있다. 슐러가 겉모습을 더 잘 꾸몄을 따름이다. 필이 그냥 드러낸 몸통을 슐러는 교묘하게 감추었다. 필은 양가죽 망토만 대충 걸치고 있어 안이 훤히 들여다보인다. 그런데 슐러는 흰머리를 잘 빗어 넘기고 몸에는 잘 맞는 하얀 정장을 입고 백구두에다 양말까지 흰 것을 신어 성체를 철저하게 감추고 있다. 단추를 하나하나 풀고 옷을 벗기지 않는 한 안에 무엇이 들었는지 알 수 없는 것이 슐러의 사상이다. 진짜 기독교인 양 위장을 잘했기에 필보다 훨씬 위험하다.

에너지 하나님

슐러의 하나님도 필의 신과 크게 다르지 않다. 무엇보다 하나님을 힘의 원천이라고 하는 점이 그렇다. "내적인 영적 힘과 능력", "그대 안의 하나님 능력", "영원한 창조력" 등의 용어가 거듭 등장한다. 슐러의 초기 저서에는 필을 흉내 낸 듯한 구절이 나온다. "하나님은 영적 에너지의 우주적인 원천이다. 우리가 하나님께 가까이 있고 그분과 조화되어 있으면 그 에너지의 원천과 이어지게 된다."[3] 하나님께서 우주의 에너지시요 내 마음은 우주의 힘과 상통한다는 이야기다. 혹 무슨 말인지 못 알아들을까 봐 '조화되다in tune with'라는 낯익은 표현을 썼다. 게다가 "세상은 에너지를 가진 이(들)의 것이다" 한 범신론자 에머슨의 말을 조금 앞에 인용해 두었다. 신사고 체계를 수용한 스승 필과 같은 입장이라는 말이다. 슐러의 초기 입장은 스무 해가 지난 뒤에도 조금도 달라지지 않았다.

"우리가 하나님이라 부르는 그 힘은 사람의 인격들 및 인격적인 영적 능력들 안으로 흘러들어 와 그것들을 통하여 흐르도록 설계되어 있다. 이 역동적인 신의 에너지가 사람의 인격 안에서 점화될 때 영원한 하나님의 창조적 에너지가 우리 안에서 살아나고 우리는 놀라운 성취를 경험하며 과시하기 시작

---

3. Robert Schuller, *Discover Your Possibilities* (Irvine, CA: Harvest House, 1978), 86. 이후로는 이 책을 *DYP*로 표기한다.

한다."[4] 슐러도 이 힘이 들어와 있는 내 마음을 "하나님의 나라"라고 부른다. 곧 사람마다 가지고 있다는 잠재력을 가리키는 말이다. 우주의 힘을 내 안으로 끌어들이는 방법은 '기도'라고 한다. 기도는 창조적 능력이 우리 안에 심어둔 것으로서 자연적 본능이요 직관이라고 주장한다. 필처럼 슐러의 기도 역시 '떨림'이요, 우주의 에너지를 끌어오는 방법이다. 그 하나님과 통해야 한다고 강조한다. 슐러도 기도의 방법에 집중할 뿐, 기도의 대상이나 내용에는 관심이 없다. 기도든 뭐든 일단 힘만 끌어오면 내용은 내가 정하게 되어 있다. 기도로 이루는 것도 내 꿈이다.

슐러는 필과 달리 그리스도를 자주 언급한다. 그런데 그리스도 역시 하나님처럼 아이디어로 오시는 '에너지'다. 슐러는 그리스도를 구원자, 하나님, 친구로 모시라고 한 다음 "우와! 그대 삶을 위해 놀라운 힘과 에너지를 발견할 것이다!" 했다DYP, 102. 슐러 자신도 그리스도와 사귀며 "엄청난 에너지의 원천을 끌어들이는 비밀"을 발견했다면서 그것이 성경에도 나온다 했다. 필이 말한 바로 그 "마법의 문장"이다. "내게 능력 주시는 그리스도 안에서 난 모든 것을 할 수 있다."DYP, 101-102, 빌4:13의 변형.

하나님을 힘으로 부른다고 다 범신론은 아니다. "나의 힘이 되신 여호와여! 하나님께서 우리 구원의 능력이시다." 그리스도의 제자로 거룩하게 살 능력도 하나님께서 주신다. 하지만 슐러는 능력을 이야기하기 직전 우리에게는 "아직 끌어 쓰지 않은 어마어마한 에너지가 있다"라는 윌리엄 제임스의 말을 인용한다. 자기가 말하는 에너지가 그리스도인들이 의지하는 하나님의 능력, 그리스도의 도우심이 아니라 신사고가 가르친 그 에너지임을 밝힌 것이다.

필은 제 사상을 과학이라 불렀다. 슐러는 대신 기독교와 과학이 서로 조화

---

4. Robert Schuller, *If It's Going to Be, It's Up to Me* (San Francisco: HarperOne, 1997), 9.

를 이루어야 한다고 주장한다. 슐러가 말하는 과학도 심리학이다. 그런데 말만
조화이지 사실 일방적으로 심리학이다. 슐러는 과학자는 믿지만 신학자는 거
부한다. 심리학자들의 연구 결과를 성경 이상의 권위로 거듭 인용한다. 슐러가
말하는 하나님도 필과 마찬가지로 과학의 하나님이시다. 자신의 법칙에 갇혀
계신 하나님이시다. 슐러는 하나님께서 법칙을 만드신 다음 우리를 위해 스스
로 당신의 힘을 제한하셨다 한다. 스스로 그렇게 하셨다니 이 무슨 아름다운
사랑인가 싶지만, 사실 법칙 안에 계시는 하나님은 범신론자 아인슈타인이 믿
었던 그 신 이상의 존재가 되지 못한다.

　법칙 안에 계신다면 기적 같은 것을 일으키시는 일은 불가능하다. 그런데
슐러의 책에서 기적이라는 용어가 자주 등장한다. 자세히 보니 성경에 나오는
기적과는 뜻이 전혀 다르다. "기적이란 하나님께서 우리를 사랑하시고 우리를
보살피시고 우리를 위해 아름다운 것을 행하시기 때문에 우리 삶에서 일어나
는 아름다운 일을 가리킨다."*DYP*, 230.

　슐러의 기적은 놀라운 것이 아니라 정겨운 것이다. 이런 기적이 하루 일억
개씩 일어나고 있다고 말한다. 우연한 만남, 문득 떠오른 생각, 뜬금없는 한마
디 등 내 삶에서 큰 뜻을 갖는 조그만 실마리가 다 기적으로 이어진다고 한다.
필이나 신사고에서 말한 직감 내지 직관과 같은 것이다. 슐러 자신도 어린 시
절 삼촌이 던진 한마디가 결정적으로 작용해 결국 목사가 되었다고 했다. 슐
러 목사의 존재 자체가 하나님의 기적이요 신사고의 구현이라는 말이다.

　필이 하나님과 '동행'할 것을 역설하였듯이 슐러는 하나님과 '동역'해야 한
다고 주장한다. 그런데 이유를 조금 구체적으로 분석한다. 하나님께서 사람에
게 자유를 주시고 그 자유에 맞추어 당신을 제한하셨기 때문에 하나님의 일을
이루기 위해서는 사람의 동역이 필수라는 것이다. 그런데 말이 동역이지 사실
은 나 혼자 한다. 하나님께서 스스로를 제한하신 이후 그 영역은 백 퍼센트 내

책임이기 때문이다. 슐러는 "하나님과 그대 자신을 동시에 믿으라" 하고 권하지만, 그의 사상에서는 필의 경우와 마찬가지로 사실 자기 자신만 믿으면 되지 굳이 하나님까지 믿어 부담을 드릴 것은 없다.

"하나님의 도우심", "하나님의 은혜", "하나님과 동역" 등등 수없이 많은 표현이 언제나 말잔치로 끝난다. 그는 종종 "곤경은 언제나 우리를 하나님께 인도한다"라고 말한다. 그러나 우리를 어떻게 하나님께 인도하는지, 그러면 하나님께서는 어떤 방법으로 우리를 도우시는지는 전혀 설명하지 않는다. 슐러가 하나님을 언급하는 것도 결국은 기독교처럼 보이려고 사용하는 장식품에 지나지 않는다.

계시가 곧 자연

하나님에 대한 슐러의 관점은 그대로 사람에 대한 관점으로 이어진다. 슐러도 모든 중심을 '마음의 힘'에 둔다. 몸과 마음을 긴밀한 관계라고 하는 필의 입장도 수용한다. 누구를 몹시 미워했더니 관절염이 왔다는 식으로 필과 비슷한 보기도 든다. 생각이 바뀌면 모든 것이 바뀐다고 말한다. 특히 열등감, 죄책감, 실패의 두려움, 의심 등이 숨어 있는 '잠재의식'이 중요하다고 하는 것도 비슷하다. 슐러는 잠재의식이 모든 것을 주도하는 통제센터라고 하며, 이를 "제단"이라 부른다. 슐러도 이 잠재의식을 바꾸기 위해 다양한 방법의 확언과 상상력을 동원한 그리기를 적극 사용한다. 모든 것이 법칙 아래 있으니 역시나 기교가 중요하다. 슐러도 말이 가진 주술적 힘을 믿는다. 필이 간간이 언급한 자화상 이론을 확장해 강조한다. 내가 품은 자화상이나 확언들은 암시를 넘어 최면의 효과까지 있다고 한다. 세뇌라 부르기도 한다.

또한 '상상력'을 통해 하나님의 창조적 힘이 나타나므로 그림을 굳게 붙들고 이미 받았다고 믿으면 그대로 이루어진다는 익숙한 주장도 한다. 주로 인용하는 성경구절 역시 가능성 및 능력과 관련된 것들이다. 필이 범신론 세계관을 바탕으로 내놓은 온갖 주장을 슐러가 거의 그대로 이어받은 것이다. 물론 이러한 것들을 필만큼 자주 내세우지는 않지만 횟수가 적다고 그 아래 깔린 사상마저 희미한 것은 아니다. 단 한 번의 언급에서도 뚜렷하게 세계관이 드러날 수 있다.

범신론의 핵심은 자연 상태를 긍정적인 눈으로 본다는 것이다. 따라서 보통은 신자와 불신자 사이의 구분도 희미하다. 그런데 슐러는 그리스도인과 불신자를 확연히 구분하여 말하기도 한다. 필과 다른 점이다. 그런데 그러다가도 뜬금없이 하나님께서 모든 사람 안에 계신다는 주장을 드러낸다. 믿음과 무관하게 사람은 모두 하나님의 자녀라 한다. 어느 것이 본심인가?

슐러는 구속을 거듭 말하지만 정작 구속이 필요하게 만든 죄와 타락에 대해서는 짐짓 외면한다. 오히려 정통신학을 왜곡하고 모순된 설명을 제시하여 결국 구속의 중요성과 필요성을 피해 간다. 죄 때문에 하나님의 도움이 필요하다고 말은 하지만 그 도움은 그저 부정적인 태도를 극복하는 데 국한된다. 슐러에게 기본적으로 구원의 가능성은 자연에 있는 것이다. 슐러는 문제에 답이 다 있다고 했던 홈즈 및 필의 범신론적 주장을 십분 수용하면서 문제마다 가능성이 '풍성하게' 담겨 있다고 덧붙인다. 결국 슐러의 입장은 간단하다. 해결 못할 문제는 없다는 것이다. 문제는 곧 위장된 기회요 문제가 심각할수록 기적도 엄청나다고 한다. 하나님의 능력을 두고 하는 말이 아니다. 자연 상태 그대로를 긍정하는 반성경적 자연주의다.

하나님께서는 자연 상태의 한계 때문에 계시를 주셨다. 자연 상태로는 구원에 이를 수 없기에 우리에게 성경을 주신 것이다. 그런데 자연을 긍정적으로 보면 에머슨의 주장처럼 자연의 계시만으로 충분하다. 자연을 좋게 보는 슐러에게도 계시와 자연의 차이가 크지 않다. 그가 종종 성경의 가르침이라고 언급하는 이야기가 정작 누구나 아는 속담 내지 격언인 경우가 많다. 성경 구절도 많이 인용하지만 그 풀이는 세상의 속담과 내용이 같다. 자연과 계시가 그렇게 서로 통한다. "얻지 못함은 구하지 아니하기 때문"이라는 구절약4:2은 '하늘은 스스로 돕는 자를 돕는다'는 속담과 통한다고 한다. "쟁기를 잡고 뒤를 돌아보는 자는 하나님의 나라에 합당하지 아니하니라"하신 경고눅9:62는 패배를 받아들이지 말라는 뜻으로 푼다. "산을 옮길 만한 믿음"고전13:2에 인내를 조금 섞어서 '천리 길도 한 걸음부터'라는 교훈으로 만든다. 다른 속담도 거듭 등장한다. 생각이 크면 성공 가능성은 훨씬 크다고 한다. 문 하나가 닫힐 때마다 다른 문이 열린다고도 한다. 뜻이 있는 곳에 길이 있다는 말도 한다. 슐러의 성경은 자연과 똑같은 그릇이다. 보배 없는 질그릇이다.

자연 그대로를 긍정하는 태도는 사람을 긍정적으로 보는 관점으로 이어진다. 슐러가 평생 강조한 '자기 사랑Self-love' 내지 '자존감Self-esteem'이다. 필은 사람의 본성이 착하다 했지만 슐러는 조금 다르게 표현한다. "자신을 잘 살펴보면 그렇게 나쁜 사람은 아닌 줄을 깨달을 것"이라고 한다.[5] 그렇게 자신을 있는 그대로 인정하라고 했다. 사실 필이나 슐러나 그것이 그 소리다.

그래서 무엇을 하자는 말일까? 슐러가 신사고 및 필의 낙관론에 적극 동의하는 이유는 간단하다. 그래야 사람의 탐욕을 마음껏 추구할 수 있기 때문이다. 성경의 하나님께서 안 된다 하신 것을 신사고의 신은 마음껏 허용해 준다. '네 꿈을 펼쳐라!' 슐러는 필과 세계관뿐 아니라 목표도 공유한다. 궁극적으로 이룰 것은 자신의 꿈이라고 한다. 꿈이 없으면 성취도 없다고 했다. 그가 말하는 꿈의 내용은 어떤 거대한 것이다. '거룩한 상상력을 동원해 꿈을 그리라!' 곧 세상의 값진 것이나 탁월함을 추구하라는 말이다. 자화상을 그릴 때 높이

---

5. *SL*, 98, 129, 그리고 같은 저자의 *Self-Esteem* (Waco, TX: Word Books, 1982), 20. *Self-Esteem*은 이하에서 *SE*로 표기한다.

되는 것, 최고, 가장 큰 것 등으로 그리라 한다. 그렇게 꿈을 이루는 것을 성공이라 부른다.

하나님께서 주신다는 말도 하지만 꿈은 어디까지나 '내 것'이다. 수정교회도 사실 슐러 '자신의' 꿈이었다고 주장한다. 그래 놓고는 사람들이 '교회가 주님 것이지 당신 것이냐' 따질 것이 두려웠는지 '제 교회'를 그리스도께 다 '바쳤다'며 선수를 친다MA, 92. 훔쳤지만 되돌려 주었다니 잘했다 해야 하나? 슐러가 평생 자기 사랑 및 자존감을 강조한 것은 무한 탐욕으로 날아오르기 위한 디딤대를 놓으려 했던 것이다. 슐러의 번영복음은 앞선 번영신학자들의 것과 똑같은 범신론적 자연주의라는 날개옷에 기독교를 훌륭하게 오려붙여 새롭게 디자인한 것일 뿐이다.

슐러의 기독교 비판

슐러는 필과 거의 같은 내용을 가르치면서도 필과 달리 성경과 신학을 많이 인용하며 또 깊이 해설한다. 그렇게 함으로써 필에게 배운 번영복음을 기독교 신학을 이용해 정당화하고 더 나아가 기독교 신학 자체를 아예 바꾸려고 했다. 필은 신사고와 기독교를 적당히 버무려 사용했다. 그래서 둘 사이가 좀 엉성하고 때로는 어색했지만 기독교를 직접 공격하지는 않았다. 그런데 슐러의 시도는 체계적이다. 신사고 범신론으로 성경과 신학을 다시 풀어낸다. 말하자면 자기가 자연주의의 대표가 되어 나서서 기독교 신학의 샅바를 단단히 붙잡은 뒤 단숨에 뒤집기를 시도한 것이다. 하지만 자연주의가 아무리 설득력이 강해도 성경이나 정통신학을 송두리째 뒤집을 수는 없다. 그러자 슐러는 정통신학을 왜곡한다. 신사고의 자연주의 관점으로 성경과 신학을 왜곡한 다음 그 왜곡된 틀을 바탕으로 제 주장을 편다. 슐러는 제 틀에 맞는 어떤 허상을 하나세워 놓고 그것을 전통적인 기독교라 부르며 공격을 퍼붓는다. 그리고는 신사고 범신론으로 풀어낸 그것이 기독교의 참모습이라 주장한다.

슐러가 보기에 정통신학의 최대 오류는 사람을 부정적으로 본 것이다. 기독교 복음이 죄와 회개를 강조한 결과 사람은 모두 '타락한 죄인'이 되고 말았다는 말이다. 슐러는 "완전한 실패작", "가망 없는 죄인", "완전한 낙제생" 등의 표현을 언급하면서, 인간을 부정적으로 보는 이런 개념들을 "과장되고 왜곡되고 파괴적인 거짓말"이라 비판한다*SL, 12, 87.* 이런 극단적인 표현들을 골라 비판하면서 슐러가 말하고자 하는 바는 결국 성경이 죄라 하는 것을 죄라 부른 그것이 기독교의 가장 큰 잘못이라는 것이다. 죄를 죄라고 부른 교회가 죄인이라는 말이다. 기독교가 필이 말한 바로 그 '파괴 산업'에 종사해 왔다는 것이다. 그런 태도 때문에 사람들 사이에 자기혐오의 경향마저 생겼다고도 한다. 슐러는 나중에 '자기 사랑을 훈련함으로써 자신을 최면에서 깨우라'는 말을 한다. 곧 나 자신에 대한 부정적인 평가가 최면의 결과라는 뜻이다. 교회가 그런 최면을 걸었다는 말 같기도 하고, 성경을 읽어 그렇게 속았다는 뜻 같기도 하다.

사람을 부정적으로 보는 태도가 잘못인 이유를 무엇이라고 하는가? 사람의 '자존감'을 손상시켰기 때문이라고 한다. 슐러의 사상은 자존감 하나에 다 달렸다. 그는 모든 사람이 하나님의 영광스러운 형상이요 존귀한 자녀들이라고 한다.그래서 그 어떤 경우에도 인간을 부정적으로 말해서는 안 된다고 강조한다. 사람에게 문제가 없는 것은 아니지만 악하고 부패한 것은 아니라고 본다. 전도할 때도 하나님의 자녀라는 말만 해야지 죄인이라든지 부끄럽다든지 해서는 절대 안 된다는 것이다. 죄나 더러움을 언급하면 믿은 다음에도 정신이 더러워지거나 신경증 신자가 되고 만다고까지 한다.

슐러는 이에 대한 좋은 모범을 그리스도께서 보이셨다 주장한다. 사람을 죄인이라 공격하는 대신 세상의 소금이요 빛이라 격려하셨다는 것이다. 그의 주장에 따르면 예수께서는 오직 종교권력자들만을 죄인이라 부르셨는데, 이는 그들이 "인간의 자기 사랑 및 자기 가치 의식을 파괴시킨 사람들"이었기 때문이다SL, 88. 권력을 휘둘러 사람들을 비난하고 겁준 그것이 바로 자기 존중감을 파괴한 것이라는 주장이다. 그리스도 한 분 외에는 잘한 사람이 아무도 없다고 하니 교회는 다 잘못했다는 소리다. 구속사의 어디부터가 슐러가 말하는 '교회'일까? 슐러는 당장 바울부터 그리스도께로부터 떼어 놓는다. 기독교 신학자들 가운데도 그리스도와 바울의 입장에 차이가 있다 하는 이들이 있으니 놀랄 일은 아니지만, 슐러가 보는 바울은 사람을 죄인으로 격하시킴으로써 그리스도와 반대의 길을 간 사람이다. 예수께서 잘해 놓으신 것을 바울이 다 망쳐 놓았다는 말이다.

이후의 신학자들에 대해서도 마찬가지다. 사람을 죄인으로 규정함으로써 스스로 무가치하다 느끼게 만들었다고 비판한다. 정통신학은 사람을 부정적으로만 보았고 그래서 인격적이고 사랑하시고 용서하시는 하나님을 보여 주지 못했다는 말이다. 슐러는 자존감을 북돋우는 것이 교회의 사명이라고 한다. 그런데 정통신학은 거꾸로 자존감을 손상시켜 왔다는 것이다. 인간을 부정적으로 보는 표현 가운데 슐러가 가장 싫어한 것이 '전적 부패'의 교리였으니, 정통교회 가운데서도 슐러 자신이 속했던 개혁교회야말로 죄인 중의 괴수였던 셈이다. 슐러는 개혁신학을 개혁해야 한다 주장하면서, 그렇게 새로워진 신학을 하나님께서 사람이 존엄하다는 사실을 전파하는 일에 쓰실 것이라 기대한다. 하지만 안타깝게도 슐러가 한 발 늦었다. 하나님께서는 슐러가 애쓰기 이미 오래전에 인본주의자들을 통해 인간의 존엄성을 슐러가 요구한 것 이상으로 높여 놓으셨기 때문이다.

2. 자존감의 중요성

자존감의 근거

슐러는 기존 신학의 내용을 공격하면서도 성경이 기본적으로 가르치는 창조, 타락, 구원의 구도는 그대로 사용한다. 슐러가 말하는 구원 역사구속사는 하나님께서 존귀하게 창조하신 사람이 그 존귀함을 잃어버렸다가 그리스도의 힘으로 다시금 회복하는 과정이다. 그는 저서 *Self-Esteem*에서 주기도문을 한 구절씩 강해함으로써 이 신학을 체계적으로 전개해 나간다. 흥미롭게도 적지 않은 복음주의 신학자들이 슐러의 저서를 탁월한 책이라 격찬했다.

슐러의 사상에서 가장 핵심적인 것이 'Self-Esteem'이다. 우리말로 '자기존중' 또는 '자존감'이다. 슐러의 번영복음은 곧 자존감의 신학이다. 슐러는 자존감을 일종의 힘으로 파악한다. 신사고에서 말하는 우주의 다른 모든 힘처럼 자존감 역시 힘이신 하나님께로부터 온다고 한다. "우리가 하나님이라 부르는 우주의 영원한 창조력이 그대의 존재 안에서 용솟아 그대에게 자기 신뢰, 자존감, 자기 사랑, 자신감을 줄 수 있다. 그것이 없다면 끝장이요, 있으면 무적이다."*DYP*, 3.

이렇게 슐러 역시 하나님을 힘 특히 창조력으로 파악하는 신사고의 틀에서 시작한다. 자존감은 인간의 존엄성으로서 양도 불가능한 원리요 신성한 권리라고 한다. 슐러에게는 모든 가치의 근원이요 출발점이며 새 신학의 기준으로 삼아야 할 최고 표준이다. 이전에는 거룩한 성경이 기독교의 기준이었다면 이제는 개개인의 자존감이라는 거룩한 권리가 기독교의 기준이 되어야 한다는 주장이다. 슐러는 이 인본주의를 바탕으로 성경을 새롭게 풀어냄으로써 스베덴보리 반열에 선다.

그렇다면 슐러는 하나님께서 어떻게 우리 자존감의 근거가 되신다고 하는

가? 싱경 어디서 그렇게 가르치는가? "자존감은 하나님께서 당신의 형상으로 창조된 자녀들인 우리의 정서적 생득권으로 의도하신 신적 존엄성을 향한 인간의 갈구다."*SE*, 15. 슐러는 자존감을 '어떤 것을 향한 갈구'라고 말한다. 아직 가지지 못한 이 어떤 것은 신적 존엄성, 곧 하나님께서 주시는 존엄성이다. 그 존엄성의 근거로 슐러는 두 가지를 언급한다. 첫째는 우리가 하나님의 형상으로 창조되었기 때문이라고 한다. 옳은 말이다. 성경도 하나님께서 사람을 당신과 닮게 창조하셨다고 가르친다. 따라서 사람은 하나님의 형상으로서 존엄성이 있다. 사람이면 누구나 슐러가 말하는 "사람다운 자부심pride in being a human being"을 갖는다. 일단 여기까지는 성경과 통한다. 그렇지만 슐러는 창조를 슬쩍 언급하기만 할 뿐 창조 자체를 인간 존엄성의 근거로 사용하는 경우는 거의 없다. 그 존엄성을 죄로 상실했다는 말은 물론 하지 않는다.

슐러가 보다 많이 사용하는 두 번째 근거는 우리가 하나님의 자녀라는 점이다. 슐러의 관심은 이 '자녀 자격' 곧 '출신'에 있다. 사람은 다 하나님에게서 태어난 하나님의 자녀이기 때문에 존엄성은 생득적 권리라는 것이다. 그런데 슐러는 "당신의 형상으로 창조된 자녀들"이라는 독특한 문구를 사용한다. '창조'와 '자녀'를 연결함으로써 마치 하나님의 창조의 결과 인간이 하나님의 자녀가 된 것처럼 표현한 것이다. 실제로 슐러는 모든 인류를 하나님의 자녀로 본다. 하나님께서 당신의 형상으로 창조하셨다는 이유 때문이다.

슐러의 입장은 두 가지 점에서 성경을 왜곡한다. 우선 성경은 하나님의 창조를 출산으로 묘사하지 않는다. 사람이 하나님의 자녀가 되는 것은 창조가 아니라 '구원' 때문이다. 구약시대에도 하나님의 구원을 받아 하나님의 백성이 된 이들만 하나님과 부자관계를 이루었다사63:16, 말2:10. 신약성경도 그리스도를 구주로 믿은 사람만 하나님의 자녀가 된다고 분명히 가르친다요1:12, 갈3:26. 하나님께서 우리를 낳으신 것은 창조가 아닌 재창조의 일이다약1:18, 요일

5:1. 생득권 역시 첫 태어남이 아닌 거듭남에서 얻은 것이라고 해야 성경과 일치한다.

하나님께서 창조하셨지만 하나님의 자녀가 아닌 사람이 많다. 그러니 하나님 자녀의 자격을 모든 인류에게 적용하는 것 역시 성경 왜곡이다. 하나님께서 '의도하신' 것이라는 표현은 나중에 믿으면 그렇게 된다는 뜻으로 풀어볼 수도 있지만, '창조된 자녀'라는 표현은 그 자체로 명백하게 비성경적인 것이다. 또 '생득권'이라는 표현 역시 사람으로 태어나기만 하면 하나님의 자녀가 된다는 잘못된 뜻을 담았다. 이는 어느 길로든 신에게 도달할 수 있다는 필의 입장과 크게 다르지 않다.

슐러가 창조와 자녀 자격을 혼합한 이유는 무엇일까? 창조만 언급할 경우 하나님의 형상으로서의 존엄성을 내세우더라도 타락이라는 다음 단계를 무시할 수 없다. 반면 부자관계는 영원한 것이므로 자녀라는 표현을 사용하여 타락으로 존엄성을 상실하는 단계를 건너뛸 수 있다. 사실 슐러는 창조와 타락의 구도를 이용하기는 하지만 형식에 그칠 뿐 그 속내는 처음부터 다른 것이다. 창조가 곧 출산이기에 타락이 따르지 않는다고 말하려는 것이다. 따라서 그리스도의 구원 역사 또한 시작부터 뒷전으로 밀려난다. 이렇게 혼동함으로써 발생하는 부작용이 크다. 어쩌면 부작용이 아니라 사실 이것이 의도한 본모습일 수도 있다. 창조를 출산으로 대치함으로써 성경의 하나님이 범신론의 신으로 바뀌어 버렸다. 하나님께서 창조 때 사람을 낳으셨다면 사람은 피조물이면서 창조주 하나님과 같은 본질을 갖는다. 그런 창조는 창조가 아닌 유출, 곧 범신론적인 나타남에 가깝다. 그러나 창조와 출산은 근본적으로 다르다. 이것이 슐러의 의도인지 아닌지는 곧 밝혀질 것이다.

성경은 하나님의 구원도 창조라 부르는데, 그때의 창조는 출산에 비긴다약1:18, 요일5:2. 하지만 구원은 이미 창조에 속한 이들 중의 일부를 대상으로 하는

'새 창조'로서, 이때는 창조라는 표현 자체가 이미 비유적인 표현이다. 물론 이러한 출산 역시 하나님의 영께서 주시는 새 생명을 가리키므로 여기에는 범신론이 끼어들 여지가 없다. 우리 피조물이 구원을 통해 하나님의 자녀가 되는 영광을 누리지만요1:12 이것은 하나님께서 영원에서 성자 그리스도를 낳으신 것과는 전혀 다른 것이다히1:5, 5:5. 성부께로부터 나신 성자께서는 성부와 본질이 같으시다. 하지만 우리의 자녀 자격은 하나님께서 당신의 아들의 영을 우리에게 주셔서 얻게 된 특권갈4:6, 곧 '입양'이다롬8:15, 23. 구약 시대에는 이스라엘 백성이 하나님과 언약을 맺어 이 입양의 특권을 누렸다롬9:4, 출4:22. 하나님께서는 이런 우리에게 자녀가 되는 특권에 이어 당신의 성품에 참여하고 당신의 영광의 몸처럼 변화되는 놀라운 영광까지 약속하셨다벧후1:4, 빌3:21, 요일 3:2.

인간을 높이는 이유

창조와 새 창조를 섞어 버린 것은 약과다. 슐러는 이상한 비유도 하나 사용한다. 하나님과 첫 인류가 부부사이였다는 비유다. 사람이 하나님의 자녀로서 갖는 자존감을 상실하게 된 이유를 슐러는 인류의 첫 부모와 하나님 사이의 '위대한 이혼The Great Divorce' 때문이라고 설명한다. 부모의 이혼으로 하늘 왕자의 영광을 잃었다는 말이다. '위대한 이혼'이라는 용어는 C. S. 루이스C. S. Lewis의 책 *The Great Divorce*위대한 이혼[6]을 빗댄 것 같은데, 루이스의 책은 천국 및 지옥 방문을 주제로 한 소설로서 내용상 아무 관련이 없다. 슐러가 말하는 이혼은 아담과 하와가 하나님께 죄를 지어 인간 전체가 하나님께로부터 멀어진 것을 가리킨다. 성경에 따르면 인간이 죄를 지어 타락한 사건이다. 그런데 슐러는 그것을 이혼이라는 상황에 비김으로써 그 사건의 심각성을 약화시

---

6. 한국어판은 『천국과 지옥의 이혼』이라는 제목으로 역간되었다.

킨다. 죄라는 말을 쓰고 싶지 않았기 때문이다. 굳이 부부사이에 비긴다면 인간이 간통죄를 지어 일방적으로 쫓겨난 것인데, 그것을 이혼이라 부르니 마치 쌍방과실로 말미암은 협의이혼인 듯한 오해를 불러일으킨다.

슐러는 위대한 이혼이라는 비유를 두 번 사용한다. 첫 범죄의 심각성을 약화시키려는 것뿐 아니라 다른 의도도 있기 때문이다. 앞에서 언급한 것처럼 하나님의 형상과 하나님의 자녀 자격을 뒤섞기 위해서다. 사람은 하나님의 형상으로 영광스럽게 창조되었지만 죄를 지어 그 영광을 잃어버렸다. 그런데 슐러는 첫 사람을 하나님과 결혼관계인 것처럼 설정하여 사람이 하나님의 배우자 지위로 창조된 것처럼 만든 다음, 창조로 주어진 그 영광을 후대의 모든 인간들이 하나님의 자녀로서 누릴 수 있는 것처럼 호도한다. 부모가 이혼을 해서 영광을 잃기는 했지만 자녀로서의 권리는 계속 유지된다는 것이 이 어색한 비유의 핵심이다. 슐러는 사람이 예수를 믿는 것과 무관하게 시종일관 무척이나 존귀하고 영광스러운 존재였음을 강조하고 싶었다. 그런데 창조하셨다고 말하자니 타락했음을 무시할 수 없고, 출산하셨다고 말하자니 성경에 나오는 우주의 역사 초기에는 낳으셨다는 이야기가 나오지 않는다. 하여 이런 기발한 비유를 만들어 둘을 뒤섞은 것이다. 인류의 조상 아담과 하와는 이 비유 덕분에 하나님의 공동 배우자 반열에 올랐다.

슐러에게는 그리스도를 믿는 것이 크게 중요하지 않다. 슐러의 입장은 하나님께서 모든 사람 안에 계신다는 주장에 분명히 나타나 있다. 슐러는 이 말을 꼭 두 번밖에 하지 않는다. 하지만 단 한 번으로도 기독교의 근간을 부정하는 심각한 발언이 된다. 모든 사람 안에 계시는 분이시라면 범신론이나 타종교의 신일 수는 있어도 기독교의 하나님, 성경의 하나님은 아니다. 슐러는 하나님신을 믿는 믿음이 치료에 큰 효과를 준다는 범신론자 심리학자 카를 융Carl Jung의 연구 결과도 인용한다. 융이 말하는 치료 효과는 어느 신이든 상관없다. 믿기만 하면 효력이 나타난다 하였으니, 이를 인용한 슐러의 하나님은 결국 융이 믿은 보편적 신으로 낮아진다. '위대한 이혼'의 비유까지 고려한다면 슐러가 말하는 하나님은 신화에 등장하는 신의 수준까지 내려간다. 그러므로 그는 그리스도를 언급할 필요조차 없었을 것이다.

말했듯이 슐러가 하나님과 사람을 부자관계로 엮는 이유는 인간을 높이기 위해서다. '신인神人결혼'의 비유도 그래서 만들었다. 슐러는 인간을 높이기 위해 재미있는 다른 논리도 사용한다. '자녀의 영광이 곧 부모의 영광'이라는 논리다. 처음에는 아버지의 영광이 자녀의 영광으로 이어졌다고 했다. 위대하신 하나님의 아들딸이므로 사람은 참으로 존귀하다는 것이다. 그런데 이제는 이것을 뒤집어 사람이 높아질수록 하나님께서도 영광을 받으신다고 주장한다. 처음에는 하나님 때문에 사람이 높아졌는데 이제는 사람 때문에 하나님께서 높아지신다. 그래서 창조가 아니라 출산이라야 하는 것이다. 아무리 하나님의 형상임을 고려한다 해도 피조물인 사람을 높이는 것이 하나님의 영광으로 직결되지는 않는다. 하지만 사람을 하나님의 자녀라고 하면 사람을 높일수록 아버지이신 하나님께도 영광이 돌아갈 것이다. 슐러는 주기도문마저 이렇게 고친다. "하늘에 계신 우리 아버지, 우리 이름이 자랑스럽습니다." *SE*, 69. 슐러의 글에는 하나님의 자녀를 높여야 아버지께서도 높임을 받으신다는 주장이 끊임없이 등장한다.

자식이 높아지면 아버지도 높아진다는 것은 인간 세계의 일반적인 상식이다. 그런데 이 구도가 하나님과 사람 사이에도 통할까? 자식의 존귀가 부모의 존귀로 이어지는 이유는 세상에 자식이 많고 부모가 많기 때문이다. 자녀들끼리 경쟁하여 내가 남보다 돈, 지위, 권력, 명예, 인품 등에서 우월하면 부모에게 영광이 된다고 생각한다. 자녀가 높아져야 부모도 높아진다는 논리는 그런 상대적인 차이 때문에 가능하다. 하지만 하나님과 사람은 그런 관계가 아니다.

따로 비교할 대상이 없다. 사람이 개나 소보다 높아진다고 하나님께서 더 높아지시는 것은 아니다.

　사람이 스스로를 높이려 하는 것은 오히려 하나님을 끌어내리는 것과 같다. 내가 하나님처럼 되려 하면 하나님의 영광은 오히려 더 약화된다. 첫 인류의 범죄가 그것 아닌가. 하나님과 사람 사이는 우리가 알고 있는 일반적인 부자 사이와 근본적으로 다르다. 피조물이 제 위치를 알고 자신을 낮출수록 창조주께서 오히려 영광을 받으신다. 그것을 알았기 때문인지 슐러는 하나님처럼 되려 한 그것이 첫 범죄의 본질이었다는 사실은 절대 언급하지 않는다. 슐러가 부자관계를 주장하는 것을 본래 하나님과 인간 사이에 적용한다면, 자식이 부모에게 반말로 대들면서 '야, 내가 높아져야 너도 높아지는 거야, 몰라?' 하는 식이다.

　사람을 높이고자 하는 슐러의 주장에는 또 다른 속임수도 숨어 있다. 슐러가 말하는 자존감이 사람들로 하여금 제 소원과 욕심을 마음껏 추구하게 만들고, 결국에 가서는 사람들끼리 적자생존의 경쟁을 하게 만든다는 점이다. 인류 전체가 다 높아질 것처럼 말하지만 정작 그렇게 높아지기 위해 사람들이 하는 일이란 다른 사람보다 더 나아지려 하는 것, 곧 상대적으로 높아지는 것이다. 따라서 남이 높아지지 않아야만 내가 높아지는 현실, 적용과 구현이 극소수에게로 제한될 수밖에 없다는 번영복음의 근본적인 한계에 다시금 봉착하게 된다. 이러한 한계 가운데 슐러의 논리에 따라 펼쳐질 상황을 살펴보면, 내가 높아질수록 내 아버지께서는 영광을 받으실 것이다. 하지만 나 때문에 낮아진 모든 사람들의 아버지께서는 그들과 함께 낮아지실 것이다. 평균을 내면 당연히 마이너스다. 결국 나 하나가 높아짐으로써 하나님께서는 오히려 더 낮아지신다. 궤변도 이런 궤변이 없다.

　창조를 들먹이고 하나님의 자녀 운운하니 기독교처럼 들리지만, 슐러의 자존감은 성경이 인간에 관하여 이야기하는 것과는 전혀 다른 원리에 바탕을 두고 있다. 사람에게 베푸는 가장 큰 은혜가 자존감인 그런 신은 성경의 하나님이 아니라 다른 종교에도 다 있는 그 신이요 범신론의 신이다. 거기서는 사람이 곧 신이다. 그렇기에 슐러는 자기가 말하는 자존감이 고대 그리스인들이 '자신에 대한 경외'라 부른 것과 같다 한다*SL, 32*. 이방인들도 두루 알고 있던 것이지만 성경에는 그런 사상이 나오지 않는다. 슐러는 그런 비성경적 기초 위에 몇 가지 교묘한 논리를 엮어 집을 지었다. 창조와 새 창조를 뒤섞어 출산으로 만들고, 피조물인 인류의 조상을 하나님의 배우자로 격상시키고, 또 하나가 올라가면 하나는 내려가는 관계를 마치 함께 높아지고 함께 낮아지는 관계로 호도한다.

3. 죄: 자존감의 상실

죄는 두려움이다

인간의 자존감의 근거를 창조 단계에서 찾은 슐러는 이제 그 자존감의 상실 및 회복을 설명하기 위해 다음 단계인 타락과 구원을 이용한다. 물론 타락을 이야기한다고 해서 성경이 말하는 하나님 형상의 상실을 의미하는 것은 아니다. 창조에서 성경을 왜곡하고 모순된 논리를 사용한 것처럼 타락 및 구원의 단계에 대해서도 역시 그런 문제점을 드러낸다. 핵심은 슐러가 믿는 신이 기독교의 하나님과 판이하게 다르다는 점이다. 슐러는 우선 기존의 기독교적 죄 개념과 통하는 듯한 개념을 하나 제시한다. "죄는 하나님께로부터 분리되는 것이다. 죄는 하지 말아야 할 것을 하는 것이요 그것 때문에 죄책감을 느끼는 것이다. 그러나 구원은 죄가 불러온 부정적 감정을 마비시켜 버린다."*DYP, 202*.

죄를 '하지 말아야 할 것을 하는 것'으로 정의하니 성경과 제법 비슷하다. 그런 행위는 당연히 죄책감을 불러일으킨다. 구원은 사람을 죄책감에서 해방시킨다. 물론 죄책감이라는 부정적 감정만 해결한다고 될 문제는 아니지만, 구원은 죄 및 지옥에서 구원받는 것이라는 말도 다른 곳에서 했으니 일단 이것만 보면 성경과 통한다고 하자. 그러나 '죄는 하나님께로부터 분리되는 것'이라는 첫 구절부터가 이상하다. 죄는 물론 사람을 하나님께로부터 떼어 놓는다. 하지만 그것은 죄가 낳은 결과이지 그렇게 나누어지는 것 자체가 죄는 아니다. 그런데 슐러는 처음부터 심리학의 원리를 전폭 신뢰하면서 분리 그 자체를 죄로 보고 있다. 처음에는 성경을 약간 비튼 정도지만 나중에는 이 분리 개념을 자세히 분석하면서 성경을 뒤집는 단계까지 간다.

슐러는 죄라는 용어는 사용하지만 하나님을 거역하는 것이 죄라는 성경의 정의를 거부한다. 대신 죄를 일종의 사회현상으로 보고 심리적 분석을 시도한다. 성경이 말하는 죄에 대해서는 관심이 없다. 죄의 보편성을 말하는 것 역시 성경의 가르침이 아닌 사회를 연구해 얻은 결과다. 또한 죄 자체보다 죄가 가져오는 감정, 곧 죄책감에 초점을 맞춘다. 스승 필의 가르침처럼 죄책감이 참된 힘과 에너지의 흐름을 막는다고 보기 때문이다. 슐러는 자기가 가르치는 긍정 사고 및 가능성 사고의 반대를 죄라고 본다. 부정적인 감정의 뿌리가 바로 죄라고 한다. 죄가 아니라 죄책감에 집중하기에 슐러가 제시하는 치료방식 역시 필의 경우처럼 원인 아닌 증상 치료에 그친다.

슐러는 죄책감은 제 모습을 잘 숨긴다고 주장한다. 심지어 "죄책감은 엄청난 협잡꾼이다"라는 표현까지 사용한다SL, 91. 사람의 잠재의식에 숨은 죄책감이 심리적인 방어기제를 통해 두려움, 의심, 외로움, 슬픔 등의 부정적인 감정으로 위장되어 나타나기 때문이라고 한다. 제 모습을 감춘다는 뜻에서 협잡꾼이라는 표현을 썼겠지만 이 모독적인 표현에는 죄책감 자체를 싫어하는 슐러의 본심이 담겨 있다. 예수 그리스도를 통한 용서를 경험해야 한다는 말도 하는데, 무척이나 기독교적으로 들리지만 슐러는 "자신을 잘 분석해 보면 그렇게 나쁜 사람은 아니라는 걸 발견하게 될 것"이라는 힌트를 거듭 들려준다. 그러므로 그에게 그리스도를 통한 용서는 그렇게 분석해서 해결하고 남은 찌꺼기, 끝까지 해결이 안 되는 마지막 잔재를 깔끔히 제거해 주시는 정도의 의미가 있다. 예수께서 사용하신 비유대로 표현하자면 발만 씻어 주시면 된다. 그러나 이미 목욕했기 때문요13:10이 아니라, 애초에 목욕까지 할 필요가 없기 때문이라는 말이다.

슐러는 죄를 설명하기 위해 '양파' 비유를 사용한다SE, 123. 우리가 실제 경험하는 살인, 강간, 착취, 억압 등의 악은 가장 바깥에 있는 껍질과 같다는 것이다. 눈에 보이고 귀에 들리는 악의 구체적인 모습이라고 한다. 껍질을 벗기고 들어가 보면 그런 악을 일으키는 욕심, 탐욕, 질투 등의 죄를 만난다. 그런데 그것이 다가 아니다. 조금 더 벗겨 보면 불안감, 열등감이 보이고, 더 안쪽에는 두려움 곧 신뢰의 결핍이라는 악이 놓여 있다고 한다. 가장 안쪽에 놓인 핵은 부정적인 자화상 곧 자존감의 결여다. 그러니 슐러는 악의 근원인 자기 확신의 결여가 두려움으로 나타나고 그게 불안감이 되어 탐욕과 질투를 불러일으켜 살인이나 억압 등의 구체적인 행동을 하게 만든다고 하는 것이다. 분노와 미움 같은 감정 역시 자기 확신의 결여에서 오는 불안정 및 두려움이라고 설명한다. 잃어버린 최초의 영광을 향한 갈구가 인간의 영적 질병으로서 다른 모든 문제를 설명하는 열쇠가 된다는 것이다. 인간 행동의 근저에 죄가 깔려 있다는 성경 및 정통신학의 가르침을 받아들인 것 같지만, 심리학을 이용해 그 죄의 핵심을 '두려움'으로 달리 분석한 것이다.

양파 가장 안쪽에 있는 핵이 부정적인 자화상이라 했지만 사실상 양파 전체가 부정적인 자화상을 이루므로, 실제로 가장 안쪽에 있는 악의 핵심은 두려움 곧 '신뢰의 결핍'이다. 이렇게 양파의 비유를 통해 잘 분석해 보면 왜곡된 감정부터 구체적인 행동까지 모든 것이 이 신뢰의 결핍 하나에서 나온다는 것을 알 수 있다. 슐러가 분석하는 불신자는 악하고 부패하고 부끄러운 영혼이 아니라 그저 신뢰의 능력을 상실한 사람일 뿐이다. 슐러는 주님의 기도에 나오는 "악에서 구하옵소서"라는 간구마6:13가 바로 이 악에서 건져 달라는 간구라 푼다SE, 125. 슐러는 두려움을 영원한 악마라고 부른다.

왜 두려움일까? 슐러는 성경을 성경으로 풀겠다며 양파 비유를 내놓았다. 믿음을 양파에 비긴 설교는 종종 들어 보았지만 성경 내용을 양파로 비유하는 소리는 처음 듣는다. 내용을 살펴보니 성경이 아닌 심리학 분석이요 그 근거는 정신과 의사 잼폴스키Gerald Jampolsky, 1925~현재의 이론이다. 잼폴스키는 사랑과 두려움이 사람의 근본 감정으로서 이 둘 가운데 두려움이 악의 근원이므로, 사랑으로 그 두려움을 몰아내는 것이 우리의 사명이라 주장한다. 사랑의 반대가 미움이 아니라 두려움이라는 것은 잼폴스키 자신의 이론이 아니라 신사고에서 도입한 것이다. 필도 수용하였던 이 신사고의 입장을 이제 슐러도 도입하여 그것을 기독교 신앙인 양 주장하고 있다.

슐러는 이러한 분석을 바탕으로 기독교의 원죄 교리를 개조한다. 방법은 아담의 범죄와 원죄를 구분하는 방식이다. 아담의 죄는 하나님께서 금지하신 것을 행한 죄다. 이것이 성경이 말하는 죄의 개념이다. 하지만 슐러는 아담의 후손들이 아담의 범죄의 결과로 하나님과 단절된 가운데 태어나기 때문에 하나님을 신뢰하지 못한다고 주장한다. 이 신뢰의 상실이 곧 원죄라는 말이다. 이 새로운 원죄론은 사람이 '신뢰하지 못하는' 상태로 태어난다는 심리학자 에릭에릭슨Erik Erikson, 1902~1994년의 주장을 활용한 것이다. 에릭슨에 따르면 사람은 신뢰하지 못하기에 두려움 가운데 태어난다. 따라서 무능력한 존재일 수는 있지만 부패한 존재는 아니다. 두려워할 뿐이니 하나님을 거역하는 것처럼 나쁜 깃도 아니라고 한다. 이런 방식으로 슐러는 나쁜 태도가 본모습은 아니라고 했던 필의 긍정적인 인간관을 계승한다. 이렇게 하여 슐러는 자신의 이론을 과학적인 원죄론이라 주장한다. 잼폴스키의 심리학에 에릭슨의 심리학까지 합쳤기 때문이다. 필과 슐러가 말하는 과학은 언제나 심리학 하나뿐이다.

그런데 슐러에게는 성경도 과학책이다! 성경도 심리학과 똑같은 가르침을 준다고 주장한다. 슐러는 모든 문제의 원인이 두려움이라는 것을 요한일서의 말씀을 이용해 입증하려 한다.

사랑 안에 두려움이 없고 온전한 사랑이 두려움을 내쫓나니요일4:18a

언뜻 보면 성경이 슐러의 주장과 통하는 듯 보이지만 사실은 전혀 다른 내용이다. 슐러나 잼폴스키가 말하는 두려움은 상대에게 거절당하는 두려움이다. 이들은 이기적인 사랑은 자기중심적이기 때문에 상대의 사랑을 얻지 못할까봐 두려워하는 반면 참사랑은 주는 사랑이기에 절대 실패하지 않는다고 한다. 하지만 성경이 말하는 두려움은 하나님의 심판에 대한 두려움이다. 하나님께서 사랑을 주시고 그 사랑을 실천하게 하심으로써 온전하게 하신 그런 사람은 하나님의 심판을 겁낼 필요가 없다는 뜻으로, 상대의 수용 여부와 아무 상관이 없다요일4:17-18. 성경이 수직관계에서 말하는 것을 하나님을 믿지 않는 이들이 수평관계로 넘어뜨린 것이다. 잼폴스키도 당연히 이 구절을 알고 사랑했다. 사랑의 반대를 두려움이라 본 신사고 사람들도 이 구절을 그런 뜻으로 알고 무척이나 사랑하였다. 하지만 그들의 사랑은 요한일서 4장 18절의 호응을 받지 못하는 '거절당한 사랑'일 뿐이다.

슐러는 성경은 성경으로 풀어야 한다면서 처음에는 "악에서 구하옵소서"라는 구절마6:13에서 시작한다. 그는 이 구절의 올바른 뜻을 알기 위해 잼폴스키와 에릭슨의 심리학을 사용해 보니 요한일서 4장 18절에서 '두려움'이라는 정답을 찾았다고 주장한다. 그렇게 보면 성경과 과학이 놀랍게 일치하는 것처럼 보인다. 마태복음 6장 13절을 요한일서 4장 18절로 풀었다고 하니 성경을 성경으로 푼 것 같지만, 실상은 요한일서의 뜻을 신사고에 맞추어 왜곡하고 거기에 맞춰 결국 마태복음마저 왜곡하고 만 것이다. 성경과 심리학이 일치하는 것이 아니라 심리학으로 성경을 뒤틀었을 뿐이다.

이렇듯 슐러의 최종 권위는 심리학이요 신사고다. 죄를 논하고 원죄를 다루지만 결론은 원죄를 비롯하여 지금까지 정통신학이 말해 온 그런 죄는 없다는 것이다. 그런 엉터리 죄 개념으로 사람들을 부정적으로 묘사해 온 정통신학이 크게 잘못했다는 소리다. '사람을 기죽이지 말라!' 결국 슐러는 심리학을 이용해 죄를 하나님과의 단절 및 두려움으로 정의한 다음 성경 및 정통신학의 죄 개념을 깡그리 부정해 버렸다.

슐러의 죄 개념

슐러는 기존의 죄 개념을 강력하게 거부하기 전에 자신이 만들어 낸 죄에 대한 새로운 정의 세 가지를 제안해 놓았다. 성경과 심리학을 뒤섞어 만든 자신만의 정의다. 비슷해 보이는 이 세 가지 정의에 슐러가 말하고자 하는 바가 다 담겨 있다. 그는 죄란 첫째로 "하나님의 자녀에게서 신적 존엄의 권리를 박탈함으로써 하나님의 영광을 가로채는 모든 조건이나 행동"이며, 둘째로 "나를 하나님께로부터 분리시켜 부끄러움과 무가치함을 느끼게 만드는 뿌리 깊은 신뢰의 결핍"이며, 셋째로 "나나 다른 사람으로부터 자존감을 빼앗는 모든 행동이나 생각"이라고 정의한다*SE*, 14.

첫째 정의에서 슐러는 '하나님의 영광을 가로채는 것'이 죄라 하였다. 옳은 말이다. 하나님 없이 어찌 죄를 생각하겠는가? 그러나 이것은 슐러가 말하는 죄의 '결과'다. 그런 결과를 불러오는 실제 행위로 슐러가 말하는 것은 '하나님의 자녀에게서 신적 존엄의 권리를 박탈하는 것'이다. 이미 살핀 바대로 "하나님의 자녀"라는 표현에는 문제가 있다. "신적 존엄"도 자녀로서 갖는 것이 아니다. 사람은 하나님의 특별한 피조물이기에 존엄하므로 '하나님의 형상'이 가진 '신적 존엄'이라 해야 맞다. 그런데 "신적"이라는 수식어와 무관하게 "존엄"은 일반 사회도 인정하는 인권 개념이다. "권리"라는 표현도 성경보다 사회적 인권 개념에 가깝다. 그리스도를 믿으면 하나님의 자녀가 되는 "권세"를 얻지만요1:12 그 권세는 사람이라면 누구나 갖는 권리와는 다른 것이다. 따라서 슐러의 첫째 정의는 "하나님의 자녀"라는 표현을 쓰기는 했지만 그냥 모든 사람에 대한 것이다. 그냥 '사람의 존엄'에 대한 일반 사회의 정의와 크게 다르지 않은 내용이다.

박탈은 이미 가진 것을 빼앗는 행위다. 그런데 자연 상태의 사람이든 구원받은 하나님의 자녀든 간에 존엄은 본질에 속하기에 사람에게서 분리할 수 없다. 따라서 슐러가 말하는 박탈이란 빼앗는 것이 아니라 인정하지 않는 것을 뜻한다. 그렇다면 이 첫 번째 죄를 지은 주범으로 슐러는 사람을 죄인으로 규정하여 권리를 인정하지 않는 정통교회를 지목하고 있다는 결론이 된다. 사람을 안 좋게 보도록 만든 근거가 정통교회의 신학이요 또 그 신학의 바탕인 성경이라고 하니 말이다. 슐러는 심리학에 바탕을 두고 새로 정의한 죄의 개념을 이용해 다시금 정통교회와 정통신학과 성경을 공격하고 있다.

또한 슐러는 마치 필연적인 관계인 듯 엮어 놓았지만, 사람의 존엄의 권리를 인정하지 않는 행위가 곧장 하나님의 영광을 가로채는 결과로 이어지지는 않는다. 앞에서 살펴본 바대로 피조물인 사람이 존엄한 존재로서의 권리를 박탈당한다고 창조주 하나님의 영광에 손상이 가는 것은 아니다. 설령 신적 존엄을 하나님의 자녀로서 갖는 것이라 하더라도 그 존엄의 박탈이 하나님의 영광에 영향을 미치지는 않는다. 결국 슐러의 새로운 정의에도 불구하고 죄는 하나님께 아무 영향도 미칠 수 없다. 슐러가 "하나님의 자녀" 내지 "하나님의 영광"이라고 표현함으로써 하나님과 관련된 듯 착각을 불러일으키는 것이 문제일 따름이다. 슐러가 말하는 죄는 그냥 흔히 말하는 사람의 존엄성을 인정하지 않는 행위다. 이것은 하나님이 아닌 사람에게 실례가 되는 행위이니 철저한 인본주의다.

두 번째 정의에서는 "하나님께로부터 분리"된다는 표현이 일단 성경과 통하는 듯 보인다. 죄는 나와 하나님을 분리시킨다. 앞에서는 분리 자체가 죄라 했는데 여기서는 죄의 결과라 하니 성경에 조금 더 다가간 듯 보인다. 그러나 하나님과 나를 떼놓는 주범이 '신뢰의 결핍'이라 했다. 이것은 슐러 자신이 심리학자의 의견을 받아들여 만든 새로운 원죄 교리다. 그런데 말이 앞뒤가 안 맞다. 앞에서는 하나님께로부터 분리되었기 때문에 신뢰를 못하게 되었다 했는데, 여기서는 신뢰를 못하기 때문에 하나님과 떨어진 것처럼 말한다. 사실 그것이 그것이라 원인과 결과로 엮는 것 자체가 우습다. 더 이상한 것은 하나님과의 분리나 신뢰의 결핍이 왜 부끄러움과 무가치함을 낳느냐 하는 점이다. 언뜻 들으면 아담과 하와가 죄를 짓고 하나님을 피해 숨었을 때 느꼈을 그 느낌을 재현한 듯 보이지만 슐러의 말뜻은 그것이 아니다. 이 짧은 구절에는 다시금 기독교를 향한 공격이 숨어 있다.

슐러는 자연 상태 그대로의 사람을 좋게 본다. 그런데 에릭슨의 심리학에 따르면 인간은 하나님께로부터 떨어져 신뢰하지 못하는 상태로 태어나 두려움에 내내 사로잡혀 있다. 잼폴스키의 사랑론에 따르면 이 두려움 때문에 사람들은 하나님을 믿지 못하므로 사랑으로 두려움을 극복해야 한다. 그런데 이런 안타까운 형편에 처한 사람들을 기독교가 죄인으로 규정해 버렸고, 하여 사람들은 자신을 무가치한 존재로 여기며 부끄럽게 여긴다는 것이다. 교회와 신학이 두려움에 있던 사람들에게 부끄러움과 무가치함까지 뒤집어씌운 장본 인으로, 그렇게 하여 하나님의 구원의 초청마저 받아들이지 못하게 만들었다 는 것이 슐러의 주장이다. 인간의 자연 상태가 죄인이 아닌데 교회가 죄인으 로 규정하여 부끄럽게 느끼도록 만들었다는 것이다.

결국 슐러가 말하고자 하는 죄는 '자존감의 박탈'이다. 사실 세 번째 정의 하나로 충분히 이야기할 수 있다. 자신을 무가치하다 느끼게 만드는 것이 가 장 심각한 죄라고 한다. 슐러가 정의한 죄는 하나님과 아무 상관이 없다. 성경 과 정반대다. 영원한 파멸과 저주라는 죄의 실제적인 위험도 외면한다. 죄를 죽음 및 지옥과 연결해 말하는 경우도 없지는 않다. 하지만 그리스도께서 맛 보신 지옥을 그저 영광의 상실 및 전적인 굴욕이라고 설명한다. 슐러가 이해 하는 지옥은 '자긍심 결여'의 상태다. 죄에 대한 정의와 똑같다. 기독교 신학처 럼 보이려고 하나님이라는 수식어를 덧붙였지만 슐러의 죄 개념은 하나님 없 이도 가능한 인본주의다.

사람에게서 자존감을 박탈하는 것이 죄라면 슐러가 말하는 대역죄인은 교 회다. 사람을 죄인으로 규정한 성경이 잘못이요, 특히 인간의 전적 부패를 강 조한 개혁주의 신학이 죄인 중의 괴수다. 슐러는 교회가 교만의 죄를 제거하 려다 "아름다운 하나님의 자녀들의 명예를 더럽혔다"라고 지적한다*SE, 57*. 실 제로 슐러의 책은 처음부터 끝까지 기독교 신학에 대한 비판으로 가득하다. 인본주의 사상으로 성경을 공격하고 있다. 그런데 인본주의 사상을 성경의 어 법, 성경의 용어로 포장함으로써 마치 자기 사상이 진짜 성경적이요 진짜 기 독교인 양 행세한다.

슐러의 죄론을 간단히 줄이면 사람은 죄인이 아니라는 말이다. 사람의 본성 은 좋은 것이라 한다. '죄는 없다!' 죄인이 아닌 사람을 죄인이라 하는 그것이 죄라고 한다. 그에게 사람은 하나님의 자녀로서 존귀할 따름이다. 이런 점에서 필과 상통한다. 개혁교회 목사였지만 인간의 전적부패 같은 것은 애초부터 믿지 않았다. 대신 인간의 긍정적인 면에 초점을 두었다. 물론 인간이 완전하지는 않다고도 한다. 하여 슐러는 인간의 삶에 "손상되지 않은 방대한 영역vast undamaged areas"이 있음을 거듭 강조한다. 슐러가 사용한 이 표현은 필의 동료였던 정신과 의사 블랜턴Smiley Blanton, 1882~1966년의 것이다. 슐러는 이 가운데 "방대한"이라는 말이 특히 마음에 들었던 모양이다. 블랜턴은 이 방대한 영역을 심리학자 프로이트에게 배웠다. 프로이트는 중증 정신착란을 앓은 환자들도 마음 한구석에 정상적인 인격이 남아 있어서 그것이 점차 자라 정상으로 돌아오는 경우가 있다고 보고했다. 블랜턴은 그것을 인간 본성에 적용했고 슐러는 죄의 교리와 연결시켰다. 프로이트가 옳은지 그것도 알 수 없지만, 그것을 엉뚱한 곳에 갖다 붙이는 슐러의 무모함은 설명할 도리가 없다. 차라리 펠라기우스나 아르미니우스를 활용했더라면 신학적 논쟁의 여지라도 있었을 것이다.

우리의 죄가 공의의 하나님을 어떻게 진노하시게 하였는지, 그 결과 하나님께서 우리를 구원하고자 어떤 아픈 희생을 치르셨는지에 대해서 슐러는 감도 못 잡는다. 십자가도 이야기하고 구원도 언급하지만 슐러는 기독교 복음의 핵심, 특히 죄를 용서하시는 하나님의 사랑을 전혀 모른다. 죄가 가져올 심판과 멸망에 대해서도 아무 관심이 없다. 용서라는 말은 꽤 자주 등장한다. 하지만 슐러의 생각에서는 죄 자체가 내 잘못이 아니기에 처음부터 용서는 필요하지 않다.

사람의 자연 상태

구원에 대하여 논하려면 구원을 필요로 하는 자연인의 상태를 설명해야 한다. 슐러에 따르면 사람을 '거역하는 죄인'으로 간주하는 정통신학은 너무 천박하다. 슐러는 깊이 분석해 보면 핵심은 두려움 곧 신뢰의 결핍이라고 주장한다. 자연인은 두려움 때문에 하나님의 구원의 은혜를 받지 못하는 사람이라고 한다. '은혜로 받는 구원'을 발견해도 자신이 너무나 무가치하다 여겨 거부해 버린다는 것이다. 자격이 없다 여기기 때문에 하나님을 믿지 못한다는 말이다. 잼폴스키를 인용한 슐러의 사랑론이 여기서 다시 등장한다. 사실은 내가 거부한다기보다 하나님께서 나를 거부하시지 않을까 두려워 감히 하나님의 사랑을 수용하지 못한다는 것이다. 자연인이 구원의 은혜를 수용하기 위해서 '성령의 기적적인 개입'이 있어야 하는 이유가 바로 이것이라고 슐러는 설명한다.

슐러가 이해하는 자연인은 자신의 본분과 분수를 잘 아는 예의바른 존재다. 하나님을 신뢰하지 못하는 한 가지만 빼면 참으로 훌륭한 인격을 갖추었다. 슐러는 이것을 "뒤틀린 완벽주의"라고 부른다*SE*, 63. 유교 전통의 겸양지덕을 강조하고 사양지심을 배우는 우리도 공짜라면 양잿물까지 마실 판인데, 사양지심 같은 것은 듣도 보도 못했을 미국 사람들은 제 분수를 잘 알아서 하나님의 은혜를 감히 탐내지 못했다는 것이다. 그나저나 이토록 훌륭한 사람들에게 구원이 도대체 왜 필요하다는 것일까?

자연인을 좋게 보는 슐러의 근본적인 오류가 여기서 다시금 드러난다. 성경이 가르치는 하나님의 은혜는 인간으로 하여금 자신의 본래 상태를 올바로 깨닫게 하는 것으로 시작된다. 죄로 타락한 우리의 모습을 깨닫게 하시는 은혜다. 그렇기에 마음이 가난한 이들이 천국에 들어가고 슬피 우는 사람들이 위로를 받는다. 그러나 이에 비하면 슐러의 주장에는 두 가지 잘못이 있다. 첫째로 슐러는 구원받은 이후에나 가능한 깨달음을 아직 구원받지 못한 사람에게 투사한다. 사람이 하나님의 구원의 은총을 거부할 수 있느냐 없느냐 하는 문제는 논외로 하더라도, 하나님의 은총을 깨달은 사람이 자신의 무가치함을 의식한다는 것은 이미 그 사람이 구원에 들었음을 뜻한다. 하나님의 은혜가 있기에 내가 자격이 없음을 깨닫고, 그것을 알았기에 하나님의 은혜를 찬송하는 것 아닌가.

인간의 자연 상태에 대한 정통신학의 부정적인 표현들은 먼저 믿은 사람들이 불신자를 공격하기 위한 것이 아니라, 신자들이 믿기 이전의 자신을 하나님의 은혜라는 창을 통해 바라본 결과다. 사람의 자존감을 훼손하는 표현이 아니라 은혜의 하나님을 찬송하기 위한 것이다. 슐러는 사실 정통신학을 왜곡해 놓고 그것을 정통신학의 오류라며 공격한 것이다. 슐러가 자격이 없어 못 받는다 하는 것도 성경이 가르치는 겸손과 통하는 듯 보이지만, 실상은 신과의 분리에서 오는 두려움이 원죄라 본 자신의 이론을 조금 돌려 말한 것일 뿐이다.

둘째 오류도 비슷하다. 내가 부족하다 여겨서 하나님의 은혜를 못 받는다 하는 슐러의 입장은 성경에서 나의 부족함과 하나님의 은혜가 서로 조화되는 개념임을 모르는 무지다. 내가 부족하니 은혜요, 은혜이니 내 부족함이 더욱 부끄러워지는 것이 구원의 단계 아닌가. 질그릇이기에 거기 담긴 보화가 더욱 빛나는 법이다. 하지만 자녀가 높아져야 부모도 높아진다 주장한 슐러는 여기서도 사람이 스스로 자존감을 느껴야 하나님의 은혜도 받아들일 수 있다는 궤변을 펼친다.

슐러의 주장은 다시금 교회를 향한 비판으로 이어진다. 사람의 기를 죽여 하나님의 은혜를 받아들이지 못하도록 하는 것이 가장 심각한 죄라고 한다. 사람은 죄인이 아니고 사람을 죄인이라 불러 기를 죽인 교회의 행위가 죄라고 비판한다. 교회가 가뜩이나 스스로 무가치하다 느끼는 사람들을 도와주지는 못할망정 오히려 죄인이라 규정해 하나님의 은혜를 받아들이기 더욱 힘들게 만들었다는 것이다. 구원의 주역이 되어야 할 교회가 구원의 길을 막는 대역

죄인이 되었다고 지적한다. 구원의 '은혜'라는 표현을 거듭 사용하지만 슐러의 주장에서 구원은 사실 은혜와 상관이 없다. 오히려 정통신학의 용어를 조롱하고 있다는 느낌이 강하다.

"성령의 기적적인 개입"이라는 말을 할 때 이것이 특히 심하다. 자신이 무가치하다 느끼는 사람을 성령님께서 그렇지 않다고 설득하시는 일이라고 한다. 죄인임을 깨닫게 하시고 예수 그리스도 안에 있는 구원의 은혜를 깨닫게 하시는 것이 성경적인 성령의 사역인데, 슐러는 이를 거꾸로 뒤집어 '넌 부족하지 않으니 내 은혜를 받아 다오' 하고 애원하시는 사역으로 만들었다. 말하자면 '설득 사역'이다. 슐러의 설명대로 하자면 자신의 죄를 깨닫고 주님께 떠나시라 부탁드린 베드로는 예의바른 자연인의 모범이다. 그 순간 성령께서 베드로 마음에 들어가 '너는 부족하지 않으니 이 은혜를 받아다오' 하고 설득하셨고, 베드로는 이렇게 주님의 초청을 받아 사람을 낚으러 나섰다는 것이다. 상상력이 사람의 수준을 뛰어넘는다.

슐러의 지적에 따르면 '도처를 덮고 있는 죄'는 '자부심의 상실'이다. 놀라운 변화다. 자부심은 영어로 'Pride'인데 우리말로 옮기면 '교만'도 된다. 성경에 입각하여 교회는 처음부터 이 교만이 죄의 핵심이라 보았는데 슐러는 거꾸로 이 교만의 상실이 죄의 핵심이라 주장한다. 이천 년 사이 신학이 백팔십도 뒤집어진 셈이다.

구원은 자기 사랑

슐러가 정의하는 죄는 인간의 자존감을 빼앗는 행위다. 따라서 슐러는 이 범죄를 이기고 자존감을 되찾는 것이 구원이라고 주장한다. 쉽게 말해 슐러에게 구원은 사람이 죄인이 아님을 깨닫는 일이다. 이 목표를 이루기 위해 선행되어야 할 일은 사람을 죄인이라 규정하는 교회의 잘못된 신학을 바로잡는 일이 된다. 구원의 단계 가운데 슐러는 거듭남과 신앙 두 가지를 강조하는데, 죄는 애초부터 없는 것이기에 회개와 용서는 필요하지 않기 때문이다.

다시 말하지만 슐러가 말하는 구원은 '자존감의 회복'이다. 잃었던 자존감을 구원을 통해 되찾는다. 블랜튼이 말한 손상되지 않은 그 방대한 영역을 찾아 새 출발의 계기로 삼자는 것이다. 자아는 하나님의 형상의 표시이므로 파괴하거나 소멸할 대상이 아니라 구속하여 죄인 딱지를 떼어내야 할 대상이라고 한다. 정통신학의 구원과 반대다. 구원을 내 죄를 씻고 생명을 얻는 것이 아니라 죄인인 줄 잘못 알았던 상태에서 죄인이 아니라는 깨달음으로 나아가는 것이라고 한다. 그래서 슐러는 그리스도께서 정죄 아닌 구원을 위해 오셨다고 거듭 강조한다. 사람이 멸망받을 죄인이 아니라 하나님의 존귀한 자녀임을 알자는 것이다. 간단히 말해 내가 훌륭한 사람인 줄을 아는 것이 슐러가 말하는 구원이다. 구원이 필요하지 않다는 사실을 아는 그것이 바로 구원이라 한다.

슐러는 이 구원이 그리스도를 통해 가능하다고 역설한다. 그리스도께서는 '이상적인 분', '궁극적 인격', '보편 인류의 기준'이라고 한다. 그렇게 말하는 이유는 간단하다. 그분께서 바로 '성육하신 자존감'이라고 보기 때문이다. 슐러에게 그리스도께서는 기본적으로 우리로 하여금 부정적인 생각을 버리고 긍정적 사고 곧 가능성 사고를 하도록 도우시는 분이시다. 긍정적인 감정의 화신이요, 승리의 원동력이시다. 슐러는 부끄러움에서 자존감으로 가는 구원의 신학을 그리스도의 사랑에서 발견한다고 주장한다. "그리스도께서는 부정적인 모든 감정 대신 긍정적적극적이고 치유하는 대안을 주러 오셨다. 의심 대신 믿음, 절망 대신 희망, 미움 대신 사랑, 죄 대신 구원, 죄책감 대신 용서!"*DYP*, 202.

슐러는 그리스도께서 두려움 대신 용기를, 냉소 대신 확신을 주신다고 말한다. 사람들을 얽매고 있던 부정적 사고의 사슬을 끊고 자기낙담의 얽매임에서 자기 확신의 자유로 인도하신다고 했다. 사람들을 세상의 소금이요 빛이라 칭하신 말씀도 그러한 것 중 하나라고 한다. 심지어 자신을 하나님의 동등한 자녀로 존경하고 다른 사람들도 똑같은 존경으로 대하라는 뜻을 주기도문의 첫 구절 '우리 아버지'에 담으셨다고 한다. 슐러가 거듭 강조하는 구절이 제자들을 세상의 소금, 빛이라 하신 그리스도의 말씀이다마5:13-14. 슐러는 황금률도 제 생각에 맞게 푼다. "모든 사람을 존엄과 존경으로 대하라."*SE*, 135. 사람을 오직 목적으로 대하라 했던 칸트가 들었으면 '아멘!' 하고 손뼉을 쳤을 것이다.

슐러는 그리스도의 성육신과 십자가도 자존감을 중심으로 푼다. 성육신은 하나님께서 사람을 찾아오셔서 사람을 거룩하게 해 주신 사건이라고 한다. 인간을 영화롭게 하신 사건이라고 하니 결국 우리를 위해 낮아지신 하나님의 사랑은 오간 데 없다. 십자가의 뜻도 달라진다. 죄가 없으니 대속의 죽음 같은 것은 필요하지 않다. 하나님께서 십자가 희생을 치르신 이유는 사람의 존귀함을 보여 주시기 위해서라고 한다. 하나님께서 당신의 아들을 죽이실 정도로 사람이 귀하다는 말이다. 십자가를 하나님께서 우리를 위해 죽으실 정도로 사람이 존귀함을 보여 주는 사건으로 만들었다. "그대가 그리스도의 십자가에 설 때 그대는 자신을 사랑할 줄 알게 된다."*SL*, 70.

슐러는 요한복음 3장 16절의 가치가 이것이라고 말한다. 그의 말에서는 우리를 사랑하시는 하나님은 사라지고 사람만 남았다. 철저하게 나 중심, 사람 중심이다. 성육신과 십자가를 이렇게 왜곡해 놓고 나니 그리스도의 부활은 뭐라 설명할 방법이 없었을 것이다. 그래서 그는 부활 자체에 대한 설명은 생략한 채, 부활하신 그리스도께서 자존감을 높이는 사명을 우리에게 맡기심으로써 다시금 우리를 명예롭게 만드셨다고 주장한다. 모든 것을 사람을 높이는 일 하나에 갖다 붙인 셈이다.

그러면 그리스도의 구원을 어떻게 내 것으로 만들 수 있다고 하는가? 그리스도를 마음에 모심으로써 자존감을 회복할 수 있다고 한다.

이제는 내가 사는 것이 아니요 오직 내 안에 그리스도께서 사시는 것이
라갈2:20

슐러는 이 구절을 프로이트 계열의 정신과 의사인 에릭 번Eric Berne, 1910~1970년의 이론으로 설명한다SL, 190-191. 사람의 잠재의식 속에 아동 자아, 부모 자아, 성인 자아 등이 있다는 번의 분석에 근거해 슐러는 우리 잠재의식에 그리스도 자아를 형성하면 된다고 주장한다. 그리스도 자아가 생기면 나 자신의 가치를 깊이 깨닫게 되니 '그리스도 예수의 마음을 품는 것'빌2:5이 자기 사랑의 열쇠다. 그런데 슐러의 말에 따라 그리스도를 모시면 그리스도를 믿는 것이 아니라 나 자신을 믿게 된다. 다시금 자신 곧 자기 잠재력에 대한 무한한 신뢰를 드러낸다.

그렇다면 그리스도를 마음에 모시는 방법은 무엇인가? 슐러는 필이 즐겨 사용한 확언 또는 단언을 통한 암시방법을 적용한다. 슐러도 필처럼 말에 주술적인 힘이 있음을 믿으며 다음의 문장을 큰 소리로 외치라고 조언한다. "나는 확언단언한다. 나는 하나님의 형상으로 만들어졌고, 그리스도가 나를 위해 죽으셨고, 성령을 통해 거듭난 하나님의 구속받은 자녀다."DYP, 19. 정통신학에서 구원을 삼위일체 하나님의 사역으로 가르치는 것처럼 슐러도 성부, 성자, 성령을 동시에 언급한다. 하지만 이 문장은 슐러가 말하는 안 믿는 사람, 곧 부정적인 자화상에 짓눌린 사람에게 권하는 자기 확신의 문구다. 기독교의 구원과는 무관한 문장이지만 사실 슐러는 이런 확신을 갖기만 하면 그가 생각하는 구원이 이루어진다고 여긴다.

슐러는 확언과 함께 최면의 방법도 사용한다. 이렇게 최면 상태에 빠지는

것을 믿음이라 부른다. "믿음은 자신을 예수 그리스도에게서 나오는 적극적 생각들에 굴복시켜 적극적 감정과 행동으로 최면이 걸리는 것이다."*DYP*, 204. 슐러는 최면을 "의식적 의지를 역동적 생각의 주도권에 기꺼이 맡기는 것"으로 정의한다*DYP*, 203. 이 역동적 생각, 역동적 믿음은 결국 잠재의식에 있는 어떤 힘을 가리킨다. 바울이 "내게 능력 주시는 자 안에서 내가 모든 것을 할 수 있느니라"빌4:13 한 것이 슐러식으로는 바울이 '긍정 확언으로 자기최면을 행한 것'이다. 그리고 그 확언에 자기 의지를 굴복시키는 것을 믿음이라 부른다. 슐러의 구원은 결국 절망에서 희망으로, 부정에서 긍정으로 가는 변화다. 부정적인 사고, 부정적인 태도에서 긍정적이고 적극적인 태도로, 가능성 사고로 전환하는 것이다. 죄인이 의인으로, 실패작이 성공작으로, 낙제생이 우등생으로 변하는 것을 보여 주는 것이다. 그것을 가능하게 하는 분이 그리스도요 그렇게 긍정으로 변하면 하나님의 힘을 얻게 된다고 말한다.

슐러는 이런 변화를 '거듭남'이라 부른다. 보다 나은 사람이 되는 것으로, 스베덴보리가 말한 바로 그런 변화다. "그대는 부정적 사고의 세상 가운데서 긍정 사고를 하는 사람이 될 수 있다."*DYP*, 160. 우선 자기가치가 거듭나야 한다고 주장한다. 알코올이나 마약 중독에서 해방되는 것도 거듭남이라고 한다. 창녀로 살던 어떤 여인이 자기를 귀부인으로 알아주는 사람을 통해 자신의 가치를 다시 깨닫고 거듭났다는 이야기를 두 번에 걸쳐 자세히 소개한다. 슐러는 그 여인이 "진정으로 거듭났다"라고 거듭 이야기한다*SL*, 188, *SE*, 160. 이 거듭남에는 그리스도도 없고 성령도 없다. '의심하는 사람, 냉소적인 사람', 곧 '의심하고, 다투고, 논쟁하고, 말다툼하고, 차갑고, 냉정하고, 소극적인' 사람이 '즐겁고, 편안하고, 정서적으로 성숙하고, 건강한 사람'으로 변하면 된다. 이렇게 나아진 사람을 슐러는 '그리스도인'이라 부른다.

그러므로 사실상 슐러의 사상에는 구원이라는 내용이 없다. 죄가 없기 때문이다. 슐러는 사람의 자존감을 북돋우셨다 주장하기 위해 그리스도께서 사람을 소금이요 빛이라 하셨음은 말하면서, 죄인을 불러 회개시키러 오셨다는 말씀은 일절 언급하지 않는다. 또 이미 목욕한 자도 발을 계속 씻어야 한다고 말씀하셨던 것도 말하지 않는다. 성경은 이미 구원받은 자에게도 죄를 멀리하라 경고한다. 그런데 슐러의 경우에는 구원받지 못한 자들의 부정적인 상태를 말할 때나 또 구원받은 이후의 긍정적인 삶에서도 죄의 가능성이 전혀 보이지 않는다. 그리스도의 성육신과 십자가도 뜻을 아주 왜곡하여 하나님께서 왜 당신의 아들을 이 세상에 보내어 십자가에 달려 죽게 하셔야 했는지 이해할 수 없도록 만들었다.

이런 내용을 담고 있는 슐러의 책은 비기독교적인 책이 아니라 기독교의 핵심을 조롱하는 반反기독교적 책이요, 마귀적인 책이다. 이런 책을 기독교 변증가인 클라크 피녹Clark Pinnock, 풀러신학교 총장이었던 데이비드 허버드David Hubbard, 천주교 명문사학 노터데임 대학교 총장을 역임한 시어도어 헤스버그Theodore Hesburgh 등이 적극 추천하고 있다. 이들의 영적 시야가 일순간에 어두워졌던가! 추천한 이유는 알 수 없으나 개탄할 노릇이다.

4. 자기 사랑의 궤변

자기 사랑은 좋은 것

슐러의 자존감 사상은 자기 사랑Self-love에 대한 강조로 이어진다. 자기 사랑은 자기의 가치를 높이고 싶은 욕망에서 생기는 자기에 대한 사랑이다. 자기 사랑은 생존, 쾌락, 권력, 의미 등 인간의 모든 추구 이면에 숨은 인간의 궁극적 의지다. "그대의 가장 간절한 소원은 그대 자신을 사랑하는 일이다. 그 내 사신을 사랑하면 하나님을 믿게 될 것이며 이제 할 수 있다고 생각할 것이다."DYP, 132.

슐러에 따르면 자존감을 갖는다는 것, 곧 나 자신의 존엄을 추구한다는 것은 나 자신을 알아주기를 바라는 것이다. 슐러는 자존감을 가진 사람만 자기를 사랑할 수 있다고 하는데, 이 자기 사랑이 하나님과 이웃을 사랑하는 기본 바탕이라고 한다. 그리스도인이 되면 자기 가치를 알고 자기를 사랑하게 된다고 했다. '나는 하나님의 자녀다!' 슐러가 번영복음에 가장 크게 공헌한 것이 바로 자기 사랑을 정당화한 점이다. 이를 통해 무한 탐욕을 무한 추구할 가능성을 열어 준 것이다.

자기 사랑이라는 용어는 그 자체로 무척이나 부정적이다. 보통 이기주의와 같은 의미로 생각되기 때문이다. 성경도 자기 사랑을 말세의 증상 가운데 첫째로 꼽고 있다딤후3:1-2. 물론 슐러는 이 구절을 절대 언급하지 않는다. 슐러는 자기 사랑을 옹호하기 위해 두 가지 방법을 사용한다. 첫째로 사랑의 뜻을 독특하게 풀고, 둘째로 자기 사랑과 '자기 의지'를 구분한다.

성경은 사랑의 책이다. 성경이 말하는 사랑은 오직 하나, 독생자를 보내신 하나님의 사랑이다. 물론 슐러도 "하나님은 사랑이시다", "예수 사랑하심을 성경에서 배웠네" 하고 말한다. 하지만 하나님께서 우리를 위해 독생자를 주셨다는 말은 빼고 대신 하나님께서 우리의 삶을 놀랍게 변화시키려 하신다고 했다. 그러면서 독일 철학자 막스 셸러Max Scheler, 1874~1928년가 내린 사랑의 정의를 소개한다. "사랑은 사람 속에 내재한 최고의 가능성을 아는 것이다."DYP, 136, 143. 셸러의 이 사랑 개념이 슐러의 책 전체를 관통한다. 하나님의 사랑을 사람의 최대 가능성을 보시고 그것을 이루어 주시는 사랑이라고 한다. 예수 그리스도를 만나면 자신에게 있는 가능성을 믿게 되는데 그것이 바로 사랑이라는 것이다.

셸러의 사랑은 기본적으로 성경의 사랑 개념과 통하는 면이 있다. 결과를 두고 볼 때 특히 그렇다. 하나님께서 우리를 사랑하셔서 죄인이 의인으로, 저주받은 자가 하나님의 자녀로 변했기 때문이다. 그 사랑을 성경대로 적용한다면 이웃이 최고의 사람이 되도록 돕는 것이 이웃 사랑이다. 전도해서 하나님의 자녀가 되게 만들고 또 자신의 가능성을 최대한 발휘하도록 도울 수 있다.

하지만 셸러가 정의한 사랑은 성경이 말하는 사랑의 본질이 아니라, 그저 사랑에 딸린 특성의 하나일 뿐이다. 그런데 슐러는 이 속성을 사랑의 핵심으로 수용한 다음 그것을 근거로 자기 사랑을 정당화한다. 하나님의 사랑은 내가 얼마나 훌륭한 사람인지 알게 해 주어서 결국 나로 하여금 나 자신을 사랑할 수 있게 해 준다는 것이다. 자기 사랑이란 누군가 나를 신뢰하고 필요로 한다는 것을 아는 일이라고 했다. '난 너를 믿는단다.' 슐러는 거듭 하나님께서 우리를 믿으신다고 말한다. "전능하신 하나님께서 그대를 믿으신다! 누군가 그대를 믿고 그대에게 그렇게 믿는다 말해 주면 그대도 모르는 사이에 그대도 그대 자신을 믿기 시작한다. 누군가가 그대에 대해 가진 확신이 '저절로 이루어지는 기대'가 되어 그대 마음의 잠재의식 층에 놓이게 되고, 그러면 자신에 대한 그대의 기대는 이른 바 '저절로 이루어지는 예언'이 된다."DYP, 214.

슐러는 여기서 사람의 부자관계를 하나님과 인간 사이에 적용하는 잘못을 되풀이한다. 자녀가 높아지면 부모도 높아진다고 했던 이전의 경우처럼, 여기서도 사람 사이에나 가능한 논리를 하나님과 사람 사이에 잘못 적용한다. '난 너를 믿는단다' 하시는 어머니의 사랑의 기대는 분명히 자녀에게 용기를 주고 힘이 된다. 하지만 하나님께서는 우리에게 그런 기대를 하시기 전에 우리에게 명령하시고 우리의 순종 여부로 우리를 심판하시는 분이시다. 셸러가 말한 '최고의 가능성'을 구현하는 방법은 그 명령에 순종하는 것이다. 하나님의 명령을 설득이나 부탁 같은 부드러운 표현으로 바꾸어 볼 수는 있으나, 하나님께서 사람을 '믿으신나'는 표현은 옳지 않다. 우리가 하나님을 믿고 신뢰해야 하지 하나님께서 우리를 믿고 신뢰하시는 것이 아니다.

또한 슐러의 인용구에서는 잠재의식에 들어가기만 하면 무엇이든 저절로 이루어진다는 신사고의 원리가 그대로 드러난다. 누군가가 나를 사랑하는 줄 알면 나도 나를 사랑하게 된다는 주장을 펴기 위해 슐러는 잠재의식이 우주의 힘과 통하는 자리라는 범신론 원리를 이용했다. 암시효과에 대한 내용도 들어 있다. 곧 슐러의 자기 사랑 논리는 셸러의 정의에 신사고 원리를 결합한 것이다. 셸러의 사랑에 대한 정의도 정확하게 이해하는 것 같지 않지만, 신사고의 원리는 더더욱 성경과 거리가 멀다. 나 자신을 사랑하는 것이 하나님을 사랑하고 이웃을 사랑하는 근거가 된다는 주장도 문제지만, 하나님의 사랑이 나를 향한 기대로 바뀌어 나로 하여금 나를 사랑하게 만들어 준다는 주장만큼은 적어도 기독교가 아니다.

슐러가 자기 사랑을 옹호하는 두 번째 방법은 자기 사랑과 자기 의지를 구분하는 방법이다. 슐러는 이 둘을 구분하지 않은 것이 정통 기독교의 오류라고 비판한다. 이 둘을 혼동한 결과 실제로 좋은 것을 이루고도 건강한 감정을 즐기지 못하고 오히려 이를 헛되고 교만한 것으로 치부하게 되었다는 것이다. 유대인 심리학자인 에리히 프롬Erich Fromm, 1900~1980년이 이러한 입장에서 기독교를 비판한 사람이다. 슐러는 프롬이 『사랑의 기술The Art of Loving』에서 주장한 내용을 인용한다. "이기성과 자기 사랑은 전혀 같은 것이 아니다. 완전히 정반대의 것이다."*SL*, 42.

신약성경이 이천 년 동안 제대로 가르치지 못하던 것을 20세기의 첨단 심리학이 깔끔하게 정리를 해 준 셈인가? 사실 말이 구분이지 이는 자기 사랑을 좋은 개념으로 만들기 위한 말장난이다. 자기 사랑에는 온갖 좋은 점만 남기고 이기주의나 교만 등 안 좋은 요소는 모조리 자기 의지에 집어넣는다. 슐러는 대체 자기 사랑을 무엇이라 말하는가? 생존의 본능을 비롯하여 본능적인 자기 사랑은 긍정적으로 생각할 수 있지만 그런 것은 슐러가 말하는 자기 사랑의 내용에는 들어 있지 않다. 슐러의 자기 사랑은 자기의 가치를 느끼는 것, 자기 존경의 감정, 인격적 존엄성을 신적으로 깨닫는 것이다. 자신에 대한 존경, 자신에 대한 신뢰, 자신을 진지하게 믿는 것, 자기 발견, 자기 훈련, 자기 용서, 자기 수용 등이다. 올바른 자기 사랑은 자기 의존, 자기 확신, 내적 안전 등을 낳는다고 설명한다. 핵심은 '자기를 믿는 것'이다.

자기 의지는 그럼 무엇이라고 하는가? 슐러는 자기 의지를 '에고티즘 Egotism'이라고도 부른다. '자기중심주의' 내지 '자만'이다. 자존감을 잃은 사람이 자기의 존재를 과시하고자 하는 '유치하고 천박한' 태도가 에고티즘이라고 한다. 자기 사랑이 위장되고 왜곡되어 나타난 것이라는 말이다. 남을 멸시하거나 돈이나 물질을 축적하는 것, 권력, 쾌락, 명예 등을 탐하는 것이 다 그런 것들이라고 설명한다. 이를테면 교만은 열등감이 왜곡되어 나타난 자기 의지라고 한다. 참된 자기 사랑은 다른 사람을 업신여기지 않는다는 것이다. 성경이 경고하는 일만 악의 뿌리는 돈을 사랑하는 것딤전6:10이 아니라 이 자기 의지라는 것이 슐러의 주장이다. 슐러의 교만은 성경과 무관한 심리적 개념으로서 '오만' 내지 '거만'에 가깝다. 슐러는 대신 성경이 교만이라 부르는 것을 오히려 '자부심'으로 치켜세운다. 정리하자면 참된 자기 사랑이 결여된 것이 자기 의지라고 한다.

그렇지만 슐러는 자기 의지와 자기 사랑을 구별하는 원칙은 제시하지 않는다. 또 자기 의지라는 나쁜 요소가 어디서 생겨났는지 말하지 않는다. 자기 사랑과 반대라는 점만 강조하면서 자기 사랑을 얻으면 자기 의지는 소멸된다 주장한다. 결국 슐러에게 이 자기 의지는 자기 사랑을 마음껏 추구할 수 있도록 만들기 위해서 자기 사랑에 담긴 온갖 부정적인 요소, 특히 성경이 죄라 부르는 요소를 모조리 짊어지운 아사셀 염소레16:10와 같다. 실체는 없는 공허한 개념으로서, 자기 사랑을 정죄하는 성경의 화살을 대신 맞아 주는 짚으로 만든 허수아비다.

자기 사랑의 근거

다시 말하지만, 슐러가 이런 허수아비를 세워 가면서까지 자기 사랑을 정당화하는 이유는 간단하다. 그런 바탕 위에서만 무한 탐욕의 추구가 가능해지기 때문이다. 번영복음이 궁극적으로 추구하는 바는 늘 똑같다. 겉으로 내세우는 이유는 물론 그것이 아니다. 슐러는 자기를 사랑해야 할 단편적인 이유를 일단 두 가지 내놓는다.

첫째, 하나님께서 나를 사랑하시니 나도 나를 사랑해야 한다는 것이다. 이 주장은 앞서 말한 셸러의 사랑론과 연결된다. 거기서는 하나님께서 나를 사랑하시는 줄 알면 나도 저절로 나 자신을 사랑하게 된다 했다. 여기서는 하나님께서 나를 사랑하시니 나도 나를 사랑해야 한다고 명령한다. "그대 자신을 사랑하는 것은 참된 경건이다. 자기 애정이라는 놀라운 감정을 느끼는 것은 죄가 아니다. 하나님께서 사랑하시는 것을 사랑하지 않는 그것이 죄다. 참된 종교는 하나님께서 모든 사람을 사랑하신다고 가르친다."*SL, 15.*

하나님께서 사랑하시는 대상을 나도 사랑해야 하는가? 쉽지 않은 주제다. 우주의 창조주께서 하시는 사랑을 피조물인 사람이 어디까지 따라할 수 있을까? 성경은 하나님께서 사랑이시라 가르친다. 그러면서 하나님의 사랑을 받은 우리에게도 사랑할 것을 명령한다. 받은 그대로 주어야 하니 우리가 하는 사랑은 여러 면에서 하나님의 사랑과 닮아야 한다. 그렇게 보자니 사랑의 대상도 같아야 할까? 하나님께서 '모든 사람'을 사랑하신다면 '나'도 포함될 터인데, 그렇다면 나 자신도 내 사랑의 의무의 대상이 되는 것일까?

비슷해 보이는 구절이 성경에 있다. "예수께서 그리스도이심을 믿는 자마다 하나님께로부터 난 자니 또한 낳으신 이를 사랑하는 자마다 그에게서 난 자를 사랑하느니라"요일5:1 나를 낳으신 하나님을 사랑하는 사람은 하나님께서 낳으신 다른 그리스도인 형제자매들을 사랑한다는 말이다. 그런데 내가 그들을 사랑하는 이유는 그들이 나와 같은 아버지를 둔 형제자매이기 때문이지, 하나님께서 그들을 사랑하시기 때문은 아니다. 본문은 하나님을 향한 우리의 사랑은 그분의 계명에 순종하는 것으로 나타난다고 말하는 것이지 우리를 향한 하나님의 사랑을 말하는 것이 아니다. 게다가 이 구절에서 내 사랑의 대상은 오직 하나님 및 형제자매뿐으로 나 자신은 전혀 고려 대상이 아니다.

성경은 또 우리에게 "사랑을 받는 자녀 같이 너희는 하나님을 본받는 자가 되"라고 명령한다엡5:1. 하나님의 사랑을 받은 자녀로서 그렇게 하라 한 것이므로 하나님께서 사랑하신 대상을 나도 사랑해야 한다고 풀 수도 있을 법하다. 하지만 이 구절 역시 받은 사랑을 이웃에게 실천하라는 말일 뿐, 나 자신은 그 사랑의 대상에 포함하고 있지 않다. 더군다나 우리의 본이 되시는 그리스도께서는 자신을 사랑하지 않으시고 오히려 포기하셨으니엡5:2 슐러의 주장은 성경의 지지를 전혀 받지 못한다. 물론 나를 사랑하시는 하나님께서는 다른 그리스도인들도 사랑하신다. 하지만 내가 그들을 사랑해야 할 이유가 그것은 아니다.

슐러는 성경과 맞지도 않고 논리적으로 궤변에 가까운 주장을 이용해 자기 사랑을 경건의 차원으로 끌어올린다. 자신을 사랑하지 않는 것이 죄라고 단정한다. 이 주장의 유일한 근거는 셸러의 사랑론이지만, 셸러도 슐러의 자기 사랑 논리에는 전혀 동의하지 않을 것이다. 경건은 하나님을 사랑하는 것이다. 하나님의 명령에 순종하여 이웃을 돌아보는 것 역시 경건이다. 하지만 나 자신을 사랑하는 것은 경건이 아니다. 자기 사랑 하나에 도취된 슐러는 하나님께서 모든 사람을 사랑하신다 가르치는 종교만이 참된 종교라고 주장한다. 다시 말해 자신을 사랑하라 가르치는 종교만이 참된 종교라는 소리다. 성경은 자기 사랑을 말하는 대신 인간의 타락한 본성을 지적하고 있으니, 슐러가 말하는 참된 종교가 성경을 따르는 정통 기독교가 아닌 것은 다시금 분명하다.

자기를 사랑해야 할 둘째 이유로, 슐러는 내 안에 하나님께서 살고 계시기 때문에 나를 사랑해야 한다고 주장한다. 나를 사랑하지 않는 것은 내 안에 계시는 하나님도 사랑하지 않는다는 뜻이 된다는 논리다. "'하나님을 사랑하십니까?' 하고 물었더니 '예' 하고 대답했다. '자신을 사랑하십니까?' 물으니 '아니오' 한다. 나는 말했다. '그렇다면 그대는 하나님을 정말 사랑하고 있는 게 아닙니다. 하나님께서는 그대 안에도 살아 계시니 말입니다.'"*SL*, 16. 그리스도를 구주로 모시면 그 사람 안에는 하나님께서 거하신다. 하지만 나를 사랑하는 것이 곧 내 안에 계시는 하나님을 사랑하는 것은 아니다. 나는 어디까지나 사랑의 주체이고 내 사랑의 대상은 하나님이시지, 하나님을 모신 나 자신이 아니다. 내 안의 하나님을 사랑한답시고 자신을 사랑하는 것은 손님을 안방에 모셔 놓고 나 혼자 사랑방에서 잔치하는 격이다. 내 왕으로 내 안에 오신 하나님을 제치고 내가 왕 노릇을 하겠다는 것과 무엇이 다른가?

앞서 슐러는 그리스도께서 내 안에 계시면 내가 나 자신의 가치를 느끼고 스스로를 사랑하게 된다고 하였다. 우리 안에 계시는 그리스도의 존재가 우리의 가치를 무한히 높여 준다는 말은 맞다. 하나님의 자녀가 되었으니 그 존귀함이야 더 말할 필요가 없다. 하지만 그 가치는 보배를 담은 질그릇의 가치지 내가 하나님의 가치를 공유하는 것이 아니다. 지극히 큰 은혜를 깨닫는 것이지 내가 잘난 것이 아니라는 말이다. 주님께서는 나를 위해 십자가를 지실 정도로 나를 귀하게 대하셨지만, 그 존귀함은 오직 하나님의 자녀 자격의 존귀함이요 은혜로 말미암아 깨닫는 것이다. 나라는 존재 그 자체가 귀한 것이 아니라 주님의 존재가 나를 귀하게 만들어 준다. 따라서 그런 나의 사랑 역시 나 자신이 아닌 나를 존귀케 하시는 주님을 향한다. 그렇기에 자랑할 수 없는 것 아닌가롬3:27. 성경에서는 어느 경우든 내 안에 주님께서 계시니 나 자신을 사랑해야 한다는 결론은 나오지 않는다. 성경의 가르침은 명백하다. "자랑하는 사람은 주님을 자랑하라"고전1:31, 고후10:17

그러나 슐러에 따르면 하나님께서 사람 안에 계시다는 사실은 이웃사랑의 근거도 된다. 하나님께서 사람들 안에 계시므로 이웃을 사랑하지 않으면 하나님도 사랑할 수 없다는 말이다. 사람을 사랑하는 것과 그 사람 안에 계시는 하나님을 사랑하는 것이 별개라는 사실은 이미 지적했는데, 하나님께서 '사람들 안에' 계시다는 주장에는 더 큰 위험이 담겨 있다. 하나님께서 모든 사람 안에 계시다는 것은 신사고 범신론의 핵심이다. 범신론에서는 사람이 신의 일부요 특히 신의 뜻을 보여 주는 신의 반영이다. 사람이 신과 같은 본질을 가졌다면 그런 사람을 사랑하는 것이 당연히 하나님을 사랑하는 일일 것이다. 신이 사람 안에 계시므로 사람을 사랑해야 한다는 것은 사실 범신론에 입각한 힌두교 사상이다. 신사고 운동가 홈즈와 쉰이 함께 주장하는 그 이론에서는 창조주와 피조물의 구분이 없다. 이들은 신이 사람뿐 아니라 동물 안에도 계신다 믿기에 동물 역시 존중한다. 하나님께서 사람 안에 계시기 때문에 이웃을 사랑해야 한다는 슐러의 주장은 그가 범신론 세계관을 암암리에 채택하고 있음을 보여 주는 또 하나의 보기다.

이런 위험한 주장을 기독교인들이 아무 여과 없이 수용하는 이유는 그것이 성경의 가르침과 닮았기 때문이다. 성경도 형제자매와 이웃을 사랑하는 것이 하나님을 사랑하는 방법이라고 가르친다. 하지만 사람 안에 하나님께서 계셔서가 아니라 하나님께서 우리에게 그들을 사랑하라 명령하셨기 때문이다. 그 사람이 그리스도인이라면 그 사람 안에 하나님께서 당연히 계시겠지만, 그것이 사랑의 이유는 아니다. 내가 그 사람을 사랑하는 것은 나를 낳으신 분께서 그들도 낳으시고 사랑하라고 명하셨기 때문이다. 이 모든 과정에서도 나는 사랑의 주체일 뿐 내 사랑의 대상이 아니다. 그리스도께서 주신 황금률은 입장 바꾸기 및 수평과 수직을 아우르는 삼각구도로 이웃을 하나님과 동일시하지만, 이는 슐러가 말하는 이야기와는 거리가 멀다.

슐러는 사람을 사랑하는 것이 하나님을 사랑하는 것이라는 성경의 가르침을 범신론 세계관으로 교묘하게 왜곡한 다음 그것을 이용해 자기 사랑이 옳은 것인 양 주장한다. 그는 성경말씀의 껍데기만 이용할 뿐이다. 그 주장의 바탕을 이루는 세계관도, 그 세계관을 이용해 만든 규칙도, 또 그 규칙을 이용해 내린 자기 사랑의 결론도 성경과는 관련이 없는 엉터리요 거짓이다.

가장 큰 계명

슐러가 자기 사랑을 주장하는 이유는 또 있다. 이번에는 보다 근본적인 이유다. 첫째, 자기를 사랑해야 하나님을 사랑할 수 있고, 둘째 자기를 사랑해야 이웃도 사랑할 수 있다는 것이다. 하나님 사랑, 이웃 사랑은 우리 주님께서 '가장 큰 계명'으로 압축해 주신 두 가지다. 만약 슐러의 말대로 자기 사랑이 가장 중요한 이 계명을 순종하기 위한 전제조건이라면, 이것저것 따져 볼 것 없이 무조건 순종해야 할 하나님의 명령일 것이다.

슐러의 첫 논리는 간단히 이런 것이다. '성경은 이웃을 자신처럼 사랑하라 했다. 내 이웃을 나 자신처럼 사랑하는 것은 율법의 완성이다. 그런데 이웃을 나 자신처럼 사랑하려면 먼저 나 자신을 사랑해야 한다. 나를 미워한다면 이웃도 미워하게 될 것이니 말이다. 그러므로 자기 사랑은 이웃 사랑의 전제조건이다.' 무척이나 성경적인 듯 보인다. 하지만 슐러의 이 주장은 제 것이 아니라 에리히 프롬의 주장을 그대로 인용한 것이다. "한 개인이 생산적인 사랑을 할 수 있다면 그 사람은 자기 자신도 사랑한다. 다른 사람들 '만' 사랑할 수 있다면 그런 사람은 사랑 자체를 할 수가 없다." *SL*, 42.

이 말을 이해하려면 우선 프롬의 사랑론을 알아야 한다. 앞에서도 잠시 언급한 것처럼 프롬은 사랑을 크게 두 가지로 나눈다. 하나는 내가 어떤 대상을 원하거나 필요로 하기 때문에 사랑하는 것이요, 다른 하나는 그 대상이 나를 필요로 하기 때문에 사랑하는 것이다. 전자는 받고자 하는 나 중심의 사랑인 반면, 후자는 남 중심의 사랑으로서 주고자 하는 진짜 사랑이다. 프롬은 사랑이 나 자신을 나누는 일이라고 했다. 남과 얽히는 것이므로 실망도 감수하고 내 사생활이 드러나는 것도 각오해야 한다는 것이다. 한마디로 용기가 있어야 할 수 있는 것이 사랑이다.

그런데 자신을 사랑하지 못하는 사람은 자신을 신뢰하지 못하기 때문에 주는 사랑을 실천할 수 없으며, 따라서 받는 사랑만 시도한다고 했다. 그러나 프롬에 따르면 그런 사람은 자신에 대한 자신감이 없기 때문에 자신은 상대방의 사랑을 받을 자격이 없다고 생각하게 된다. 그리고 사랑을 못 얻을지 모른다는 두려움 때문에 결국 상대를 사랑하지 못하게 된다. 혹 사랑을 해도 다리를 놓는 사랑이 아니라 벽을 만드는 사랑이 되고 만다고 했다. 이기적, 소극적, 방어적인 사람, 과도하게 집착하거나 질투하는 사람이 남을 사랑할 수 없는 이유는 바로 자기 사랑이 없기 때문이라는 것이다.

이에 반해 자신을 충분히 신뢰하는 사람은 용기를 갖고 사랑할 수 있다고 한다. 프롬은 주는 사랑은 절대 실패하지 않는다고 했다. 상대가 받든 안 받든 괜찮기 때문이다. 타인을 향한 사랑의 의지는 결국 강력한 자기 사랑을 나누고 싶은 의지라고 한다. 남을 사랑하는 그것이 곧 자신을 사랑하는 방식이요 남을 사랑할 때 느끼는 뿌듯함이 바로 자기 사랑이기 때문이다. 프롬은 이웃을 사랑하는 것은 그 사람을 믿어 주는 것인데 자신을 신뢰하지 못하는 사람이 어떻게 남을 믿겠는가 하고 묻는다. 결국 자신을 사랑하면 할수록 다른 사람도 더 사랑하게 된다는 소리다.

슐러는 프롬과 셸러의 사랑론을 이용해 흔히 똑같다고 생각하는 이기적인 사랑과 자기 사랑을 효과적으로 구분한 다음 자기 사랑이 참사랑의 필수조건이라고 주장한다. 남을 향해야 하는 사랑을 나를 향하게 하고도 참되다고 말할 수 있도록 이론적인 근거를 마련한 것이다. 프롬의 구분은 일단 무난해 보이지만, 성경이 말하는 이웃 사랑은 애초부터 '주는 사랑' 하나이므로 프롬의 구분 자체가 별 의미가 없다. 또 성경의 사랑은 내가 나의 자기 사랑을 이웃에게 주는 것이 아니라 주님께서 주신 사랑을 나를 통해 전하는 것이므로 나 자신에 대한 신뢰나 용기가 조건이 될 수 없다. 성경의 사랑은 우리를 구원하시려 독생자를 주신 하나님의 사랑이다. 슐러는 이 사랑을 모르는 유대인 학자의 논리를 전폭 수용하여 성경의 사랑 그 자체의 의미마저 왜곡한다. 게다가 프롬의 인간관 역시 무척이나 낙관주의적이다. 사랑을 둘로 구분하면서 사람도 자신을 사랑하는 사람과 그렇지 못한 사람 둘로 나눔으로써, 자신을 사랑하는 훌륭한 사람이 이기적인 사랑을 할 가능성은 애초에 배제해 버리는 셈이다.

슐러의 사랑론에 있는 보다 심각한 문제는 이웃을 자신처럼 사랑하라 하신 말씀의 본뜻을 뒤집는다는 점이다. 사람은 누구나 자기 사랑의 본능을 타고난다. 생물로서 갖는 생존본능에다가 죄로 타락한 이후의 탐욕까지 뒤섞여 있다. 그런데 세상에는 나 말고도 사람이 많다. 나의 이웃이다. 나와 똑같은 생활세계를 살아가고 나와 동등하므로 비교가 가능한 존재다. 가시와 엉겅퀴로 뒤덮인 세상에서 나와 경쟁을 벌이는 대상이기도 하다. 사람은 자기를 챙기고 보호하는 본능을 갖고 있다. 나 아닌 사람을 사랑하려면 자신을 향하는 그 본능을 제어하고 조절해 나의 관심과 노력을 바깥으로 향하게 해야 한다.

어느 정도로 해야 할까? 내가 나 자신을 생각하는 만큼 하면 된다. 이웃을 자신처럼 사랑하라는 말씀에는 자신만을 챙기는 인간의 타락한 본성 곧 이기적인 마음이 이미 전제되어 있어서, 그것을 하나님의 사랑으로 고치고 향상시켜 이웃을 향하게 만들라는 말씀이다. 세상 사람들도 공존을 위해 공평과 정의 곧 상호성의 규칙을 만들었다. 그리스도께서는 그런 규칙을 넘어 주님께서 보이신 헌신적 사랑을 이웃에게 실천하라고 제자들에게 황금률을 주셨다.

자기 사랑은 이러한 성경의 이웃 사랑과 충돌한다. 그래서 이웃을 자신처럼 사랑하라 명령하신 것이다. 하지만 슐러는 프롬의 심리학을 이용해 자기 사랑을 자기 의지와 분리한 다음 자기 사랑이 이웃 사랑의 전제조건이라는 정반대의 결론을 도출한다. 심리학 분석까지 뒷받침하여 단순한 말장난을 넘어간다. 경제학에도 낙수효과라는 이론이 있다. 부자가 많이 가져야 가난한 자들에게 많이 나누어 줄 수 있다는 이론이다. 상호 충돌을 일으키는 것들을 교묘한 논리로 왜곡하여 마치 전제조건인 양 만든 것이다. 그런데 자기를 사랑해야 이웃도 사랑할 수 있다는 이 궤변이 이미 많이 번졌다. 조엘 오스틴도 *Become a Better You*더 나은 당신이 되어라[7]에서 예수님의 명령이라면서 같은 주장을 편다.

교묘하게 왜곡하기는 했지만 나를 사랑해야 이웃도 사랑할 수 있다는 주장은 일단 성경을 이용하여 했다. 그런데 슐러는 자신을 사랑해야 하나님도 사랑할 수 있다는 주장까지 편다. 이번에는 인용할 성구가 없다. 하여 프롬을 이용한 왜곡에다가 속임수를 하나 추가한다. "자신을 사랑하지 못하는 사람은 아무도 하나님을 사랑할 수 없다. 이 놀라운 사실은 예수 그리스도께서 가르치신 열한 번째 계명에 담겨 있다. '그대의 하나님 여호와와 그대의 이웃을 그대 자신처럼 사랑하라.'"*SL*, 15-16.

속임수는 "그대 자신처럼"이라는 구절이다. 슐러는 이 문구에 강조 표시까

---

7. 한국어판은 『잘되는 나』라는 제목으로 출간되었다.

지 붙였다. 예수께서는 구약성경에서 가장 큰 계명이 하나님을 사랑하고 이웃을 사랑하는 두 가지라고 가르치셨다. 그런데 주께서는 이 둘을 분명히 나누어 우선 하나님을 사랑할 때는 "네 마음을 다하고 목숨을 다하고 뜻을 다하여" 하라 하셨고마22:37 이웃을 사랑할 때는 "네 자신 같이" 하라 하셨다마22:39. 예수께서 근거로 삼으신 구약성경 역시 이 둘을 그렇게 구분하고 있다신6:5, 레19:18. 그런데 슐러는 이 둘을 하나로 압축하여 열한 번째 계명이라 부르면서, 예수께서 이웃 사랑의 기준으로 주신 "네 자신 같이"라는 구절이 마치 하나님 사랑의 기준도 되는 듯 성경을 왜곡하고 있다.

이웃은 나와 마찬가지로 하나님의 피조물이다. 따라서 나와 동등한 정도로 사랑하면 충분하다. 인간의 본성을 고려할 때 이웃을 나 자신만큼 사랑하는 것도 사실 사람의 노력으로는 거의 불가능한 영역이다. 슐러는 "그대 자신처럼"이라는 문구를 하나님을 사랑하라는 명령에까지 슬쩍 덧붙임으로써 자기 사랑이 이웃 사랑을 넘어 마치 하나님을 사랑하기 위한 전제조건까지 되는 양 왜곡한다. 성경 한 구절에서 낱말 몇 개 뺀 것뿐인데 왜곡의 정도는 치밀하게 논리를 전개한 것처럼 크다.

성경은 우리에게 하나님을 사랑할 때 모든 것을 다해 사랑해야 한다고 가르친다. 하나님을 사랑하는 일은 이웃을 사랑하는 일과 차원이 다르다. 하나님께서는 피조물의 하나가 아니라 온 우주를 창조하신 창조주시다. 그래서 성경은 마음, 뜻, 목숨, 힘 등 우리 인간의 총체를 가리키는 표현을 나열한 다음 그것들을 다하여 사랑하라 명령한다. 그리스도께서 하나님 사랑을 재물 사랑과 비교하신 것은 우리의 온전하지 못한 마음 곧 하나님을 전적으로 의지하지 못하는 마음을 지적하신 것이지, 하나님께서 그런 재물과 비교되시는 분이셔서가 아니다. 슐러는 자기 사랑을 강조하려고 성경 한 구절을 슬쩍 비틀었는데, 그렇게 함으로써 우주의 창조주이신 하나님을 사람과 동등한 피조물로 깎아

내리는 죄를 저질렀다. 슐러가 볼 때는 물론 죄가 아니다. 슐러의 범신론에서는 사람이나 신이나 그것이 그것인 까닭이다.

슐러가 온갖 수단과 방법, 자료와 논리와 주장을 끌어와서 자기 사랑을 강조하는 이유가 무엇일까? 복잡한 논리를 끌어왔지만 결론은 늘 분명하다. 이 것 하나면 그 이후에 그 어떤 탐욕을 추구한다 하여도 잘못이 아니요 심지어 하나님을 섬기는 경건의 차원으로 승화시킬 수 있기 때문이다. 성경이 죄의 첫 모습으로 그리는 자기 사랑을 아주 정당한 것으로 뒤집어 놓았으니, 이제 탐욕을 눌러야 한다는 성경의 가르침을 탐욕을 마음껏 즐기라는 번영복음으로 바꾸는 것은 손바닥 뒤집기 정도로 쉬운 일이 되었다.

5. 네 꿈을 펼쳐라

슐러가 가진 목표는 번영복음 스승인 노먼 빈센트 필의 가르침과 또 나아가 두 사람의 사상의 원조인 신사고와 조금도 다르지 않다. 성공이다. 성취다. 번영하자는 이야기다. 표현이 다르고 접근 방식에 다소 차이가 있지만 기본 바탕은 같다. 슐러도 쉰처럼 또 필처럼 그 목표를 이루기 위해 믿음이라는 개념을 이용한다. 자존감이 있을 때 믿음도 생긴다고 하면서 말이다. "자기 가치에 대한 새로운 깨달음이 내 안에 생겨나면 그것이 정서적 건강을 낳아 살아 계신 하나님을 믿는 살아 있고 삶을 변화시키는 믿음도 가능하게 될 것이다."*SL*, 55.

여기서는 믿음의 대상을 '하나님'으로 명시했다. 하나님에 대한 믿음은 살아 있는 믿음이기에 물론 내 삶을 변화시킨다. 그런데 슐러에게는 믿는 대상이 하나님 말고도 또 있다. 슐러의 믿음은 "자신을 믿고, 가족을 믿고, 친구를 믿고, 하나님을 믿는" 믿음이다*SL*, 58. 하나님을 끝에 넣기는 했지만 사실 장식품에 지나지 않는다. 결국 믿을 대상은 '나 자신'이다. 게다가 하나님을 믿은 결과 나를 믿게 되는 것이 아니라 반드시 나를 믿어야 하나님도 믿을 수 있다고 한다. 나를 먼저 믿어야 믿을 수 있는 하나님이라면 내 마음에 바탕을 둔 신, 곧 포이어바흐가 인간 마음의 투사라고 비판한 그 신일 것이다. 슐러는 우리가 자신을 믿어야 한다고 거듭 역설한다. "스스로를 믿으면 눈높이를 높이고 성취도를 향상시켜 택한 분야에서 성공하게 된다."*SL*, 61. 나만 믿으면 된다는 그런 믿음은 성경이 말하는 믿음과 아무 상관이 없는 것이고, 필이 말한 '자기 신뢰'일 뿐이다.

슐러는 자기가 말하는 믿음이 어떤 종류인지를 미국의 해양생물학자 레이첼 카슨Rachel Carson, 1907~1964년의 일화를 통해 잘 보여 준다. 카슨은 『거울 나라의 앨리스』에 나오는 앨리스와 붉은 여왕의 대화를 먼저 소개한다. 앨리스가 불가능한 것은 믿을 수 없다 하자 여왕은 자기는 불가능한 것을 믿는 연습을 매일 삼십 분 동안 했다면서, 아침 먹기 전에 불가능한 것을 여섯 가지나 믿은 날도 있다 했다는 이야기다. 그런 다음 카슨은 이렇게 말했다. "그것이 바로 우리가 꼭 해야 되고 알아야 하는 일이다. 아침 먹기 전에 불가능한 일들을 믿기 시작하면 저녁때쯤 그것들이 더 이상 불가능하지 않다는 것을 가장 먼저 깨닫게 된다."*DYP*, 115.

슐러는 카슨의 이런 태도를 믿음의 모범으로 소개한다. 그러나 카슨의 믿음은 그저 불굴의 집념이었을 뿐 그리스도와는 아무 상관이 없는 것이었다. 하나님도 없고 그리스도도 없고 구원의 언약도 없다. 의지가 굳은 사람이면 누구나 갖는, 불가능한 것을 가능하게 만드는, 디즈니 만화에 자주 등장하는 그런 집념이다. 집념이든 믿음이든 거기 무엇을 담을지는 내 마음에 달렸다. 내 신념의 그릇은 내 욕심을 위해 활짝 열려 있기 마련이다.

슐러는 믿음의 내용을 말할 때는 믿음보다 희망소망을 강조한다. 자존감을 바탕으로 하는 꿈이 슐러의 모든 것이다. 사람은 공기, 물, 음식이 없으면 못 살지만 그것들보다 더 중요한 것이 "그대 마음에 힘과 생명을 넣어주는 영"이라고 한다. 슐러는 이 영이 곧 희망이라 하면서 이 희망을 하나님과 동일시한다. "희망 …… 꿈을 뿌리내리게 하는 그 신비로운 힘! 그 힘을 그대는 뭐라 부르는가? 나는 하나님이라 부른다!"*DYP*, 195. 하나님을 힘으로 보던 첫 입장 그대로다. 결국 가장 깊이 필요한 것은 '희망'이다. 이것이 얼마나 중요하다고 하는가? "희망이 없으면 그대는 끝장이다. 희망이 있으면 다 가진 것이다."*DYP*, 188. 슐러는 앞에서 하나님이라 불리는 영원한 창조력이 없으면 끝장이요, 있으면 무적이라 하였다. 그 '하나님'이 결국 '희망'으로 귀결된 셈이다.

희망 내지 소망은 기독교 복음의 핵심이다. 믿음, 사랑과 함께 기독교의 세 덕목을 이룬다. 이 소망은 하나님의 약속을 내용으로 한다. 주와 함께 고난을 받으면 주와 함께 영광도 누릴 것이라는 약속이다. 우리 주 예수께서 다시 오실 것이요, 하나님께서 우리 눈에서 눈물을 닦아 주실 것이요, 우리는 하나님 및 우리 주님과 함께 영원히 살며 왕 노릇을 할 것이라는 소망이다. 그런데 슐러가 말하는 희망은 한 사회학자가 말하는 희망과 같다. "하나의 종種으로서 우리의 생존은 희망에 달려 있다. 희망 없이는 해낼 수 있다는 믿음을 잃고 말 것이다."*SE*, 19. 자존감에서 나오는 슐러의 희망이나 이 사회학자의 희망은 내용은 없는 희망이다. 텅 빈 희망, 공허한 희망이다.

하지만 슐러가 말하는 희망이 늘 그렇게 텅 빈 것은 아니다. 슐러가 말하는 꿈은 사실 내용으로 가득하다. 상당히 알찬 꿈이다. 출발점은 다시금 자기 사랑이다. 자존감이 믿음을 가져오듯 이번에는 자기 사랑이 무한한 가능성의 문을 열어 준다. "자기 사랑은 우리의 영혼의 의식을 확장시킨다. 왜냐하면 하나님과 생명으로 접촉하는 길을 열어 주기 때문이다."*SL*, 68. 꿈을 꾸는 사람은 나다. 자존감을 회복한 나, 자신을 사랑할 수 있게 된 나다. 부정적인 자기 인식을 끝내고 꿈을 꾸기 시작하는 것을 슐러는 '회개'라 하였다. 그러므로 슐러에게 꿈은 자존감의 회복 곧 구원의 가장 분명한 증거다. 잠재의식에 실패의 두려움이 있으면 꿈을 못 꾼다고 했다. 구원의 자연스러운 결과로 우리는 탁월함을 추구하게 된다는 것이다. 슐러는 하나님께서 구원받은 자에게 자신과 하나님에 대한 신뢰, 또 하나님께서 주시는 꿈에 대한 신뢰를 주신다고 주장했다. 하나님과 가까워져야 위대한 꿈을 꿀 수 있다고도 한다. 슐러는 자기 사랑이 인간 삶의 기초 의지가 되어야 한다고 역설한다.

그런데 슐러는 이 꿈을 하나님께서 주신다고 강조한다. 빌립보서 2장 13절이 근거다. "하나님께서 여러분 안에서 일하셔서 당신의 목적을 이룰 의지와 능력을 주십니다."*DYP*, 89. 그러면서 하나님과 가까운 사이가 되면 위대한 꿈을 꾸고 위대한 일들을 시도하게 된다 하였다. 그려야 할 것은 "그대가 이루고자 하는 것의 그림"인데, "그대는 하나님이 그대 인생을 위해 최선의 것을 하실 것으로 기대할 당연한 권리가 있다!"라고 한다*SL*, 182. 결국 그 꿈은 "그대의 생을 위한 하나님의 꿈"이다. 내 꿈이 곧 하나님의 꿈이라는 말이다. 왜 하나님의 꿈인가? 이유는 간단하다. 내 꿈을 무한 능력이신 하나님을 통해 무한 확장하기 위해서다.

"목표를 세울 때는 그대의 최고 가치와 그대의 최고 이상으로 돌아가 그대가 세우는 목표가 하나님께서 영감을 주신 이러한 이상들과 조화가 되도록 하라."*DYP*, 116. 내 꿈인데 하나님께서 영감을 주신다고 한다. 내 생각은 곧 우주의 생각의 반영인 까닭이다. 번영복음의 범신론은 이렇게 무한 탐욕을 신의 이름으로 가능하게 만든다. 무조건 최고여야 한다. 무엇이든 하나님의 이름으로 정당화된다. 하여 슐러는 거듭 "큰 꿈"을 강조한다. 도전할 것을 요구한다. 하나님께서 내가 꿈꾸는 만큼만 이루어 주시기 때문에 결국 내 꿈의 크기가 하나님의 크기라고 한다.

슐러는 덕스러운 권면도 자주 들려준다. 이데올로기, 삶의 철학, 가치관, 쾌락, 돈 등은 목표가 아니라 하며, 바라는 것을 다 가질 수 있다는 뜻도 아니라 했다. 하나님의 영광을 위해서 또 이웃을 위해 희생해야 한다는 점도 거듭 역설한다. 슐러는 우리의 가치관이 "하나님 및 당신의 말씀과 조화를 이루어야" 한다 하였다. 성공을 신뢰하라 가르치면서도 성공을 "삶의 길에서 다른 사람을 도왔을 때 느끼는 자부심 및 자존감의 행복하고 겸허한 느낌"이라 아름답게 정의한다*SE*, 120. 내 자존감과 이웃 사랑을 절묘하게 연결시킨 셈이다. 또 성공을 하나님을 섬기고 동료를 섬기는 일에 쓰라 하였다. 하지만 여러 권의 책과 수많은 강연 및 설교를 통해 전파한 것은 자기 사랑에 바탕을 둔 번영, 곧 남보다 잘되는 성공이었다. 그리고 그것을 이루기 위해 이용한 것은 범신론에 근거한 방법이었다.

사람의 꿈이 하나님의 꿈이라 하여 다 범신론은 아닐 것이다. 하지만 슐러는 꿈을 이루는 방법으로 '상상력'을 적극 권한다. 필이 말한 우주와 통하는 바로 그 능력이다. 상상력을 사용하면 열정이 생기고 열정은 야망을 낳는다고 했다. '가능성 사고자Possibility Thinker'의 비밀은 '믿음'으로서, 믿음은 "하나님께서 점화시켜 주신 상상력을 통해 역사하는 하나님의 능력"이라고 한다*MA*, 44.

슐러는 또 큰 꿈의 중요성을 화이트헤드의 말로 강조한다. "위대한 사람들이 꾸는 위대한 꿈들은 절대 완성되지 않고 대신 언제나 초월된다."*DYP*, 95. 화이트헤드는 과정과 진화라는 관점에서 이 이야기를 했다. 화이트헤드에 따르면 위대한 사람들이 꾸는 위대한 꿈은 우주가 자기를 실현해 가는 과정을 담당하는 것으로 우주는 영원한 발전의 과정에 있으니 그 실현에는 완성이 없다. 대신 한 꿈이 이루어지는 순간 다른 꿈이 또 등장하는 방식으로 초월된다고 했다. 슐러가 이 말의 뜻을 잘 모르고 인용한 것이 아니다. '원리'를 알았기에 인용한 것이다. 슐러가 말하는 큰 꿈의 배경에는 화이트헤드가 말한 그런 범내신론의 원리가 깔려 있다.

슐러는 윌리엄 제임스를 통해 하나님의 그 힘이 온 우주를 덮고 있는 그 힘임을 미리 상기시킨다. 그러고 나서 하나님께서는 언제나 나보다 더 큰 꿈을 꾸신다고 말하며, 하나님께서 능력을 주신다면서 빌립보서 4장 13절을 다시금 인용한다. 슐러에 따르면 하나님의 꿈의 내용은 건강과 행복이다. 하나님께서는 내 성공의 '사다리'시다. "그대 자신을 최고급, 성공, 앞서가는 사람, 전진하는 사람으로 상상하라."*MA*, 44. 무슨 영역에서 말인가? '일자리, 교육, 결혼, 사업 등등'이 슐러가 말하는 우리가 성공해야 할 영역이다. 그렇기에 우리가 거룩한 상상력을 활용해야 한다는 것이다. 거물과 사귀고 인생의 사다리를 오르라 한다. 나 자신을 상상하되 "힘 있는 사람들의 친구, 돈 많은 사람들의 동반자, 하나님의 동역자"로 하라고 한다*SL*, 166.

슐러는 꿈의 내용을 구체적으로 언급하기보다 암시기법을 더 많이 활용한다. 필과 비슷하다. 주로 상류층과 만난 이야기를 예화로 든다. 대부분 돈, 권력, 명예를 얻은 이들의 이야기다. 이십오만 불짜리 다이아몬드가 등장하는가 하면, 캐딜락을 몰아 보았다, 수상비행기를 탔다, 문에 붙은 마호가니[8] 판, 세계 유명 관광지를 다닌 이야기나 고급 호텔에서 숙박한 이야기 등은 독자들 마음에 깊이 새겨진다. 엄청난 암시효과다. 자기 이야기를 할 때도 자신의 성공을 은근히 과시한다. 하나님께 집중하라 하면서도 그것을 "황금 열쇠"라 부르기를 잊지 않는다*DYP*, 197.

슐러도 필처럼 하나님께서 주신 믿음의 그릇에서 영원한 생명과 구원을 끄집어내고 대신 썩어 없어질 것들을 잔뜩 채웠다. 성경을 왜곡하되 성경이 말

---

8. 마호가니(mahogany)는 열대와 아열대 지방에서 자라는 나뭇결이 매우 아름다운 활엽수다. 세계에서 가장 좋은 가구용 나무로 특히 장롱을 만드는 데 널리 쓰인다.

하는 것과 정반대의 주장을 마치 성경의 내용인 양 내놓았다. 그래서 세상을 사랑하는 기독교인들로부터 열렬한 환영을 받았다.

슐러에 대해서는 성경이 간단히 평가한다.

> 사람들이 자기를 사랑하며 돈을 사랑하며 자랑하며 교만하며 비방하며 부모를 거역하며 감사하지 아니하며 거룩하지 아니하며딤후3:2

슐러가 혼신의 힘을 다해 전한 세 가지, 곧 자기 사랑, 돈 사랑, 자존감이 고통스러운 말세의 첫 세 가지 특징이다. 슐러를 통해서도 누군가는 참된 복음을 알고 믿게 되었을지도 모른다. 비판하는 사람을 통해서도 전파되는 것이 복음 아닌가빌1:15-18. 하지만 슐러는 기독교 복음의 옷 뒤에 감춘 범신론적 번영복음으로 수많은 사람을 진리 아닌 길로 인도하여 구원에서 멀어지게 하였고, 자기 사랑이라는 그릇된 주장을 그럴듯한 논리로 정당화하여 수많은 그리스도인들로 하여금 부담 없이 탐욕과 자기 사랑의 길을 가게 만들었다. 덕분에 수없이 많은 사람이 더 아프게 이 마지막 때의 고통을 맛보고 있다.

하나님께서는 슐러가 그리스도의 복음을 뒤집으면서 강력한 근거로 삼았던 그의 평생의 업적을 그가 아직 살아 있을 때 상당 부분 거두셨다. 하나님께서 슐러를 사랑하셔서 기회를 주신 것은 아닐까? 그러나 슐러는 끝까지 입을 다문 채 떠났다. 잔인한 침묵이었다.

제5장

조용기의 '고차원' 번영복음

1. 조용기 사상의 골자

조용기 목사

조용기 목사는 한국 번영복음의 '모든 것'이다. 비슷한 주장을 편 다른 목사도 수없이 많지만 모두가 조용기의 아류 아니면 제자일 뿐, 한국교회의 번영복음은 조용기 한 사람으로 대변된다. 목사로 활동한 기간이 길다 보니 번영복음 이전의 기복신앙까지 품었다. 조용기의 사상은 기복신앙과 번영복음의 종합이다.

조용기는 한국이 낳은 세계적인 목사다. 설명이 따로 필요가 없을 정도다. 한국전쟁 후 가난으로 찌든 땅에 천막교회를 시작하여 수십 해 뒤 칠십만 명 이상의 교인을 보유한 세계 최대의 교회로 만들었다. 교회만 키운 것이 아니라 특유의 성령 목회를 전 세계에 전파해 큰 영향력을 끼쳤다. 세계 곳곳의 수많은 목사가 오늘도 조용기에게 직, 간접으로 배운 원리로 교회를 운영하고 있다. 한국에서의 영향력은 말할 것도 없다. 꼭 제자가 아니라도 조용기의 영향으로부터 자유로운 사람이 많지 않다. 그래서 제대로 된 분석이 필요하다.

조용기는 목회자이므로 신학적으로 재단해서는 안 된다는 이야기도 있다. 일리가 있다. 하지만 그 어떤 사역도 신학적 평가 위에 군림할 수 없다. 게다가 조용기의 사역은 분명한 신학적 원리를 바탕으로 한다. 저서나 설교 어느 것을 보아도 일관성 있게 또 분명하게 드러나는 원리다. 조용기의 사상을 학술적으로 연구한 글도 이미 많이 나왔다. 전 세계에 미치는 조용기의 영향력이 결국은 이 신학적 원리에서 나온 것이므로 조용기의 사상을 분석하는 일은 가능한 일일 뿐 아니라 꼭 필요한 일이기도 하다.

조용기 목사를 긍정적으로 보는 사람도 많다. 성령의 사역에 집중한 성령신학, 삶의 자리에 초점을 둔 현장신학, 사람의 몸과 삶까지 아우르는 전인 구원의 신학을 전파했다는 것이다. 토착화에 기여했다는 이야기도 있다. 하지만 조용기에 대해서는 비판도 만만치 않게 많고 강도도 높다. 조용기 본인의 비리를 제쳐 두고 사상만 분석해 내린 결론이 그렇다. 핵심은 비성경적인 기복신앙과 번영신학을 한국뿐 아니라 온 세계에 전했다는 것이다. 미국 번영복음의 기저를 이루고 있는 신사고가 조용기 사상의 기초를 형성하고 있다는 지적은 진작부터 있었다. 신사고에 흠뻑 젖었던 노먼 빈센트 필 및 로버트 슐러에게 큰 영향을 받았으므로 의심해 보는 것이 당연하다. 사실 그 부분을 집중 분석해 보면 조용기의 신학에 대한 긍정적인 평가도 그 신학의 바탕에 대한 무지 내지 무관심에서 나온 것임을 알 수 있다.

조용기의 번영복음이 신사고의 원리 및 기교에 바탕을 두고 있다는 점은 데이브 헌트Dave Hunt, 1926~2013년가 *The Seduction of Christianity*기독교 속의 미혹[1] 및 *Beyond Seduction*미혹을 뛰어넘어서[2]에서 두루 지적한 바 있다. 두

---

1. David Hunt & T. A. McMahon, *The Seduction of Christianity* (Eugene, OR: Harvest House, 1985). 이하 *SoC*로 표기한다.
2. David Hunt, *Beyond Seduction* (Eugene, OR: Harvest House, 1987). 이하 *BS*로 표기한다.

권 모두 포도원이라는 출판사가 1991년 및 1992년에 우리말로 역간하였으나 무엇 때문인지 지금은 절판되어 책을 구할 수가 없다. 마이클 호튼Michael Horton, 1964~현재도 *Made in America: The Shaping of Modern American Evangelism*미국제: 근대 미국 복음주의의 형성[3]이라는 책에서 조용기의 이교사상을 지적하고 있는데, 2001년 나침반사에서 번역해 내놓았지만 열 권이 넘는 호튼의 저서 가운데 이것 하나만 품절됐다. 우연이라 보기 어려운 이 품절 현상 역시 조용기 사상의 참모습을 서둘러 파악해야 할 이유가 된다.

조용기 사상의 실체를 알기 위해서는 세 가지를 집중적으로 살펴야 한다. 첫째는 그가 전하는 번영복음의 내용이다. '삼중 축복'과 '오중 복음'에 담겨 있으므로 이 둘에 대한 검토가 우선 필요하다. 둘째로 그의 번영복음 아래 숨어 있는 기초를 분석해야 한다. 이른바 '사차원 이론'인데 조용기의 번영복음 전체가 이 기초에 의존하고 있음을 고려할 때 번영복음 자체보다 더 공들여 연구해야 할 부분이다. 셋째로는 성경 인용 및 해석이 올바른지 따져 보아야 한다. 무수히 인용하고 있는 성경구절을 잘 분석해 보면 그의 번영복음과 그 기초가 모두 성경에서 나온 것이라는 조용기의 주장이 사실인지 아닌지 확인할 수 있다.

결론부터 말하자면 조용기의 신학은 혼합주의다. 조용기는 한복을 걸친 미국 신사로, 손에는 성경을 들었지만 입으로는 이교사상을 설파한다. 십자가와 보혈로 충만한 그의 사상 밑바탕에는 신사고 범신론이 자리를 잡고 있다. 구원의 십자가와 이 세상의 번영을 교묘하게 뒤섞어 하나님과 세상을 동시에 사랑하게 유혹한다. 그의 가르침을 받은 수많은 사람들은 오늘도 이 세상의 온갖 좋은 것들을 예수 이름으로 누리려고 산다. 하지만 주님께서는 하나님과

---

3. Michael Horton, *Made in America: The Shaping of Modern Christian Evangelism* (Grand Rapids, MI: Baker, 1991). 이하 *MiA*로 표기한다. 한국어판 제목은 『미국제 복음주의를 경계하라』이다.

재물을 다 섬길 수는 없다고 분명히 가르치셨다.

삼박자 축복

조용기의 신학은 보통 '삼중 축복'과 '오중 복음'으로 집약된다. 이 가운데서도 기본은 삼중 축복이다. 축복은 '복을 빈다'는 뜻이지만 이제는 모두가 그냥 '복'이라는 뜻으로 사용한다. 우리 가운데 있는 조용기의 영향 가운데 하나다. 조용기의 삼중 축복은 요한삼서 2절에 바탕을 두고 있다.

> 사랑하는 자여 네 영혼이 잘 됨 같이 네가 범사에 잘 되고 강건하기를 내가 간구하노라요삼1:2

영혼이 잘되고, 번영하고, 몸 건강한 세 겹의 축복이다. 아담이 죄를 지음으로써 영의 죽음, 힘겨운 노동삶, 육신의 질병과 사망이라는 세 가지 저주를 받았는데, 이것이 그리스도의 은혜로 삼중 축복으로 바뀐다는 것이다. 조용기는 이 구절이 자기 목회의 "가장 큰 원동력"이라 밝히고 있다. 조용기는 평생의 사역을 이 구절에 근거해 했을 뿐 아니라 나아가 이 구절을 성경 전체를 풀어내는 핵심 요절로 삼았다.

삼중 축복은 처음에 '삼박자 축복'이라는 이름으로 등장했다. 된장 냄새를 물씬 풍겨 멋진 토착화 신학이라는 칭송마저 있었다. 삼박자라면 혹 세마치일까 아니면 중모리일까 궁금했는데 막상 곡조를 들어 보니 엉뚱하게도 미국풍이다. 본인도 나중에 시인했듯이 정신적 스승인 미국의 오럴 로버츠Oral Roberts, 1918~2009년에게 배운 것이다. 로버츠도 물론 삼박자의 원조는 아니다. 처음 아이디어를 낸 사람은 미국 번영복음의 초기 전도사 케년Essek William Kenyon, 1867~1948년이다. 신사고의 영향 아래 뉴잉글랜드 지역에서 '긍정고백'

및 '믿음의 말' 운동을 전개한 케년은 구원이 영적 왕국 및 자연 세계에서 함께 이루어질 수 있다고 가르쳤고, 특히 요한삼서 2절을 근거로 하나님께서 그리스도인들에게 '건강과 번영의 복'을 주기 원하신다고 주장하였다.

성경구절을 근거로 삼아 무척이나 성경적인 듯 보인다. 하지만 그 구절을 그렇게 풀게 만든 기본 원리는 성경이 아닌 신사고다. 신사고 자체가 사실 처음부터 삼박자였다. 종교사학자로서 신사고 전문가인 로버트 풀러Robert C. Fuller, 1952~현재는 존 할러John S. Haller Jr.의 *The History of New Thought*신사고의 역사, 2012년 서문에서 신사고를 이렇게 요약했다. "신사고는 종교에 대하여 조화로운 접근을 시도하는데, 영적 안정감, 몸의 건강, 심지어 경제적인 풍요까지 한 개인이 사물들의 궁극적 원천과 갖는 내적 관계에서 흘러나오는 것으로 이해한다." 신사고 범신론은 우주의 통일성을 믿는다. 따라서 종교에서 말하는 구원도 한 영역에 제한되어서는 안 되고 삶의 모든 영역을 품어야 한다. 윌리엄 제임스는 '건강한 마음'은 '모든 것'을 구원하는 힘을 가졌다고 설명했다. 따라서 신사고는 영혼 구원에는 몸의 구원 및 생활의 구원까지 포함되어야 한다고 했다. 사물들의 궁극적 원천인 신과 통하기만 하면 이 세 가지가 다 내 것이 된다는 것이다. 신사고의 이 주장을 요한삼서 2절에서 연결시킨 것이 케년의 아이디어였다. 그러니 삼박자 축복은 신사고의 기본 아이디어를 번영복음 전도자들이 성경 구절에 끼워 맞춘 것이다. 로버츠가 이어받아 퍼뜨렸고 그것을 조용기가 배워 들여왔으니 삼박자 축복은 말하자면 세 가닥 새끼줄로 포장해 들여온 수입완제품이다.

가장 심각한 문제는 하나님의 말씀을 신사고 구도에 맞추어 억지로 풀었다는 사실이다. 요한삼서 2절은 장로가 가이오에게 보내는 편지의 서두다. 여느 편지처럼 이것도 덕담을 담은 인사로 시작한다. 바울의 편지에서도 보듯 짧은 인사에도 깊은 신학적 뜻이 담길 수 있다. 하지만 번영복음은 이 기도문 형식의 인사말을 성경 전체의 주제로 삼을 뿐 아니라 그것을 근거로 성경 나머지 부분까지 다시금 풀어낸다. 이 기도문을 삽바처럼 꽉 붙잡고 성경을 송두리째 뒤집어 만들어 낸 것이 바로 번영복음이다. 번영복음 전도자들은 이 구절의 앞뒤 문맥에 나오는 장로의 풍성한 사랑과 가이오의 진리의 삶은 다 생략한 채 상상의 나래를 넓게 편다.

그들은 우선 '영혼이 잘된다'는 말을 구원과 영생을 가리키는 말로 풀었다. 이 구절에서 '영혼'으로 번역된 원어는 '프쉬케'로 흔히 '혼'으로 번역된다. 몸과 대비되는 마음 곧 사람의 내면을 가리키기도 하고, 인격의 중심을 뜻하기도 하고, 그냥 사람이라는 뜻으로도 쓰인다눅1:46, 행27:37. 목숨을 가리키는 경우가 가장 많다. 죽으면 없어지는 몸의 목숨도, 또 그것을 뛰어넘는 생명도 '프쉬케'다행20:10, 눅21:19. 잘되는 것은 말 그대로 좋게 또는 바라는 대로 이루어지는 것이다. 형통이고 번영이다. 혼이 잘된다는 것은 그럼 무엇일까? 삶의 내면이 잘되는 것이다. 외면을 배제하는 것은 아니다. 내면은 곧 중심이므로 혼이 잘되는 것은 결국 삶 전반이 좋아지는 것이다. 구원받은 사람이 하나님의 백성으로서 삶이 형통하는 것, 곧 하나님을 의지하고 순종하여 복 받는 그런 것을 뜻한다. 구체적으로 가이오처럼 진리 안에서 행하는 그런 삶을 사는 것이다. 이 구절이 영생구원을 가리킨다는 번영복음의 주장은 본문의 지지를 받기 어렵다.

번영복음은 '범사에 잘되는 것'을 돈, 권력, 명예 등을 마음껏 얻어 누리는 것이라고 푼다. '범사'는 말 그대로 '모든 일'이니 무엇이든 읽는 사람 마음일 것이다. 하지만 이어서 가이오의 삶을 언급하는 것을 무시해서는 안 된다. 가이오가 진리 안에서 행했다고 장로는 세 번 거푸 칭찬한다. 교회의 권력자들이 순회전도자들을 박대한 반면 가이오는 권력자들의 반대를 무릅쓰고 순회전도자들을 집으로 맞아들여 접대하였다. 장로는 그 소식을 듣고 기쁜 나머지

가이오를 향한 사랑을 세 번이나 표현하면서 모든 일이 잘되기를 기도하였다. 가이오는 사랑을 베풀었다. 전도자들에게 숙식을 제공했으니 돈도 많이 썼을 것이다. 사랑으로 진리를 행했으니 잘한 일이다. 그렇지만 장로는 가이오가 더 부자가 되기를 기도하는 대신 오히려 전도자들이 떠날 때 선교자금까지 지원해 줄 것을 부탁한다. 잘되기 바라는 기도는 부자가 되라는 기도가 아니라 내 시간과 재물 등 모든 것을 형통한 방향으로, 다시 말해 하나님을 의지하고 순종하여 복 받는 방향으로 쓰라는 기도다시1:3, 대상29:23, 대하31:21.

장로의 의중은 강건하기를 바란다는 문장에도 담겨 있다. 대부분 이 구절을 건강을 비는 기도로 본다. 그래서 조용기도 몸의 건강을 삼중 축복의 하나로 포함시켰다. 그런데 이 말은 몸의 건강도 가리키지만 믿음, 사랑, 인내 등을 갖추어 건전한 성품을 이룬다는 뜻도 있다딛1:13, 2:2. 게다가 강건하라는 이 기원 역시 앞에 나오는 잘되라는 말과 함께 그 앞의 '범사에'와 연결될 수 있다. 범사 곧 '모든 일'에서 '잘되고 또 강건하기를' 기도한 것이다. 그렇게 볼 때 몸의 건강을 말한다기보다는 삶 전체의 건전성, 곧 삶을 진리 안에서 행하고 사랑을 실천하는 것을 가리킬 가능성이 크다. 그렇다면 요한삼서 2절은 진리 가운데 사랑을 실천하는 삶을 더욱 열심히 잘 살라고 다양한 표현으로 거듭 기원해 준 셈이다.

하지만 케년과 로버츠와 조용기는 이 구절을 신사고 삼박자를 전파하는 구절로 둔갑시켰다. 이 땅의 번영과 몸의 건강이 하나님께서 주시는 '축복'의 핵심요소가 되어 버렸다. 덕담을 담은 인사말을 축복의 말로 바꾸더니 더 나아가 하나님의 약속이라도 되는 양 사람들을 호도한다. 문맥에서 독립시켜 그렇게 세게 뒤튼 다음 다시금 문맥 속으로 갖고 들어가니 문맥 전체도 함께 뒤집어진다. 진리 안에서 사랑을 실천하면 하나님께서 번영과 건강의 '축복'을 주신다는 것이다. 이런 잘못된 관점을 성경 전체로 확장하면 번영복음이 된다.

사랑과 진리를 실천하게 한다면 좋은 점도 없지 않을 것이다. 하지만 신사고의 가르침을 성경의 것으로 착각한 성도들의 마음에는 그 결과로 얻게 될 번영과 건강만이 가득하게 될 것이다. 삼박자 축복은 이미 받은 영혼구원은 얼른 건너뛰고 그와 무관한, 아니 그와 반대인 재물과 권력과 명예와 건강에 집중한다. 혼합주의다. 원, 투, 쓰리 박자를 맞추는 사이 하늘과 땅이 나도 모르게 뒤섞여 버린다.

오해와 해명

조용기는 이 구절과 관련된 세간의 비판을 두 가지 언급한다. 첫째, 이 구절 때문에 '무조건 복만 바라는 기복적인 신앙'을 가르친다는 비난을 받았다고 한다. 사실을 교묘하게 왜곡하는 표현이다. 복을 바란다고 무조건 기복신앙은 아니다. 성경 전체의 주제가 '복' 아닌가시1:1. 다윗도 죄를 용서받은 복, 하나님을 의지하는 복에 대해 자주 말했고 우리 주님께서도 천국 백성들을 향해 "복이 있나니" 하고 산상수훈을 시작하셨다. 기독교 신앙은 사실 무조건 복만 바라는 신앙이 맞다. 다만 성경이 가르치는 복은 "하늘에 속한 모든 신령한 복"이다엡1:3.

번영복음은 하늘에 속한 이 복을 향해야 할 사람들의 시선을 땅의 것들을 향하도록 끌어내리는 것이다. 참된 복은 영생 구원이요 주 예수께서 재림하실 때 영원의 세계에서 얻을 것인데, 그것 아닌 이 땅의 다른 것들을 복이라 부르며 그것을 얻어 누리라 하니 번영복음이다. 번영복음은 영원을 위해 심고 의의 열매를 거두어야 할 인생을 썩을 것을 심고 거두는 인생으로 전락시킨다. 조용기는 복을 강조해서가 아니라 잘못 강조했기 때문에, 다시 말해 영원에 속한 것에 두어야 할 관심을 지금 이곳의 유한한 것에 두도록 끌어내리는 잘못을 저질렀기에 기복주의라고 비판을 받는다.

이런 기복주의는 오중 복음에도 고스란히 담겨 있다. 오중 복음은 중생구
원, 성령 충만성화, 신유, 축복, 재림을 가리키는데 신유가 건강과, 축복이 번영
과 같고 나머지 셋은 영혼 구원에 속하므로 내용상 삼박자 구원과 일치한다.
오중 복음에서는 그리스도께서 채찍에 맞으셨으므로 우리는 건강해야 한다고
주장한다. 물론 그리스도께서는 이 땅에 오셔서 병이나 장애를 낫게 하심으로
써 전인격의 구원을 보여 주셨다. 그런 구원은 교회의 사명이기도 하다. 하지
만 그것이 예수만 믿으면 안 아프고 안 다친다는 말은 아니다. 주 예수를 믿는
사람에게 불신자보다 나은 건강을 주신다는 말은 성경 어디에도 없다. 선인
악인 가리지 않고 햇볕과 비를 내려 주시는 하나님의 자비와 공의에도 맞지
않는 이야기다마5:45. 하나님의 보좌의 기초는 의와 공평이다시97:2.

또 오중 복음에서는 영원한 본향을 바라보며 평생을 나그네로 산 아브라함
이 졸지에 부동산 부자가 되어 버렸다. 이방인 및 후손에게 미치는 아브라함
의 복갈3:14이 겨우 '엄청난 재산'이었던가? 그리스도께서 우리 대신 받으신 저
주갈3:13가 가난의 저주였다고? 조용기는 예수께서 우리를 부요하게 만드시려
고 가난하게 되셨다는 말씀고후8:9을 부자 되라는 '축복의 말씀'으로 둔갑시킨
다. 경제적으로 평균케 하는 일은 물론 하나님 나라 백성의 책임이다고후8:13.
하지만 재물의 축복을 받아 누리지 못하는 삶은 예수님의 가난을 헛되게 만드
는 삶이라는 주장은 가도 너무 나갔다.

조용기는 자기가 또 '십자가 없는 신앙'이라고 비판을 받았다고 억울해 한
다. 그러나 이것도 사실을 또 호도한 것이다. 그 누구도 조용기의 사상에 십자
가가 없다고 비판하지는 않는다. 십자가가 차고 넘친다. 조용기는 설교나 책에
'그리스도의 보혈'이라는 말을 정말 많이 담았다. 이 점은 분명하다. 사람은 모
두 죄인이요 우리를 위해 십자가에 달려 죽으신 하나님의 아들을 믿지 않고는
구원받을 수 없음을 분명하게 또 거듭 전한다. 따라서 필이나 슐러와 같이 인

간의 타락과 그로 말미암은 그리스도의 십자가 구원을 이야기하지 않는 잘못은 범하지 않는다. 다른 것들과 뒤엉켜 있기는 하지만 십자가 구원의 진리 자체가 워낙 뚜렷하게 나타나 있어서 조용기의 책이나 설교를 통해 생명의 주 예수 그리스도를 만나는 일은 얼마든지 가능하다.

문제는 조용기가 말하는 십자가의 쓰임새가 또 있다는 점이다. 주님께서 십자가를 지신 결과 구원과 영생의 은혜를 듬뿍 받았는데 알고 보니 주시는 것이 더 있다고 한다. 조용기는 사역 초기의 깨달음을 이렇게 회고하고 있다. "그때 나는 하나님이 당신의 은혜와 능력의 증거로 우리를 물질적으로 축복하기 원하신다는 것을 알았다 …… 하나님의 축복은 하나님의 구속적 섭리의 일부다."[4]

온 나라가 가난하던 시절의 이야기다. '물질적 축복'이라고 길게 말했지만 간단히 줄이면 '돈'이다. 조용기는 돈 주시는 것이 축복이요 그것이 하나님의 구원에 속한다고 주장한다. 조용기는 십자가처럼 이것도 은혜임을 강조한다. 건강이나 번영도 하나님께서 값없이 주시는 축복으로서, 축복은 어느 것이든지 십자가를 통해 주어진다고 했다. 그렇기에 다른 노력이나 수단이 아닌 믿음으로 붙잡아야 된다고 권면했다.

하지만 틀렸다. 성경에 따르면 이박자, 삼박자는 하나님께서 주시는 구원의 은혜도 아니거니와 십자가를 통해 주시는 것은 더더욱 아니다. 그런 것을 주시려고 주님께서 십자가에 달리셨다는 말인가? 십자가를 강조하고 은혜니 믿음이니 갖다 붙이니 거룩해 보이지만 그러는 사이 우리에게 구원을 주시는 하나님의 능력고전1:18은 다 사라지고 말았다. 십자가는 우리에게 물질적 축복을 주는 것이 아니라 오히려 세상의 물질적 탐욕에서 건지는 것이다. 믿음의 사

---

4. David Yonggi Cho, *The Fourth Dimension Volume Two* (Alchua, FL: Bridge-Logos, 1983), 138. 이 책은 이하 *FD*2로 표기한다.

람 아이작 워츠Isaac Watts, 1674~1748년가 삼백 년 전 찬송으로 고백한 것과 같다. "주 달려 죽은 십자가 우리가 생각할 때에, 세상에 속한 욕심을 헛된 줄 알고 버리네."

조용기의 번영복음이 '십자가 없는 신앙'이었다면 애초에 속지는 않았을 텐데, 요목마다 십자가와 얽어 놓았기 때문에 하나님의 뜻을 행하고자 하는 사람들이 유혹에 넘어가 세상을 사랑하게 된다요일 2:15-17. 게다가 남들은 땀 흘려 겨우 얻고 못 얻는 사람도 많은 것을 은혜라는 이름으로 거저 누리려 하다니 부끄럽지도 않은가. 공짜를 좋아한다는 한국인의 심성에는 아주 잘 어울린다. 영생 구원은 떼 놓은 당상이고 거기다 돈이랑 출세랑 무병장수까지 주신다는데 싫다는 사람이 어디 있으랴. 십자가 보혈로 올바른 시작을 한 수많은 사람들이 그렇게 삼박자를 맞추며 걷다가 걸려 넘어졌다.

십자가와 세상을 뒤섞은 이 혼합주의가 조용기 사상의 핵심이다. 사역 초기의 경험이 큰 역할을 했다. 교회를 개척한 뒤 물품이 좀 필요했는데 돈이 한 푼도 없었다고 한다. 내가 하나님의 아들이요 왕의 왕이신 주님의 자녀인데 변변한 책상 하나 없어서야 되겠나 하는 배짱으로 하나님께 기도한 결과 책상, 의자, 자전거가 생긴 것까지는 좋았으나, 그 경험이 하늘과 땅을 뒤섞는 첫 단추가 되고 말았다. 나는 하나님의 아들이다, 독생자까지 아끼지 않으신 분이 뭐가 아까워 안 주시겠는가 하게 되었다.

가난했던 시절에는 기복신앙이었다. 창조주의 자녀인 우리가 끼니 걱정을 하거나 병에 걸려 시한부 인생을 살아서는 안 된다는 생각이었다. 살림이 나아진 지금은 번영신학으로 자랐다. 하나님을 믿는 내가 불신자보다 돈도 많이 벌고 권력과 명예도 더 가져야 하나님께 영광이 된다는 믿음이다. 군침 돌게 만드는 이 논리 뒤로 하늘의 것과 땅의 것이 뒤섞이고 영적 신분이 육적 혜택을 요구하는 가운데 그리스도의 십자가도 구원의 은혜도 다 사라진다. 혼합이

지만 공존은 불가능하다. 진리와 거짓이 어떻게 공존할 수 있다는 말인가고후
6:14-16.

주님께서는 우리가 몸의 병을 고치는 것보다 그것을 계기로 우리를 고치시는 당신, 우리에게 영생을 주시는 참되신 구주를 보기를 원하셨다. 표적을 보라는 말씀이다. 가난 때문에 이 땅을 생지옥으로 사는 이들에게 '예수 믿고 팔자八字 한번 고쳐 보자'는 전도는 참으로 강력한 복음이 되었을 것이다. 하지만 조용기는 가난을 틈타 들러붙은 물질주의의 망령을 끝까지 떨쳐내지 못하고 '잘살아 보세' 그 자체를 평생 복음으로 삼았다. 찢어지는 가난 가운데 풍성한 연보를 드린 마케도니아 교회고후8:2는 팔자가 뭔지 몰라 고칠 생각조차 못했던 것일까?

조용기의 번영복음은 우리의 영적 지위를 이용해 육적 혜택을 보려는 사고방식이다. 영원의 복을 이용해 썩어 없어질 것을 노리는 얄팍한 꾀다. 이 땅의 없어질 것들을 다 팔아 영원한 보배를 사라 하시는 주님의 명령마13:44을 백팔십도 뒤집어 영원의 보배를 내어다 썩어 없어질 배설물과 엿 바꾸어 먹으라 부추기는 참으로 어리석고 위험한 것이 삼중 축복이요 오중 복음이다. 더 길게 말할 것도 없다. 조용기의 사상은 거짓 복을 들여와 참된 복을 내쫓는 '삼박자 축逐, 내쫓다복'이다.

2. 사차원 범신론의 세계

사차원의 책 네 권

'삼'과 '오' 외에 조용기 목사의 사상에 자주 등장하는 수는 '사'다. 이른바 '사차원' 이론으로, 조용기 번영복음의 사상적 기초다. 조용기는 수많은 설교

및 저서에 담긴 핵심 사상을 '사차원'이 들어간 제목의 저서 네 권에 잘 갈무리해 두었다. 영어로 된 두 권이 먼저 나왔다. *The Fourth Dimension*사차원[5]이 1979년에, 사 년 뒤인 1983년에 증보판인 제2권[6]이 나왔다. 십여 년 뒤 *FD*1을 우리말로 번역한 『4차원의 영적 세계』[7]가 1996년에 출판되었고, 완결판이라 할 수 있는 『(삼차원의 인생을 지배하는) 4차원의 영성』[8]이 2004년에 출판되었다. 영문 저서에는 큰제목 아래 '믿음을 활용하여 성공적 삶을 사는 열쇠', '성공적 신앙생활을 위한 추가 비밀들'이라는 소제목이 붙어 있으나 한글판에서는 빠졌다.

책의 핵심 내용은 네 권이 대체로 비슷하다. 하지만 시대와 환경에 따라 표현은 상당한 차이를 보인다. 우선 영어판 두 권은 신사고의 영향을 뚜렷하게 드러낸다. 전체 내용도 그렇지만 신사고나 번영복음 전도자들이 즐겨 사용하던 표현이 거듭 등장한다. 소제목에 담긴 '성공', '열쇠', '비밀' 등의 용어 역시 신사고의 흔적이다. *FD*1 및 *FD*2에 뚜렷하게 드러난 이 신사고를 앞서 언급했듯이 헌트와 호튼이 지적하고 간단히 비판했었다. 그런데 우리말 두 권에서는 신사고가 크게 드러나 있지 않다. 대신 신사고의 실체를 지우기 위해 애쓴 흔적이 많이 보인다. 왜 그리 감추려 했을까? 영어판과 한국어판의 이런 차이를 가늠할 수 있는 좋은 보기가 있다. *FD*1의 추천사를 로버트 슐러가 썼는데 슐러의 원문과 『세계』에 실린 번역을 비교해 보면 무엇을 어떻게 고쳤는지를 어느 정도 파악할 수 있다. 슐러는 교통사고를 당한 딸의 병실에서 조용기의 *FD*1 원고를 읽고 이렇게 썼다.

---

5. Cho, Paul Yonggi, *The Fourth Dimension* (Plainfield, NJ: Logos International, 1979). 이하 *FD*1으로 표기한다.
6. Cho, David Yonggi, *The Fourth Dimension Volume Two* (Alchua, FL: Bridge-Logos, 1983). 이하 *FD*2로 표기한다.
7. 조용기 『4차원의 영적 세계』(서울: 서울말씀사), 1996. 이하 『세계』로 표기한다.
8. 조용기 『4차원의 영성』(서울: 교회성장연구소), 2004. 이하 『영성』으로 표기한다.

"치유 경험을 시각화함으로써 얻게 되는, 기도의 역동적 차원의 실체를 발견했습니다I discovered the reality of that dynamic dimension in prayer that comes through visualizing the healing experience." 슐러 자신이 *Impossible is Nothing*불가능은 없다 등 여러 저서에서 강조한 신사고의 기도 방법이다SoC, 16, MiA, 57. 이미 회복된 모습을 상상력을 이용하여 마음에 그려 봄으로써 잠재의식에 영향을 미쳐 몸을 낫게 만드는 기법이다. 슐러의 스승 노먼 빈센트 필이 가르친 과학적인 기도로서 '창조적 상상의 과정'을 활용하여 우주의 힘을 끌어오는 방법이다. 슐러의 말은 조용기의 *FD*1이 이런 시각화의 기교를 다양한 사례와 함께 전하고 있다는 이야기다.

그런데 한국어판인 『세계』는 이 구절을 이렇게 옮기고 있다. "예수님께서 나의 딸을 치료하시는 모습을 마음속에 그려보며 기도의 위력을 다시 한 번 인식하게 되었습니다."『세계』, 6-7. 완전히 다른 이야기가 되었다. 번역이 아니라 아예 재창작에 가깝다. 신사고의 기본 구도는 사라지고 갑자기 예수께서 등장하셔서 슐러의 딸을 고쳐 주시는 것처럼 되었다. 영어 원본인 *FD*1과 한국어 번역인 『세계』는 이렇게 다르다. 『세계』 서문에 보니 "이해를 돕기 위해 영어 원문을 약간 보충하여 설명하는 부분도 있다"라고 썼다. 그러나 『세계』는 영어판에 없던 두 장章을 추가한 외에 '약간의 보충' 이상의 설명을 곳곳에 덧붙였다. 오역이 여럿 눈에 띄는 것을 보면 번역은 본인이 직접 하지 않고 서문에서 언급한 '국제신학연구원' 사람들이 한 것 같은데, 누가 했든 창의적인 번역 및 상세한 보충 설명의 상당 부분이 신사고의 실체를 숨기기 위해 표현을 바꾼 것들이다.

언어 및 문화의 차이에다 20년 세월의 변화도 없지 않겠으나, 달라진 것은 겉모습뿐 기본 바탕은 그대로다. 그래서 기도의 능력을 '마음속에 그려 보며' 인식한다고 한다. 신사고에서 말하는 '상상기법'이다. 그런 기도는 능력보다 뛰어난 '위력'을 가졌다고 한다. '우주의 힘'과 통하는 멋진 번역이다. 마지막 『영성』은 은혜, 믿음, 말씀 등 더 많은 기독교적 개념으로 장식했지만 신사고 범신론이라는 기본 틀은 그대로 있다. 신사고를 숨기기 위해 곳곳에 십자가를 꽂고 페이지마다 보혈을 덧칠했지만 오히려 눈에 잘 띄게 붉은 색으로 엑스 마크를 쳐 놓은 꼴이다. 책을 읽다가 십자가가 촘촘히 꽂혀 있거나 붉은 빛이 유달리 짙은 자리를 골라 파 내려가 보면 그 아래에는 어김없이 신사고 범신론이 똬리를 튼 채 웅크리고 있다.

사차원 이론의 골격

한 사람이 수십 년 기간에 거의 똑같은 제목으로 책을 네 권이나 내는 것은 흔치 않은 일이다. 조용기 자신이 사차원을 '가장 중요한 교훈'으로 여겼다 하니 그럴 만도 하다. 저자 조용기는 이 사차원 개념이 자신의 삶과 목회에 '대변혁을 가져왔다'고 여러 번 밝히고 있다. 예수 믿고 거듭난 것에 비길 수 있는 큰 발견이라는 뜻이다. 필이 신사고를 처음 발견하고 느꼈다던 그 감동이 조용기의 사차원 이론에도 고스란히 담겨 있다. 사역 초기부터 등장하던 사차원이 은퇴 이후의 설교에도 어김없이 등장하는 것을 보면 사차원은 정말로 조용기의 사상을 꿰는 중심축이라 볼 수 있다.

삼차원은 우리가 경험하는 현실세계다. 조용기가 말하는 사차원은 그것을 뛰어넘는 어떤 차원을 가리킨다. 감각세계를 뛰어넘는 또 다른 어떤 차원, 감각세계보다 높아 그 세계를 지배하는 그런 차원이다. 조용기는 그 세계를 "하나님께서 거하시는 지평이요 삼차원 지평보다 더 실재성을 지닌 지평"이라 부른다. 다른 말로는 "믿음의 영역", "믿음의 영의 왕국", "영적인 세계", "시공간", "영원한 차원의 세계" 등의 용어로 부른다. 스베덴보리가 말한 '영계'와 통하는 개념이다.

이 사차원은 조용기가 평생 가르친 삼중 축복과 오중 복음을 고스란히 담고 있다. 삼박자의 축복, 곧 십자가 은혜로 주어지는 만사형통과 무병장수의 복을 누리는 원리와 방법을 바로 이 사차원에서 배운다고 했다. 사차원은 말하자면 삼박자 축복과 오중 복음을 양 날개로 삼고 날아가는 비행기의 동체와 같다.

그런데 조용기는 이 사차원 이론을 하나님께 직접 배웠다고 주장한다. "저스스로 연구한 것도 아니고 누구에게서 배운 것도 아닙니다."『영성』, 4-5, 22. 사도 바울을 흉내 낸 듯한 표현이다갈1:12. 이 이론이 사람 아닌 하나님께로부터 왔다는 말이다. 사차원을 설명하는 부분을 보면 "하나님이 말씀하셨다", "성령님이 말씀하셨다" 등등의 표현이 많이 나온다. 조용기는 이것을 "영광스러운 계시"라 부른다. 사차원이라는 용어뿐 아니라 각 차원 사이의 관계까지 하나님께서 '세미한 음성'으로 친히 가르쳐 주셨다고 한다. 내용은 조금씩 다르지만 하나하나 가르쳐 주시는 장면이 네 권 저서에 다 등장한다. 직통계시 자체도 신학적으로 문제다. 하지만 그 계시를 통해 배웠다는 내용은 더 심각하다.

조용기가 말하는 '차원'은 수학이나 물리학에서 사용하는 바로 그 차원이다. 저자는 아래 차원이 위 차원을 이루어 가는 과정을 일단 자신의 말로 이렇게 설명한다. "그 두 점 사이를 선으로 그은 것을 '1차원'이라고 합니다. 만일 여러분이 수백 수천의 선을 더 그으면 '2차원' 즉 평면이 됩니다. 그리고 그 평면을 하나씩 계속 쌓으면 '3차원'인 입체가 됩니다."『세계』, 56. 수학에서도 사용하는 설명이다. 우리말로 '됩니다'로 옮겼지만 영어판에서는 "자연스럽게 창조한다naturally creates"라는 표현도 사용한다. 그런데 일차원에서 시작된 설명이 삼차원까지만 가고 사차원으로는 올라가지 않는다. 삼차원을 모으면 사차원이 된다 말해야 하는데 정작 필요한 이 단계에 대해서는 아무 말이 없다. 그래 놓고 갑자기 차원 사이의 관계에 대한 내용으로 넘어간다.

일차원인 선이 이차원인 면에 포함되어 이차원의 지배를 받고, 이차원은 다시 삼차원인 입체에 포함되면서 또한 삼차원의 지배를 받는다고 했다. 마찬가지로 삼차원은 저 위에 있는 사차원에 포함되면서 사차원의 지배를 받는다는 주장이다. 사차원의 경우 삼차원을 포함하고 지배할 뿐 아니라 창조하기까지 한다고 한다. 이러한 차원 이론의 결론은 하나님께서 사차원에 계셔서 삼차원을 창조하고 지배하신다는 것이다. "아들아, 2차원이 1차원을, 3차원이 2차원을 포함하고 지배하듯이 4차원의 영적 세계는 아름답고 질서 있는 창조물을 내면서 3차원을 포함하고 다스리는 것이란다."『세계』, 57-58.

이 부분은 하나님께서 계시로 가르쳐 주셨다는 내용이다. 그런데 수학이나 물리학적으로는 틀렸다. 각 차원은 아래 차원을 포함할 수는 있겠으나 지배하지는 않는다. '지배'가 논리적 우위를 가리키든 물리적 영향력을 가리키든 수학이나 물리학에서는 차원 간에 그런 지배의 역학 자체가 없다. 게다가 아래 차원이 모여 위 차원을 이룬다면 위 차원이 아래 차원에 의존하게 되므로 오히려 아래 차원이 위 차원을 지배한다 해야 논리적으로 맞다.

위 차원이 아래 차원을 지배한다는 주장의 근거로 조용기가 제시하는 것은 "더 작은 것은 더 큰 것에 항상 포함된다"라는 명제다. 에우클레이데스의 *Stoicheia*원론 5장에 나오는 것과 닮은 이 문장을 조용기는 *FD*2에서 마치 공인된 진리인 양 여러 번 인용하면서 차원 사이의 기본 원리로 활용한다. 그런데 본디 '포함 관계'를 가리키던 것을 아무 설명도 없이 '지배 관계'로 슬쩍 원용한다. '더 큰 것'은 또한 '더 나은 것'임을 전제하고는 더 큰 것이 당연히 더 작은 것을 지배하는 것처럼 말한다.

하지만 논리적으로 맞지 않는 주장이다. 크다고 다 나은 것이 아니고 낮다고 지배하는 것도 아니다. 그럼에도 위 차원이 아래 차원을 포함하고 지배한다고 당연한 듯 말하는 이유는 사차원의 세계가 삼차원을 포함하고 지배한다는 결론을 이미 갖고 있기 때문이다. 증명해야 할 내용을 이미 옳다고 입증된 것인 양 전제 속에다 슬쩍 집어넣었으니, 전형적인 '순환논리'요 '선결문제 요구의 오류'다. 사차원이 삼차원을 지배한다는 주장이 과학적인 결론인 것처럼 설명하려고 일차원, 이차원까지 동원하고 논리적 추론의 모양새까지 갖추었지만, 그냥 엉터리요 억지다. 조용기의 '고차원의 해석'이라는 것이 대개 그렇다.

사실 말이야 앞뒤가 좀 안 맞을 수도 있다. 보다 심각한 것은 이런 엉성한 논리로 성경을 풀려고 시도한다는 점이다. 조용기는 아직 모양도 채 갖추지 않은 차원 논리를 서둘러 가져다가 하나님의 창조를 기록한 창세기 말씀에 끼워 맞춘다.

> 땅이 혼돈하고 공허하며 흑암이 깊음 위에 있고 하나님의 신은 수면에 운행하시니라창1:2

조용기는 '운행하다'라는 동사의 원어에 '알을 품다'라는 뜻도 있음에 착안하여 이 구절을 '성령이 알을 품듯 부화하신 것'이라 푼다. 그리고는 이 부화 incubation 과정을 사차원이 삼차원을 품는 과정의 표본이라 주장한다. 사차원에 속하신 성령께서 삼차원의 세계를 알을 품듯 품으셨을 때 창조가 이루어졌다는 것이다. 조용기는 결국 차원 사이의 설명을 통해 사차원이 창조주의 영역으로서 삼차원의 세계를 뛰어넘는다超越는 것을 말하고자 한다. "옛 질서에서 새 질서가 나왔다. 죽음에서 생명이, 추함에서 아름다움이, 더러움에서 깨끗함이, 가난에서 풍요가 나왔다. 모든 것이 사차원의 부화에 의해 아름답고 놀랍게 창조되었다."FD1, 39, 『세계』, 57.

성령의 부화를 강조하다 보니 일단 말씀으로 말미암은 창조는 희미해졌다. 그 결과 '무無에서 유有'의 창조가 아니라 '혼돈에서 질서로' 가는 그리스 철학의 창조처럼 되어 버렸다. 아닌 게 아니라 영어판에서는 성령의 부화를 통해 세계가 '재창조되었다recreated'고 말한다. 『세계』에서는 "말씀으로 창조를 선포하시자"라는 문구로 '약간의 보충'을 했지만 여기서 말하는 성령의 창조는 여전히 그리스식 창조다.

조용기는 성령의 창조를 잠시 언급한 다음 구체적인 설명은 생략한 채 사람 이야기로 넘어간다. 성령의 부화가 우리 믿음의 법칙이요 생활의 원리가 되어야 한다는 것이다. "따라서 사람은 응축된 비전 및 꿈을 상상력에서 발전시킴으로써 사차원의 영적 영역을 탐구하고, 삼차원을 품고 부화하여 영향력을 행사하고 변화시킬 수 있다."*FD*1, 39-40, 44, 『세계』, 61. 사차원 이론이 지향하는 바가 바로 이것이다. 하나님께서 사차원의 부화를 통해 천지를 창조하신 것처럼 우리도 이 부화의 원리를 배워 창조적으로 승리하는 삶을 살아야 한다는 것이다. 어떤 것을 승리라고 하는가? 가난에서 풍요가 나왔다고 이미 언급했다. 긍정적이고 적극적인 삶, 성공하는 인생, 삼박자 축복으로 가득한 인생을 말하는 것이다. 그런 인생이 사차원의 원리를 통해 가능하다고 조용기는 주장한다.

사차원 범신론

조용기의 고차원 이론은 자신이 "가장 중요한 교훈"이라 하였음에도 불구하고 논리적으로 엉성하며 무엇보다 비성경적인 사상이 많이 섞여 있다. 성경 구절을 하나 언급하기는 했지만 정작 설명하는 내용은 온통 신사고 범신론이다. 조용기의 차원 이론에서 범신론은 몇 가지 단계로 드러난다.

첫째, 차원 사이의 관계에 대한 설명이 진화론 구도와 일치한다. 저자는 아래 차원이 모여 위 차원이 된다고 설명한다. 아래 차원이 위 차원을 '자연스럽게 창조한다'는 표현도 썼다. 마지막 사차원은 언급하지 않았지만 일, 이차원 및 이, 삼차원 사이의 관계는 당연히 마지막 삼, 사차원에도 적용된다. 그런데 일, 이, 삼차원이 피조물의 영역인 반면 사차원은 창조의 세계다. 따라서 저자의 차원 논리로는 피조물의 영역들이 모여 창조주의 영역을 만든다는 결론을 피할 수가 없다. 일차원에서 이차원, 삼차원으로 올라가며 설명하던 것이 사차원으로 이어지지 못한 것은 사실 이것 때문이다.

또한 만약 삼차원이 모여 사차원을 이루게 된다고 하면 사차원이 아래 차원에 부수附隨하게 되어, 조용기의 주장과 반대로 삼차원이 사차원을 지배하게 된다. 조용기의 설명에 따라 사차원을 창조주의 영역이라고 하면 이 구도는 성경에 반대되는 진화론 구도가 된다. 만약 삼차원에서 사차원으로 가는 과정이 새로운 '생겨남'일 경우 사차원이 삼차원을 지배하게 될 가능성도 없지 않지만, 그런 생겨남은 신이 우주의 발전을 통해 자신을 완성해 간다는 진화론적 범내신론을 벗어나지 못한다.

둘째, 계시로 받았다는 내용도 성경이 아닌 범신론 세계관을 바탕으로 하고 있다. 조용기는 위 차원이 아래 차원을 '포함'하고 '지배'한다 주장하였다. 그가 설정한 차원 사이의 지배 관계에 논리적 문제가 있음은 앞에서 보았다. 그런데 포함 관계는 신학적 문제를 안고 있다. 성경은 창조주와 피조물을 엄격하게 구분한다. 피조물은 창조주의 다스림을 받지만 창조주에게 포함되지는 않는다. 그런데 저자의 이론에서는 아래 차원이 위 차원의 본질적인 일부로 포함된다. 아래 차원 없이는 위 차원도 존재할 수 없으니 신과 우주의 공존을 말하는 범신론이다. 굳이 '창조' 개념과 억지로 끼워 맞추어도 성경이 가르치는 창조가 될 수 없고 기껏해야 범신론적인 '유출'로 귀결된다. 삼차원보다 높은 창조주의 초월을 언급하고는 있지만 차원 이론은 하나님의 초월성을 전혀 보여 주지 못한다.

구체적인 설명은 없이 그냥 '사차원은 삼차원의 세계를 창조하고 다스린다' 하고 말았더라면 별 문제가 없었을 것이다. 하지만 네 권의 저서 모두에서 조용기는 사차원의 존재와 능력을 차원 사이의 관계를 근거로 풀어 나간다. 과학적인 이론인 양 포장하려는 의도도 있지만 무엇보다 그의 신념 자체가 범신론이기 때문이다. 포함관계는 신사고 범신론에서 즐겨 사용하는 것이다. 우주는 신의 몸이요 우주를 구성하는 요소들은 그 거대한 몸의 부분들이라는 관점이다. 따라서 각 부분은 신에게 포함되면서 또한 지배를 받는다. 이런 범신론 이론을 범신론과 조화될 수 없는 성경의 창조에 끼워 맞추려 했기 때문에 논리적, 신학적 오류가 생긴 것이다. 저자에게 직접 음성을 들려주었다는 신이 어떤 신일지 자못 궁금해진다.

셋째, 조용기는 하나님의 창조를 말한 다음 이내 사람도 그렇게 해야 한다고 주장한다. 하나님의 창조를 아무 조건 없이 사람의 창조로 연결시킨 이 점 또한 신사고에서 온 것이다. 헌트와 호튼도 이 점을 지적한다*SoC*, 24, *MiA*, 125. 성경에 따르면 사람은 피조물이지 창조주가 아니다. 성경은 창조주와 피조물의 무한한 차이를 강조할 뿐 어디에서도 사람이 하나님의 창조행위를 그대로 따라해야 한다고 가르치지 않는다. 사람이 하나님처럼 되려 한 그것이 사실 인류의 첫 범죄 아닌가. 사람은 물론 하나님의 형상이다. 하지만 사람이 하나님을 닮은 것은 인격적이고 도덕적인 모습일 뿐, 본질과 권능과 사역에서는 창조주를 흉내 낼 수 없는 것이 피조물 인간의 참모습이다.

하지만 범신론은 신과 인간이 같은 본질을 갖고 서로 통한다고 주장한다. 신사고를 받아들인 번영신학자들은 하나님의 형상이라는 개념도 그런 뜻으로 푼다. 신사고 범신론에서는 사람이 신의 일부이기 때문에 신이 사람을 통해 창조 행위를 수행한다. 특히 중요한 역할을 하는 부분이 사람의 의식 곧 '생각'이다. 홈즈가 말했다. "우주에는 하나의 정신적 법칙이 있다. 우리가 그것을 사용하기만 하면 그것은 우리의 법칙이 된다. 우리가 그것을 개개인의 것으로 만들었기 때문이다 …… 우리가 우리 자신의 마음을 사용할 때마다 우리는 보편 마음의 창조적 능력을 활용하는 것이다."*SoM*, 30.

홈즈에 따르면 우리가 보는 우주는 신의 마음에 있던 형상이 눈에 보이게 구현되어 나온 것이다. 신의 마음에 담기는 것은 그대로 현실이 된다고 한다. 신의 형상인 사람도 마찬가지다. 우리가 생각하는 것 곧 마음에 품는 것 역시 현실에 그대로 이루어진다고 주장한다. 그런 점에서 신은 지금도 우리를 통해 일하고 계신다는 것이다. 그렇게 신의 활동을 구현하여 신처럼 창조를 이루어 낸다고 하는 영역이 바로 사차원의 세계인 생각, 믿음, 꿈, 말이다. 힌두교가 가르친 다르마의 법칙이요 에머슨이 제창한 우주 영혼의 원리다. 우리도 성령의 창조를 따라해야 한다는 조용기의 주장은 바로 이 신사고에 기독교의 옷을 입힌 것이다.

넷째, 사차원 창조의 영역으로 비전, 꿈, 상상력을 언급한 것도 신사고의 반영이다. 저자는 성령의 부화를 설명한 직후 이 세 요소를 언급하는데 성령과 연결이 될 리가 없다. 성령께서 무슨 상상을 하시고 무슨 꿈을 꾸셨다는 말인가?*SoC*, 113. 신사고가 가르친 이 세 가지는 사실 '잠재의식'에 있는 것으로, 신사고 운동가들이 우주의 힘과 통한다는 그 자리다. 조용기 자신이 첫 책에서 이 세 가지 요소가 자리 잡은 곳을 '잠재의식'이라고 분명히 밝혔다. 『세계』는 잠재의식의 부정적 측면을 강조하고 상상력을 성령께서 주신다 하여 부지런히 덧칠을 했지만 잠재의식의 신사고적 기본 개념을 숨기지는 않는다. 잠재의식이 삶의 동력이기 때문에 잠재의식을 변화시켜야 삶도 변한다고 하는 것이다. 저자가 『영성』에서 강조하는 사차원의 요소인 생각, 믿음, 꿈, 말 역시 신사고의 이 세 요소와 똑같은 것이다. 사차원의 요소 네 가지를 갖가지 성구를 들이대며 성경적인 양 설명하지만 바탕에 깔린 구도는 그냥 신사고 범신론이다.

새로운 접근

앞의 설명은 영어판 두 권 및 한국어판 번역인 『세계』에 나오는 설명이다. 마지막 『영성』에서는 차원 사이의 관계를 다른 각도에서 접근하는데 이 새 이론은 조용기의 범신론을 보다 명확하게 드러낸다. 가상과 현실 사이의 차이에 주목한 이번의 설명은 이전과 달리 처음부터 하나님께서 직접 가르쳐 주셨다는 것이다. 일차원은 가상의 세계일 뿐 선을 실제로 그리면 어느 정도 너비가 생겨 이차원인 면이 되고 따라서 그리는 순간 운명적으로 이차원으로 빨려 들어가 지배를 받는다는 것이 이전 이론과의 차이점이다. 조용기는 덧붙이기를 이 상황을 일차원의 입장에서 보면 일차원은 이차원을 포함하고 끌어안은 일차원이 된다고 했다. 그리고 같은 논리를 이, 삼차원 및 삼, 사차원 사이에도 적용한다.

지배나 포함 문제도 아직 해결이 안 되었는데 빨려 들어가는 것은 또 무엇인가? 게다가 이번에는 거꾸로 아래 차원이 위 차원을 포함하고 끌어안았으니 앞에서 말하던 포함관계가 뒤집어져 버렸다. 아니, 이제는 '서로' 포함하는 관계가 되었다. 위 차원은 아래 차원을 포함하고 빨아들여 지배하고, 아래 차원은 위 차원을 포함하며 끌어안는다는 말이다. 서로 포함한다면 결국 똑같다는 뜻 아닌가? 뜻 모를 여러 용어가 뒤엉켜 있고 각 용어의 사용도 앞뒤가 맞지 않다. 이 혼란을 끝내려면 그가 말하는 성령의 부화가 다시 필요할 정도이지만 적어도 그의 의도 하나는 쉽게 드러난다.

"따라서 3차원은 운명적으로 4차원의 지배를 받으면서도 4차원인 시공간을 포함하게 됩니다. 즉 3차원은 4차원을 포함한 3차원이 되는 것입니다."『영성』, 65. 조용기는 물리학에서 사용하는 '시공간'이라는 개념을 새롭게 도입한다. 삼차원의 공간에 시간을 결합시켜 만든 사차원 모델이 시공간인데, 이것을 물리학에서 하는 설명과는 다르게 설명한다. 우선 사차원을 '감각적인 세계를 뛰어넘은 영혼의 세계이자 영적인 세계'로 정의한다. 시공간은 이해가 쉽지 않은 개념이지만 그렇다고 곧장 현실세계를 뛰어넘는 영적인 세계라고 해도 되는 것은 아니다. 그는 물리학에서 사용하는 개념을 가져다 전혀 다른 뜻을 주입한 뒤 자신의 의도대로 사용한다.

조용기가 말하는 영적인 세계는 그럼 무엇인가? 핵심은 일단 삼차원이 사차원을 포함하고 있다는 말이다. 삼차원인 입체를 만드는 순간 사차원인 시공간의 지배를 받음과 동시에 그 시공간을 포함하게 된다고 한다. 그런데 공간은 '무한'에 속하고 시간은 '영원'에 속하기 때문에 삼차원은 결국 무한과 영원까지 포함하는 삼차원이 된다는 것이다. 그의 주장처럼 공간이 끝없이 뻗어 가는 것을 일단 무한이라 치자. 영원을 시간의 끝없는 연장으로 보는 것도 성경의 관점이 아니라 그리스의 사고방식이지만 그것도 여기서는 일단 따지지 말아 보자. 조용기는 영원과 무한의 주인이 하나님이시라고 선언한 다음 하나님께서 뚜렷이 들려주신 말씀이라며 이렇게 전한다. "나는 구만리장천 멀리 있는 존재가 아니다. 너희는 너희끼리 은밀하게 이야기한 것을 내가 알아듣지 못한다고 생각하며, 너희의 앉고 서는 것을 내가 모른다고 생각한다. 그것은 잘못된 생각이다. 나는 너희 심장보다도 더 가까이에 있는 존재니라."『영성』, 65-66.

차원 사이의 관계를 새롭게 설명한 것은 하나님의 '내재內在', 특히 '편재遍在'를 설명하기 위해서다. 곧 하나님께서 모든 곳에 계신다는 사상이다. 삼차원이 사차원을 포함한다는 말이 바로 무한하시고 영원하신 사차원의 하나님께서 삼차원의 모든 곳 특히 인간 속에 내재해 계신다는 뜻이다. 하나님께서는 계시지 않으시는 곳이 없고 우주를 창조하신 뒤에도 떠나지 않으시고 가까이 계신다는 말이니, 언뜻 성경이 가르치는 바와 통하는 듯 보인다. 특히 은밀한 말을 들으시거나 앉고 서는 것을 아신다는 표현은 시편 139편 그대로다. 그런데 성경이 이미 분명하게 가르치고 있는 것을 왜 다른 복잡한 이론을 통해 새롭게 깨달아야 했을까? 성경만 펼치면 되는 쉬운 문제를 두고 번거롭게 직통계시까지 동원하는 이유는 간단하다. 자신이 믿는 하나님의 내재가 성경이 가르치는 내재와 근본적으로 다르기 때문이다.

새로운 문제점

새로운 접근은 새로운 문제를 불러온다. 우선 저자는 새 이론의 적용 대상을 임의로 제한한다. 저자가 제시한 차원 이론에 따르면 삼차원에 속하는 것은 모두 사차원의 지배를 받을 뿐 아니라 사차원을 포함한다. 동물도 그렇고 심지어 무생물도 마찬가지다. 하지만 저자는 차원 이론을 소개한 다음 적용은 사람에게 국한시킨다. 사람만이 사차원을 가졌다는 것이다. 하지만 차원 이론이 저자의 말대로 '매우 과학적인 이치'라면 삼차원의 존재는 예외 없이 모두 사차원을 포함하고 끌어안아야 한다. 따라서 삼차원이기만 하면 동물뿐 아니라 나무도 바위도 무한과 영원을 그 안에 품어야 옳다. 하지만 저자는 이 점을 무시하고 넘어간다.

이론을 사람에게 국한시킨다 해도 문제는 여전히 있다. 사람이 삼차원으로서 사차원을 포함하는 것이라면 하나님을 안 믿는 불신자도 그 안에 하나님을 품고 있다는 말인데, 이것도 성경의 가르침과는 다른 이야기다. 조용기는 물론 사람이 하나님께 '점령당한다' 하여 하나님의 주권을 강조하지만 말이 좋아 점령이지 앞에서 말한 포함관계의 반복일 뿐이다. 성경에 따르면 오직 그리스도를 구주로 영접한 사람 안에만 성령 하나님께서 오셔서 거하신다. 말은 똑같이 내재인데 뜻은 전혀 다르다. 저자의 말대로 모든 사람 안에 들어와 있는 그런 존재는 성경이 말하는 하나님일 수 없다. 혹 그 하나님이 맞다 하더라도 심장보다도 더 가까이 있다는 저자의 표현은 우리의 말과 생각을 아신다는 시편 말씀과 뜻이 완전히 다르다.

여기서 조용기가 말하는 '포함'이 무엇을 뜻하는지 그 모양이 조금 드러난다. 그는 위아래 차원이 서로 포함하는 관계가 되었지만 포함하는 방식은 다르다고 설명한다. 위 차원은 아래 차원을 자신의 일부로, 자신을 이루는 필수적인 요소로 포함한다고 한다. 입체는 면의 종합이요, 면은 선의 종합이니 아래 차원은 위 차원의 일부요, 아래 차원을 다 모으면 위 차원이 된다는 것이다. 그런데 아래 차원이 위 차원을 포함하는 것은 다르다. 위 차원이 저보다 크므로 위 차원을 자신의 일부로 포함하는 것이 불가능하다. 따라서 포함관계 역시 상징적이거나 비유적인 관계가 된다. 아래 차원이 위 차원을 포함한다는 것은 자신이 위 차원의 반영, 대표, 표현이라는 뜻이다. 자녀들이 다 모여 부모에게 포함되지만 반대로 자녀 하나하나가 부모를 반영하고 대변하는 그런 식이다. 위 차원은 그런 방식으로 아래 차원에 포함되어 있다.

이러한 차원 이론에 따르면 삼차원인 현실은 상징으로서나 비유로서 사차원인 신을 포함한다. 따라서 삼차원에 속한 것은 무엇이든 신의 속성을 '반영'하는 것이 된다. 신의 속성 가운데서도 특히 무한과 영원이다. 그렇다면 조용기의 차원 이론은 범신론과 기본 구도가 같다. 에머슨의 범신론에서도 '잎 하나, 물 한 방울' 등 극히 작은 것 하나도 신을 반영하는데, 신은 무한이요 영원이라 하였으니 쪼갤 수 없고 따라서 모든 조각 하나하나가 자기 안에서 신의 속성을 완벽하게 보여 준다 했다. 홈즈는 길가의 돌 하나가 곧 설교라고 가르쳤다. 삼차원이 사차원을 포함한다는 조용기의 이론에서 역시 삼차원 전부가 신의 반영이요 신의 표현이 된다. 또 아래 차원 없이는 위 차원도 없다 하였으므로 신은 삼차원의 존재들의 종합으로 존재한다.

결국 조용기는 하나님께서 아래 차원인 우주를 포함하시고 우주도 하나님을 위 차원으로 포함하여 둘 사이에는 상호 포함관계가 성립된다고 하는 것이다. 이것은 바로 우주가 곧 신이요 우주의 모든 것은 신의 일부라는 범신론이다. 조용기는 사람만 그렇다고 주장하지만 이러한 결론을 도출하게 만든 이론을 수립하자면 그런 제한을 허용할 수가 없다. 사람에게만 해당된다고 주장할 작정이었다면 이런 범신론적 원리 자체를 애초에 사용하지 말았어야 했다.

결국 차원 이론을 사람에게 국한시키려 하다가 사실상 범신론의 실체가 더 뚜렷하게 드러나고 말았다. 조용기는 영혼을 가진 사람만이 영원과 무한을 느낀다고 주장한다. 사람만이 하나님을 반영한다는 말인데, 그렇게 해도 무한과 영원은 쪼갤 수 없는 것이므로 일단 한 사람 한 사람이 신의 완벽한 화신이 되어 '사람은 모두 작은 신'이라는 신사고의 논리로 곧장 연결된다. 게다가 사람의 경우 의식이 있기 때문에 '생각'이라는 요소를 고려하지 않을 수 없다. 조용기의 이 이론에서는 사람이 신의 반영이므로 사람의 생각은 곧 신의 생각의 반영이 되고, 이 생각의 종합이 신의 생각 전체를 보여 주는 것이 된다. 바로 에머슨과 홈즈가 그렇게 가르쳤다.

또한 범신론의 원조인 철학자 스피노자는 신과 우주가 마치 사람의 마음과 몸처럼 긴밀하게 이어져 있다 하였는데, 놀랍게도 조용기도 사차원과 삼차원을 마음과 몸의 관계로 설명한다. "인간의 영은 육체의 어느 한 부분에 자리잡고 있는 것이 아니라 우리의 몸속에 가득 차 있습니다. 4차원은 3차원을 포함하면서도 3차원 속에 존재하기 때문입니다. 이것은 몸속에 있으면서도 3차원의 지배를 받지 않고 육신을 초월합니다."『영성』, 68.

조용기는 사람의 영혼과 육신의 관계를 그리스 철학의 영육이원론靈肉二元論으로 설명한다. 이원론 자체도 비성경적이지만 그것보다 심각한 문제는 이 관계로 하나님과 피조물 사이를 설명한다는 점이다. 피조물을 초월하시는 하나님께서 마치 영혼이 육체에 내재하듯 피조물에 내재하신다면 그것은 기독교가 아닌 범신론이다. 창조주의 초월을 억지로 주장한다 해도 범내신론을 넘지 못한다. 조용기의 차원 이론에서 삼차원이 사차원을 포함한다 한 것이 사차원의 이런 내재를 가리킨다. 그러니 삼차원의 어느 한 구석구석에 신이 존재하지 않는 곳이 없다. 당연히 구만리장천뿐 아니라 심장에도 있다. 하나님께서 우리의 맥박이나 호흡보다 가까이 계시다 한 스베덴보리의 범신론을 그대로 이은 셈이다.

조용기는 차원의 원리가 "하나님을 인식하게 하는 중요한 단서"라 했다. 그러나 차원 이론이 보여 주는 신은 기독교의 하나님이 아니다. 말로는 성경에 나오는 하나님이라고 하는데 하나님 그분을 소개한다며 주장하는 내용은 범신론이다. 기독교의 하나님을 범신론의 신과 섞었다. 그리해 놓고 그것을 단서로 하여 하나님을 설명한다. 성경은 불신자의 마음에는 하나님께서 계시지 않으신다고 가르치지만 범신론자는 신이 모든 사람 안에 계신다고 주장한다. 필도 슐러도 그렇게 주장했다. 조용기도 똑같은 원리를 사차원 이론으로 가르쳐 놓고서 금방 십자가 구원과 연결하여 범신론을 기독교로 얼른 덮어 버린다.

하지만 그렇게 덮는다고 범신론이 기독교로 바뀌지는 않는다. 성경은 하나님의 편재의 핵심을 우주를 창조하시고 섭리하시는 주권자로서의 편재로 가르치며, 사람에 대해서는 당신의 백성과 맺으시는 인격적 관계를 중시한다시44:22, 139:1-10, 139:23-24, 잠15:3, 24:12, 렘17:10. 하나님의 내재는 피조물 가운데서 드러나는 창조주의 영광이지 우주만물에 신이 반영되는 그런 내재가 아니다. 피조물은 단 한 구석도 빠짐없이 창조주 하나님의 영광을 드러내지만, 창조주와 피조물 사이의 무한한 간격은 조금도 좁아지지 않는다롬1:18-20.

3. 사차원 세계의 특징

사차원의 법칙

사차원은 삼차원을 뛰어넘는 영의 세계라고 한다. 이 세계의 특징 가운데 중요한 한 가지는 '법칙들'이 있다는 점이다. 이른바 '사차원의 법칙'이다. "영적 세계에도 엄연한 법칙이 있습니다."『세계』 48, FD1, 30. 가장 많이 등장하는 '믿음의 법칙'을 위시하여 부화의 법칙, 특별한 창조의 법칙, 영적 세계의 법칙, 바라봄의 법칙, 성령의 법칙, 생각함과 간구함의 법칙 등 법칙 아닌 것이 없을 정도다. 조용기는 이 법칙들이 필이 주장한 바와 마찬가지로 자연과학에서 말하는 법칙과 통한다고 주장한다. 위 차원이 아래 차원을 포함하고 다스리는 것부터 '자연 질서'에 속한 것으로서 '매우 과학적인 이치'라 했다. 심지어 '프로그래밍Programming'이라는 표현까지 쓴다. 사차원의 네 요소로 프로그래밍을 하면 삼차원에 그대로 나타난다는 이야기다.

그냥 보기 좋으라고 '법칙'이라는 이름을 붙인 것이 아니다. 거듭 등장하는 이 용어에도 조용기의 범신론 사상이 은밀하게 담겨 있다. 온 우주가 하나의 거대한 법칙의 지배를 받으며 하나님도 예외가 아니라고 하고 싶은 것이다. 성경에도 물론 구원의 원리를 비롯하여 법칙이라 부를 만한 것이 많이 나온다. 하지만 그것을 법칙이라고 부르지는 않는다. 왜냐하면 법칙은 그 자체로 독립된 것으로서 대상에 무관하게 항상 적용되는 자율성을 지닌 것인데, 성경은 세상 모든 일이 하나님의 뜻에 따라 이루어진다고 가르치기 때문이다. 사차원이 정말로 법칙이라면 그 법칙은 사실상 하나님께로부터 독립된 어떤 영역이 되어 버린다. 저자는 첫 저서에서부터 그 점을 뚜렷이 드러내고 있다. "영적 영역에 법칙들이 있고 그대 마음에는 무한한 원천이 있다. 하나님께서는 그대 안에 거하고 계신다. 하지만 하나님께서는 그대 자신의 삶을 관통하지 않으시고는 그대를 위해 아무것도 하지 않으실 것이다."*FD1, 30.*

조용기도 필처럼 하나님을 무한의 원천으로 본다. 그 원천이 내 안에 있다는 것이다. 그런데 그 하나님께서는 오직 법칙대로만 하시는 분이시라고 한다. 신사고 운동가들은 내 안의 그 신과 조율되기만 하면 우주의 모든 것이 내 것이라고 했다. 모든 것이 법칙대로 된다는 신사고의 신이 기독교의 인격적 하나님이 될 수 없는 이유가 이것이다. 그런데 조용기는 신사고의 그런 원리를 서슴지 않고 갖고 온다. "이 믿음의 법칙을 실행하지 않는다면 바라는 모든 것에 대해 결코 답을 얻을 수 없다."*FD1, 23.* 조용기는 '결코'라는 말을 자주 사용한다. 하나님을 거듭 언급하지만 언제나 앞서는 것은 법칙이다. 완결판인 『영성』에서도 이 원리는 부동의 자리를 지키고 있다.

"무조건 기도만 많이 한다고 되는 것이 아닙니다. 기도도 필요하지만 우선은 보이지 않는 4차원의 세계에 변화를 가져와야 보이는 세계인 3차원의 세계가 변화하는 것입니다."『영성』, 76. "금식 자체로 하나님의 마음을 변화시킬 수 있다고 생각한다면 그건 잘못입니다. 금식은 나 자신이 먼저 변화하여 4차원의 세계도 달라짐으로써 하나님이 역사하시는 것입니다."『영성』, 84. 물론 기도하면서 노력도 해야 한다는 말도 언급한다. 하지만 그에게 노력은 삼차원의 방법이지 사차원의 것은 아니다. '기도와 헌신, 그리고 연구와 노력'이 중요했다면 사차원은 애초에 필요하지도 않았을 것이다. 사차원은 제삼의 어떤 것, 곧 원리이며 법칙이다.

기도도 하고 금식도 해야 하지만 조용기에게는 그것들이 꿈을 명확하게 하는 보조 도구일 뿐이다. 기도하는 이유도 '이 믿음의 법칙이 확고해지도록' 하는 것이다. 이렇게 사차원만 바꾸면 삼차원은 저절로 달라진다는 이론에서는 성경의 하나님, 곧 우리 삶을 살피시고 우리 기도를 들으시고 가장 좋은 것으로 베풀어 주시는 하나님은 찾아볼 수 없다. 하나님께서 역사하신다 말은 하지만 법칙대로만 하면 되니 굳이 하나님을 신경 쓸 필요도 없다. 기도도 효과적인 방법에 따라 하면 그만이다. 조용기의 기도도 필이 가르친 것처럼 '나 자신'에게 하는 기도다. "기도를 할 때도 역시 4차원을 움직이는 프로그램을 가동시키십시오."『영성』, 84. 영의 천재들이 개발했다는 바로 그 과학적인 기도를 하라는 이야기다.

제2장에서 설명한 것처럼 범신론은 인과법칙과 관련하여 양면성을 보인다. 우선 엄격한 범신론이라면 결정론 또는 운명론이 될 것이다. 조용기는 차원 사이의 상호 포함관계를 설명하면서 '운명적'이라는 점을 강조한다. 이전에는 단 한 번도 사용하지 않던 이 말이 『영성』에 갑작스레 네 번이나 등장한다. 그의 '과학적 설명'에 나오는 차원 사이의 관계가 그렇게 운명적이었다. 피할 수 없는 것이 운명이니 논리로 치면 '필연적'이다. 반드시 그래야 하며 예외가 없다는 말이다. 우주가 곧 신이므로 모든 것이 우주에 내재한 법칙대로 움직인다. 인간의 자유의지도 마찬가지요, 신도 예외가 아니다. 고대 스토아학파나 스피노자, 또 현대의 아인슈타인이 가졌던 범신론이 다 그렇다. 조용기의 신도 그렇게 법칙대로 움직이는 신이다.

범신론을 신 중심으로 볼 경우 반대의 입장인 우인론偶因論도 가능하다. 신이 온 우주에 편재하므로 모든 것은 신의 섭리대로 움직이며 따라서 일어나는 일 하나하나가 신의 직접적인 개입의 결과라는 것이다. 우주에 있는 보편적인 인과법칙이 아닌 또 다른 원리가 작동할 수 있는 것이 바로 범신론, 특히 범내신론의 세계다. 사차원을 그런 초월적인 법칙이 지배한다고 할 수도 있을 것이다. 우주에 있는 인과법칙을 부인하는 것은 아니다. 다만 그것과 구분되는, 그리고 그것보다 훨씬 뛰어난, 신의 섭리와도 유사한 또 다른 차원의 법칙이 있다는 것이다. 결국 신사고 및 조용기가 말하는 사차원의 세계는 두 가지를 다 가졌다. 삼차원을 초월하는 저 나름의 법칙을 가진 반면, 신도 그 법칙을 벗어나지 못하는 운명론의 세계이기도 하다. 모순적인 세계다.

부메랑 법칙

우선 법칙대로 움직이는 신의 모습은 '부메랑 이론'에 명확하게 나타난다. 조용기는 사차원의 법칙은 중립성을 갖는다면서 그것을 '부메랑'에 비겨 설명한다. 부메랑은 오스트레일리아 토착민들이 사용하던 도구로 던지면 멀리 날아갔다가 다시 돌아온다. 사차원에서 우리가 생각하고 믿고 꿈꾸고 말하는 것이 결국 자신에게 돌아온다는 뜻으로 하는 말이다. 내가 남에게 한 말이 되돌아와 나 자신에게 똑같은 영향을 끼친다. 남을 격려하면 나도 칭찬을 받고 남을 비난하면 나도 저주를 받는다는 식이다. 순서가 뒤집어지기도 한다. 남에게 영향을 미치기 전에 내가 먼저 영향을 받는다는 것이다. 남이 망하기를 바라면 내가 먼저 망한다. 결국 너나 구분 없이 모두에게 적용된다는 말이다.

저자는 잠언을 두 곳잠12:14, 14:3 인용하여 성경에도 부메랑이 나오는 것처럼 말하지만 그 구절은 내 말에 따라 상벌을 받는다는 뜻이지 똑같은 일이 나에게 일어난다는 뜻은 아니다. 부메랑인 듯 보이는 구절은 사실 따로 있다. 함정을 파면 제가 그 함정에 빠질 것이다잠26:27. 남을 헤아리는 그 헤아림으로 나도 헤아림을 받는다눅6:37-38. 하나님의 백성을 저주하면 그 저주가 자신에게 임한다시109:17-18. 원수에게 긍휼을 베풀면 그 혜택이 자신에게 오고, 긍휼을 베풀지 않는 사람은 긍휼 없는 심판을 받는다시35:13, 109:17, 약2:13. 이런 내용이 성경에 많다. 하지만 이 모든 구절은 하나님의 공의와 심판을 전제한다. 살아 계시는 하나님의 섭리지 하나님께로부터 독립된 법칙이 아니다. 게다가 이 구절들은 이 세상에서 구현되는 법칙이 아니라 종말론적 의미가 있다. 인용된 성구의 올바른 뜻을 근거로 살핀다면 조용기가 가르치는 그런 자율적인 부메랑 법칙은 성경에 없다.

조용기가 말하는 부메랑은 법칙의 중립성 내지 몰인격성을 나타낼 따름이다. 법칙이 실현되는 방식은 하나님과 무관한 신사고 사상이다. 내가 한 생각이 내 잠재의식에 기록되어 나에게 먼저 적용된다고 하기 때문이다. 저자는 이것을 '내가 먼저 듣는다' 또는 '자신의 4차원을 프로그래밍한다'는 문구로 표현한다. 신사고의 잠재의식도 법칙에 따라서 움직인다. 쉰은 잠재의식이 "방향성이 없는 힘으로서, 묻지 않고 명령을 수행한다"라고 썼다.[9] 홈즈도 마음의 법칙을 "눈먼 힘"이라 하였다. "법은 누가 했는지는 전혀 개의치 않고 그저 법을 활용한 자에게 선을, 오용한 자에게 악을 가져다준다."*SoM*, 500. 조용기도 똑같은 사상을 편다. "4차원의 세계는 너와 나의 구별이 없습니다. 오직 메시지만이 있습니다. 4차원의 세계에서는 그 메시지가 생각 속에 기록되면 가장 먼저 나의 몸과 생활 속에 영향을 미칩니다. 그러므로 비밀이 없습니다. 하나님 앞에서나 4차원의 세계에서는 모든 것이 벌거벗은 것처럼 있는 그대로 다가옵니다."『영성』, 79.

'비밀이 없다', '하나님 앞에서', '벌거벗은 것처럼 다가온다' 등의 표현은 히브리서 4장 13절을 연상케 하지만 사실 이런 문구는 히브리서 구절의 내용과 아무 상관이 없는 위장막에 불과하다. 실제로 말하고 싶은 것은 '잠재의식의 법칙은 예외가 없이 모두에게 가차 없이 적용된다'는 범신론 원리다. 신의 인격성을 부인하는 신사고를 옹호하기 위해 창조주 하나님의 말씀을 끌어다 댄 것이다. 부메랑의 법칙은 온 우주의 조화와 통일을 믿는 믿음에서 나온다. 자연 상태 그대로의 조화요 따라서 구원이나 하나님의 심판이 필요하지 않은 원리다.

신사고 운동가들은 부메랑 원리를 적극 가르쳤다. '부메랑'이라는 용어도

9. Florence Scovel Shinn, *The Game of Life and How to Play it* (Marina del Rey, CA: DeVorses, 1925), 47.

즐겨 사용했다. 말뿐 아니라 사랑도 미움도 다 부메랑이 되어 돌아온다고 했다. 홈즈는 이것을 "순환의 법칙"이라고 부른다. 기원은 힌두교 및 불교의 업보 사상, 곧 카르마의 법칙이다. 우주 만물이 '삼사라', 곧 윤회輪回로 얽혀 있기에 나에게서 나간 것은 결국 나에게 돌아온다고 한다. 신사고의 신은 인격이 아니다. 성경은 원수에게 보복하지 않으면 하나님께서 갚으신다 하지만, 신사고는 "인과법칙이 끝까지 철저하게 해결한다"라고 가르친다SoM, 487. 조용기가 가르친 사차원의 '무차별 법칙'은 온 우주가 하나의 법칙 아래 놓여 있다는 신사고의 주장을 표현만 바꾸어 내놓은 것이다.

물론 그리스도인은 생각과 언어에 각별한 주의를 기울여야 한다. 마음을 새롭게 하여 하나님께서 기뻐하실 생각을 가져야 하며, 거룩한 말, 선한 말, 지혜로운 말, 존중하는 말, 감사하는 말을 해야 한다. 하지만 조용기가 들먹이는 그 이유 때문은 아니다. 조용기는 남을 미워하면 내가 먼저 상처를 받는다는 심리학의 주장을 수용한다. 그 주장이 맞을 수도 있고 틀릴 수도 있다. 그렇지만 주님께서 '그런 이유에서' 원수를 사랑하라 가르치셨다는 주장『영성』, 78.은 도를 넘는다. 따뜻한 사랑의 말씀을 차가운 법칙의 칼날로 난도질하는 잘못이다. 가는 말이 고우면 오는 말도 곱다는 속담이 꼭 틀린 것은 아니다. 하지만 성경의 가르침이 아닌 것을 성경의 가르침이라 하는 것은 심각한 잘못이다.

사차원의 비밀

조용기에 따르면 사차원의 법칙은 부메랑인 동시에 어떤 초월적인 법칙이다. 사차원에는 사차원의 법칙이라는 것이 따로 있다고 한다. 그의 사차원에서는 때로 '인간의 상식으로 이해할 수 없는' 일도 일어난다. 신사고의 홈즈도 그것을 물리 법칙을 뛰어넘는 어떤 법칙이라 했다. 이러한 법칙의 존재는 자연의 물리법칙을 우습게 여긴다는 점에서 영지주의의 특성까지 보인다. 스베덴보리의 영해靈解가 본문의 문자적 뜻과 전혀 이어져 있지 않은 것처럼 사차원의 법칙은 삼차원의 원리를 뛰어넘는다고 한다. 한마디로 모든 일이 가능하다는 것이 사차원의 법칙이다.

조용기의 차원 이론에서는 사차원이 삼차원을 지배한다. 따라서 사차원의 법칙만 익히면 사차원의 힘을 이용해 삼차원을 손쉽게 정복할 수 있다. 그런데 사람들이 그렇듯 내가 바라는 것은 '삼박자'다. 구원은 이미 받았으니 이제 잘되는 축복과 건강의 축복이 필요하다. 삼차원을 사는 사람들이 바라는 돈, 권력, 명예, 쾌락, 건강이 바로 그것이다. 그런데 그 모든 것을 사차원을 이용해 얻을 수 있다고 한다. 엄청난 특권이다. 삼차원에서보다 훨씬 쉽고 효과적이다. 삼차원밖에 모르는 이들이 시간과 노력을 들여 아등바등 애쓸 때 나는 사차원을 이용하여 손쉽게 돈도 벌고 성취도 맛볼 수 있다고 한다.

그리스도인들이 이런 사차원 이론에 쉽게 속는 이유는 우리 역시 하나님의 섭리, 특히 기적을 믿기 때문이다. 그리스도께서 보이신 수많은 기적이나 사도들이 행한 여러 가지 기적은 우주에 내재하는 인과법칙을 뛰어넘는 것이다. 그러므로 그것을 믿는 그리스도인들은 인과법칙 아닌 또 다른 법칙을 수용하는 데 거부감이 없다.

그리스도인들이 이 법칙을 수용할 때 문제는 무엇인가? 첫째, 삼차원, 곧 현실의 삶을 가벼이 여기게 된다. 생각하고 연구하고 노력하는 대신 현실을 초월한 어떤 법칙을 의지하게 된다. 공부를 해 올려야 할 성적을 백 점 받은 답안지를 상상하면서 기도해 올릴 수 있다고 하기 때문이다. 우리가 가진 판단력, 의지 등은 무시하고 어떤 요행 같은 것에 기대게 한다. 그것도 하나님의 섭리라는 이름으로! 번영복음이 지배하는 곳에서 도박이나 로또 같은 한탕주의가 성행하는 것은 우연이 아니다. 결국 우리에게 자유를 주시며 책임 있게 살라 명령하신 하나님의 뜻을 저버리는 방법이다. 행한 대로 심판하시겠다는 공의의 하나님갈6:7을 우습게 여기는 일이다. 혹 사차원의 상상력을 이용하면서 동시에 삼차원의 공부도 열심히 하면 어떨까? 그런 것은 있을 수 없다. 사차원에서는 모든 것이 십자가의 은혜로 주어지는 축복이라고 하기 때문이다.

"우리의 노력이나 수단으로 되는 일이 아닙니다. 믿음으로 말미암아 붙잡는 것입니다. 오직 믿기만 하면 그리스도의 성령이 오셔서 우리 가운데 기적을 베풀어 주시는 것입니다."『영성』, 30. 삼차원의 고생은 주님의 십자가와 함께 끝났고 우리는 십자가를 통해 주시는 축복만 받으면 된다는 말이다. 영어판 저서 소제목에 담긴 '비밀' 및 '열쇠'가 바로 그런 뜻이다. 조용기는 사차원이 '비밀'임을 끝까지 내세우고 있으며 따라서 사차원의 원리를 배워야 한다고 주장한다. 삼차원의 방법은 사차원의 방법과 양자택일의 문제라는 것이다. 그러므로 조용기의 차원 이론에서는 삼차원에서 열심히 하면서 사차원 방법을 보조수단으로 사용할 수는 없다.

둘째, 사차원 자체가 십자가의 은혜로 주어지는 것이라고 하기 때문에 그 어떤 혜택이나 특권도 마다할 이유가 없게 된다. 논리적인 사고나 인과론에 근거한 평가가 끼어들지 못한다. '내가 우주를 창조하신 하나님의 자녀 아닌가!' 모든 것이 하나님의 '축복'이기에 그 어떤 사치, 호사, 허영도 얼마든지 정당화할 수 있다. 게다가 불공평하고 부당한 혜택을 하나님께 요구하고 그것을 누리면서도 전혀 죄책감을 느끼지 못한다. 이 세상이나 세상에 있는 것들을 사랑하고 즐기면서도 그것을 하나님의 축복이라고 착각할 수 있다. 삼박자를 '축복'이라고 하는 이유가 이것이다. 영원한 멸망의 길로 가면서 그 길이 진리라 믿는 참으로 두려운 착각이다.

이런 논리는 그리스도인의 사명과 결합되어 또 다른 왜곡을 부른다. 조용기는 그리스도인이 불신자와의 사차원 싸움에서 이겨야 한다고 강조한다. 마귀도 사차원인데 불신자들은 이 마귀의 사차원을 의지한다는 것이다. 따라서 하나님의 사차원을 의지하는 그리스도인은 불신자보다 더 좋은 것을 더 많이 가짐으로써 하나님의 영광을 드러내어야 한다고 주장한다. "성공적 관점, 승리의 관점, 그리고 여러분께서 필요한 것은 무엇이든지 풍성하게 주시는 하나님의 복의 관점에서 지속적으로 생각하십시오 …… 예수님께서는 구원받은 자들을 축복하시며, 그들은 또 다른 사람들을 축복할 수 있습니다. 따라서 세상 사람들은 여러분과 나의 모습 속에서 예수님의 모습을 볼 수 있게 되는 것입니다."『세계』, 169.

이 말을 따르자면 예수 믿는 나는 반드시 남보다 더 건강하게 오래 살아야 한다. 좋은 음식을 먹고 좋은 시설에서 운동도 해야 한다. 예수 믿는 내가 세상에서 더 잘되어야 한다. 돈도 많이 벌고 권력도 쥐고 이름도 날려야 한다. 비행기는 늘 일등석, 식사도 언제나 고급 호텔 레스토랑이어야 한다. 내 욕심을 위해서가 아니라 하나님의 영광을 위해서다. 적게 공부하고도 좋은 성적을 받고, 열심히 일하지 않고 많이 벌고, 뜻하지 않은 횡재를 하기도 하지만, 사차원의 힘으로 오는 것이라면 삼차원의 관점으로 평가해서는 안 된다고 한다. 이렇게 사차원 이론은 그리스도인으로 하여금 자신의 탐욕을 마음껏 충족시키면서도 그것을 하나님의 영광 아래 감출 수 있게 해 주는 '고차원의 속임수'다. 내가 더 누릴수록 하나님께서 영광을 받으신다니, 불신자들도 보고 이렇게 감탄할 것이다. '야, 예수 귀신이 최고구나!'

실제로 그리스도인은 불신자와 여러 가지로 경쟁한다. 그리스도께서 마귀를 이기셨지만 아직 승리가 완결되지는 않았기 때문이다. 하지만 우리가 불신자와 경쟁해야 할 부분은 누가 '삼박자 축복'을 더 받느냐 하는 것이 아니라 누가 더 "하늘에 속한 모든 신령한 복"엡1:3을 받느냐, 다시 말해 얼마나 올바로 믿고 올바르게 사느냐를 두고 겨루는 것이다. 하나님의 정의와 공의, 사랑, 자비, 용서, 희생, 헌신 등 그리스도인이 성령의 열매를 얼마나 잘 맺느냐가 문제요, 그리스도께서 말씀하신 '착한 행실'을 통해 세상에 빛을 얼마나 잘 비추느냐 하는 문제이다.

사차원 이론의 출처

이 사차원 이론은 그러면 어디서 온 것일까? 성경을 믿는다고 고백하는 저자가 이토록 성경과 거리가 먼 사상을 직접 만들어 내지는 않았을 것이다. 사실 저자가 삼차원의 세계를 뛰어넘는 신비의 영역을 사차원이라 부르기 오래전부터 미국의 신사고 운동가들은 사차원이라는 용어를 널리 사용하고 있었다. 아인슈타인이 시간을 사차원이라 규정하는 등 물리학계에서 사차원 연구가 한참 진행되던 20세기 초에, 신비주의 사상가들이 이 사차원이라는 용어에 전혀 새로운 뜻을 부여함으로써 그 뜻과 함께 이 용어도 대중들의 큰 관심을 끌었다.

사차원의 신비적인 요소는 처음 힌튼Charles Howard Hinton, 1853~1907년의 학문적인 사차원 연구에 담겨 있었다. 그것을 러시아의 밀교도인 우스펜스키P. D. Ouspensky, 1878~1947년가 찾아내어 *The Fourth Dimension*사차원, 1909년이라는 저서에서 소개했다. 조용기가 같은 제목의 책을 내기 70년 전의 일이다. 우스펜스키는 그 다음 두 번째 저서에서 이 사차원의 개념을 자세히 풀어 설명하였다. 우스펜스키의 사차원은 감각의 세계와 구분되는 어떤 알 수 없고 접근할 수도 없는 신비로운 세계를 가리킨다. 다른 신사고 연구가들도 이 무렵 사차원에 관한 책을 두루 출판하였다. 필에게 영향을 끼친 쉰은 우스펜스키를 언급하면서 신사고의 법칙이 미치는 영역 곧 잠재의식과 관련된 정신세계를 사차원의 세계라 불렀다. 그러면서 그 세계가 힌두교 범신론과 통한다 하였다.

조용기는 이 사차원을 가져다 쓴 것이다. 용어뿐 아니라 내용까지 그대로 도입했다. 삼박자 축복과 오중 복음이 십자가 복음과 세상의 탐욕을 뒤섞는 혼합주의라면, 사차원 이론은 기독교와 범신론을 뒤섞는 혼합주의다. 삼박자를 정당화하기 위해 정교하게 고안된 마귀의 시스템이다. 그러나 조용기는 사차원의 개념 및 원리 전부를 하나님께 직접 배웠다고 거듭 주장한다. 성경에 없는 내용이므로 다른 기독교적 근거를 대기는 어려웠을 것이다. 하여 우리의 의문은, 하나님께서 왜 하필 신사고에서 두루 사용하던 바로 그 용어를 신사고와 똑같은 내용 및 해설까지 담아 '특별한 과외 공부'를 통해 가르쳐 주셨을까 하는 점이다.

신사고의 수많은 지도자들이 오랜 세월 연구해 이룬 체계를 독방 과외 몇 번으로 다 터득했다면 놀라운 면도 없지는 않다. 하지만 조용기 자신이 저서에서 미국에 잠재의식을 다룬 책이 많더라고 밝혔고 또 잠재의식에 대해 상당한 지식을 가졌다는 점을 볼 때, 신사고 및 사차원의 개념 역시 책이나 강연을 통해 직접 접했을 가능성이 크다. 하나님의 특별과외 시간에 성경책 외에 교과서가 한 권 더 있었다는 이야기다. 어느 책을 더 많이 참고했는지 판단하기는 어렵지 않다.

사차원은 신사고에서도 중요한 개념이다. 신사고 운동의 주류에서는 지금도 사차원을 주제로 한 책이 나오고 있다. 얼마 전 신사고 추종자 한 사람이 조용기의 사차원 서적을 읽고 '아멘'으로 화답했다. 조용기의 사차원이 자기네들이 믿는 사차원과 똑같더라 했다. 같은 부류를 한눈에 알아본 이것도 자기들이 신봉하는 '끌어당김의 법칙' 덕분일 것이다. 그들이 볼 때 조용기는 한국 교회를 이끌어 가는 '메타피지션', 곧 신사고 형이상학자이다.

4. 사차원의 '생각': 생각대로 된다

조용기의 저서는 설교 못지않게 성경을 많이 인용한다. 특히 중요한 주장을 펼 때는 반드시 성경구절을 가져와 설명하면서 자기의 주장이 성경의 내용과 같음을 입증하려 한다. 그런데 그토록 성경적인 글을 기독교 아닌 범신론이라고 하니 사실 믿어지지 않는 사람이 많을 것이다. 설교 스타일의 글을 지나치게 학술적으로 분석한 것은 아니냐는 질문이 나올 수 있다. 그러므로 조금 더 살펴보자.

조용기가 사차원 개념을 도입할 때는 차원 이론을 사용하였지만 그 개념을 실제로 활용하는 과정에서는 성경구절을 무수히 인용하고 있으므로, 저자가 성경을 제대로 인용하고 있는지 살펴보면 저자의 사상 역시 기독교인지 범신론인지 보다 명확하게 판별할 수 있을 것이다. 저자가 내세우는 원칙은 분명하다. "성경 처음부터 끝까지 하나님은 이 4차원의 법칙을 항상 사용하셨다."FD1, 62. 쉽게 말해 성경 전체가 사차원의 책이라는 것이 그의 입장이다. 따라서 조용기는 성경을 처음부터 끝까지 차원 이론으로 해석하려고 무진 애를 쓴다. 그 결과는 불을 보듯 뻔하다. 하나님 말씀인 성경을 비기독교적 사상에서 가져온 개념으로 풀다 보니 말씀 왜곡이 도를 넘는다. 우리가 '정신적 선입견, 욕망, 경험 때문에' 성경의 진리를 못 본다고 조용기 자신이 지적한 바 있는데FD2, 109, 그에게서는 '사차원'이 바로 그 선입견 역할을 하고 있다.

보이는 것과 보이지 않는 것

조용기는 『영성』에서 사차원의 요소를 '생각, 믿음, 꿈, 말'로 나누었다. 엄밀한 구분은 아니어서 서로 겹치는 부분도 많다. 초기에는 신사고처럼 '비전, 꿈, 상상력'을 강조하였다. 표현은 바뀌었지만 내용은 그대로다. 위장만 철저하게 했을 뿐 신사고 범신론이 본모습 그대로 있다.

조용기는 사차원을 하나님의 세계요 보이지 않는 세계라고 한다. 성경에 나오는 '보이지 않는다'는 표현을 다 사차원에 끼워 맞춘다. 이것이 후반으로 갈수록 심해지는데, 전에는 언급조차 않던 고린도후서 4장 18절을 마지막 책인 『영성』에서는 사차원의 주제 구절로 소개한다.

> 우리가 주목하는 것은 보이는 것이 아니요 보이지 않는 것이니 보이는
> 것은 잠깐이요 보이지 않는 것은 영원함이라고후4:18, 『영성』, 76.

이 구절은 본래 그리스도인의 소망을 담은 말씀이다. 우리는 지금 눈에 보이는 세상이 아닌 아직 오지 않은 영원한 미래에 눈길을 둔다. 지금은 고난이 있어도 영원한 영광을 바라보자는 권면이다고후4:17. 그런데 조용기는 이 말씀을 사차원의 주제 구절로 채택하고는 보이는 삼차원이 보이지 않는 생각, 믿음, 꿈, 말 등 사차원의 지배를 받는다는 뜻으로 푼다. 생각이나 상상력은 그럼 영원하다는 말인가? 또 삼차원이 잠깐 있다가 없어지는 것이라면서 정작 그렇게 없어질 것을 그토록 추구하는 이유는 무엇일까?

보다 심각한 것은 히브리서 11장 3절을 인용하는 방식이다. 첫 세 권에서는 단 한 번도 인용하지 않은 이 구절이 마지막 『영성』에 와서는 사차원을 보여주는 핵심 구절로 거듭 등장한다. 그 사이 '특별과외'를 좀 더 받았기 때문이라고 한다. 이 구절은 조용기에게서 사차원의 기본 원리이면서 동시에 사차원의 첫 영역인 '생각Thinking'에 대해 가르치는 구절이 된다.

> 믿음으로 모든 세계가 하나님의 말씀으로 지어진 줄을 우리가 아나니 보
> 이는 것은 나타난 것으로 말미암아 된 것이 아니니라히11:3, 『영성』, 23, 78.

세계가 하나님의 말씀으로 창조되었다는 전반부는 인용만 하고 설명하지는 않는다. 조용기의 관심은 "보이는 것은 나타난 것으로 말미암아 된 것이 아니니라" 하는 후반부에 있다. 그는 『영성』 곳곳에서 이 구절을 사차원의 근거 구절로 언급한다. 보이는 것은 삼차원, 그것을 있게 만든 나타나지 않은 어떤 것은 사차원이라고 한다. 보이는 것을 있게 만든 보이지 않는 어떤 원리가 있다는 말을 하는 것이다. 그러면서 말을 이어 간다. "다윈은 진화론에서 3차원의 세계는 스스로 진화해 왔고, 진화해 간다고 말합니다. 그러나 성경은 그것이 스스로 진화한 것이 아니라 눈에 보이지 않는 3차원을 초월하는 그 이상의 세계에 의해 변화하고 만들어진다고 말합니다."『영성』, 23.

조용기가 말하고자 하는 바는 분명하다. 지금까지 강조해 온 창세기 1장 2절의 '성령의 부화'를 히브리서 11장 3절 역시 가르친다고 하고 싶은 것이다. 그러면서 우선 다윈의 진화론을 비판하는데, 그 요점은 '스스로', 다시 말해 저 혼자 진화했다고 한다는 점이다. 대신 성경의 가르침이라며 소개하는 내용은 하나님의 창조가 아닌 사차원 법칙이다. 성경의 창조를 사차원의 부화라 했던 그 주장의 연장이다. 하지만 조용기가 말하는 사차원 자체가 책에서 비판하는 진화론과 서로 통할 뿐 아니라 아예 똑같아질 가능성까지 갖고 있다. 그의 사차원 이론의 기원이 신사고 범신론이기 때문이다.

진화론은 처음부터 신사고의 핵심 요소였다. 다윈이 진화의 결과 지성이 생겼다고 말한다면 신사고의 홈즈는 '지성의 힘'으로 진화가 이루어진다고 주장하는 정도의 차이가 있을 뿐이다. 신사고에서는 그 지성이 곧 신이다. 사실 진화론자 가운데도 신의 존재를 믿는 이들이 많다. 셸링이나 헤겔의 범내신론은 우주의 역사 자체를 신의 자기 구현 과정으로 설명한다. 화이트헤드의 과정철학에 바탕을 둔 과정신학이나 생명신학 등도 유신론적 진화를 믿는다. 보이는 세상 뒤에 보이지 않는 신의 섭리가 있다는 것으로서 이들에게는 매 순간이 창조의 순간이다. 창조의 힘이 무엇인지는 사상가들에 따라 다소 의견이 갈리는데, 조용기는 삼차원의 세계를 바꾸고 만드는 힘이 '생각'이라 주장함으로써 신사고의 입장을 따른다. 세계가 '변화하고' 있을 뿐 아니라 '만들어진다고'한 점도 '점진적인 창조'를 믿는다는 인상을 준다. 결국 겉으로는 다윈의 진화론을 비판하면서 실상은 진화론자들과 똑같은 주장을 펴는 셈이다.

저자가 실수한 것이 아니다. 저자가 주장하는 사차원 이론이 실상은 범신론이 주장하는 원리와 똑같다는 것을 다시금 보여 준 것일 뿐이다. 하나님께서 보이지 않는 말씀으로 보이는 세상을 창조하셨다는 간단명료한 성경의 가르침을 저자는 차원 이론이라는 해괴한 원리에 맞추어 뒤튼다. 성경으로 신사고를 설명하려 했기 때문이다. 신사고의 홈즈도 창조란 '보이지 않는 것에서 보이는 것이 나타나는 일'이라 가르쳤다. 사실 보이지 않는 것에서 보이는 것이 생겨나는 이 원리가 신사고 범신론의 핵심 원리다. 홈즈는 이 창조가 지금도 진행되고 있다고 주장하며 히브리서 11장 3절을 이렇게 푼다. "보이지 않는 이 전개의 법칙을 우리는 신뢰할 수 있어야 하며, 길이 보이지 않는다 하더라도 길이 있고 또 지금 제 역할을 하고 있음을 믿어야 한다. 우리는 보이지 않는 것을 믿어야 한다. 그것이 보이는 것의 유일한 원인이기 때문이다 …… 보이는 것들은 나타난 것들로부터 만들어진 것이 아니다히11:3." *SoM*, 57.

홈즈는 보이는 세계 이면에 보이지 않는 어떤 법칙이 있음을 주장한다. 홈즈의 경우는 범신론에 바탕을 둔 발전 개념, 곧 진화론과 통하는 어떤 원리 내지 힘을 가리킨다. 그런데 조용기는 그 아이디어를 그대로 가져와 창조를 말씀하는 성경 구절을 왜곡한다. 말씀으로 하신 창조는 애써 숨기고 이전에 자신이 말했던 성령의 부화를 거듭 주장한다. 여러 성구를 인용하며 진화론을 비판하지만 그러는 가운데 자기 이론도 사실 진화론과 똑같다는 것을 드러내고 만다. 보이지 않는 것을 모두 사차원이라 하다 보니 조용기의 사차원은 사탄 같은 악한 것들도 포함하고 있는 세계가 되는 것은 덤이다. 결국 성경과 맞지 않는 이교사상을 가져와서 성경이라 우기며 하나님 말씀의 참뜻을 왜곡하는 이것이 조용기 사상의 기본 틀임이 확인된다. 사차원 저서 네 권에 나타난 성경해석의 상당 부분이 이 틀을 벗어나지 못하고 있다.

생각대로 된다

'생각'은 조용기가 말하는 사차원의 첫째 영역이다. 보이는 삼차원을 창조한다는 보이지 않는 사차원의 첫째가 생각이다. 모든 것이 생각에서 나오기 때문이라고 한다. 조용기는 사차원에 속한 생각이 삼차원에서 그대로 구현된다고 주장한다. 특히 구체적인 간구를 해 응답받은 자신의 경험을 회상하면서 그러므로 생각부터 바꾸어야 한다고 역설한다. 쉽게 말해 '생각대로 된다'는 것인데, 이 '생각의 힘'이 바로 신사고의 핵심 원리다. 저자는 사차원에 속한 생각, 곧 '상상력'이 삼차원에 그대로 반영되는 법이라 주장한 다음 히브리서 11장 3절 전체를 다시 한 번 인용하고, 곧이어 이렇게 설명한다. "4차원의 세계에서 어떤 생각을 하느냐에 따라 3차원에 그 결과가 반영된다는 이야기입니다. 4차원의 요소인 생각이 부정적인 사람은 3차원에 부정적인 일이 생깁니다. 머릿속에 '나는 안된다, 나는 못 한다, 나는 불행하고 슬프다'라는 생각을 가지면 그것이 결국에는 3차원인 몸과 생활과 사업에 그대로 나타납니다."
『영성』, 78.

긍정적인 생각으로 자신감을 갖자는 권고는 좋은 것이다. 하지만 조용기의 권고는 그 원리가 틀렸다. 그릇된 원리에 부합하는 생각이라면 그것을 긍정적이라고 하기도 어렵겠지만 그것으로 얻는 것도 참된 자신감일 수 없다. 그가 인용한 히브리서 11장 3절에는 하나님께서 생각으로 창조하셨다는 말도 없고, 세상 일이 우리의 생각대로 된다는 말도 나오지 않는다. 사실 이것은 앞에서 창세기 1장 2절을 억지로 풀었던 범신론의 오류를 그대로 되풀이한 것이다. 하나님께서 보이지 않는 사차원으로 세상을 부화시키셨다고 하고 싶은 것이다. 하나님 사역의 원리라는 것을 사람에게 곧장 적용하는 것도 잘못이다.

창조주 하나님께서 생각하시는 것은 물론 현실 세계에서 그대로 이루어진다사14:24. 그런데 조용기는 피조물 사람도 똑같은 방식으로 자기 삶을 바꿀 수 있다 주장한다. '보이는 세상이 보이지 않는 내 생각에서 나온다!' 그는 그것을 두고 "하나님의 창조적인 기적"이라 부르는데, 신사고가 주장하는 것이지 성경에는 없는 이야기다. 하나님께서 과외를 통해 가르쳐 주셨다는 것마다 하나같이 신사고 범신론이다.

몸과 마음은 신비롭게 이어져 있어 서로 영향을 주고받는 것은 사실이다. 하지만 내가 생각하는 바가 내 몸뿐 아니라 '생활과 사업', 나아가 '모든 세계'까지 바꾸어 놓는다는 말은 또 다른 것이다. 긍정적인 태도를 가지면 암癌을 이길 수 있을까? 신사고의 요람지인 미국에서도 미국 암협회American Cancer Society의 오랜 연구 결과 마음의 태도가 암 치료 및 생존율과 아무 상관이 없다는 결론이 나왔다. 영국에서 행한 비슷한 연구도 같은 결과를 보여 준다. 하지만 인터넷을 뒤져 보면 적극적 사고방식이 암 극복을 돕는다는 글이나 그런 굳센 신념으로 암을 이겼다는 간증이 홍수를 이루고 있다. 몸과 마음이 따로 놀지 않는 한 생각이나 태도가 몸에 영향을 미치지 않는다고 보기는 어려울 것이다. 그렇지만 문제는 마음이 어떤 방법으로 어느 정도까지 영향을 미치느냐 하는 점이다.

긍정적인 마음을 가지면 몸에 유익한 변화를 가져와 더 건강해질 수도 있을 것이다. 마음의 변화는 내 생활 태도도 바꿀 것이다. 그러면 내 활동이나 대인관계 등에서 삶의 질을 다각도로 높여 줄 것이다. 비단 질병만이 아니다. 어떤 경우든 내 생각의 변화가 태도의 변화를 가져오면 그 변화는 당연히 바깥에도 영향을 미칠 것이다. 마음은 분명 몸과 삶에 영향을 미친다. 그런 점에서 긍정적이고 적극적인 태도를 갖는 것은 어느 모로 보나 유익이 있다.

하지만 지금 조용기가 말하는 변화는 그런 삼차원의 설명을 뛰어넘는 사차원의 변화다. 마음이 곧장 내 몸뿐 아니라 '생활과 사업'에 직접 가져오는 변화로, 삼차원의 인과론으로는 설명할 수 없는 현상이다. 물론 노력과 헌신도 필요하다고 한다. 하지만 그 이상의 뭔가가 있다고 말한다. 그런데 그것이 하나님의 특별한 섭리도 아니고 그냥 사차원의 법칙이라고 할 따름이다. 조용기는 그것을 생각의 '창조성'이라 부른다. 기발한 생각을 한다는 뜻이 아니라 생각이 자기 내용을 그대로 이룬다는 말이다. 그러니 창조성보다 창조력이 더 정확한 표현이다. 영어판은 마음 곧 상상력을 캔버스에 비긴다. "그리스도인이 믿음의 붓을 들어 하나님께서 계시해 주신 그림을 제 마음의 캔버스에 그리기 시작하면 그 계시는 현실이 된다."*FD2, 52.*

신사고가 가르친 '창조적 그리기' 그대로다. 홈즈는 이 힘을 '마음의 과학'으로 설명했다. 명확하고 구체적인 그림을 잠재의식에 그리기만 하면 우주가 나서서 내 생각을 현실로 만들어 준다고 했다. '내 생각'이지만 조용기는 그것을 '하나님의 계시'라 부른다. 하지만 '믿음', '계시' 등의 용어를 사용한다고 해서 성경적으로 바뀌지는 않는다. 주요 저서들과 비슷한 시기에 저술한 설교 참고서 『오중복음과 삼중축복』*1997년*에서도 이 상상력의 힘에 대해서 분명히 말하고 있다. 그는 계시도 하나님께로부터 오는 것이 아니지만 성취를 가져오는 것 역시 하나님 아닌 생각의 힘이라고 말한다. 신사고의 가르침이다. 월러스 워틀즈가 힌두교 사상에서 갖고 온 것이 신사고와 번영복음을 거친 다음 조용기에 와서 성경의 가르침으로 둔갑을 한 것이다.

생각이 중요한 이유

생각이 힘을 발휘한다는 자리는 '잠재의식'이다. 조용기는 영어판 두 권에서 잠재의식에 대하여 많이 논하고 있다. 신사고가 말하는 잠재의식이 성경이 말하는 '속사람'과 같은 것이라 하면서 이 잠재의식이 바로 사람의 삶을 움직이는 동력이라 하였다. 사차원의 첫 영역인 '생각'은 이 잠재의식을 용어만 바꾼 것이다. 신사고의 잠재의식 이론을 비판하는 『세계』에서도 잠재의식의 힘은 그대로 인정하고 있다. 이 원리는 마지막 책 『영성』에서도 그대로 나타난다. "생각은 하나님이 역사하시는 그릇입니다."『영성』, 116.

하나님께서 우리 생각을 이용해 삼차원을 바꾸신다는 말이다. 성령께서 하신다는 말도 한다. 그러니 주권이 하나님께 있다고 말하는 듯 보인다. 하지만 신사고를 이은 번영신학이다. 우주의 원리 대신 하나님을 쓰고 성령을 적었을 뿐이다. 하나님조차 그 법칙을 뛰어넘을 수 없다고 하기 때문이다. "부정적인 생각을 하면 긍정적인 하나님의 역사가 나타날 수 없습니다."『영성』, 116. 내가 부정적인 생각을 하면 하나님께서도 어떻게 하실 수 없다는 말이다. 범신론에서는 우주도 신도 다 법칙의 지배를 받기 때문이다. 위 차원이 아래 차원에 의존하는 차원 논리와 통한다.

조용기는 생각의 중요성을 강조하기 위해 성경 구절도 많이 인용한다. 특히 눈에 띄는 구절이 요한일서 4장 18절이다. 이 구절을 인용하여 푸는 것을 보면 그가 신사고를 전파하기 위해 성경을 얼마나 심하게 왜곡하는지 잘 알 수 있다.

> 사랑 안에 두려움이 없고 온전한 사랑이 두려움을 내쫓나니 두려움에는
> 형벌이 있음이라 두려워하는 자는 사랑 안에서 온전히 이루지 못하였느
> 니라요일4:18, 『영성』, 114.

바로 앞의 16절에는 "심판 날"이 나온다. 따라서 이 구절에서 말하는 두려움은 하나님의 심판에 대한 것이다. 하나님의 사랑을 우리가 받아 서로 사랑하게 되면 하나님의 심판대 앞에서도 두려움 없이 담대할 수 있다는 말씀이다 요일4:12, 4:17-18. 그런데 이 말씀을 조용기는 이렇게 푼다. "두려움에는 형벌이 따릅니다. 암을 두려워하면 암이 형벌로 오고, 가난을 두려워하면 가난이 형벌로 오고, 전쟁을 두려워하면 전쟁이 형벌로 다가옵니다."『영성』, 114-115.

사랑이나 하나님의 심판은 온데간데없이 '두려움'과 '형벌' 두 가지만 남았다. 두려움의 대상도 질병, 가난, 전쟁으로 바꿔치기 했다. 전쟁을 끼워 넣어 혼란을 유도하지만 암과 가난, 곧 삼박자 가운데 이, 삼박자를 잃어버리는 두려움을 말하려는 것이다. 성경 구절을 앞뒤 문맥을 잘라내어 '생각하는 그 일이 그대로 일어난다'는 신사고 원리에 끼워 맞췄다. 잠재의식의 힘으로 걱정하는 그대로 되는 것도 신사고 사상이다. 쉰의 글에는 어떤 희귀병을 두려워하다 기어이 그 병에 걸린 한 여인이 등장한다. 필도 에머슨의 말을 인용하면서 걱정하는 것은 그 일이 일어날 상황을 만드는 것이라 설명했다. 조용기는 심지어 자신이 과거에 결핵에 걸렸던 것도 결핵을 두려워했기 때문이라 주장한다FD1, 169.

조용기는 하나님의 구원의 사랑을 가르치는 구절을 가져와 구원을 삭제한 채 신사고를 전하는 도구로 사용하고 있다. 하나님의 심판이 먼저 있기에 두려움이 생기는데 그것마저 순서를 뒤집어 우리가 두려워하기 때문에 그 결과로 암, 가난, 전쟁이 온다고 썼다. 이런 왜곡은 말씀을 주신 하나님에 대한 모독이다. 슐러도 이 구절을 왜곡했지만 그래도 사랑이라는 개념 정도는 이용했는데, 조용기는 사랑마저 완전히 제거한 뒤 신사고를 전파한다. 그래 놓고 마무리는 또 하나님으로 한다. "하나님 안에서 소망을 붙잡는 길밖에 없습니다."『영성』, 115. 그가 입에 올리는 하나님이 독생자를 주신 그 하나님이신가 아니면 신사고가 말하는 우주의 신인가?

성경도 생각의 중요성을 거듭 강조한다. 조용기가 인용한 구절처럼 생각이 우리 생명을 좌우할 수 있기 때문이다롬8:5-7. 또 생각이 우리 인격의 중심이므로 주 예수 그리스도를 구주로 믿는 사람은 죄로 더러워진 생각을 버리고 구원의 은혜에 합당한 생각을 해야 한다. 음란, 악독, 거짓, 사기를 버리고 진실, 사랑, 용서를 생각해야 한다. 육신의 생각을 버리고 영을 생각하도록 애써야 한다. 이 말은 조용기도 했는데, 성경에 따라 생각하도록 애쓰라는 권면 자체는 참으로 귀하다.

그렇지만 이 말을 하는 구체적인 맥락 안으로 들어가 보면 그 내용은 거의 본디 내용과 무관한 세속적 승리요 성공이다. 사업에 크게 성공한 이야기, 가난이 물러가고 축복이 올 것이라는 이야기, 할 수 있다는 마음, 용기, 불굴의 정신, 칠전팔기의 적극적인 사고방식 등이다. 인용한 성경도 주로 거기 끼워 맞출 수 있는 것들이다. 하나님의 사랑을 말하는 로마서 8장 35절부터 39절까지를 인용하지만 독생자를 주신 그 사랑은 잠시 도약대로 사용한 다음, 진정한 목표인 담대함과 희망, 그리고 '희망과 부요의식'으로 날아오른다. 성령 충만한 삶을 살아야 할 이유 역시 "우리가 바라고 소원하는 일들이 성령님에 의해 이루어지기" 때문이라고 한다『영성』, 122. 결국 오중 복음에 삼박자 축복이다. 저자는 53년의 목회를 통해 된다는 생각을 끊임없이 사차원에 간직해 삼차원의 변화를 일으켰다고 밝힌다. 그리고 다음과 같이 결론짓는다. "저의 4차원을 완전히 승리와 성공과 부요와 축복으로 채우면 3차원의 현실은 당연히 따라오게 되어 있기 때문입니다."『영성』, 118-119.

신구약의 구절을 끊임없이 인용하는데 그 모든 구절을 이용해 전하는 원리는 신사고 범신론이다. 저자 자신은 그 원리를 이용해 소위 큰 성공을 이루었다. 그렇다면 한국에 있다는 세계 최대의 교회는 도대체 어떤 기초 위에 서 있는 것일까?

5. 사차원의 '믿음': 바라봄의 법칙

아브라함의 땅

조용기 사차원의 두 번째 영역은 '믿음'이다. 말은 믿음인데 내용은 첫 요소인 생각과 크게 다르지 않다. 믿음은 생각한 바를 "실현하는 능력"이라 하여 차별화를 시도하지만 생각도 그런 능력을 갖고 있다고 이미 했으니 그냥 말잔치다. 어쨌든 중요한 것은 능력이다. 여기서는 성경 구절 가운데서도 필이나 슐러처럼 믿음의 능력을 강조하는 구절을 주로 인용한다.

한국어판에서는 하나님의 능력을 강조한다. 하나님께서 혼자 하실 수 있지만 우리의 기도를 통해 하신다 했다. 또 당신의 권능을 베푸실 때 '때때로' 우리 믿음을 적극 활용하기 원하신다 했다. 하지만 영어판을 보니 하나님의 능력보다 내 믿음을 더 중요시한다. "하나님은 그대 자신의 개인적 믿음을 통하지 않고는 절대 당신의 위대한 일을 행하지 않으신다."*FD1, 9.* 하나님께서 '절대' 혼자 일하시지 않는다면 우리 믿음이 절대적인 위치를 차지하게 된다. 이 말로 하나님께서는 부정적인 사람에게서는 역사할 수 없는 그런 신이 되셨다. 인간을 통하지 않고는 자신을 나타낼 수 없는 그런 무기력한 존재가 바로 범신론의 신이다. 사람에게 명령을 주시고 순종을 요구하시는 성경의 하나님과 심히 다른 모습이다.

마지막 책 『영성』에 따르면 믿음의 시작은 '바라봄의 믿음 법칙'이다. 응답받은 모습을 '바라보면서' 간구하는 믿음으로, 조용기가 만든 법칙이다. 바라보는 것이니 그가 보기에는 믿음이요 또한 '꿈'이기도 하다. 그런데 그것을

'이미 이루어진 현실'로 믿고 기도하는 것이 중요하다고 한다. 받은 줄로 믿으라는 주님 말씀일까, 아니면 윌리엄 제임스가 말한 '척 하는 법칙'일까? 저자는 성경의 보기로 아브라함을 든다. 하나님께서 아브라함에게 '먼저 바라보게 하시고 그 다음에 믿음을 주셨다'는 것이다. 성경을 보니 정말로 바라보라고 하셨다.

> 너는 눈을 들어 너 있는 곳에서 동서남북을 바라보라 보이는 땅을 내가
> 너와 네 자손에게 주리니 영원히 이르리라 창13:14-15

하나님께서 주신 명령이므로 바라봄의 법칙도 언뜻 봐서는 무척이나 성경적인 듯 보인다. 그런데 조용기는 이어 아브라함이 '끊임없이 꿈꾸고 하나님을 믿었기 때문에' 믿음의 조상이 되었다고 주장한다. 아브라함이 믿었다는 이야기가 성경에 나오기는 나온다. 물론 땅이 아닌 자손과 관련된 것이다. 하지만 아브라함이 꿈을 꾸었다는 이야기는 도무지 본 기억이 없다. 그런데 『세계』를 보니 설명이 나온다. "아브라함은 그 땅을 바라보았고 장막으로 돌아가서는 자리에 누워 그 땅을 소유하게 될 것을 꿈꾸었습니다." 『세계』, 64. 모세가 빠뜨린 내용을 조용기가 보충해 넣은 것인가? 상상의 나래를 편 것이다. 보기만 해서는 안 되고 꿈도 꾸어야 하기 때문에 아브라함을 장막으로 들이밀어 백일몽을 꾸게 만들었다. 꿈도 믿음처럼 사차원의 요소다. 그런데 나중에 『영성』에서는 장막에 들어가 잤다는 이야기가 별 설득력이 없다 싶었는지 꿈을 꾸었다는 말만 슬쩍 하고 넘어갔다.

그런데 보는 것을 왜 이렇게 중요시할까? 간단하다. '바라보는 것은 소유하는 것'이라고 주장하기 때문이다. 하나님께서는 내 눈이 내 '상상력'에 투사하는 것만 주신다고 하기 때문이다. 곧 신사고 원리를 말하기 위해서다. 신사고

이론에서는 잠재의식에 담겨야 우주의 힘을 받아 이루어진다고 하는데, 상상력이 잠재의식의 핵심 요소라고 한다. 우리는 보는 것, 곧 우리 비전을 '절대' 넘어설 수 없다고 한다. 조용기는 『영성』에서도 똑같은 이야기를 한다. "이렇게 하나님의 은총을 바라볼 때 우리의 삶 속에 그것들이 현실로 나타나게 됩니다."『영성』, 129. "은총"이라는 말이 초점을 흐린다. 핵심은 "바라볼 때"라는 구절 하나다. 우주의 힘을 하나님으로 바꿔치기 하고 '바라봄의 법칙'이라는 참신한 이름까지 붙였지만 신사고의 기본 구도는 조금도 달라지지 않았다. 슐러가 조용기의 첫 책 추천사에서 언급한 그 기교가 마지막 책까지 그대로 이어지고 있다.

조용기는 성경을 이용해 이교사상을 전파하기 위해 성경을 두 가지 방식으로 뒤튼다. 두 방식 모두 조용기의 성경해석에 자주 등장한다. 첫째는 지엽적인 내용을 중심으로 만들고 정작 중요한 요소는 묻어 버리는 것이다. 하나님께서는 땅을 주겠다는 약속은 아브라함에게 여러 번 주시고 이삭 및 야곱에게도 주셨는데창12:7, 13:15, 15:7, 15:18, 17:8, 26:4, 28:13, 35:12, "바라보라" 하신 것은 꼭 한 번뿐이다창13:14. 원래 이 이야기의 핵심은 '하나님의 약속'이다. 바라보는 것이 중요한 것이 아니라 하나님께서 주시겠다 약속하신 것이 중요하다. 아브라함 및 그의 후손과 언약 관계를 맺으신 바로 하나님 그분께서 핵심이시다창15:18, 17:7-8. 성경은 아브라함의 반응에는 별 관심을 보이지 않는다. 바라보라 하셨을 때도 정말 보았는지 어땠는지 말이 없다. 굳이 반응을 찾는다면 '믿음' 하나겠지만 실은 믿었다는 표현조차 나오지 않는다. 대신 그 땅을 이리저리 옮겨 다니며 산 삶에서 믿음이 나타났을 뿐이다창13:17-18, 히11:9-10. 조용기는 신사고 범신론을 전하기 위해 성경의 독자들로 하여금 약속을 주신 하나님을 잊고 사람을 바라보게 만든다.

내용의 우선순위만 뒤바뀐 것이 아니라 애초에 내용 파악도 제대로 되지 않았다. 성경에 따르면 아브라함은 눈을 들어 바라보라 하신 그 땅을 죽을 때까지 얻지 못했다. 보기만 하고 얻지는 못한 그 땅을 근거로 '보아야 얻는다'는 바라봄의 법칙을 주장하니 엉터리다. 또 『영성』에서는 말하지 않지만 *FD*1에서는 현대 이스라엘 국가의 건설을 이 말씀의 성취로 본다. 그런데 이는 그리스도 안에서 주신 하나님의 언약을 심각하게 잘못 알고 있는 것이다. 아브라함에게 땅을 약속하신 것은 이스라엘 백성의 가나안 정복으로 일차로 성취되었지만, 여호수아가 이들에게 참 안식을 주지 못하였기에 그리스도 안에서 이루어질 참된 안식을 바라보게 된다히4:8-9. 이것이 성경이 말하는 진짜 '바라봄'이다.

아브라함에게 약속하신 땅은 결국 예수 그리스도를 통한 구원과 구원받을 자가 가게 될 영원한 본향이기에, 아브라함 자신도 그리스도께서 오실 날을 고대하면서요8:56 죽는 날까지 나그네로 살았다히11:8-10, 11:13-16. 아브라함이 바라본 것이 무엇인지를 진정 조용기가 몰랐을까? 그의 책 전체가 '예수'와 '십자가'로 가득한데도 아브라함의 땅 이야기는 단 한 번도 그리스도와 연결하지 않는다. 놀라운 일관성이다.

저자가 굳이 땅 이야기로 '바라봄의 법칙'을 만든 이유는 짐작하기 어렵지 않다. 땅은 이 세상 재물의 표본이다. *FD*2에서는 아브라함이 바라본 땅을 아예 "부동산real estate"이라 부른다. 저자는 아브라함이 가졌던 막대한 재산을 광대한 부동산과 엮어 "아브라함의 축복과 형통"이라 부르며 독자를 유혹한다. 약속의 땅을 바라본 아브라함의 믿음의 눈이 졸지에 탐욕의 눈으로 변했다. 그리스도를 완전히 배제한 채 거부 아브라함의 부동산을 중심으로 전개하는 바라봄의 법칙은 결국 독자들로 하여금 하나님께서 정말로 바라보라 하신 영원한 본향은 잊어버리게 만든다. '나도 부동산 부자가 될 수 있다'는 착각 속에서 이 땅에서 눈을 떼지 못하게 만든다.

오늘도 수많은 아브라함의 자녀들이 눈을 들어 약속의 부동산을 바라본다. 하나님께서 약속하신 가나안, 그리스도 안에서 주시는 영원한 참된 번영은 시야에서 사라진 지 오래다. 번영복음 전도자들이 교회 안으로 이교사상을 들여놓고는 성경 말씀을 왜곡하여 하나님의 언약과 구원을 효과적으로 덮어 버린 덕분이다.

이삭의 출생

조용기는 아브라함이 땅을 얻을 때뿐 아니라 이삭을 낳는 과정에도 '바라봄의 법칙'을 실천했다고 주장한다. 그런데 성경에 없는 내용을 성경에 끼워 맞추다 보니 문제가 심각하다. 특히 네 권의 저서를 거치며 말이 변하는 과정을 보면 그가 신사고를 전파하기 위해 얼마나 애를 썼는지 알 수 있다. 우선 첫 책 FD1에서 저자는 말하기를 하나님께서 아브라함과 사라에게 아들을 주겠다 하셨더니 아브라함도 웃고 사라도 웃었다고 했다. 그런데 두 사람이 못 믿고 계속 웃자 하나님께서 밤하늘의 별을 바라보게 하심으로써 성령의 사차원의 언어를 사용하셨다 주장한다. 조용기는 별을 바라보며 감동의 눈물을 흘리는 아브라함을 감성적인 필치로 묘사하고 있다. 수천 개의 별이 자식들이 되어 "아버지!" 하고 부르는 모습을 상상함으로써 아브라함은 사차원의 세계에 들어갔고, 사라 역시 젊음을 회복하여 결국 아들을 낳을 수 있었다는 것이다.

상상만 해도 웃음이 나온다. 사차원의 법칙이 성경에 있다고 호도하려고 일단 성경 말씀의 순서를 뒤집었다. 두 사람이 못 믿고 거듭 웃기에 별을 보여 주어 믿게 하셨다 주장하는데, 성경을 보면 아브라함에게 별을 보라 하신 것은 창세기 15장이고 아브라함이 웃은 것은 17장, 사라가 웃은 것은 18장이다. 바라봄을 통해 불신앙에서 신앙으로 변화되었다 말하려고 시간을 뒤집은 것이다. 물론 사차원에서는 그보다 더한 것도 가능하다고 할 것이다. 조용기는 백

살 노인이 사차원의 사고를 통해 아들을 얻었다 우기지만 성경은 아브라함과 사라가 하나님의 약속을 믿었다는 점 하나만 강조한다롬4:20. 그것이 기독교의 믿음이다. 사라는 잠깐 웃기는 했지만 곧 여호와의 전능하심에 대한 말씀을 듣고 믿었다창18:14, 히11:11. 아브라함도 하나님께서 거듭 확인해 주시는 언약의 말씀을 믿었다. 하늘을 보아야 별을 딴다는 우리네 속담은 지금도 유효하지만, 별을 보고 회춘했다는 조용기의 주장은 신사고 범신론을 가르치려는 허무맹랑한 소리에 지나지 않는다.

시간이 뒤집힌 오류는 둘째 책 *FD*2에도 그대로 등장한다. 이번에는 아브라함뿐 아니라 사라가 젊어진 것도 강조한다. 하나님의 약속을 듣고 젊음의 회복을 '시각화'하였다는 것이다. 자신이 매력적인 여성이라는 자화상을 마음에 간직하였고 그 결과 아비멜렉이 첩으로 삼고 싶을 정도로 젊어졌다는 것이다. 참신한 내용 같지만 스스로를 매력적인 여성이라 생각하여 젊어진 경우는 필의 책에서도 이미 나왔다. 필도 물론 신사고의 쉰한테 배운 것이다. 쉰과 필에게 배운 이 스토리를 사라에게 적용하여 써 먹고 싶어 가져온 모양인데, 사라의 경우 하나님께서 보여 주신 것이 없어 부득불 사차원 이야기도 별을 직접 본 아브라함을 중심으로 설명한다. 본 것은 남편이지만 변한 것은 아내라는 말이다. 부부일심동체요 사차원의 비밀이라면 시비할 수는 없겠다.

한국어판 『세계』에서는 시간이 뒤집힌 이 오류를 바로잡았다. 대신 두 사람이 웃었다는 이야기를 아예 빼 버렸는데, 그 이유는 간단하다. 성경에서는 사라의 이름을 바꾸어 주시자마자 아브라함이 웃었기 때문이다. 조용기는 아브라함이 별을 바라본 뒤에 하나님께서 두 사람의 이름을 바꾸어 주심으로써 '약속의 바라봄'을 확인시켜 주셨다고 강조한다. 그런데 별을 보여 주신 것으로 모자라 이름까지 바꾸어 주셨는데도 웃었으니, 그것을 언급하면 바라봄의 법칙이 무색해지지 않겠는가.

약속을 확인시켜 주신 것을 굳이 약속의 바라봄을 확인시켜 주셨다 했다. 그러면서 이렇게 결론짓는다. "하나님의 전적인 역사로 말미암아 이제껏 4차원의 영적 세계에서 바라봄으로 존재했던 하나님의 약속은 3차원의 물질세계에 현실로 나타나 아들 '이삭'이 탄생했던 것입니다."『세계』, 66. 무척이나 은혜로운 문장이다. 차원 이야기도 나오지만 하나님의 약속과 능력을 더 강조한 듯 보인다. 신사고는 이제 포기한 것일까? 그러나 똑같은 내용을 이전의 영어판은 이렇게 표현하고 있다. "아브라함은 정신적 자극을 이용해 자신의 상상력 속에 마음의 그림을 그렸고 그 그림이 나중에 자신의 능력을 통제하여 아내 사라와 함께 아들을 낳을 수 있었다."FD2, 113.

여기에는 신사고가 뚜렷하게 나타나 있다. 이 글을 본 뒤 한국어판의 은혜로운 문장을 다시 보면 기본 골격은 조금도 달라지지 않았음을 알 수 있다. 기독교인 듯 주장하는 바라봄의 법칙이 사실은 신사고가 가르친 상상력의 힘이었다는 것만 오히려 뚜렷이 드러난다. 하나님의 역사나 약속 등 은혜로운 수식어를 추가했지만 내용의 근간은 여전히 사차원의 법칙이다. 이러한 신사고 원리를 감추기 위해 애써 "하나님의 전적인 역사"를 강조한 셈이다. 한국어판을 편집한 국제신학연구원 사람들의 수고가 다시금 돋보인다.

하나님께서는 아브라함에게 자손을 약속하실 때 하늘의 별뿐 아니라 땅의 티끌과 바다의 모래처럼 많게 해 주겠다는 약속도 주셨지만, 그것은 시각적 효과가 별로 없다 싶었는지 단 한 번도 언급하지 않는다. 마지막 책 『영성』에서는 결국 별 이야기를 뺐다. 성경을 가르치고 싶었으면 바라봄의 법칙을 지웠겠지만 사차원의 법칙이 더 소중했기에 도움이 되지 않는 성경의 내용을 토사구팽兎死狗烹한 것이다. 목표를 구체적으로 그려야 한다는 권면을 할 때도 이름을 바꾸어 주신 이야기만 나올 뿐 별 이야기는 끝내 다시 나오지 않는다. 하여 『영성』은 '별 볼 일 없는' 책이 되고 말았다. 하지만 그 사이 값이 많이 오른 부동산 덕분에 바라봄의 법칙은 여전히 조용기 사상의 중심 자리를 차지하고 있다.

6. 사차원의 '꿈': 상상력의 힘

꿈의 중요성

사차원 네 영역 가운데 조용기가 가장 공을 들이는 부분은 세 번째 영역인 '꿈'이다. 조용기 사상의 완결판이라 할 수 있는 『영성』에서 가장 많은 지면을 '꿈'에 대하여 논하는 데 할애하고 있다. 꿈은 의미의 폭이 넓다. '바라봄의 법칙'도 믿음인 동시에 꿈이다. 꿈은 처음부터 '부화'의 원리인 사차원의 언어로 소개되었다. 사차원의 언어는 '상상력 가운데서 갖는 비전과 꿈'이라고 하는데, 조용기는 상상력과 비전도 꿈에 포함시켜 말한다. 그래서 아브라함도 장막에 들어가 억지 낮잠을 청해야 했던 것이다. 조용기가 처음 부화의 원리를 설명할 때는 하나님의 창조를 통해 생명, 아름다움, 깨끗함, 풍요가 생겨났다 했다. 이 부화의 원리는 모양을 약간 바꾼 채 마지막 『영성』에 다시 등장한다. "죽음은 생명으로, 무질서는 질서로, 흑암은 광명으로, 가난은 부유로 변화하기 시작합니다."『영성』, 83, 172, 195.

네 가지 변화 가운데 셋은 추상적, 비유적인 것이고 마지막 하나만 구체적이고 실제적인 변화다. 이 하나가 피부에 와닿을 것이니 기억에도 오래 남을 것이다. 조용기는 『영성』에서 이 구절을 세 번 거푸 사용하는데 세 번 모두 꿈을 설명하는 부분에 나온다. 삼차원을 부화할 때 가장 요긴한 요소가 바로 꿈이라는 말이다. 물론 이전의 범신론 바탕이 그대로 이어지고 있다는 증거이기도 하다.

조용기가 꿈과 관련하여 가장 강조하는 것은 '내 꿈이 곧 하나님의 꿈'이라는 사실이다. 신의 생각이 사람을 통해 나타난다는 범신론이다. 이 사실을 분명하게 하기 위해 그는 꿈꾸는 것을 '임신'에 비긴다. 임신은 암수 동반으로 생기는 현상이다. 나 혼자 품은 꿈이라면 임신이라는 표현이 어울리지 않는다. 왜 이 표현을 썼는지 영어판에 설명이 나온다. *FD1*에서 처음에 책상, 의자, 자전거를 달라 기도할 때도 제 속에서 이미 임신이 되었다고 선포한 바 있는데, 놀랍게도 '성령의 능력으로 임신했다'고 주장한다. 심지어 '성령과 교통하는 가운데 임신했다'는 표현까지 사용한다. 그리스도께서 성령으로 잉태되신 사건을 빗댄 위험천만한 표현이다. 성령으로 임신했다는 표현은 우리말 번역인 『세계』에도 거듭 나타난다. "성령께서 여러분의 마음속에 잉태하게 하시는 그 무엇이든지 여러분은 그에 대한 믿음을 잉태하게 되고, 잉태한 그것은 여러분의 환경 속에 나타나는 것입니다."『세계』, 48.

영어판에는 없던 '믿음을 잉태한다'는 내용을 추가했지만 성령께서 우리의 꿈을 임신시키신다는 뜻은 그대로 드러나 있다. 성령께서 우리 마음에 잉태하게 하신다는 것은 '새 이미지와 새 비전'이다. 그렇게 임신만 하면 '환경 속에 나타난다'고 했다. 그런데 나중에 『영성』에서는 성령으로 인한 임신 사상이 많이 약해졌다. "우리의 꿈도 마찬가지입니다. 꿈이 잉태되었다면 현실적인 대안을 준비해야 합니다. 그것을 성령님의 능력에 의해 품고 있어야 합니다."『영성』, 174. 성령으로 잉태되었다는 말은 하지 않는다. 하지만 임신과 성령을 밀접하게 말했다. 임신된 꿈을 품는 일에 성령님의 도움이 필요하다면 그 전 단계 또한 성령님의 도움 없이 혼자 하기는 어려울 것이다. 비슷한 표현은 많다. "하나님을 통해 품게 된 꿈" 또는 "성령의 도우심으로 갖게 된 거룩한 꿈" 같은 것이다. 이 꿈을 "성경과 성령을 통해 설교와 기도 시간 가운데" 주신다 하니 아주 은혜로운 표현이 되었다. 하지만 임신이라는 아이디어 자체는 새로운 표현 아래 그대로 깔려 있다.

"그러므로 우리는 성령님으로 말미암아 하나님의 꿈을 가져야 합니다. 꿈은 성령님이 주시는 것입니다. 성령님을 통해 자신의 마음을 거룩한 꿈으로 프로그래밍해야 합니다."『영성』, 83. 내가 꾸는 꿈이지만 성령님께서 주신다 했다. 그런데 그 꿈으로 내 마음을 프로그래밍한다 하였으니 꿈으로 잠재의식을 가득 채우라 하던 예전의 주장이 그대로 이어지고 있다. 하나님의 꿈이라는 그 아름다운 것을 꾸고 이루라고 하는데 그 방식으로는 신사고를 제시한다. 필과 슐러가 말한 것처럼 하나님의 동반자가 되라는 것이다. 그냥 하나님께서 좋은 생각을 주신다 해도 될 것 같은데 저자는 시종 임신의 비유를 사용한다. 내 꿈은 하나님과 나의 합작으로 생긴다, 나 혼자 못하니 반드시 하나님의 사차원에 들어가야 한다. 그런데 하나님 역시 나 없이 못하시기는 마찬가지다.

신이 우리 마음에 어떤 생각을 임신시킨다는 생각은 신사고 운동가들이 가르치던 내용이었다. 이들은 기독교의 동정녀 임신 교리를 "신이 더럽혀지지 않은 깨끗한 생각을 우리 마음에 심어 주신다"라는 뜻으로 풀었다SoM, 250. 이러한 의미에서 '생각하는 것'은 곧 '마음에서 낳는 것'이다. 홈즈가 말했다. "성공하기 위해서는 성공을 먼저 생각에 품어야 한다. 우리가 창조자이기 때문이 아니라 우리를 통해 구현되는 생명의 흐름이 우리가 부여하는 형상을 가져야 하기 때문으로서 어떤 것을 바라면 그와 똑같은 것을 먼저 정신적으로 품어야 얻을 수 있기 때문이다."[10]

영어 Conceive는 '마음에 품다' 또는 '생각하다'라는 뜻과 '임신하다'라는 뜻이 다 있다. 신사고 운동가들은 이러한 뜻풀이로부터 생각하는 것은 곧 임신하는 것이라고 주장한다. 그렇게 임신하면 머지않아 출산하게 된다고 하는

---

10. Ernest Holmes, *Creative Mind and Success* (1923 Editions), PDF, 50.

데, 현실에서 이루어진다는 말이다. 임신의 논리는 결국 마음의 힘을 말해 준다. 생각하면 그것이 임신이요, 반드시 출산도 한다는 것이다. 홈즈는 기도할 때 반드시 믿어야 한다 하신 예수님의 말씀막11:24 역시 이런 뜻이라고 푼다.

임신의 비유는 조용기가 처음부터 신사고에 깊이 빠져 있었음을 보여 준다. 그가 이 비유를 통해 말하고자 하는 바는 내 꿈을 통해 신의 능력이 나타난다는 것이다. 피조물로서 하나님의 뜻을 찾아가는 것이 아니라 성령께서 오셔서 나와 함께 꿈을 임신케 하신다고 하니, 나 또한 신과 동급으로 올라서게 된다. 사람의 생각이 신의 생각을 드러낸다는 것은 범신론의 일반 원리다. 조용기는 이것을 그리스도의 성육신에 빗대어 말하기도 하는데, 사람을 모두 그리스도, 곧 신의 구현으로 보는 신사고와 통한다. 거기에다 임신 이후에는 반드시 출산이 따른다는 필연성과 합쳐져 가공할 힘을 갖게 된다. 성령으로 잉태되었다는 표현은 저자의 범신론을 성경의 비유 뒤에 감추면서 뜻한 바를 이루어 내는 고도의 상징이다.

신사고는 그리스도의 동정녀 탄생의 역사성을 부인한다. 이 교리를 믿는다고 하는 조용기가 근본적으로 이 교리를 부인하는 사상을 이토록 집요하게 가져와 쓰는 이유가 무엇일까? 사실 신과 동급이 되는 것이나 임신과 출산으로 논리적 필연성을 확보하는 것보다 더 중요한 것이 있다. 곧 내 꿈이 나 혼자만의 것이 아니라 하나님과의 합작으로 생겨난 것이라면, 내가 가진 그 어떤 이기적인 꿈도 정당한 것으로 만들 수 있기 때문이다. 돈세탁과 비슷한 일종의 '꿈세탁'이다. 세탁에도 종류가 있다. 옷을 빨면 입는 사람의 마음까지 상쾌해지지만, 돈은 세탁할수록 더 더러워진다. 꿈세탁은 어떨까? 조용기는 무슨 꿈이든 사차원에 담그기만 하면 거룩해진다 말하지만, 그런 식의 세탁은 하면 할수록 우리를 더 깊은 탐욕과 이기주의의 세계로 몰아갈 뿐이다.

구체적일 것

꿈을 어떻게 꾼다고 하는가? 꿈을 꾸는 방법으로 가장 중요한 것은 대상을 분명하게 그리는 일이라고 한다. '분명한 믿음의 대상' 곧 '특정한 대상과 분명한 목표'를 가져야 한다는 것이다. 최대한 구체적이어야 하는 것은 그 꿈이 이루어지는 구체적인 모습을 미리 바라보는 것이 굉장히 중요하다고 보기 때문이다. 조용기는 그 꿈이 '미래를 창조하시는 하나님의 손길'이라고 한다. 구체적인 꿈을 꾸는 그것이 바로 그가 말하는 '성령으로 임신하는 것'이다.

꿈이 구체적이어야 할 이유는 무엇일까? 첫째는 하나님의 지시사항이기 때문이다. 그는 하나님께서 기도는 구체적이어야 한다고 '조용하고 세미한 음성으로' 가르쳐 주셨다고 말한다. 사역 초기에 책상, 의자, 자전거를 달라고 하나님께 기도하였더니, 하나님께서 그렇게 모호하게 기도하면 들어줄 수가 없으니 구체적으로 기도하라 지시하셨다는 말이다. 그래서 구체적으로 마호가니 책상, 바퀴 달린 철제 의자, 미제 기어 자전거를 달라고 간구했더니 간구한 그대로 주시더라는 것이다. 하나님의 지시가 옳았음을 입증하겠다며 드는 보기는 더 있다. 남편감을 달라고 막연하게 십 년 이상 기도해 온 처녀가 조용기의 지시를 받고 열 가지 구체적인 조건을 명시하여 기도했더니, 조건에 꼭 맞는 남자가 금방 나타나 결혼했다는 '소설 같은 이야기'다.

꿈이 구체적이어야 한다는 조용기의 주장을 보면 예정론에 대한 오해 하나가 떠오른다. 물고기가 어항 안에서 자유롭게 노는 것처럼 어항이라는 큰 틀은 하나님께서 예정하시지만 세부적인 내용은 우리 인간의 자유의지에 맡기셨다는 것으로서, 하나님의 예정과 인간의 의지를 둘 다 제한하는 엉터리 이론이다. 조용기의 하나님은 이와 반대로 큰 결정은 못 하시는 분이시다. 그래서 미제라는 것과 기어가 달린 것이어야 한다는 것 정도를 내가 결정해 드리면, 비로소 미제 가운데 브랜드를 고르고, 기어의 단 수를 정하고, 보통에서 고급까지 다양한 제품 가운데 적당한 수준을 맞추는 일 정도는 하나님께서 하실 수 있으신 모양이다. 중고 여부, 자전거의 형태, 페인트 색깔, 뒤에 안장이 달린 것 등도 하나님의 선택 능력 안에 있는 것들로 보인다. 엉터리 예정론을 뒤집어 세워 놓은 이론이다. 이런 거짓 이론을 하나님의 이름으로 퍼뜨리는 사람도 한심하지만, 그런 허무맹랑한 소리를 직통계시라며 믿는 사람들도 안타깝기 이를 데 없다.

조용기의 이러한 허무맹랑한 비기독교적 주장을 쉽게 무시할 수 없는 이유는 물론 단 하나, 그가 세우고 키운 교회다. 조용기는 꿈은 구체적이어야 한다는 이 가르침이 '일생일대의 놀라운 전환점'이 되었다고 고백한다. 하나님의 지시대로 상상력을 동원해 예배당 크기와 교인 수를 구체적으로 그린 결과 세계 최대의 교회를 이루었다 하니 감히 시비할 엄두조차 못 내겠다. 사실 저자가 자신의 사상을 강력하게 내세우는 근거의 하나가 바로 자신이 이룬 교회다. 신사고의 여러 방법론을 소개할 때 어김없이 등장하는 것이 바로 자신의 이러한 경험이다. 세계 최대의 교회가 그리스도의 십자가 위에 선 것인지 아니면 신사고의 원리와 그 사상에 바탕을 둔 번영복음 위에 선 것인지 거듭 묻게 되는 이유가 이것이다.

꿈이 구체적이어야 할 둘째 이유는 성경의 가르침이기 때문이라고 한다. 조용기는 보통 성경에 없는 내용을 직통계시로 받았다고 하는데 꿈이 구체적이어야 할 이유는 성경에도 있더라 하니 놀랍다. "성경은 믿음으로 구체적인 기도를 해야 그대로 응답되는 것임을 강조하고 있습니다."『세계』, 33. 성경 어디에 그런 말씀이 있었던가? 저자는 보기를 세 개 든다. 첫째는 시각장애인 바디매오를 고치신 일이다막10:46-52. 바디매오가 간청하기 전에는 치료의 말씀을 선포하지 않으시다가 "보기를 원하나이다" 하고 구체적인 간구를 한 다음에야 고쳐 주셨다는 것이다. 과연 그러한가? 다른 두 시각장애인은 구체적으로 요청하지 않았는데도 고쳐 주신마9:27-31 까닭은 무엇일까? 주님의 치유사역을 보면 그냥 '도와주소서' 해도 고쳐 주시고 심지어 요청하지 않아도 고쳐 주셨는데, 조용기는 단 하나의 예외인 바디매오를 들먹이며 구체적이지 않으면 안 된다 우긴다.

또 다른 보기는 "이 산더러 들려 바다에 던져지라 하여도 될 것이요" 하신 말씀이다막11:23, 마21:21. 예수께서 그냥 '산'이라 하시지 않으시고 '이 산'이라고 구체적으로 말씀하셨다는 것이다. 맞다. 뽕나무도 '이 뽕나무'라 하셨다눅17:6. 무릎을 칠 정도로 기발해 보이지만, 이것도 사실 필이 먼저 이야기한 것이다. 필은 기도는 구체적이어야 응답받는다는 똑같은 주장을 펴면서 이 구절을 보기로 들었다. 그런데 문득 의문이 떠오른다. 바다는 왜 '저 바다'라 하지 않으셨을까? 또 산에게 몇 미터 높이로 들려 시속 몇 킬로미터의 속도로 날아가라고 하지는 않으셨는데, 그래도 충분히 구체적인가? 아니면 조용기의 하나님께서도 그 정도는 결정하실 능력이 되시는가?

세 번째 보기는 히브리서 11장 1절의 "믿음은 바라는 것들의 실상"이라는 구절이다. 조용기는 하나님께서 이 구절을 통해 기도는 구체적이어야 한다고 가르쳐 주셨다고 한다. 이 부분을 가르쳐 주실 때는 하나님께서 성경을 펴보라는 없던 명령까지 주셨다고 했다. 직통계시와 성경의 종합이다. 이른바 '믿음장'인 히브리서 11장의 첫 절은 아직 보이지 않는 하나님의 구원의 약속을 마치 눈에 보이는 듯 확실한 실체로 바라보는 것이 믿음의 힘이라고 가르친다. 그런데 이 구절을 살펴보니 실상의 뜻을 비롯하여 여러 가지 설명이 가능하지만 믿음이 구체적이어야 한다는 뜻 하나는 바닥까지 파 내려가도 안 나온다. 그럼에도 하나님께서 이 엉뚱한 구절을 지목해 주셨다고 하면 그 이유는 하나님께서 신사고를 익히 알고 계셨기 때문이라고 해야 할 것이다. 사실 믿음은 구체적이어야 한다는 뜻으로 이 구절을 푼 사람이 조용기 이전에 있었는데, 바로 신사고 운동가 홈즈다.

"'믿음은 바라는 것들의 실상이요 보이지 않는 것들의 증거다.' 믿음의 생각은 미분화된 실상에 모양을 만들고, 마음에서 모양을 갖춘 바로 그것을 현실로 구현한다. 믿음은 이런 방식으로 우리의 소원이 이루어지게 만든다. 우리가 강한 믿음 가운데 우리의 창조적인 상상력을 활용하면 상상력은 우리가 마음에 품은 무엇이든지 '한 실상'으로부터 우리를 위해 창조해 낼 것이다."*SoM*, 156-157. '한 실상'은 '우주'를 가리킨다. 신사고에서 무한한 원천이라고 하는 그것이다. 무궁무진한 그 재료를 가져와 구체적인 모양을 만드는 일이 바로 믿음이라고 한다. 무엇이든 상상력을 이용해 구체적인 모양으로 빚어내기만 하면 곧바로 창조로 이어진다는 것이다. 신사고는 이러한 그리기 기술을 가르친다. 이런 식으로 사람을 하나님과 '공동창조자'로 만든다. 홈즈는 이것을 히브리서 11장 1절과 연결했다. 신사고의 이런 해석을 조용기가 어떤 경로를 통해 입수했는지는 알 길이 없지만, 신사고를 간접적으로 배운 것이 아니라 직접 깊이 연구했음을 보여 주는 여러 증거 가운데 하나다. 본인은 거듭 직통계시라고 주장한다. 그러나 그것이 만약 사실이라면 그 계시는 기독교의 하나님이 아닌 다른 어떤 신에게서 온 것이 분명하다. 하나님의 말씀 성경은 조용기가 말하는 꿈의 원리를 전혀 가르치지 않기 때문이다.

일그러진 하나님 모습

직통계시도 들먹이고 성경 구절도 몇 개 갖다 대지만 사실 꿈이 구체적이어야 한다고 말하는 이유는 따로 있다. 마지막 『영성』에서 지나가듯 슬쩍 던져 놓은 한마디가 진짜 이유다. 꿈을 이루어야 할 삼차원의 세계가 구체적이기 때문에 꿈이 구체적이어야 한다는 것이다. "이렇게 4차원의 요소인 꿈의 목표는 구체적이어야 합니다. 왜냐하면 삼차원에 나타나야 하는 현실의 상황은 뜬

구름을 잡듯 막연한 것이 아니라 실제로 일어나는 아주 사실적인 것이기 때문입니다."『영성』, 170. 그는 사차원에서 꿈꾼 것이 삼차원의 세계에 그대로 이루어진다고 했다. 생각대로 된다고 했다. 그러므로 성취된 모습을 '바라보는' 것이 '굉장히 중요'한데, 구체적인 모습 없이 어떻게 바라보겠느냐 하는 것이다. 따라서 꿈은 반드시 구체적이어야 한다고 강조한다. 이것은 성경의 가르침은 아니고 하나님의 지시는 더욱 아니며, 그냥 신사고다. 필도 가르친 상상력이라는 정신의 공학이다.

신사고는 모든 것이 법칙에 따른다고 주장한다. 홈즈는 이렇게 말했다. "우리는 창조적인 보편법칙에 둘러싸여 있다. 그 법칙은 생각에서 물건으로 움직인다. 형상이 먼저 있지 않으면 움직일 수 없다. 움직일 방향이 없기 때문이다. 기도는 정신적 활동으로서 제 응답을 마음의 형상으로 먼저 받아들여야만 신의 에너지가 거기 작용하여 그것을 생산해 낼 수 있다."SoM, 458. 잠재의식에 담긴 것이 현실로 이루어지려면 반드시 구체적인 모습이 있어야 한다는 말이다. 그래야 생각에서 물건으로 움직이는 전이가 일어난다는 것이다. 신사고 운동가 쉰도 '형상이 선명하면' 그것이 잠재의식에 새겨져 '세부 사항 하나하나가 실현된다'고 가르쳤다. 홈즈의 인용문에 따르면 기도는 뚜렷한 형상을 그리는 과정인데, 조용기도 우리가 기도와 금식을 하는 것은 '우리의 꿈을 명확하게 하기 위한 것'이라 주장한다. FD2에서도 히브리서 11장 1절을 언급한 뒤 이렇게 말했다. "그대가 바라는 것들을 마음으로 명확하게 시각화하지 않았다면 그대에게 이루어질 수 없다. 그대가 주님께 뭘 바라는지 그대 자신도 모르니 말이다."FD2, 25.

"신의 에너지"를 "주님"으로 바꾼 것 외에는 홈즈와 기본 구도가 같다. 시각화하지 않으면 가질 수 없다는 내용이 그에게 얼마나 중요하던지 그 말만 네 번이나 되풀이해 말하고 있다. 헌트의 지적대로 상상력이 인간에게 '신적 능력'을 부여하는 셈이다*SoC*, 145. 조용기는 『세계』에서는 "분명한 요구를 마음의 눈으로 바라보면서 기도하면 그것을 가질 수 있다"라고 했다『세계』, 39. 이것이 원문인 *FD*1에서는 "기도"가 없었고 "분명한 요구가 있을 때 그것이 눈에 정말로 보이면 그걸 가질 수 있다"라고 했다*FD*1, 22. 슐러가 이 책의 추천사에서 언급한 '시각화'의 기교다. 그냥 기도하면 될 것을 왜 꼭 마음에 형상을 그리면서 해야 한다고 할까? 신사고에서는 마음에 그려야 잠재의식에 가기 때문이다. 그래서 뇌성마비 아들을 고쳤다는 때도, 또 귀 없는 아이에게 귀를 만들어 주었다는 때도 장면을 상상하며 했다고 한다.

꿈을 구체적으로 꾸라는 명령은 조용기가 믿었던 신의 한계를 보여 준다. 모호하게 기도하면 들어줄 수 없다는 말은 생각하기 귀찮다는 뜻 같기도 하고 몰라서 못 들어주겠다는 뜻 같기도 하다. 조용기는 하나님께서 우리를 존중해 주셔서 그렇다고 둘러댄다. 하지만 그가 하나님을 한계 있는 존재로 만드는 진짜 이유는 애초에 범신론의 신은 우주 없이 홀로 존재할 수 없기 때문이요 법칙에 얽매여 있기 때문이다. 기독교의 하나님 곧 성경의 하나님께서는 창조주요 주권자시다. 조용기나 신사고의 주장과 반대로 우리가 구하기 전에 우리 필요를 다 아시고 채우시는 분이시다. 창조주께서는 피조물을 의존하지 않으신다. 주님의 가르침은 매주 쉽고 아주 분명하다.

또 기도할 때에 이방인과 같이 중언부언하지 말라 그들은 말을 많이 하여야 들으실 줄 생각하느니라 그러므로 그들을 본받지 말라 구하기 전에 너희에게 있어야 할 것을 하나님 너희 아버지께서 아시느니라마6:7-8

아버지께서 우리의 필요를 다 아시기에 그런 것을 구할 필요 없이, 하나님의 나라와 하나님의 의를 구하라고 분명히 말씀하셨다마6:32-33. 우리의 기도 역시 하나님의 뜻에 맞으면 백 퍼센트 이루어진다고 주님께서 확실하게 가르쳐 주셨다요15:7. 우리보다 생각이 깊으시고 우리에게 언제나 가장 좋은 것을 주시는 하나님이시니 대충 구해도, 아니 때로는 깜빡 잊고 안 구해도 알아서 주신다사55:8-9, 롬8:28. 우리를 사랑하시고 우리 기도를 들으시는 하나님 한 분만 꽉 붙잡으면 된다. 그 좋으신 하나님께서 나에게 가장 좋은 것을 어떻게 이루어 주시는지 설렘 가운데 기다리는 것이 기독교 신앙 아닌가.

그런데 조용기는 구체적으로 간구하지 않으면 하나님께서 '결코' 안 들으신다 주장하여 하나님의 모습을 심하게 일그러뜨리고 있다. 몰라서 못 들어주신다는 말도 하는데, 사실 신화에 나오는 이방의 잡신들도 그 정도는 안다. 조용기는 근거 없는 직통계시와 몇 가지 경험, 그리고 신사고의 가르침을 가져와서 성경의 하나님을 이방 우상보다 못한 존재로 끌어내린다.

조용기가 강조하는 꿈의 내용은 변함없이 '삼박자'다. 그래서 '성령의 임신' 이론을 끌어들였고 반드시 구체적이어야 한다고 강조했다. 사차원의 법칙은 처음부터 이 '삼박자 축복'을 구현하려는 신사고 원리였다. 신사고를 감추려고 여기도 십자가를 하나 꽂았을 뿐이다. "예수 그리스도의 십자가를 바라보며 영혼과 육체, 그리고 생활의 질병에서 건강해지는 구체적인 꿈의 목표를 마음속에 받아들여야 합니다."『영성』, 171. 사실은 주님께서 본받지 말라 명령하신 바로 그 '이방인'의 교훈이다.

이 교훈이 오늘날 교회에 널리 퍼져 지금도 수많은 교인들이 신사고 범신론의 방법에 따라 구체적이고도 생생한 그림을 그리려고 애를 쓴다BS, 226. 그것이 기독교 신앙인 줄로 착각하고 있다. 같은 원리를 활용하고 있는 뉴 에이지 New Age 사람들이 보면 깊은 유대감을 느낄 것이다MiA, 125. 기도가 정말 그런 것이라면 말이 아닌 그림으로 하는 것이 좋을 것이다. 하나님께 고화질 그림을 보여 드린다면 눈도 뜨기 전에 응답되어 있지 않겠는가. 하지만 그림의 주 내용이 이박자, 삼박자라면 그런 기도는 처음부터 하나님 아닌 바알에게 갈 수밖에 없다. 지난날 바알과 맘몬으로 나타났던 신이 오늘은 우주의 신이 되어 한국교회가 하나님께 드리는 기도의 상당 부분을 하나님 대신 듣고 있다.

7. 사차원의 '말': 말의 힘

말의 주술적 힘

'말'은 조용기 사차원의 영성의 네 번째 영역이다. 조용기가 평생에 걸쳐 가르친 주제다. 사차원 저서 네 권 모두 '말의 힘'에 대한 신사고의 가르침을 폭넓게 전하고 있다. 말은 생각, 믿음, 꿈 등 사차원의 다른 요소를 겉으로 표현하는 것이기에 더 중요하게 여긴다. 말이 중요한 줄은 누구나 안다. 성경도 말의 중요성을 가르친다. 말은 마음을 나타내기 때문이요 말에 사람의 목숨이 달릴 수 있는 만큼 무거운 것이기 때문이다. 저자는 잠언 구절을 거듭 인용하여 말의 무게를 강조한다.

죽고 사는 것이 혀의 힘에 달렸나니 혀를 쓰기 좋아하는 자는 혀의 열매를 먹으리라잠18:21, 『영성』, 85, 198, 199.

죽고 사는 문제가 '말'에 달렸다. 조용기는 "네 입의 말로 네가 얽혔"다는 말씀잠6:2도 인용한다. 우리가 믿어 구원받을 때도 입으로 시인하는 일이 필요하다롬10:10. 조용기는 말로 마지막 날 심판을 받을 것이므로 말을 적게 하는 것이 지혜라고 가르친다. 옳은 말이다. 사람을 다치거나 죽게 할 수 있으니 말은 정말 가려서 해야 한다. 또한 올바른 언어생활의 기초와 원칙과 목표가 하나님의 말씀이라 강조하기도 한다. 이것도 귀한 조언이다. 말에는 내 마음, 감정, 의지 등 인격이 고스란히 담기기 때문이다.

그런데 말이 왜 중요한지를 조용기는 좀 다르게 설명한다. 말에 대해 성경이 가르치는 내용은 오간 데 없고 말 자체의 힘, 곧 말의 주술적 능력 하나만 강조한다. 말하는 대로 된다는 소위 '창조력'을 내세우는 것이다. "한마디의 말을 하더라도 상대방에게 감동과 기쁨을 주고, 성공을 불러오는 창조적인 말을 하도록 힘써야 합니다. 사람의 말은 그대로 이루어지는 능력이 있기 때문입니다."『영성』, 213.

말을 잘하자는 권면은 일견 유익한 듯 들리지만 이유를 보니 틀렸다. 그는 우리가 하는 말에 '창조력'이 있기 때문이라 하면서 야고보서 3장의 여러 구절을 근거로 삼는다. 여러 인용 가운데 "혀가 온몸을 다스린다"라는 표현은 조금 이상하다『영성』, 217. 이전 책 세 권에서는 조금 길게 표현했다. "혀는 신체의 가장 작은 부분이지만, 온 몸을 굴레 씌울 수 있다."『세계』, 88, *FD*1, 68, *FD*2, 43. 야고보서 3장 2절과 5절을 합쳐 놓았다. 그런데 이 구절은 그만큼 말을 조심하는 것이 어렵고도 중요한 일이라는 뜻이지, 혀가 온 몸을 지배한다는 뜻이 아니다. 조용기는 말 자체가 힘이 있다고 주장하기 위해 성경을 뒤틀어 갖다 붙인 것이다. 그런 다음에는 이렇게 주장한다.

"성경은 야고보서 3장 3절에서 혀를 지배하는 사람이 온 몸을 지배한다고 기록합니다. 여러분의 삶은 여러분이 말하는 대로 될 것입니다. 만일 여러분이 계속 가난하다는 말을 하면 모든 여건은 가난 쪽으로 끌려가게 될 것입니다."『세계』, 90, *FD*1, 70. 야고보서의 본뜻에 가까워지나 싶더니 곧바로 신사고 원리로 넘어간다. 말이 사람의 몸에 영향을 미친다고 한다. 생각대로 된다는 원리가 생각의 표현인 말에 적용된 것이다. 신사고에서는 생각의 힘이 곧 말의 힘이다. 말 자체에 주술적인 힘이 있다는 믿음인데, '가난'을 보기로 드니 호응하는 사람들이 많다. 실제로 교인들 가운데 이런 미신을 믿는 사람이 많아 성경을 그렇게 잘못 읽을 가능성이 크다. 같은 주장이 『영성』에도 수시로 등장한다.

"사랑과 축복이 담긴 말은 사람을 변화시키고 환경을 복되게 합니다. 천국 언어인 사랑과 축복의 말을 하면 성령이 그 혀를 통해 기적을 베풀어 주십니다. 우리의 말이 입술 밖으로 나가서 우리의 인생을 창조합니다. 이는 마치 누에가 입에서 나오는 실로 자기가 들어갈 고치를 만드는 것과 같습니다."『영성』, 215, 217. 앞에서는 돈 이야기를 하더니 여기서는 사랑과 축복이 가득하다. 성령께서 기적을 베푸신다 하니 하나님의 능력을 말하는 것 같이 보인다. 그런데 찬찬히 읽어보면 핵심은 여전히 '말의 힘'이다. 말은 말하는 사람, 듣는 사람뿐 아니라 '환경'까지 바꾸는 능력이 있다는 것이다. 누에가 고치를 만들듯 말이 세상을 바꾼다고 한다. 말 자체의 힘을 믿는다. '온통 적극적이고 생산적이며 창조적인 말들'로 삶을 채우면 '하나님이 그 말에 능력을 부어 주셔서' 좋은 환경으로 변화시켜 주신다는 말이다.

조용기는 말의 창조력이 곧 잠재의식의 힘이라고 한다. 암시를 통해 잠재의식에 담기만 하면 그대로 이루어진다는 것이다. 에밀 쿠에가 창안하고 나폴리언 힐이 활용한 말의 암시효과를 노리는 것인데, 그냥 하나님께서 하셨다 하면 참 좋았을 것을 기어이 '말의 힘'이라는 신사고 사상을 내세운다. 그렇게 하고 나면 결국 온 우주에는 법칙 하나만 남기 때문에, 성령께서 하신다 하여 겉모양은 은혜로워 보이지만 실제로는 하나님께서 하실 일이 아무것도 없다. 그냥 '말이 씨가 된다' 또는 '입이 보살이다' 등의 미신을 기독교식으로 각색한 것에 지나지 않는다. 암시기법의 효과는 심리학이나 일반 사회에서는 얼마든지 인정한다. 그런데 조용기는 그것을 성령의 방법이요 성경의 가르침이라 호도한다.

조용기는 말의 창조력을 직접 경험했다는 사람이다. 사역 초창기에 거울 앞에 서서 자신이 부자요 교인은 천 명이 된다 하고 선포했더니, 하나님께서 "그 말에 능력과 권세를 주심으로써 희망적이고 창조적인 역사가 일어나" 결국 세계 최대의 교회를 일구었다고 한다『영성』, 205. 모두가 감탄해 마지않는 그 교회의 성장 비결이 바로 신사고에서 나온 암시기법이요 말의 주술적 능력이었던 것이다. 신사고가 가르친 말의 힘을 케년과 하긴이 '믿음의 말' 운동을 통해 미국에 퍼뜨렸다. 그런데 존 할러는 조용기도 믿음의 말 운동의 한 멤버로 소개하고 있다. 현재 미국에서 이 운동의 대표적 주자는 조엘 오스틴이다. 여의도의 그 교회도 그렇지만, 오스틴의 교회가 십년 만에 미국 최대의 개신교회가 된 것을 보면 말의 힘은 정말 위대한 것 같다.

하나님과 사람

말의 힘은 어디서 오는 것인가? 잠언도 인용하고 야고보서도 여러 구절 갖다 대지만 조용기가 사람의 말에 창조력이 있다고 보는 근거는 그냥 신사고 범신론이다. 자신이 그 점을 자세하게 설명하고 있다. 말에 힘이 있는 이유는 사람이 하나님의 형상이기 때문이라는 것이다. "이처럼 하나님의 말씀은 창조력이 있습니다. 따라서 하나님의 형상을 닮은 우리는 말의 창조력도 일부 가지고 있다고 볼 수 있습니다. 하나님처럼 완벽하지는 않지만 사람의 말에도 창조력이 있는 것입니다."『영성』, 198.

하나님께서 말씀으로 창조하신 것처럼 사람의 말도 창조력이 있다는 말이다. 창세기 1장 2절을 성령의 부화로 설명할 때 이미 이 원리가 나왔다. 사람과 하나님을 동일 선상에 두는 범신론의 오류다. 그런데 처음에는 "있다고 볼 수 있습니다" 하고 조심스레 말하더니, 두 번째는 아예 "있는 것입니다" 하고 단언한다. 거짓말에도 암시효과가 있어 자꾸 하면 나 자신도 믿게 되는 법이다. 그렇게 말의 창조력을 확신한 다음에는 보다 과감한 선언들이 이어진다. "어둠을 밝히는 빛이요, 죽은 자를 살리는 생명이며, 무에서 유를 창조하는 기적을 만들어 줍니다."『영성』, 207-208.

신사고 운동가 쉰은 하나님 말씀이 가진 창조력을 사람에게 그대로 적용한다. 홈즈도 우리가 전체 우주와 하나이기 때문에 우리의 말도 힘이 있다고 가르쳤다. 알리바바 이야기에 나오는 '열려라, 참깨!' 역시 그런 힘을 보여 주는 예로 삼는다. 우리 말이 우주의 절대지성과 이어져 있기 때문이라는 것이다.

성경에 따르면 하나님의 말씀은 분명 창조력이 있다. 창조주 하나님의 능력이다. 하지만 피조물인 사람도 그렇다는 말은 성경에 없다.

> 이는 내 생각이 너희의 생각과 다르며 내 길은 너희의 길과 다름이니라 여호와의 말씀이니라 이는 하늘이 땅보다 높음 같이 내 길은 너희의 길보다 높으며 내 생각은 너희의 생각보다 높음이니라 왜냐하면 …… 내 입에서 나가는 말도 이와 같이 헛되이 내게로 되돌아오지 아니하고 나의 기뻐하는 뜻을 이루며 내가 보낸 일에 형통하기 때문이다사55:8-11

성경은 하나님 말씀의 능력을 분명히 가르친다. 말씀대로 이루어지는 능력이다. 그런데 그 점을 가르치기 전에 하나님과 사람이 얼마나 다른지 그것부터 가르친다. 하나님의 말씀에 있는 능력은 창조주 하나님께서 피조물 사람과 얼마나 다르신지 보여 주는 증거다. 하나님과 사람은 하늘과 땅처럼 다르다. 천지창조의 말씀도 마찬가지다. 말의 창조력은 창조주 하나님께 국한된다고 성경은 분명히 말한다. 사람의 말에는 창조력이 없다. 하지만 조용기는 신사고를 도입하여 명백한 성경의 가르침을 백팔십도 뒤집는다.

사람의 말에 창조력이 있다는 주장이 범신론에서는 가능하다. 말이 힘을 발휘하는 과정도 범신론 원리로는 설명할 수 있다. 홈즈가 가르친 '끌어당김의 법칙'이다. 앞서 야고보서 3장 3절을 언급하는 『세계』의 문장을 인용했는데, '여건이 가난 쪽으로 끌려간다'고 한 것이 영어판 원문인 *FD1*에서는 거꾸로 '여건이 가난을 끌어당긴다'고 되어 있다. 가난하다고 말하면 그 말이 가난을 끌어당기도록 여건을 조성한다는 것이다.

조용기의 책에서는 이 법칙이 거듭 등장한다. "같은 종류는 같은 것끼리 끌어당깁니다. 그러므로 여러분이 가난한 사람처럼 행동하면 가난을 끌어당기게 됩니다."『세계』, 90, *FD1*, 69-70. 가난하다고 말하거나 가난한 사람처럼 행동하는 것은 가난을 끌어당기는 일이라고 했다. 왜냐하면 같은 것끼리 서로 끌어당기는 힘이 있다고 보기 때문이다. 쉰이 보기를 든 것처럼, 과부 옷을 즐겨 입으면 남편이 곧 죽는다.

말이나 행동뿐 아니라 생각에도 끌어당김의 법칙이 작용한다고 한다. 걱정하는 일이 그대로 이루어지는 것 역시 끌어당김의 법칙 때문이라는 말이다. 조용기는 자신이 과거에 결핵에 걸렸던 일 역시 끌어당김의 법칙으로 설명한다. 결핵을 걱정하다 보니 결핵에 걸렸다는 것이다. 이렇게 조용기는 생각도 말도 행동도 다 같은 법칙의 지배를 받는다고 주장한다. 그런데 이 법칙은 성경과는 무관하게 신사고에서 가르친 것이다. 생각이나 말이 잠재의식에 영향을 미쳐 상황이 그렇게 바뀌도록 만든다는 것이다. 조용기는 말의 창조력 및 끌어당김의 법칙을 전하려고 성경말씀을 부지런히 비틀었다.

확언의 힘

앞서 살펴본 바라봄의 법칙은 '이미 이루어진 현실로 믿고' 기도하는 것이다. 아직 이루어지지 않았지만 이미 이루어진 것인 양 생각하고, 믿고, 말하고, 행동함으로써 잠재의식에 메시지를 전달해 이루어지게 만드는 기술이다. 신사고 운동가들은 이 기교를 '확언기도Affirmative Prayer' 또는 '긍정고백Positive

Confessions'이라는 형태로 가르쳤다. 조용기도 이 확언의 힘을 그대로 수용한다.

조용기는 하나님께서 아브라함과 사라의 이름을 바꾸신 사건을 확언 개념으로 설명한다. 아직 자식도 없는 노부부의 이름을 '많은 민족의 아버지' 및 '많은 민족의 어머니'로 바꾸어 주신 이야기를 네 권 모두에서 자세하게 설명하고 있다. 마지막 책『영성』은 '꿈' 부분에서 이 이야기를 소개하면서 받은 줄로 믿으면 기도가 이루어진다는 성경 구절도 둘 인용하지만막11:23-24, "없는 것을 있는 것 같이 부르시는 이시니라" 하는 말씀을 두 번 거푸 인용함으로써 '말의 힘'을 더 강조한다. 보이지 않는 자식을 마치 있는 것처럼 '부르라' 명하셨다는 것이다. 출처는 로마서 4장 17절이다.

> 기록된 바 내가 너를 많은 민족의 조상으로 세웠다 하심과 같으니 그의
> 믿은 바 하나님은 죽은 자를 살리시며 없는 것을 있는 것 같이 부르시는
> 이시니라개역한글판 롬4:17, *FD*1, 14, *FD*2, 22, 26, 62, 『세계』, 30, 『영성』, 175.

아브라함과 관련된 말씀으로 자식을 주시겠다는 약속이 분명하다. 하지만 조용기의 인용은 두 가지로 성경과 어긋난다. 첫째, 이 구절은 없는 것에서 있는 것을 만든다는 뜻이지, 아직 없지만 있다고 말하면 생긴다는 뜻이 아니다. 둘째, 이 구절은 하나님의 능력을 말하는 것이지 우리가 따라 할 어떤 것을 말하는 것이 아니다. 하나님께서 부르신 것이지 아브라함이나 우리에게 '부르라' 하신 것이 아니다. 그런데 조용기는 처음부터 이 구절을 곡해했다. 사역 초기 마호가니 책상, 바퀴 달린 철제 의자, 미제 기어 자전거를 달라고 구체적으로 기도하던 중 이 말씀에 눈길이 멈추었다고 한다. "나는 이 말씀에 사로잡혔고, 이 말씀은 내 가슴속에서 부글부글 끓기 시작했습니다. '그렇다. 나도 없는 것을 있는 것 같이 부를 수 있다. 벌써 그렇게 한 것이다.' 하고 나 자신에게 말

했습니다."『세계』, 30.

　'하나님도 하셨는데 나라고 못할 것 있나?' 그날 새벽기도 시간에 교인들에게 하나님께서 책상, 의자, 자전거를 이미 주셨다고 선포했고, 우여곡절 끝에 결국 간구한 그대로 다 받았다는 것이 그의 고백이다. 그러나 조용기가 성경의 가르침이라 선포한 것은 사실 신사고의 가르침이었다. 그는 신사고 원리로 아브라함 사건을 풀었다. 그리고 기도를 시작해 일단 확신이 생기면 바로 확언으로 넘어가야 한다고 가르친다. 그래서 아브라함 부부가 하나님의 약속을 듣고 '확신했을 때' 두 사람의 이름을 바꾸어 주셨다고 주장한다. 당연히 성경에는 없는 이야기다. 그는 아브라함과 사라가 서로를 "많은 민족의 아버지!", "많은 민족의 어머니!" 하고 부르는 장면으로 상상력의 극치를 보여 준다. 그리고는 두 사람이 '서로 부르고 확신한 그대로' 아들을 낳게 되었다고 썼다. "확신"이라 하니 믿음을 다졌다는 말 같지만, 영어판은 "그들이 확언한 바로 그대로"라고 되어 있다. "약속이 이미 이루어진 것인 양" 말했다는 것이다. 성경에도 비슷한 구절은 있다.

> 무엇이든지 기도하고 구하는 것은 받은 줄로 믿으라 그리하면 너희에게
> 그대로 되리라막11:24

　이루어진 것으로 믿으라 하셨으니 신사고와 통하는 것인가? 그렇지 않다. 주님께서는 주님에 대한 확고한 신뢰를 말씀하신 것이다. 주님의 뜻에 합당한 기도라면 백 퍼센트 응답된다는 확실성과 그렇게 응답하시는 주님의 신실하심을 말씀하셨다. 그런데 번영복음 전도자들은 이 구절마저 신사고 원리를 가르치는 구절로 곡해하여 우주와 통하는 잠재의식의 힘과 그 힘을 끌어 쓰는 방법이라고 이야기한다. 조용기는 어느 쪽인가? 하나님의 능력과 우주의 법칙

가운데 어느 것을 더 강조하는지 보면 된다.

"나는 없는 것을 있는 것처럼 부르는 전능자이니라. 그러므로 너는 지금 아들이 없어도 이미 아들을 얻은 것처럼 말하지 않으면 응답받을 수 없느니라." 『세계』, 46. 우리가 하나님을 따라하지 않으면 기도 응답을 받지 못한다 했다. 책의 다른 곳에서는 조용히 기도하지 않고 '말'을 했기 때문에 창조력이 나타났다는 주장도 한다. 확언이 없이는 이루어지지 않는다면 누가 보아도 신사고다. 신사고 가운데서도 좀 센 주장이다. 한국어판에서는 영어판에서 뚜렷하던 신사고의 흔적을 많이 지웠지만 골격은 그대로 있다. 실체를 감추려고 그 '말'을 마치 하나님의 말씀인 양 '말씀'으로 바꾼 곳이 많다. 하나님을 수시로 언급하지만 내용을 보면 언제나 법칙의 한계에 갇힌 신이다. 이런 사상은 마지막 책 『영성』의 곳곳에도 그대로 나타나 있다. "성공하는 사람은 그 소망하는 것이 이미 이루어졌다고 말합니다. 그러나 실패하는 사람은 말에서부터 벌써 실패를 말합니다."『영성』, 85.

정신 차리고 보지 않으면 말 뒤에 숨어 있는 신사고 원리를 놓친다. 꿈을 이루었다고 확언하는 사람은 성공한다는 말이다. 반대로 실패했다고 말하는 사람은 제 확언대로 실패를 맞는다는 것이다. 하나님을 향한 신뢰를 말하는 것이 아니다. 성공한다 말하고 나면 더 열심히 노력할 것이기 때문도 아니다. 그냥 사차원의 '말의 힘'을 이야기하는 것이다. 이미 이루어졌다는 내 선언이 잠재의식을 자극해 우주의 힘을 끌어온다고 보기 때문이다. 말귀를 못 알아들을까 걱정됐는지 한마디를 추가한다. "4차원에서 망한다고 말해놓고 3차원에서 성공을 기대하는 것은 헛수고입니다."『영성』, 85.

말의 힘이 얼마나 강한지, 망한다고 일단 말했으면 삼차원에서 아무리 수고해도 결국 망하고 만다고 한다. 말의 힘을 이런 식으로 주장하는 것은 온 우주가 하나로 이어져 한 법칙의 지배를 받는다고 하는 신사고 사상에서나 가능하다. 창조주와 피조물을 확연히 구분하는 성경은 그런 범신론적 법칙을 가르치지 않는다. 그러니 조용기는 그 범신론으로 성경을 비틀고 있는 것이다. 아브라함은 믿기만 했는데 자신은 과감하게 따라했더니 세계 최대의 교회를 세웠다는 것이다. 여의도에 있는 그 거대한 건물을 '마음에 그려 보니' 의문이 하나 떠오른다. '혹 범신론이 정말 옳은 것은 아닐까?'

8. 평가: 조용기의 혼합주의

혼합주의

조용기의 사상은 한마디로 혼합주의다. 이론적으로는 기독교와 신사고와 섞었다. 그런데 이질적인 것이라 잘 섞이지 않고 심한 왜곡이 일어났다. 신사고의 범신론 세계관을 전하기 위해 창조주 하나님의 사랑과 구원을 전하는 성경을 뒤틀었다. 실천의 영역에서는 하늘의 모든 신령한 복과 땅의 세상적 탐욕을 섞었다. 하지만 하나님과 돈을 함께 섬길 수 없다 하신 말씀대로 결국은 하나님 아닌 세상을 섬긴다. 기독교와 신사고를 합치면 신사고 하나만 남듯, 하나님을 섬기는 신앙과 세상에서 잘되려는 탐욕을 합쳐도 남는 것은 세상의 탐욕 하나뿐이다.

옛날 이스라엘 백성은 하나님과 바알을 함께 섬긴다 생각했지만 그들이 실제 섬긴 것은 바알 하나였다. 초대교회 일부 교인들이 하나님과 세상을 동시에 사랑하고자 했지만, 세상을 사랑하는 마음에는 하나님의 사랑이 있을 자리가 없었다. 우리 시대의 번영복음도 겉으로는 하나님을 부르지만 실제로는 범신론이 가르치는 우주의 신을 섬긴다. 범신론 세계관의 바탕 위에 이 땅의 형통과 몸의 건강을 하나님의 구원과 함께 삼박자로 엮은 조용기의 번영신학은,

하나님을 말하고 성경을 인용하는데 가르치는 내용은 신사고 범신론이다. 조용기의 메시지는 입술로는 하나님을 섬기면서 마음으로는 우상을 섬기는 번영복음의 전형이다.

조용기는 스승격인 필과 슐러 두 사람의 번영복음을 통해 신사고를 처음 접했겠지만 이들보다 더 깊이 또 폭넓게 신사고를 활용한다. 홈즈의 범신론을 사상 전반에 두루 깔다 보니 사람의 지위가 많이 높아진다. 또 기존 번영신학자들 중에서는 아무도 사용하지 않던 사차원이라는 신사고의 개념을 과감하게 도입하여 그것을 마치 기독교인 양 전파한다. 성경에는 없는 것이기에 이름도 새로 달고 설명도 덧붙였다. 사차원이라는 용어는 그대로 쓴 반면, '상상력의 힘'은 '바라봄의 법칙'으로, '잠재의식을 통한 우주와의 관통'은 '성령을 통한 임신'으로 고쳤다. 영어판 첫 책에서는 범신론을 노골적으로 전했지만 이십 년 뒤 나온 우리말 책에서는 신사고의 실체를 수많은 십자가 뒤에 꼭꼭 숨겼다. 오죽하면 옥한흠 목사 같은 분까지 이런 책을 추천했겠는가. 이영훈 목사는 조용기의 사차원을 두고 "세상이 말하는 긍정적인 생각, 자기 암시, 명상 등과는 차원이 다르다" 했지만, 포장만 잘했을 뿐 내용도 표현도 다 신사고 이론 그대로다.

신사고 이론의 도입도 과감하게 했듯이 그것에 성경 구절을 끼워 맞추는 일 역시 체계적으로 수행했다. 곡해의 정도가 얼마나 심한지 성경 본래의 뜻에 맞게 인용된 것을 찾아보기 어렵다. 금과옥조로 삼는 요한삼서 2절이 곡해의 시작이다. 말씀대로 사는 복된 삶을 돈 주시고 건강 주시는 축복으로 변질시켰다. 또 성령의 부화를 강조하다가 말씀의 창조가 뒷전으로 밀렸다. 창조주 하나님의 권능은 사라지고 피조물 인간이 창조주와 동급으로 높아졌다. 하나님의 모습도 일그러졌다. 우리를 사랑하시고 우리의 모든 것을 아시는 하나님을 없애고 그 자리에 법칙에 얽매인 범신론의 신을 갖다 놓았다. 못하는 것이 참 많은 그런 무기력한 신의 모습은 성경이 가르치는 전능하신 하나님의 모습과 거리가 멀다.

조용기의 번영복음은 기독교 복음의 핵심인 십자가마저 왜곡한다. 우리에게 영원 구원을 주는 십자가가 이 땅의 번영을 주는 도구로 전락했다. 주님께서 십자가를 지셔서 우리가 더 이상 아프지 않고 가난하지 않고 삶도 힘들지 않게 되었다면, 자기 십자가를 지고 뒤를 따라오라 하신 주님 말씀은 이제 아무 필요가 없는 명령이 되고 만다. 주님의 은혜를 받은 자들에게 기대하시는 공평하고 의로운 삶, 약한 자들을 돕기 위해 나를 기꺼이 희생하는 그런 삶은 조용기의 번영신학에서는 기대하기 어렵다. 우리를 세상에서 구원하시려고 지신 주님의 십자가를 거꾸로 이 세상을 사랑하게 만드는 도구로 만들어 버렸기 때문이다. 십자가가 차고 넘치는 조용기의 사상을 누군가 '십자가 없는 신앙'이라 비판했다면 그것은 아마도 이 이유 때문일 것이다.

조용기는 신사고의 핵심을 전할 때 그 사상의 근거로 '직통계시'를 주장한다. 하나님께서 직접 말씀해 주셨다는 것이다. 네 권의 저서에 자세하게 나오는 그런 대화를 정말로 하나님과 나누었는지는 본인을 제외하면 하나님께서만 아실 것이다. 직통계시 자체가 성경적으로 불건전한 것임은 말할 것도 없다. 하나님의 계시가 신약성경으로 완결된 이후 또 계시를 받았다고 주장하는 것은 스베덴보리의 경우에서 보듯 그리스도를 통해 완성된 구원을 부인하거나 왜곡시키는 것일 뿐이다. 그런 직통계시를 통해 받았다고 하는 것이 당연히 불건전한 것이겠지만, 그 내용을 살펴보니 성경과 다른 정도가 아니라 아예 성경을 뒤집어엎는 신사고 범신론이라 더 충격이다. "우리는 창세기부터 계시록까지 기록되어 있는 계시적인 지식으로 살아야지, 감각적인 지식으로 살면 안 됩니다."『세계』, 210. 조용기 자신이 한 말이다. 접신을 무수히 경험한 스베덴보리도 남들에게는 접신을 조심하라 했다.

우상숭배

이 땅에는 실제로 번영이 있다. 물론 번영 자체가 죄는 아니다. 그리스도인도 부자가 될 수 있고 남다른 권세나 명예나 건강을 누릴 수 있다. 문제는 그런 번영을 추구의 대상으로 삼는 경우다. 그리고 그 번영을 얻기 위해 하나님의 뜻을 어기는 경우다. 번영복음은 하늘의 신령한 복을 추구해야 할 성도들에게 이 땅의 번영을 추구하라고 가르치며, 심지어 그 번영을 하나님 말씀과 무관한 그릇된 원리로 얻으라 권하는 우상숭배다. 조용기가 전하는 번영복음도 마찬가지다.

하나님께 구원의 은혜를 받은 사람은 이 땅의 것들로부터 자유롭다. 가져도 그만, 안 가져도 그만이다. 다만 가진 만큼 책임을 진다. 주님께서는 많이 맡은 자에게서 많이 찾으신다눅12:48. 하나님께서는 이 땅의 탐욕이 가리키는 목표를 넘어서는 삶의 목표를 우리에게 주셨다. 독생자까지 아끼지 않고 주신 하나님께서는 우리에게 무엇보다 먼저 하나님의 구원의 은혜를 기억하라 하신다. 그리고 가시와 엉겅퀴가 뒤덮인 이 세상에서 헛된 번영을 추구하지 말고 하나님께서 그리스도 안에서 약속하신 영원하고 참된 번영을 끝까지 이루어가라고 말씀하신다. 나만 잘살겠다는 이기적인 욕심을 버리고 공의와 정의를 행하는 삶, 소외된 사람들을 보살피는 삶, 그래서 모두가 함께 더불어 사는 '사람다운 삶'을 살라 명령하신다. 주님을 닮은 사랑과 십자가를 지는 희생을 요구하신다. 그래서 이 땅의 번영을 추구하는 사람들은 부득불 성경의 하나님이 아닌 다른 신에게 가지 않을 수 없다.

아담 부부가 금지된 열매를 탐하다 타락한 이후 사람의 마음에는 탐욕의 불씨가 남아 있다. 죄의 본성이기도 하다. 하나님께서는 우리에게 구원의 은혜를 주시면서 이 본성을 이길 힘도 함께 주셨다. 곧 복음의 능력이다딤후1:8. 하지만 번영이라는 이름의 조용기의 복음은 복음의 이름으로 탐욕의 불씨에 불을 댕긴다. 지난날의 번영복음이 바알의 도움을 받고 맘몬을 이용했다면, 조용기의 번영복음은 현대의 다른 번영복음과 함께 범신론의 신을 이용한다. 성경은 탐심을 우상숭배라 부른다. 내가 탐하는 그 대상을 하나님보다 더 섬기는 우상숭배이며, 동시에 그 대상을 나에게 공급해 주는 그 신을 섬기는 이중의 우상숭배다. 어느 신이든 내가 섬기는 대상이 우상이면 하나님의 나라를 상속받을 수 없다고 성경은 거듭 경고한다고전6:9-10, 엡5:5.

범신론은 사람의 탐욕에 관대하다. 사람 자체를 좋게 보기 때문이다. 온 우주가 신의 몸이요 나 또한 우주의 일부라면 내가 나쁜 존재일 수 없다. 사실 범신론에는 악이나 죄가 없다. 모든 것이 다 모여 하나의 아름다운 통일체를 이룬다고 보기 때문이다. 고통이라는 것도 우주의 원리를 모르는 이들이나 느끼는 것이라고 주장한다. 범신론은 우주를 선하다 여긴다. 그들에게는 자연이 그저 아름답다. 사람의 본성도 착하다. 성경의 가르침과 정반대다. 범신론을 믿으면 인간의 죄도 인정할 수 없지만 그런 인간을 구원하려 독생자를 보내신 하나님의 사랑도 받아들일 수 없다. 범신론은 성경 전체를 이야기책으로 만들어 버린다. 그래서 웨슬리도 스베덴보리를 조심하라 경고했고, 우리도 에머슨, 홈즈, 쉰을 멀리하며 필과 슐러를 경계한다.

그런데 조용기가 보는 인간도 선에 가깝다. 말로는 물론 인간의 죄를 인정한다. 하지만 죄를 심도 있게 논하는 부분을 보면 필이나 슐러처럼 '미움, 두려움, 열등감, 무기력, 근심, 죄의식' 등 신사고가 죄라 하는 것만 다룰 뿐, 성경이 보다 심각하게 지적하는 '거짓, 탐욕, 음란, 우상숭배, 분열, 폭력' 등은 일절 언급하지 않는다. 혀가 온 몸을 더럽히는 악이라는 구절을 인용할 때도 부패한 인간의 본성에는 관심이 없이 그저 말의 주술적 능력만 주장한다약3:6, 3:8. 죄의 참모습에 대해 거의 침묵함으로써 저자는 사람을 좋게 보는 신사고와 번영복음의 가르침에 동조한다.

그래서 죄가 가져온 고통 가운데서도 '가난'과 '질병' 두 가지에 집중한다. 그 누구보다 십자가를 강조하는 그가 그 십자가를 부인하는 신사고의 자연관을 수용하여 삼박자 축복을 전한다. 성경은 인간 부패의 핵심으로 마음을 지적하지만, 조용기의 마음은 그저 성령으로 꿈을 임신하는 축복의 자리다. 조용기의 이런 입장을 다음 구절이 잘 보여 준다. "탐욕과 잘 산다는 사실을 혼동하면 안 됩니다. 탐욕은 마귀의 성품이고 잘 산다는 생각은 하나님의 성품입니다."[11] 슐러가 '자기 사랑'과 '자기 의지'를 구분하여 자기 사랑을 마음껏 추구하게 만든 것처럼 조용기는 '잘사는 것'과 '탐욕'을 구분하여 잘사는 것을 마음껏 추구하게 만든다. 그렇게 추구하는 그것이 바로 탐욕이지만 그것을 하나님의 성품이라 하여 부담 없이 바라고 누리게 만든다.

성경은 죄를 심각하게 다룬다. 우주의 모든 불행의 근본 원인이 죄기 때문이다. 죄가 가져온 가시와 엉겅퀴가 오늘도 우리 마음과 세상에서 자라고 있기 때문에 우리 삶이 고통스럽게 되었다. 이 죄 때문에 우리 주님께서 십자가를 지셔야 했다. 그런데 조용기의 가르침에서는 죄가 가볍다. 특히 예수 믿는 사람이 싸워야 할 죄와의 싸움은 별로 말하지 않는다. 대신 불신자와 경쟁하는 것을 주로 이야기한다. 우리에게 있는 싸움은 내 안팎에 있는 마귀의 세력과 싸우는 것이 아니라 사차원에서 불신자와 겨루어 이김으로써 삼차원의 축복을 더 받아 누리는 그런 싸움이라고 한다. 덮고 밟고 억눌러야 할 탐욕의 불씨를 되살릴 뿐 아니라 오히려 활활 타오르도록 기름까지 퍼붓는 셈이다.

목표는 '성공'이다. 성공은 곧 이기는 것이다. 조용기 자신이 승리의 화신이다. "늘 마음에 하나님이 그려주신 생각대로 이루어졌습니다."『영성』, 105. 그 경험을 바탕으로 적극적인 태도, 긍정의 힘을 강조한다. 꿈이 크면 클수록, 그 꿈

---

11. 조용기, 『삼박자 구원』 (서울: 서울말씀사, 1977), 109쪽.

을 이루고자 하는 욕심이 강하면 강할수록 성공할 가능성도 크다고 한다. 만유인력의 법칙을 능가하는 만유 탐욕의 법칙 덕분이다. "마음을 새롭게 하는 세 번째 단계는 마음을 성공지향성으로 채우는 것이다. 승리의식과 풍요의식으로 마음을 채워야 한다. 하나님은 결코 실패하지 않으신다. 그대가 받는 것이 하나님의 생각이라면 그대는 언제나 성공할 것이다."*FD*1, 147, 『세계』, 166-167.

무엇이 성공인가? 영혼뿐 아니라 건강과 재물을 더한 '삼박자'가 성공이라 한다. 사업에 성공한 내 모습을 아주 자세하게 그림으로써 앞날을 구현하라고 한다. 믿음은 바라보는 것이라 하는 그의 말에 따르자면 아브라함처럼 광대한 부동산을 바라보고 아브라함이 가졌던 엄청난 재산에도 눈길을 주어야 한다. 아브라함이 "엄청난 재산을 모으는 축복을 받았습니다."『영성』, 53. 하고, 아브라함처럼 우리에게도 "차고 넘치게 축복을 부어 주십니다."『영성』, 54. 한다. 그러므로 그림도 멋지게 그리고 말도 크게 하라고 강조한다. 그러다가 너무 노골적이다 싶을 때는 십자가를 두어 개 꽂아 분위기를 가다듬는다. "우리가 입으로 말하는 것들은 실제로 현실에 나타나게 되는 능력이 있기에 매우 중요합니다. 그러니 확신을 갖고 과감한 꿈을 입술로 고백하십시오. 우리는 십자가를 바라보며 복음과 복 받은 삶에 대한 꿈을 담대하게 받아들여야 합니다."『영성』, 219.

십자가는 물론 장식품이다. 삼박자가 십자가 구원을 통해 오는 것이라 해 놓았기에 언급은 했지만 관심은 영혼 구원 아닌 나머지 이박자, 삼박자에 집중된다. 건강을 얻고 돈도 벌자는 것이다. 한마디로 성공하자는 것이다. 신앙과 교회도 언급은 하지만 중요치 않고, 물러가라 할 것은 가난과 저주요 오라고 명령할 대상은 직장, 축복, 영광이라 한다. 가시와 엉겅퀴가 가져온 고통과 그 고통이 삶에 주는 뜻에는 관심을 두지 않으면서 그저 번영을 누리라고, 다시 말해 그 고통에서 우리만 벗어나면 된다고 가르친다.

그러나 조용기가 말하는 번영, 곧 돈, 명예, 권력, 건강 같은 것들은 상대적인 것들이다. 내가 가지면 오히려 남들은 더 가지지 못하게 되는 것들이 많다. 사실은 오히려 남들이 못 가져야만 가능한 것이 이러한 번영이다. 그런 가르침 때문에 세상의 고통은 오늘도 더 커지고 깊어진다.

전인 구원

조용기는 삼중 축복과 오중 복음이 '전인 구원의 메시지'라 주장한다. 영혼뿐 아니라 몸과 삶까지 구원하는 원리라는 것이다. 물론 참된 구원은 전인 구원이다. 구원은 마음에 국한되는 것이 아니라 그 사람의 삶 전체를 바꾸는 능력을 드러낸다. 마음, 몸, 삶, 태도, 원리 등을 모조리 새롭게 만드는 것이 기독교의 구원이다. 모조리 바꾸는 것이기에 새로 태어나는 것에 비길 만하다. 그런 사람은 자기가 속한 세상까지 바꾼다. 구원받은 사람들 때문에 부조리, 불평등이 줄고 공평과 정의와 사랑이 퍼져 간다.

하지만 조용기의 전인 구원은 예수 믿고 몸이 건강해지는 것이다. 재정적으로는 아브라함처럼 부자가 되는 축복을 받는 것이다. 십자가 구원의 능력은 사회생활 및 인간관계에도 나타나야 한다는데, 그러므로 예수 믿는 사람은 남들이 못하는 승진이나 성공을 남보다 훨씬 손쉬운 방법으로 이룬다고 주장한다. 그래서 '축복'이라고 한다. 그런데 이런 방식의 전인 구원은 조용기가 원조가 아니다. 그리스도께서 사역하실 당시에 이미 이런 구원을 추구한 사람들이 있었다. 예수께서 보리떡 다섯 개와 물고기 두 마리로 오천 명을 먹이는 이적을 행하시는 것을 보고 예수님을 왕으로 추대하고자 했던 사람들이다. 이들은 하나님의 나라가 이 땅의 번영으로 충만한 나라로 도래하리라 기대하였다. 예수님처럼 능력 많은 분을 왕으로 모신다면 먹고사는 문제나 의료 문제가 일순간에 해결되지 않겠나 했을 것이다. 그런 나라라면 배고픈 사람, 아픈 사람이 하나도 없는 지상낙원일 것이다.

하지만 주님께서는 이들을 물리치셨다요6:15. 주님을 독점하려는 욕심도 잘 못이지만막1:37-38, 이들은 주님께서 누구신지 깨닫지 못했기 때문이다. 주님께서는 뒤쫓아 온 이들에게 긴 말씀을 들려주셨다요6:26-65. 표적을 알아보지는 못하고 그저 떡을 먹어 배가 부르니 따라왔다는 꾸지람이었다. 영원한 것을 못 보고 땅의 것에만 집착한다는 말씀이었다. 많은 사람이 이 말씀이 마음에 안 들어 결국 주님을 떠났다. 어제나 오늘이나 다수는 떡을 쫓아간다. 그리고 세상에서는 사람의 수가 많을수록 안전하다고 가르치니 오늘도 대형교회로 사람이 몰린다. 만유인력의 법칙, 만유 탐욕의 법칙이다. 주님께서 제자들에게도 떠나겠느냐 물으시자 베드로가 명쾌한 답변을 주께 드렸다.

주여 영생의 말씀이 주께 있사오니 우리가 누구에게로 가오리이까요6:68

제자들은 표적을 제대로 본 사람들이다. 예수도 믿고 병도 고치고 밥도 배부르게 먹는 그것이 구원이 아님을 알았다. 썩어 없어질 것과 영원한 것을 정확하게 구분했다. 영원한 생명의 말씀과 먹어도 죽는 이 세상의 떡을 혼동하지 않은 지혜로운 사람들이다.

조용기의 사역도 초창기에는 순수한 면이 없지 않았다. 기복이가 태어나 자라던 시절로 그때는 온 나라가 가난에 찌들어 있었다. 예수 믿자는 조 목사에게 사람들이 대답했다. "여기가 지옥인데 천국이 도대체 어디 있느냐?" "난 지금 잘살고 싶지, 죽어서 잘되고 말고는 관심 없어요." 그래서 조용기 목사는 결론짓는다. "지금 우리의 삶 속에 천국이 와야 합니다."『영성』, 185. 아멘이다! 우리 삶 속에 천국이 도래하는 일은 실로 중요하다. 주님께서는 하늘나라가 이미 왔다고 선포하셨다. 그리스도인은 앞으로 올 부활의 삶을 미리 당겨 맛보는 사람들이기에, 하나님 나라의 구원, 이미 약속된 그 구원의 효력을 여기서도 맛볼 수 있어야 한다.

다만, 그 구원이 무엇을 가리키느냐 하는 것이 문제다. 가난한 자들을 부자로 만들어 주는 것이 복음인가? 돈이 없어 이 땅을 지옥처럼 사는 이들로 하여금 부자로 떵떵거리며 살게 해 주면 이 땅이 천국이 되는가? 포이어바흐가 조롱한 것처럼, 현세를 좀 낮게 다듬어 그것을 천국이라고 내세우는 것이 기독교 복음인가?

참된 전인 구원은 내 영혼뿐 아니라 몸과 마음과 언어와 삶과 환경까지 모두 하나님의 나라에 들어가는 것이다. 탐욕을 담았던 마음에 의로움, 진리, 거룩함을 담는 것이 마음의 구원이요, 더러운 말 대신 사람을 세우는 말, 거짓말 대신 참말을 하는 것이 말의 구원이다엡4:23-25, 4:29. 죄의 노예였던 몸을 하나님의 도구로, 의의 도구로 드리는 것이 몸의 구원이다롬6:12-13. 건강한 몸도 좋지만 아프면 아픈 대로, 장애가 있으면 있는 그대로, 심지어 시한부 목숨으로 병마와 싸우면서도 나사로처럼 하나님의 영광을 위해 드릴 수 있다.

삶의 구원도 마찬가지다. 돈의 많고 적음은 구원 여부와 아무 상관이 없다. 돈이 아무리 많아도 죄 짓는 삶을 살면 그리스도의 영광을 가릴 뿐이다. 그러나 불신자보다 가난한 그리스도인이라도 가진 적은 돈을 하나님께서 기뻐하실 의로운 일에 사용한다면, 그것이 바로 내 돈의 구원이요 내 삶의 온전한 구원이다잠16:8. 하나님의 구원의 은혜에 감사하는 마음으로 하나님께서 기대하시는 공의과 정의를 행하고 사회의 약자들을 돌아본다면 사회 또한 하나님께서 기대하시는 온전한 모습에 다가갈 것이다.

그런데 조용기는 전인 구원의 개념을 왜곡하여 그것을 바탕으로 인간의 탐욕을 부추긴다. 영혼 구원은 받았으니 몸의 건강과 만사형통까지 삼박자의 축복을 받아야 참된 구원이라 호도하면서, 성도들이 이 땅 사람들이나 욕심내는 그것을 추구하게 만든다. 그것도 그리스도의 이름으로 말이다. 참된 전인 구원의 복을 누린 교회는 물질이 차고 넘쳤던 라오디게아교회가 아닌 가난에 찌들었던 마케도니아교회와 서머나교회였다. 조용기의 메시지는 전인 구원을 말하지만 실체는 번영복음이요 성공복음이다. 구원의 복음이 아니라 파멸의 복음이다.

여기서 자세하게 다룰 수는 없지만 조용기의 구원관 자체도 사실 더 살펴보아야 한다. 14년 전 동국대 강의에서 그는 기독교와 불교가 종교로서 동등하며 불교에도 불교 나름의 구원이 있음을 인정한 바 있는데, 그 강의에서 자신의 삼박자 전인 구원 이론을 원효대사의 구원론과 연결하였다. 조용기의 사상은 전체적으로 볼 때는 필, 슐러보다는 덜하지만, 동국대 강의 하나만 두고 볼 때는 그 어떤 번영복음 전도사보다 더 강력하고 확실한 종교다원주의다.

믿음의 그릇

조용기 번영복음의 허구성은 그가 말하는 믿음의 개념을 살펴보면 금방 드러난다. 믿음이라는 그릇에 무엇을 담느냐 하는 문제다. 조용기는 믿음을 히브리서 11장 1절에 근거해 '바라는 것에 대한 확신 내지 토대'라고 정의한다. 확신이든 토대든 하나의 '틀'이다. 그 틀에 담을 내용은 '믿음장'이라 불리는 히브리서 11장 전체가 제공한다. 그런데 조용기는 히브리서의 내용에는 조금의 눈길도 주지 않은 채 믿음이라는 빈 그릇만 가져와 거기에 엉뚱한 내용을 채워 넣는다. "믿음이란 바라는 것 즉 마음의 소원과 꿈을 실상을 갖고 기도하는 것입니다. 믿음은 바라는 것들의 실상. 바라는 것이라는 것은 꿈과 믿음과 꿈과 바라는 목표 아닙니까? 내가 바라는 것을 내가 기도하고 믿을 때 그 믿음은 실상이라는 것입니다."2012년 2월 5일 설교

조용기는 아브라함 이야기를 가지고 바라봄의 법칙을 만들었는데, 사실 바

라볼 내용만 바로 채웠더라도 훨씬 나았을 것이다. 히브리서 11장 전체가 사실 '바라본 사람들의 이야기' 아닌가. 그들은 모두 하나님의 구원의 언약을 믿고 그것 하나 바라보며 살았다. 그것을 바라보았기에 말로 다할 수 없는 고난도 겪었고 모세처럼 이집트의 부귀영화를 내던지는 결단도 필요했다. 하지만 이들이 바라본 것은 오직 하나님께서 약속하시고 보여 주신 것이지, 본인이 생각하고 계획한 것과는 아무 상관이 없다.

그러나 조용기는 믿음의 선조들이 바라보았던 하늘의 신령한 복 대신 세상 사람들이 복이라 부르는 것들을 채워 넣는다. 하나님의 영원한 구원을 이 땅의 돈 몇 푼으로 타락시킨다. 하나님께서 믿음이라는 질그릇에 담아 주신 값진 보배를 범신론이라는 국자로 다 퍼내고, 그 자리에 사도 바울이 배설물이라 부른 것들을 대신 채웠다빌3:8. 사람이 가진 온갖 탐욕을 성령께서 임신시켜 주신 하나님의 뜻으로 아름답게 변장시키기 위해 삼박자 구원론을 만들고 신사고 사차원 이론을 끌어들여 활용하였다.

조용기의 가르침을 간단히 줄이면 '떡 장사'다. 하나님의 말씀을 읽으라, 암송하라, 묵상하라는 권고를 끊임없이 하지만 그렇게 읽고 암송하고 묵상하는 내용은 성공, 번영, 부요, 자신감, 건강, 문제 해결 등 번영복음의 삼박자다. 성경을 읽으라, 내 생각을 성경에 맞추라, 열심히 기도하라, 창조적인 말을 하라 등등 실제 신앙생활에 유익한 수많은 권면 역시 내용은 언제나 삼박자, 방법은 늘 사차원이다. 성경을 제멋대로 풀어내는 스베덴보리의 전통을 충실하게 이었다. 하나님의 말씀으로 산다며 말씀을 던져 주지만 받아먹어 보면 그냥 '떡'이다.

결국 번영복음의 속임수에 넘어갔다. 번영의 복음을 읽는 자와 듣는 자들 가운데 누가 먼저 속았는지는 알 도리가 없지만 그렇게 읽고 들은 것을 지키는 모두에게는 화가 있을 것이다. 때가 가깝기 때문이다. 기복신앙도 번영복음도 다 마귀의 속임수다. 가시떨기에 떨어진 씨가 살아 있는 듯 보이면서도 기어이 열매를 맺지 못하는 이유는 세상 걱정과 풍요의 욕심을 충족시키려고 우상에게 가기 때문이다. 욕심은 속임수다. 우상은 그렇게 우리를 속인다. 열매를 맺지 못하면 어떻게 되는가? 열매 맺지 못하는 나무는 찍어 불에 던지는 것이 하나님의 공의의 심판이다마3:10.

해 아래 새 것은 없다. 하늘의 이름으로 땅의 것을 누리라 속이는 조용기류의 가르침에 대해 사도 바울이 이미 이천 년 전 이렇게 경고했다.

> 내가 여러 번 너희에게 말하였거니와 이제도 눈물을 흘리며 말하노니 여러 사람들이 그리스도의 십자가의 원수로 행하느니라 그들의 마침은 멸망이요 그들의 신은 배요 그 영광은 그들의 부끄러움에 있고 땅의 일을 생각하는 자라빌3:18-19

조용기의 사차원 이론은 삼차원을 누리기 위한 방법이다. 영의 세계를 전제하는 교묘한 이론으로 이 땅의 좋은 것들을 얼마든지 누릴 수 있다고 유혹하는 이론인데, 삼박자 축복을 성경의 하나님께서 허락하지 않으시니 우주의 신에게 가 엎드리는 것이다. 그런데 그 우주의 신은 사실 처음부터 내 속에 있던 바로 그 신이다. 마음의 신, 배의 신, 곧 탐욕이요, 욕심의 거짓말에 속아 넘어가는 내 옛 자아다골3:5, 엡4:22. 우리를 이 세상에서 건져내신 주 예수 그리스도의 십자가를 정반대로 뒤집고 그것을 이용해 오히려 이 세상을 사랑하게 만드는 십자가의 원수가 바로 조용기의 사차원 번영복음이다.

번영복음은 효과가 아주 없지는 않다. 조용기 식으로 말하면 마귀도 사차원을 활용하기에, 많은 사람이 번영을 구가하며 할렐루야를 노래한다. 하지만 내가 노래하고 자랑하는 영광이라면 그것은 사실 부끄러움일 뿐이다. 번영복음이 자랑하는 풍성함은 많은 경우 하나님을 향한 가난함이요 벌거벗음이다. 부끄러움조차 모르는 무감각증 가운데 맞이하게 될 마지막 운명은 멸망이다. 발람의 죽음민31:8이 우리를 일깨운다. 주님께서도 어리석은 두 부자의 죽음으로 우리에게 경고하셨다. 주님께서는 심판의 칼을 갖고 다시 오실 것이다살후2:8-12. 그냥 겁주시는 말씀이 아니다.

예수 그리스도를 구주로 고백하는 우리에게 주님께서 명하시는 것은 성공도 번영도 아니고 '사랑' 하나다. 가시와 엉겅퀴가 있는 세상에서 우리의 사랑은 희생과 수고를 동반하는 사랑일 수밖에 없다. 주님께서 명령하신 것처럼 십자가를 지고 주님 뒤를 따르는 삶이다. 그것이 우리 속에 있는 가시떨기를 이겨내고 영원한 참된 번영을 얻는 길이다. 번영복음이 미국과 한국의 교회를 뒤흔들기 백 수십 년 전에 한 믿음의 사람이 무엇이 참된 번영인지 노래로 고백했다. "십자가를 내가 지고 주를 따라 갑니다. 이제부터 예수로만 나의 보배 삼겠네. 세상에서 부귀영화 모두 잃어버려도, 주의 평안 내가 받고 영생 복을 받겠네."H. P. Main, 1839~1925년 이제는 참된 보배를 바로 알자. 없어질 것들에 마음 뺏기지 말고 영원한 것을 바라보자. 그리고 얻자.

제6장
번영복음의 '민낯' 오스틴

1. 조엘 오스틴의 신사고

조엘 오스틴

조엘 오스틴Joel Osteen, 1963~현재은 지금 세계적으로 이름을 날리고 있는 미국 목사다. 그는 조용기의 멘토이기도 한 오순절주의자 오럴 로버츠Oral Roberts, 1918~2009년가 설립한 오럴 로버츠 대학에서 커뮤니케이션학을 전공했다. 대학을 졸업한 후 아버지가 담임목사로 있던 미국 휴스턴의 레이크우드 교회Lakewood Church에서 방송 일을 하다가 1999년 아버지의 갑작스런 별세로 교회를 인계받으면서 목사 일을 시작했다. 편목 과정은커녕 신학교 근처에도 가 본 일이 없지만 매 주일 오천 명 정도 모이던 교회를 십여 년 만에 열 배 정도 키워 미국 개신교회 가운데 출석교인이 가장 많은 교회로 만들었다. 몇 해 전부터는 심리학을 전공한 부인과 함께 공동 담임목사로 일하고 있다. 지금 오스틴의 방송설교는 세계 백여 개 국가에서 매주 칠백만 명 정도, 매달 이천만 명 정도가 시청하고 있다.

오스틴은 자신의 번영복음을 *Your Best Life Now*지금 그대 최고의 삶 및

*Become A Better You*더 나은 당신이 되어라라는 두 권 책으로 소개하여 미국과 한국의 교계를 평정했다.[1] 오스틴의 저서 두 권은 번영복음의 '민낯'이다. 남들 이 조금은 수줍어하며 말하던 번영복음의 핵심요소들을 오스틴은 거리낌 없 이 선포한다. 무화과 잎 몇 장마저 내던진 과감함이다. 그러고도 부끄러워하 기는커녕 오히려 자랑스럽게 전한다. 책 표지마다 환하게 웃는 자신의 얼굴을 실었다.

오스틴은 '늘 웃는 목사'로 또 '좋으신 하나님을 전하는 목사'로 알려져 있 다. 오스틴의 메시지는 긍정적 사고를 바탕으로 한 전형적인 번영복음이다. "하나님은 여러분이 행복하고 건강하고 온전하기를 바라십니다."*YBLN*, 156, 『긍 정』, 181. 조용기의 삼박자 축복과 닮았다. 행복, 건강, 온전이라서 삼박자라는 것이 아니라 전하는 내용이 같기 때문이다. 관심도 똑같이 이, 삼박자에 집중 된다. 건강과 번영이다. 오스틴은 우리가 돈과 권세와 명예와 쾌락을 마음껏 얻어 누리며 사는 것이 하나님의 뜻이라고 설교한다.

2010년에는 감정가 천만 달러짜리, 우리 돈으로 백억 원이 넘는 대저택에 입주하여 '설교한 대로 실천하는 설교자'로 언론의 주목을 받았다. 이 집은 현 재 시가로 천오백만 달러 정도 되고 주택세만 매년 27만 달러를 낸다. 매년 3 억 원의 '세금폭탄'을 웃으며 맞는 셈이다. 오스틴 부부는 전에 살던 삼백만 달 러짜리 집도 아직 소유하고 있으니, 번영복음의 위력을 미국 최대의 교회와 더불어 삶으로 입증하고 있다고 할 수 있다.

오스틴의 책들은 출간 이듬해 우리말로 번역, 출판되었다. 둘 다 두란노에

---

1. Joel Osteen, *Your Best Life Now* (New York: Warner Faith, 2004). 한국어판은 『긍정의 힘』(서울: 두란노, 2005)이다. 이하에서 영어판은 *YBLN*, 한국어판은 『긍정』으로 표기하였다. Joel Osteen, *Become A Better You* (New York: Free Press, 2007). 한국어판은 『잘되는 나』 (서울: 두란노, 2007)이다. 이하에서 영어판은 *BBY*, 한국어판은 『잘나』로 표기하였다. 한국어판에서 누락된 영어판의 내용이 있거나 내용이 변개된 경우 따 로 표시하였다.

서 나왔는데 비교해 보니 원본을 상당 부분 삭제하고 표현을 많이 고쳤다. 원본이 민낯이라면 번역본은 성형수술 판이다. 눈, 코, 턱도 만지고 얼굴의 기미, 주근깨도 지워 본디 모습을 알아보기 어렵게 만들었다. 번역飜譯이라기보다 옮기면서 뜯어고친 변역變譯인 셈인데 한국 기독교인의 눈에 맞게 참 잘 고쳤다. 책 제목을 붙이는 능력은 더욱 돋보인다. 마음의 힘을 소개하는 책인 줄 파악하고는 '지금 그대 최고의 삶'이라는 뜻의 원문 제목을 '긍정의 힘'으로 바꾸었다. 필과 슐러와 조용기의 영향을 듬뿍 받은 한국교회에 가장 잘 와닿는 제목이다. 게다가 '믿는 대로 된다'라는 부제로 책의 핵심까지 단 한 줄에 꿰어 버렸다.

그의 책들을 들추어 보면 중요한 주제들이 몇 가지 눈에 뜨인다. 자세히 보면 유익해 보이는 내용이 많다. 목회자가 활용할 만한 구체적인 조언이 두 권 책에 가득하다. 영어판 원서는 분량이 한국판의 거의 두 배 가까이 된다. 행복한 가정, 부부 사이, 자녀 양육, 성공하는 인생, 부자 되는 방법, 출세하는 방법, 당당하게 어깨 펴고 사는 방법 등등 사람들이 바라는 것들이 풍성하다. 이런 내용도 없이 어찌 베스트셀러가 되었겠는가.

문제는 그런 조언을 들려주는 바탕이 틀렸다는 점이다. 오스틴은 목사임에도 제 주장을 펴기 위해 성경을 내던지고 대신 신사고의 가르침을 채택한다. 신사고의 바탕인 우주가 곧 신이라는 범신론 세계관은 우주를 창조하신 하나님의 모습과 하나님의 형상으로 지어진 인간의 모습을 심히 일그러뜨린다. 무엇보다 하나님의 구원을 선포하는 복음의 틀에 참된 복음이 아닌 것을 담아 전함으로써 참된 복음을 못 보게 만든다. 우리 눈길을 땅으로 돌려 영원한 본향을 잊게 만든다. 사랑, 희생, 섬김의 보배를 꺼내고 그 가운데 자리에 '잘난 나'를 앉혀서 더 가지고, 누리고, 과시하게 만든다. 오스틴의 책은 "이 세상이나 세상에 있는 것들을 사랑하는" 법을 무척이나 자상하게 들려준다. 읽으면 읽을수록, 또 감동을 받으면 받을수록 하나님의 사랑은 마음 밖으로 밀려날 것이다.

오스틴 자신은 아니라 하겠지만 신사고 운동에 속한 사람들은 제 편을 즉각 알아보았다. 신사고 잡지인 *The Science of Mind*마음의 과학은 기록하기를, 노먼 빈센트 필이 신사고의 영향 아래 시작한 '적극적 기독교 운동'을 오늘날 조엘 오스틴이 이어 가고 있다고 썼다. 존 할러도 "신사고의 철학적 바탕은 본인들 알게 모르게 갖가지 현대 종교로 자리를 옮겼다"라고 하면서 대표적인 보기로 조엘 오스틴을 꼽았다.[2] 오스틴은 어려서부터 아버지에게 번영복음을 배웠고 교회를 떠맡은 뒤로는 필, 슐러, 조용기의 가르침을 끌어모아 설교도 하고 책도 쓴다. 이들의 번영복음의 밑바탕을 이루는 신사고도 오스틴의 잡탕 번영복음에 '알게 모르게' 고스란히 수용되었다.

조엘 오스틴의 신사고는 오스틴이 사용하는 여러 원리를 통해 드러난다. 기독교 용어로 옷을 입혔지만 신사고 원리가 아니고서는 불가능한 것들이다. 핵심은 앞에서 수차례 살펴보았던 '생각의 힘'이다. 모든 것이 생각에 달렸다는 원리다. "우리가 가장 먼저 승리를 얻어야 할 곳은 우리 자신의 마음이다. 성공할 것이라 생각하지 않으면 절대 성공하지 못할 것이다. 몸이 나을 것이라 생각하지 않으면 절대 낫지 않을 것이다. 하나님께서 상황을 호전시켜 주실 것이라 생각하지 않으면 호전시켜 주지 않으실 것이다."*YBLN*, 104, 『긍정』, 126.

마지막에 하나님을 언급했지만 그냥 장식품이다. 성공도 건강도 생각의 힘이요, 상황이 호전되는 것도 하나님께서 해 주시는 것이 아니라 그렇게 하실 것이라고 내가 생각해야 이루어진다고 한다. 내 생각이 하나님을 움직인다는 말이다. 신사고 및 번영신학에서는 언제나 생각하는 내가 주도권을 쥔다. 생각

---

2. John S. Haller Jr., *The History of New Thought: From Mind Cure to Positive Thinking and the Prosperity Gospel* (SWEDENBORG STUDIES21, Swedenborg Foundation Publishers, 2012), 272.

을 나와 우주를 이어 주는 접촉점이라고 여긴다. 따라서 성공도 호전도 하나님의 능력 때문이 아닌 '긍정의 힘' 때문이라고 한다. 생각은 물론 힘이 있다. 굳센 의지를 가진 사람과 의지력이 약한 사람의 삶이 같을 수는 없다. 하지만 신사고는 생각에 거의 절대적인 힘을 부여한다. 생각이 하지 못하는 일이 없고 생각의 허락 없이는 누구도 아무것도 못한다. 생각이 우주의 전능한 힘을 내 것으로 만드는 자리라고 보기 때문이다.

오스틴이 든 보기 하나가 재미있다. 열차의 고장 난 냉동칸에 갇힌 기차회사 직원이 냉동장치가 정상 가동되고 있다 생각한 끝에 결국 얼어 죽었다는 이야기다. 책장 유리를 깨 놓고서 창밖의 시원한 공기를 마셨다던 쉰의 이야기보다 더하다. 당연히 누가 지어낸 이야기다. 하지만 오스틴은 그 사실을 감춘 채 마치 실화인 양 전한다. '얼어 죽은 이야기'지만 미래 시제가 더 어울린다. 오스틴의 두 권 책도 마찬가지다.

신사고 법칙 세 가지

오스틴은 신사고의 기본 원리를 세 가지의 '영적 원리'로 소개한다. '시각화의 법칙', '말의 힘', '부메랑의 원리'다. 오스틴이 말하는 영적 원리는 성경이 말하는 영 또는 성령과 아무 상관이 없다. 그가 언제 어디서든 효력이 있는 보편적인 법칙을 말한다는 뜻이다. 온 우주가 한 영으로 통일되어 있다고 믿는 범신론을 바탕으로 사용한 표현이기 때문이다.

첫째 원리는 시각화, 곧 '그리기'의 힘이다. 내 마음에 그리는 그대로 이루어진다는 주장으로서 필, 슐러, 조용기 모두가 적극 권장한 신사고의 비법이다. 다들 다양한 성경 구절을 끌어다 댔듯이 오스틴도 한 구절을 이용한다. 엘리야는 갑절의 영감을 구하는 엘리사에게 자기가 승천하는 모습을 보면 그대로 이루어질 것이라 대답했다왕하2:9-10. 오스틴은 이 내용을 이렇게 푼다.

"그대가 그것을 그대의 마음과 머리에 그려서 그대의 영의 눈으로 하나님 말씀의 화면을 통해 볼 수 있으면 그것은 그대의 삶에 실제로 이루어질 수 있다."*YBLN*, 18, 『긍정』, 30.

엘리사의 눈은 마음의 눈이 아니고 실제로 본 것도 자기가 희망한 내용과 아무 관련이 없다. 오스틴 자신도 이것을 인정한다. 그런데도 오스틴은 스베덴보리의 전통을 좇아 이 구절을 심하게 비틀어 우리가 어떤 꿈을 마음의 눈으로 보면 그대로 이루어진다는 신사고 원리를 가르친다. "영의 눈", "하나님 말씀의 화면" 등의 표현을 써서 마치 기독교 신학인 양 보이지만, 그냥 상상력이 그리는 그대로 이루어진다는 범신론의 가르침을 기독교 용어로 위장했을 뿐이다. "우리가 우리 마음에 보이는 그것을 향해 움직인다는 것은 영적 원리인 동시에 심리학적 사실이다. 보이지 않는다면 실제로 이루어질 가능성도 별로 없다."*YBLN*, 18, 『긍정』, 30.

마음에 보이는 것을 향해 움직인다는 것은 예의 '끌어당김의 법칙'이다. '삶은 생각을 따라간다'는 주장으로서 마음에 품는 대로 또 생각하는 대로 이루어진다는 뜻이다. 오스틴은 마음을 자석에 비기면서 책 곳곳에서 이 법칙을 전파하고 있다. '심리학'이라 했지만 사회과학의 한 분야가 아니라 잠재의식의 힘을 강조한 신사고의 기본 신조를 가리킨다. 오스틴은 *Your Best Life Now* 첫 두 장 및 12, 13장에서 신사고가 가르친 잠재의식의 힘을 구체적인 실천사항과 함께 자세하게 풀어 가르치고 있다. 자신이 교회를 크게 확장하는 과정에서도 시각화의 원리가 효력을 발휘했다고 조용기와 똑같은 고백을 하면서, 독자들에게도 생각을 바꾸고 '비전을 키우라'고 거듭 권고한다. 성경은 오스틴이 인용하여 곡해한 엘리야 이야기뿐 아니라 어디에서도 이런 원리를 가르치지 않는다. 생각대로 된다는 것은 사람의 생각이 신의 생각을 나타낸다는 범신론 세계관에서만 가능한 원리다.

'생각의 힘'은 곧 '말의 힘'으로 이어진다. 말은 생각을 표현하는 것이다. 오스틴은 말에는 창조력이 있기 때문에 말한 그대로 이루어진다고 주장한다. 그가 말하는 두 번째 영적 원리다. "말은 꿈을 이루는 데 결정적이다. 믿음으로 또는 상상력으로 보는 것만으로는 충분하지 않다. 그대 삶에 관해 믿음의 말을 말해야 한다. 말은 어마어마한 창조력을 갖고 있다. 무언가 말하는 순간 그것을 낳는다. 이것은 영적 원리다. 말하는 내용이 좋든 나쁘든 긍정적이든 부정적이든 다 적용된다." *YBLN*, 128-129, 『긍정』, 153.

　말에 창조력이 있다는 사상은 아버지에게 물려받은 것이다. 아버지 존 오스틴이 케네스 하긴의 '믿음의 말' 운동을 수용하여 믿는 사람이 건강하게 부자로 사는 것이 하나님의 뜻이라 가르쳤고, 조엘은 그것을 어려서부터 보고 배워 '믿음의 말' 운동의 대표가 되었다. 건강하게 부자로 살도록 만드는 것이 말의 힘이라고 한다. 우리는 말, 곧 '확언'을 통해 믿음의 능력을 '방출'한다고 했다. 말이 힘이 있다는 이유도 생각과 마찬가지인데, 잠재의식에 깊은 영향을 미치기 때문이라는 것이다. 오스틴은 "낳는다" 하여 말의 능력을 출산에 비긴다. 한국어판은 이것을 "생명을 얻는다"로 고쳤다. 또 말을 "씨앗"에 비기니 '말이 씨가 된다'는 우리 속담을 연상케 한다.

　오스틴은 말을 거듭 외치는 '암시기법'도 권장한다. 책에서 한 의사의 치료법을 소개하는데, 거기 언급된 문구는 암시기법을 창시한 에밀 쿠에의 암시문구 그대로다. "날마다 또 매사에 나는 나아지고 또 나아진다." *YBLN*, 122, 『긍정』, 147. *Become a Better You*라는 다른 책의 제목도 이 문구에 바탕을 둔 것이다. 잘된다 말하면 정말 잘된다고 한다. 신사고 범신론의 참으로 신비로운 이 능력을 오스틴은 책으로, 교회로, 대저택으로, 또 웃는 얼굴로 입증하고 있다.

　오스틴은 처음에는 생각의 힘을 강조했는데, 말의 힘을 강조할 때는 또 생각만으로는 안 된다는 이상한 논리를 편다. 누구처럼 계시를 직접 받지 않고 이것저것 끌어 모으다 보니 혼란이 온 모양이다. 조용기의 책을 많이 읽었는지, 다윗이 생각만 하거나 기도만 하지 않고 '말을 했기' 때문에 골리앗을 무찔렀다고 주장한다. 말의 힘을 강조할 때도 조용기처럼 '하나님의 말씀'을 선포한다 하여 독자들을 호도하지만 사실은 하나님 아닌 사람의 말이 가진 힘을 내내 이야기하고 있다. 영적 원리이니 누가 어떤 말을 하든 그대로 이루어지는 가공할 힘을 가졌다는 것이다. 하나님 말씀의 능력을 사람의 말에 곧장 적용하는 것은 신인합일을 꿈꾸는 범신론에서 나온 것이요, 말의 주술적 힘을 믿는 이교사상이다.

셋째는 '주는 원리'다. 내가 베푸는 것은 다시 나에게 돌아온다는 원리다. 언뜻 보아서는 생각의 힘이나 말의 힘과 연결이 안 되지만, 온 우주가 하나의 영으로 통일되어 있다는 신사고의 세계관을 앞선 두 원칙에 더하여 '주는 원리'가 함께 보여 준다. 심는 대로 거둔다는 말이다. 내가 남에게 웃음을 주면 남들도 나를 보고 웃을 것이라고 한다. 플로렌스 쉰과 조용기가 함께 가르친 '부메랑의 법칙'이다. 오스틴은 사우디아라비아의 엄청난 갑부가 가난한 사람들을 잘 돌본 결과 사업이 번창했다면서 이렇게 말을 맺는다. "그 사우디 사람이 기독교인은 아닐 것이다. 하지만 주는 원리는 영적 원리다. 국적, 피부색, 심지어 종교와도 무관하게 작용한다. 그대가 후하게 주면 그대에게 다시 주어질 것이다. 그대가 다른 사람의 필요를 채워 주면 하나님께서 반드시 그대의 필요를 풍성하게 채워 주실 것이다."*YBLN*, 229, 『긍정』, 53(누락).

일단 내세우는 보기가 오스틴이 가르치는 원리와 잘 맞지 않는다. 이웃에게 조금 베풀고 엄청나게 받았으니 베푼 대로 받는다는 원리와 다르다. 차라리 종자를 조금 뿌려도 나중에 많이 거둔다 하는 '믿음의 씨앗'에 비기는 것이 나을 뻔했다. 양도 양이지만 더 큰 문제는 이 '주는 원리'가 현실과 동떨어진 원리일 뿐만 아니라 성경하고도 아무 상관이 없는 원리라는 점이다. '하나님'이라 했지만 성경과 무관한, 우주와 동일시되는 범신론의 그 신이다. 한국어판에서는 사우디 갑부 이야기 전체를 삭제했다.

오스틴 자신도 거듭 인정하듯 세상은 불공평하고 불의한 곳이다. 적게 뿌려 많이 거두는 이도 있겠지만 반대로 많이 뿌리고도 적게 거두거나 아예 못 거두는 사람도 많다. 금수저를 물고 태어나 군림하면서 늘 빼앗기만 하는 사람이 있는가 하면 평생을 당하고도 모자라 그것을 대물림까지 하는 이들도 많다. 하지만 오스틴은 세상이 왜 불의한지, 깨끗한 사람들이 모인 세상에 왜 이리 흙탕이 많은지 설명하지도 못하면서 마치 공평의 법칙이 백 퍼센트 적용되는 듯 말한다. 그러면서 독자들에게는 당하는 자가 되지 말고 이기는 자가 되라고 거듭 강조한다.

조용기 편에서 이미 보았듯이 성경은 어디에서도 부메랑 원리를 가르치지 않는다. 완벽한 정의는 마지막 날 하나님의 심판으로 이루어질 것이다. 오스틴이 정의가 마치 현세에서 완벽하게 이루어지고 있는 듯 말하는 이유는 우주가 곧 신이요 신이 곧 우주라는 믿음 때문이다. 모든 것이 법칙에 따라 움직이며 언제나 완벽한 조화를 이룬다는 범신론의 신은 죄로 말미암은 고통스러운 신음 소리를 들을 귀가 없다. 그렇기에 긍정의 힘을 강조하면서 날마다 잘되기를 바랄 뿐이다.

좋으신 하나님과 좋은 사람

이 세 가지 영적 원리보다 심각한 것은 이 원리를 가능하게 만든 바탕, 곧 '세계관'이다. 오스틴의 신사고 범신론은 우주가 곧 신이라는 신관에서 뚜렷하게 드러난다. 오스틴이 아는 하나님은 '좋으신 하나님'이다. 그저 좋기만 하신 그분을 오스틴은 늘 웃는 얼굴로 전한다. 하나님께서는 우주를 창조하시고 지금도 다스리시는 분이시라고 한다. 특히 자신과 닮게 창조하신 사람을 무척이나 사랑하셔서 우리가 늘 행복하기만을 바라시는 정말 좋은 분이시라고 말한다. 오스틴은 자신이 그런 하나님의 살아 있는 형상이라며 이렇게 선포한다. "하나님은 좋으신 하나님이시며, 당신의 자녀들에게 좋은 것들을 주십니다."*YBLN*, 63, 『긍정』, 77(누락). 그러니 우리는 하나님의 변함없는 사랑을 믿고 부정적인 생각일랑 다 버리고 항상 긍정적으로 생각하며 밝고 행복하게 살아야 한다는 것이다. 특히 우리가 위대하신 창조주의 자녀임을 잊지 말고 그런 분의 영광에 걸맞은 수준 높고 우아한 삶을 살도록 애써야 한다고 강조한다. 아멘인가?

맞다. 하나님께서는 좋은 분이시다. 그런데 성경이 전하는 좋으신 하나님께서는 창조의 하나님이실 뿐 아니라, 우리의 죄에 대하여 진노하시고 저주하시는 하나님이시다. 하나님의 구원은 이 영원한 진노와 저주에서 건져 주시는 것이다. 우리를 구원하시기 위하여 독생자의 핏값을 우리의 죗값으로 치르신 것이 성경이 말하는 하나님의 사랑이다. 그런데 오스틴은 하나님을 진노라고는 전혀 모르는 분처럼 가르친다. 우리를 사랑하여 소원은 다 들어주시지만 우리의 구원을 위해 독생자를 주신 분으로는 잘 가르치지 않는다. 오스틴도 필처럼 하나님께서 우리 편이시라는 로마서 8장 31절은 거듭 언급하지만, 독생자까지 주셨다는 그 다음 절은 단 한 번도 인용하지 않는다. 우주가 곧 신이라고 대놓고 말해야만 범신론이 되는 것이 아니다. 오스틴이 전하는 좋으신 하나님은 범신론 세계관이 아니면 불가능한 그런 신이다.

오스틴의 하나님은 그저 좋으신 창조주이시다. 신사고의 홈즈도 믿었고 번영복음의 선배 필이 열심히 전한 바로 그 신이다. 오스틴의 세계에는 창조만 있을 뿐 범죄와 타락도 없고 십자가 구원도 없다. 따라서 오스틴은 그러한 하나님께서 창조하신 우주의 자연 상태 그대로를 좋은 것으로 받아들인다. 우주가 다 그렇지만 특히 인간도 좋은 본성을 갖고 태어난다고 여긴다. 오스틴이 인간의 본성을 어떻게 보는지는 다음 글에 나타나 있다. "그대는 그대 삶을 더럽히는 독을 제거해야 한다. 그대는 수정같이 맑은 물줄기가 되도록 창조되었다. 하나님께서는 그대를 당신의 형상으로 창조하셨다."*YBLN*, 156, 『긍정』, 181.

짧은 인용문이지만 핵심을 담았다. 첫째, 우리는 깨끗하게 창조되었다고 한다. 하나님의 형상인 까닭이다. 한국어판은 사람을 하나님의 형상으로 창조하셨다는 부분을 삭제했다. 하나님의 형상, 하나님의 창조, 하나님의 사랑을 우리의 존귀함의 근거로 삼았다. 하나님의 창조를 인간 존엄의 근거로 삼은 슐러의 이론을 그대로 수용한 것이다. 오스틴은 나아가 하나님께서 당신의 '무조건적'이고 '초자연적'인 사랑을 우리 속에 가득 담으셨기 때문에 우리도 서로 사랑할 수 있다 덧붙인다. 왜 무조건이고 초자연인지는 설명하지 않는다. 그저 분위기를 강조하는 수식어구 같다. 좋으신 하나님께서 창조하셨기에 사람을 비롯한 모든 것이 좋다는 말을 하고 싶을 뿐이다. 이것이 바로 오스틴이 말하는 '긍정의 힘'이다.

둘째, 지금은 더러운 독이 묻었다 한다. 그런데 이 독은 성경이 말하는 죄가 아니라 남들이 나에게 입힌 '상처' 내지 그 상처로 인한 나의 '분노'를 가리킨다. 나는 본래 깨끗하지만 '죄악 세상'을 살기 때문에 더러운 때가 묻는다는 것이다. 선하게 창조된 인간을 사회가 더럽힌다는 에머슨의 범신론 인간관을 그대로 수용하고 있다. 따라서 내게 잘못한 사람을 용서해 주기만 하면 분노의 독이 제거되고 다시금 깨끗한 물이 흐른다고 주장한다. 오염은 그저 후천적으로 생긴 것이니 그것만 제거하면 창조 때의 깨끗함을 본디 모습 그대로 회복한다는 말이다. 그러므로 오스틴이 필요로 하는 것은 그리스도의 십자가가 아니라 심리적 상담이다.

죄 같은 것은 오스틴의 가르침에는 애초에 없다. 오스틴은 죄와 관련된 성구를 여럿 인용하지만 죄라는 용어는 거의 사용하지 않는다. 기껏해야 '실수'

내지 '약점' 정도로 표현한다. 죄를 언급해야 할 때는 언제나 심리학적 화법을 이용하여 '분노, 절망, 열등감' 등의 부정적 감정을 대신 언급함으로써 성경 구절의 본뜻을 왜곡한다. 독생자를 주셨다는 사실을 한 번 언급하지만 왜 주셨는지는 설명하지 않고 슐러의 경우처럼 그저 사람의 가치를 입증하는 보기로만 사용한다. 인간 본성의 더러움을 언급하여 죄와 타락에 대해 말해야 마땅한 시점에도 언제나 그 문제는 피해 가 버린다. 오스틴의 세계에서는 죄가 없으니 구원도 필요하지 않다. 아니, 오스틴은 사람들의 죄를 지적하는 기독교를 '종교'라 부르며 오히려 비판한다. 죄를 죄라 부르는 그것이 죄라 한 슐러의 전통을 충실하게 따른 것이다.

오스틴에 따르면 남을 용서하기만 하면 되므로 나를 더럽히는 독은 나 혼자의 힘으로 얼마든지 제거할 수 있다. 그렇다면 내가 받아야 할 용서는 없다고 하는가? 오스틴도 이따금 죄를 연상시키는 표현을 사용한다. 하나님의 용서, 이웃의 용서도 언급한다. 생명책을 염두에 둔 듯 "이름을 지운다"라는 표현까지 사용한다. 하지만 성경이 말하는 죄나 구원을 말하는 것이 아니다. 그는 사람의 가치는 언제나 하나님의 창조에서 나오는 것이요, 사소한 죄가 그 고귀한 가치를 바꾸지 못한다고 하기 때문이다.

오스틴이 전하는 종교

오스틴의 주장은 기독교 복음의 옷을 입고 있다. 특히 슐러처럼 '창조, 타락, 구원'이라는 기독교의 기본 구도를 이용해 제 생각을 전개한다. 구원의 필요성 같은 것도 말하기 때문에 언뜻 보면 죄와 타락을 인정한다는 느낌마저 준다. 하지만 세상의 부정적인 면을 그저 자신의 번영복음을 전하기 위해 사용할 따름이다.

과연 오스틴이 그리스도인일까? 입으로는 하나님, 주님, 그리스도를 자주 이야기한다. 하지만 예수 그리스도를 구주로 믿어야 구원받는다는 기독교 복음의 핵심은 말하지 않는다. 2005년의 래리 킹Larry King 인터뷰에서도 말이 오락가락하다가 결국은 '난 모르겠다'로 결론을 냈다. 구원은 하나님께서 하시기 때문에 자기가 판단할 수 없다는 핑계였다. 2012년에 오프라 윈프리Oprah Winfrey 인터뷰에서는 하나님께 가는 길은 예수뿐이지만 예수께 가는 길이 여러 갈래가 있다는 식으로 말장난을 쳤다.

오스틴의 입장은 사실 래리 킹 인터뷰에서 그리스도에 관한 질문이 나오기도 전에 이미 분명히 드러났다. "아버지를 모시고 인도에 오래 머무른 적이 있지요. 그 사람들 종교가 뭔지는 모르겠어요. 하지만 그 사람들이 하나님을 사랑한다는 건 알아요. 그런데 모르겠어요. 그 사람들의 진실한 마음을 보았어요. 그래서 모르겠어요." "모르겠어요"를 세번 되풀이한 이것이 오스틴의 공식 입장이다. 거기다 "알아요" 및 "보았어요"를 더하면 필이 내세웠던 바로 그 다원주의가 된다. 오스틴에게는 그리스도를 믿는지 여부가 전혀 중요하지 않다. 기독교의 표현과 구도를 사용하는 이유는 그냥 사람들도 잘 알고 오스틴 자신도 익숙하기 때문이다. 표현과 구도만 사용할 뿐 내용은 다른 것들로 바꿔치기 했기 때문에 하나님의 구원의 진리는 심각하게 왜곡되었다.

오스틴도 구원을 이야기한다. 그러나 하나님의 영원한 구원 대신 썩어 없어질 이 세상의 구원이다. 돈 생기고, 힘 세지고, 몸 좋아지는 것이 오스틴이 말하는 구원이다. 심지어 좋은 습관을 들이는 것을 '구원'이라 부르기도 한다. 하나님께서는 우리가 이 세상을 승리자로 살아 돈도 많이 벌고 권력이나 쾌락도 최대한 누리고 몸도 건강하여 늘 행복하기를 바라신다고 주장한다. 그렇기에 내 승진을 가로막는 주범을 '어둠의 세력'으로 몰아붙인다. 부정적 사고에 얽매여 있는 상태를 죄로 타락한 상태로, 긍정적인 태도를 갖는 것을 회복이요 구원으로 가르친다. 그러니 오스틴은 제 책을 읽고 마음을 고쳐먹는 날이 하나님의 구원의 날인 '새 날'이요, 제 조언을 받아들여 긍정의 생각을 가지면 하나님께서 약속하신 풍요의 땅 가나안에 이를 수 있다고 말하는 셈이다. 신사고의 쉰이 말한 바로 그 가나안이다. 오스틴은 부활 교리까지 그런 식으로 도용한다. 그의 책을 추천한 사람들은 이런 내용들을 하나도 못 보고 지나간 것일까?

구원받지 않은 자연 상태를 좋게 보는 것은 기독교 복음을 거부하는 이 세상의 입장이다. 다양성을 존중하고 모든 것을 상대적으로 보는 우리 시대에는 이런 태도가 더욱 환영을 받는다. 미국의 톱스타 가수 레이디가가Lady GaGa도 '하나님은 실수가 없으시니' 태어난 그대로 살자 노래한다. 필의 경우에서 보았듯이 자연을 좋게 보는 것은 그저 성선설이라는 입장을 취하는 데서 끝나지 않는다. 오스틴은 복음의 핵심 구도를 이용하여 복음과 전혀 무관한 내용을 전함으로써 사람들이 참된 복음을 접할 기회를 박탈한다. 이미 믿은 사람들 또한 복음의 보배를 꺼내어 내던지고 썩어 없어질 것을 대신 주워 담게 만든다. 기독교의 표현을 다양하게 사용하고 성경도 거듭 인용하지만 오스틴의 사상은 기독교가 아니다. 그가 전하는 참 좋으신 그분도 기독교의 하나님이 아니다. 오스틴이 부드러운 미소와 함께 전하는 그 신은 하나님의 구원을 담은 성경 66권 전체를 부정해 버린다. 그것이 '긍정의 힘'이다.

오스틴이 전하는 신은 사실 기독교의 하나님은커녕 다른 종교가 전하는 신보다 못하다. 종교는 인간과 우주의 여러 문제 가운데 특히 고통의 문제와 씨름한다. 모두가 살려고 태어나지만 너도 나도 결국 다 죽어야 한다. 살아 있는 동안에도 기쁨보다 슬픔이 많다. 오늘도 사람들은 질병으로 사고로 아프고 또 죽어 간다. 천재지변은 왜 생길까? 게다가 서로 겨루고 다투는 세상에서 승리자의 노래 뒤에는 언제나 짓밟힌 이들의 신음소리가 늘 함께 있다. 그러나 오스틴의 하나님은 이 문제에 답하지 않는다. 아니, 그런 문제가 있는 줄도 모른다. 모두가 오스틴 말처럼 그렇게 쉽게 행복할 수 있는 세상이라면, 기독교라는 종교는 애초에 생겨나지도 않았다. 세상이 복잡한 만큼 세상을 창조하신 하나님께서도 수수께끼시다. 철학자 파스칼은 삼백오십 년 전 이사야서 45장 15절을 읽고 분명하게 깨달았다. "하나님께서 숨어 계신다 하지 않는 종교는 다 거짓이요, 하나님께서 왜 숨어계시는지 설명하지 못하는 종교에서는 배울 것이 없다." 『팡세』, #242(585).

오스틴의 책에는 하나같이 좋은 결과만 등장한다. 몇 년 동안 아내를 때리던 남편이 아내가 태도를 바꾸자 금방 새사람이 되었다 했다. 가정에도 직장에도 하나같이 착하고 훌륭한 사람만 남는다. 오늘도 남편에게 맞는 아내가 얼마나 많고 직장상사의 괴롭힘 때문에 목숨을 끊는 사람이 얼마나 많은데, 그런 사람들 이야기는 전혀 등장하지 않는다. 이처럼 오스틴이 믿는 종교는 가볍다. 죄를 모르고 고통을 외면하기 때문이다. 진리에서 벗어난 불교, 이슬람교, 힌두교 등 다른 종교보다도 못한 천박함이 오스틴의 환한 웃음 뒤에 감추어져 있다.

한국어판 번역자와 출판사는 오스틴의 주저 제목을 『긍정의 힘』이라 붙였다. 무엇이 긍정인가? 있는 것을 그대로 인정하는 것이 긍정이라면 오스틴의 책은 긍정 아닌 '부정'이다. 삶 가운데 가장 뚜렷하게 실체를 드러내는 죄를 인정하지 않기 때문이다. 긍정이 '생명'을 뜻하는 것으로 보아도 오스틴의 책은 '부정'이다. 그 속에 참된 생명이 없기 때문이다. 부정의 부정은 강한 긍정이다. 그러나 오스틴의 긍정의 힘은 부정적인 죄의 존재 자체를 인정하지 않으니 긍정도 부정도 아닌 정체불명의 힘이다. 복음은 긍정이다. 현실 가운데 있는 죄의 존재를 인정한다. 그리고 그 죽음의 죄를 이기고 생명의 복음을 전한다. 참된 긍정이다. 죄의 부정적인 힘을 십자가로 이기는 기독교 복음은 강한 긍정의 힘이다.

그리스도는 '예'도 되고 '아니오'도 되신 분이 아니십니다. 그분께서는 오직 '예'만 되었습니다.고후1:19, 저자 번역

그리스도께서는 오직 '예만' 되신다. 또 오직 '그리스도만' 예가 되신다. 오래전 주신 하나님의 구원의 약속이 오직 그리스도 안에서 이루어지기 때문이다고후1:20. 아멘! 이것이 진짜 긍정이다. 오스틴의 긍정은 참된 긍정이신 예수 그리스도를 교회 밖으로 내쫓는 거짓 긍정이요 마귀의 긍정이다.

임신으로 설명하는 신인협력

오스틴의 책에서는 좋으신 하나님과 좋은 사람이 손발이 척척 맞는다. 신사고와 번영복음이 함께 강조한 신인협력을 오스틴도 강조하기 때문이다. 하나님과 사람을 상호 협력하는 관계로 만든다. 모든 것이 하나님 은혜요 모든 것이 내 책임이라는 성경의 가르침과 달리 여기서는 하나님과 우리의 할 일이 나누어진다. 하나님께서는 당신의 일을 하시고 우리는 우리 일을 하는 일종의 분업이다. 어느 한 쪽이 가만있으면 일은 절대 이루어지지 않는다고 한다.

그런데 이 관계에서 주도권은 언제나 사람에게 있다. 우리가 먼저 기운을 내야 하고 생각 패턴을 바꾸어야 한다. 오스틴은 '내가 생각하지 않으면 절대 이루어지지 않을 것'이라고 앞서 말한 바 있다. 믿음의 태도를 갖는 것은 "하나님이 그대의 상황에서 일하시게 문을 열어드리는 것"이라고 한다YBLN, 119, 『긍정』, 144. 모든 것을 하나님께서 다 하신다고 거듭 이야기하지만, 그가 말하는 하나님께서는 사람이 앞장서지 않으면 단 하나의 복도 주실 수 없는 분이시다. 그러니 다 내가 가진 생각의 힘 덕분이다.

내가 주도권을 잡는 것이 뭐가 문제인가? 모든 것이 하나님의 은혜로 시작되는 것이 기독교 복음이요 그 시작은 심지어 천지창조 전까지 거슬러 올라가

는데, 주도권이 나에게 옴으로써 은혜의 구원은 뒷전이 된다. 하나님을 우주를 창조하시고 주관하시는 분이 아니라 인간에게 자유를 부여하고 밀려나신 분으로 만드는 것이다. 모든 것을 제 마음대로 하는 인간에게 복조차 마음대로 주지 못하는 무기력한 신이 되고 말았다. "그대가 만약 하나님과 일치를 이루고 그대의 가능성들에 초점을 맞추면 그대의 믿음이 하나님으로 하여금 그대 삶에 나타나셔서 초자연적 역사를 이루시게 만들 수 있다. 그대 믿음이 그대를 도와 장애물들을 제거하고 그대를 새로운 승리의 장으로 인도할 것이다. 그렇지만 그대에게 달려 있다. 그대의 관점에 달려 있다." *YBLN*, 74-75, 『긍정』, 91.

한국어판은 "그렇지만 그대에게 달려 있다"라는 문장을 삭제했고 또 다른 부분도 하나님의 주권을 강조하는 방향으로 고쳤지만, 원문의 하나님은 사람의 결정에 종속된 분이다. 이 문장 바로 앞에서도 "하나님께서는 그대를 도우시겠지만 최종 결정은 그대가 한다"라고 말했다. 오스틴에 따르면 하나님과 사람이 각자의 영역을 갖고 있는데, 복을 받기 위해서는 반드시 내가 먼저 내 몫을 해야만 하나님께서 움직이신다는 것이다. 혼자서는 '절대' 위대한 일을 행하시지 않으신다던 조용기의 하나님과 닮았다. 사람도 하나님께서 자신의 상황을 바꾸어 주시기를 기다리지만, 하나님께서도 우리가 앞장서기를 기다리고 계신다는 말이다. 필이 가르치고 슐러와 조용기가 적극 권장한 신사고 기도법과 통하는 원리다.

오스틴은 신인협력관계를 민망한 비유 하나를 이용해 설명한다. 신사고에서 시작되었고 조용기가 즐겨 사용하였던 '임신의 비유'다. 원천은 물론 신사고 범신론이다. 이 비유는 생각의 힘을 설명하는 과정에 등장하는데, 오스틴은 하나님께서 사람 마음에 생각을 심어 주시는 것을 "임신"이라 부른다. 사람이 마음에 하는 생각이 사실 하나님께서 사람 마음에 임신을 시키시는 것과 같다는 이야기다. "하나님은 그대 마음에 새로운 씨를 심으려 항상 애쓰신다. 하나님은 그대를 임신시키려, 낡은 생각을 버리고 안에서 용솟음치는 창조력을 낳게 만들려 항상 애쓰신다. 열쇠는 믿는 것, 곧 씨가 자랄 수 있도록 뿌리를 내리게 하는 것이다."*YBLN*, 9, 『긍정』, 21.

　오스틴은 영어판에서는 임신이라는 표현을 열 번 가까이 사용하지만 한국어판은 임신이라는 표현을 차마 쓸 수 없었는지 전부 삭제하거나 "마음에 품는다"라는 표현으로 바꾸었다. 영어판 원문의 번역인 위 인용문도 한국어판에서는 "그대를 임신시키려"라는 구절만 빠졌다. 임신의 비유는 말 그대로 신인합일을 가리킨다. 말뜻을 못 알아들을까 봐 동정녀 마리아가 '남자를 모른채' 성령으로 임신하였다는 사실까지 언급하고 있다. 특히 거듭 등장하는 '씨를 심는다'는 표현은 임신의 단계 가운데 수정 및 착상을 연상시킨다. 씨가 뿌리내리는 순간 자라기 시작한다. 그리고 때가 되면 태어난다. 현실로 이루어지는 것이다. 임신을 하면 아이를 낳는 것처럼 마음에 임신을 하면 현실로 이루어진다고 한다. 생각의 힘이다. 하여 오스틴은 하나님께서 우리 마음에 심으신 것을 우리가 '낳아야' 한다고 거듭 권면한다. 조용기도 자전거, 책상, 의자를 그런 방법으로 임신해 낳았다고 했다.

　혼자는 못하는 것이 임신이다. 사람의 역할은 그러면 무엇이라고 하는가? 믿는 것이다. 믿어야 이루어진다는 예수님 말씀을 신사고는 믿는 것이 곧 사람의 역할이라 풀었는데, 오스틴은 그것을 그대로 수용한다. 동정녀 마리아가 믿었기에 초자연적인 방법으로 임신했다는 것이다. 사라가 이삭을 임신한 것도 마찬가지라고 한다. "사라는 마음으로 임신을 한 뒤에야 비로소 몸으로도 임신할 수 있었다."*YBLN*, 80, 『긍정』, 97. 우리가 마음에 품는 '꿈' 또한 하나님께서 심으신 것이라고 하는데, 우리 마음에 품는 것들은 하나님과 우리의 합작품이라고 했다. 그렇다면 얼마 후에 현실로 태어나는 그것도 마찬가지라고 할 것이다.

오스틴은 하나님과 하나가 되어야 한다고 거듭 강조한다. 하나가 되지 않으면 임신이 안 되고 그러면 하나님께서 복으로 주시는 것들을 출산할 수가 없기 때문이라고 한다. 우주의 힘은 우주와 내가 하나로 통할 때만 내 것이 된다고 했다. 사라 이야기를 한 뒤 오스틴은 이렇게 말한다. "우리가 사라와 꼭 마찬가지다. 우리는 임신을 못한다. 하나님과 일치가 되지 않아서 하나님의 복을 놓치고 있다."*YBLN*, 80, 『긍정』, 98. 하나님께서 오늘도 우리를 임신시키려 애쓰시는 이유는 "우리가 믿음으로 마음에 임신하지 않으면 절대 이루어질 수 없음을 하나님이 아시기" 때문이라고 한다*YBLN*, 80, 『긍정』, 98. 하나님께서 아시지만 어떻게 하지는 못하신다고 한다. 전지하지만 전능하지는 못한 신이다. 조용기가 믿었던 바로 그 무기력한 하나님이다. 오스틴은 그래서 하나님과 사람이 함께 일해야 한다고 거듭 강조한다. '하나님과 일치하게 되면' 가능하다고 했다. 방법은 생각의 일치요, 하나님의 말씀을 묵상하는 일이다.

"그대가 그대의 생각을 하나님의 생각과 맞추고 하나님의 말씀의 약속을 묵상하기 시작할 때, 그대가 하나님의 승리, 호의, 믿음, 힘, 능력 등의 생각들을 끊임없이 묵상할 때, 그 무엇도 그대를 막지 못할 것이다."*YBLN*, 104, 『긍정』, 126. 하나님의 약속을 묵상하여 내 생각을 하나님의 생각에 일치시키라는 것까지는 좋은데, 그 약속이라는 것들이 하나같이 성경과 무관한 번영복음의 구호들이다. 질그릇에 보배 아닌 배설물을 담았다. 오스틴에게는 하나님 말씀과 일치된다는 것이 하나님께서 우리를 '풍요롭고 행복하고 건강하고 완전하게' 살도록 창조하셨음을 아는 것이다. 여기에는 하나님의 구원의 약속, 영생에 대한 약속은 없다. 오스틴이 임신의 비유를 사용하는 목적은 오직 하나, 내 안에 품은 생각과 내 욕심이 곧 하나님께서 심으신 씨라 함으로써 내 욕심을 무한히 정당화하기 위해서다. 내용뿐 아니라 구도도 전형적인 번영신학이다.

임신의 비유는 어디까지가 실제고 어디까지가 상징이라고 할까? 하나님과 사람 사이에는 성적 교섭이 불가능하니 전체가 다 상징적인 표현에 불과한 것은 아닐까? 이를테면 '말씀의 씨' 같은 것 말이다. 그런데 오스틴은 하나님께서 심으시는 그 씨를 "전능하신 하나님의 씨"라고 몇 번 말한다. "위대한 씨"라는 표현도 쓴다. 하나님께서 심으신 것이라서 씨로 비유한 것일까? 아니다. 오스틴은 *Become A Better You*에서 이렇게 분명하게 밝힌다. "하나님은 자신의 일부를 그대 안에 두셨다."*BBY*, 5, 『잘나』, 17(누락). 엄청난 선언이다. 우리 안에 심으신 씨를 하나님의 일부라고 했다. 곧 하나님과 같은 본질이다. 피조물의 일부가 아닌 하나님 당신의 일부를 우리 마음에 심으신 것이라면 피조물 사람과 창조주 하나님이 같은 본질로 통한다. 결합이 가능한 동질의 존재라는 뜻이다.

사람은 동물을 임신시키지 못한다. 그러므로 임신이라는 표현 자체가 동등한 배우자 사이를 전제한다. 로버트 슐러가 만들어 낸 하나님과 사람 사이의 '이혼' 개념과 통한다. 오스틴은 하나님께서 주신 것의 보기로 은사, 재능, 창조력을 든다. 이것들이 하나님 당신의 일부라고 한다면 신이 사람을 통해 당신의 뜻을 나타낸다 하는 범신론 그대로다. 특히 창조력은 옛 생각을 버리고 갖는 새로운 생각이라고 한다. 사람의 은사, 재능, 창의력은 우리 인간이 현실에서 드러내는 하나님의 본성이라는 것이다. 그러므로 임신 비유는 문학성을 가미한 이야기가 아니라 오스틴의 신사고 세계관을 보여 주는 분명한 증거다. 오스틴은 *Become A Better You*에서 '전능하신 하나님의 씨앗'이 그대 안에 있다고 다시금 확인시켜 준다. 그러나 한국어판은 관련 본문을 통째로 누락시켰다.

오스틴이 사용하는 임신의 비유는 성령으로 잉태되신 그리스도를 슐러나 조용기의 경우처럼 모독하는 일이요, 또 하나님의 모습을 인간과 성적 교섭이나 나누는 이방 신화의 타락한 신처럼 심하게 일그러뜨리는 죄악이다. 신사고의 범신론 체계를 무분별하게 수용한 무시무시한 결과다. '믿음'이라는 기독교 용어를 사용하여 강조하더라도 이는 하나님과 무관한 신념이요 신사고의 한 줄기일 뿐이었다. 오스틴은 한 인터뷰에서 "요즘 사람들은 신학에 별 관심이 없다"라고 했다Charisma Magazine, June 2004. '신학'은 하나님을 아는 지식이다. 그러나 오스틴은 하나님의 모습이 왜곡되는 문제를 대수롭지 않게 여긴다. 그러니 오스틴이 말한 '요즘 사람'은 바로 오스틴 자신이다.

2. 내가 세계의 중심

사람은 모두 창조주의 자녀

오스틴은 사람은 다 하나님의 형상으로 창조되었기 때문에 하나님의 자녀라고 주장한다. 창조와 출산을 혼동한 로버트 슐러의 오류를 범신론 세계관과 함께 물려받았다. 하나님의 자녀임을 강조하여 사람을 무한히 높이려 한 슐러의 의도도 그대로 수용했다. 그런데 오스틴은 슐러와 달리 구체적인 설명을 덧붙인다. 마치 하나님께서 우리의 생부인 듯한 설명이다. 슐러가 슬쩍 말하고 넘어간 사람과 하나님의 이혼 논리를 좀 더 전개한 셈이다. 생각의 힘을 강조할 때 드러난 범신론적 동질 관계가 오스틴에게서는 피를 나눈 '부자 사이'로 발전한다. 이로써 오스틴의 임신 논리가 단순한 비유가 아니라 창조주와 피조물 사이의 동등관계를 전제한 위험하고도 오만한 표현임이 다시금 드러난다. 오스틴은 명마名馬는 대개 오랜 역사를 지닌 훌륭한 가문에서 나오는 법이라 설명한 다음 이렇게 말한다. "그대는 전능하신 하나님의 디엔에이를 가졌다. 그대는 대를 이은 챔피언 집안 출신이다. 생각해 보라. 그대의 하늘 아버지가 말씀으로 은하를 창조하셨다. 그대 형님은 원수를 무찔렀다."*BBY*, 34, 『잘나』, 38-39(번개).

내가 명문가 출신이라니 듣기는 좋다. '우리 한 사람 한 사람'이 순혈종이란다. 예수님을 형님으로 모신 것도 나쁠 것이 없다고 할지 모르지만 덕담 치고는 너무 나갔다. 우리가 하나님과 같은 디엔에이를 가졌다는 말은 우리가 하나님과 본질이 같다는 말이다. 우리가 하나님의 피조물이 아니라 하나님과 본질이 같은 존재, 그러니까 '출산' 내지 '유출'을 통해 같은 성질을 가진 존재가 되었다는 말이다. 한국어판은 어조를 바꾸었지만 원문에서는 하나님을 아버지로, 또 구약 인물들은 형님으로 모신 대가족이라고 말한다.

오스틴은 우리가 하나님의 '씨seed'라 주장한다. 성경이 '후손'이라는 뜻으로 사용하는 바로 그 말이다. 성경은 하나님께서 우리 아버지시라 가르치지만 우리가 하나님의 씨라고 말하지는 않는다. 씨는 핏줄을 통한 자녀를 가리키는 까닭이다. 오스틴은 우리 몸에 '왕의 피'가 흐르고 있음을 거듭 상기시킨다. 오스틴의 의도는 분명하다. 우리가 그만큼 귀한 존재라는 것이다. '기죽지 말라. 긍정의 힘이다!' 그런데 사람을 한껏 끌어올리자 우리가 하나님의 영적 핏줄로 높아진 것이 아니라 거꾸로 하나님께서 아담의 자리로 낮아지시고 말았다.

슐러의 사상을 살펴보면서 확인했던 것처럼 성경은 하나님께서 우리 아버지가 되시는 것이 창조가 아닌 구원을 통해서라고 가르친다. 하나님께서는 우리를 말씀으로 낳으셨지만 우리는 '피조물 가운데 첫 열매'라 하여 창조주와 분명하게 구분된다약1:18. 하나님께서 구원받은 우리를 낳으신 것은 성부께서 성자를 낳으신 것과 마찬가지로 육체적인 뜻은 전혀 갖고 있지 않다. 또 우리를 하나님께로부터 직접 낳으신 것이 아니라 당신의 말씀으로 낳으셨다고 한다약1:18, 벧전1:23. 그러나 오스틴은 디엔에이, 씨 등의 낱말을 거듭 사용하여 하나님과 사람이 마치 육체적 관계와 출산을 통해 지속되는 그런 핏줄인 양 가르치고 그 결과 사람이 하나님과 본질이 동일하게 된 것처럼 주장한다.

오스틴은 누가 창조주 하나님의 자녀라고 하는가? 사실 오스틴은 누구인지 구체적으로 말하지 않는다. 책을 읽어 보면 독자 모두가 하나님의 자녀요 '우리 하나하나'가 '명문가 출신'이라고 한다. 그리스도인이 읽으면 믿는 사람을 두고 하는 말처럼 느껴질 것이다. 하지만 본디 기독교에서는 그런 식의 구분은 가능하지 않다. 성경은 그리스도를 구주로 믿는 사람만 하나님의 자녀라 부르기 때문이다. 그러나 오스틴에게는 그런 기준이 아무 의미가 없다. 그가 존귀함의 유일한 근거로 삼는 것은 하나님의 창조요, 그 누구도 그 무엇도 그 자격을 빼앗지 못한다고 주장하기 때문이다.

오스틴은 우리가 긍정적인 마음을 갖고 부자로 멋지게 살아야 하는 이유가 바로 창조주의 자녀들이기 때문이라고 한다. 그는 자식들에게 누더기를 입혀 사람들에게 내보이면 어떻게 되겠느냐 물은 다음 이렇게 말을 이어간다. "내 자녀의 초라한 몰골은 아버지인 나를 고스란히 반영한다. 마찬가지로 우리가 가난한 정신상태로 인생을 살아간다면 그건 하나님께 영광이 되지 않는다 …… 하나님께서 보실 때는 왕의 자녀이면서 사람이 볼 때는 하층 빈민으로 인생을 살아간다면 얼마나 슬픈 일이겠는가." *YBLN*, 87, 『긍정』, 106. 어려운 처지의 사람들을 모욕하는 표현도 문제지만, 사실 오스틴은 중간 수준도 거부한다. 오스틴은 두 권의 책 전체를 통해 '평균' 또는 '보통'에 대한 극도의 혐오감을 심어 주고 있다. '평범함'을 거부하라는 권고가 끊이지 않는다. 평범한 어떤 직업을 가리켜 '시시한 직장'이라 폄하한다. 특히 첫 책의 성공으로 자신감을 얻었는지 둘째 권이 더 심하다.

오스틴은 모든 사람을 다 지극히 높으신 분의 자녀라고 규정한다. 그리고 하나님께서는 남들처럼 되라고 창조하신 것이 아니라 '남보다 뛰어나도록' 창조하셨다고 주장한다. 이렇게 오스틴은 우리가 하나님의 자녀라는 사실을 자존감 회복의 근거로 삼는다. 하나님의 자녀라는 신분으로 사람을 높이려 했던 슐러의 궤변을 오스틴이 그대로 물려받은 것이다. 인간 부자사이에서는 자녀를 높이면 부모도 높아질 수 있겠지만 그 역학은 하나님과 사람 사이에는 적용되지 않는다. 게다가 뛰어나다는 것은 상대적인 것인데, 모두가 하나님의 자녀라고 한다면 어떻게 모두가 뛰어날 수 있다는 말인가?

그런데 오스틴은 이 문제에 답하는 대신 한술 더 뜬다. 창조주의 자녀로서 우리가 특별대우, 곧 '우대preferential treatment'를 받아야 한다고 주장하는 것이다. 우대는 말 그대로 '남다른 대접'이다. 내가 받으면 남은 받지 못하는 것이 우대다. 그렇다면 내가 우대를 받을 때 우대받지 못하는 사람도 반드시 있어야 한다. 게다가 우대받지 못하는 사람은 우대받는 사람을 섬기는 역할을 맡게 된다. 여기서 일단 한 가지는 분명해졌다. 오스틴의 논리에서는 우대를 받는 사람과 그 사람을 우대하여 섬기는 사람이 명확하게 구분된다. 그러니 구체적으로 명시하지는 않지만 오스틴은 사람을 두 부류로 나누고 있음이 분명하다. "그대가 종종 우대를 받는 이유는 그저 그대의 아버지가 왕의 왕이시요 그분의 영광과 존귀가 그대 위로 쏟아지기 때문이다. 이상하게 들릴 수도 있지만, 그대가 호의를 바라는 마음으로 살면서 좋으신 하나님을 선포하면 사람들이 제 일을 제쳐 두고 그대를 돕는 것을 보고 놀라게 될 것이다."*YBLN*, 40, 『긍정』, 51.

도대체 우대를 받는 나는 누구며, 제 일을 제쳐 두고 나를 돕는 그 사람은 또 누군가? 오스틴은 일단 하나님을 편애하시는 분으로 만들어 하나님의 참 모습부터 심히 왜곡한다. 오스틴은 자신의 경험이 계기가 되었음을 밝히고 있다. 어렸을 때 아버지로부터 받은 특별한 사랑을 언급하면서 그 특별한 사랑이 자신을 특별한 사람으로 생각하게 만들었다고 한다. "그래서 나는—좀 미안한 말이지만—남다른 대우를 기대하게 되었다. 사람들이 나를 돕고 싶어 할 것으로 기대하게 되었다. 내 마음은 이랬다. 나는 지극히 높으신 하나님의 자녀다. 내 아버지는 온 우주를 창조하셨다. 나를 존귀로 관 씌우셨으니 나는 우대를 받아도 돼.”*YBLN*, 38-9, 『긍정』, 50.

　오스틴은 아버지가 유명한 목사였기 때문에 혜택을 본 일이 많았다고 한다. 과속으로 경찰에 걸렸지만 ‘니 아부지 뭐하시노’ 하나로 해결을 보았다. 오스틴은 독자들도 하나님의 자녀로서 그런 혜택을 누려야 한다고 주장한다. 어떤 혜택 말인가? 오스틴은 수많은 보기를 든다. 아직 나이가 안 되는 아들을 특례로 유치원에 입학시켰다는 부모 이야기로 시작한다. 한국어판은 민망했는지 그 이야기를 과속 이야기와 함께 누락시켰다. 나보다 스펙 좋은 사람들을 제치고 취직을 한다든지, 기다리는 사람이 많은 식당에서 남보다 먼저 자리를 잡았다든지, 꽉 찬 주차장에서 늦게 온 내가 먼저 빈자리를 발견하는 등의 이야기다. 백화점에서 생각지도 못했던 할인을 받고, 비행기 일반석을 끊었는데 일등석에 앉고, 비행기 탑승 규칙을 어기고 소중한 물건을 실은 일도 있다. 로또 당첨은 이 놀라운 우대에서 왜 빠졌는지 궁금할 지경이다.

　오스틴이 보기로 든 것들은 대부분이 내가 혜택을 받음으로써 다른 사람들은 혜택을 받을 수 없거나, 심지어 그들에게 피해가 갈 수도 있는 그런 것들이다. 반드시 지켜야 할 보편적 질서를 파괴하는 경우도 있다. 그래 놓고서 그런 혜택을 받을 때마다 오스틴처럼 “하나님 은혜예요!” 하고 사람들에게 외친다면 사람들이 하나님에 대해 어떻게 생각할까? 오스틴은 내가 하나님의 자녀로서 받는 혜택만 생각할 뿐 그 혜택이 야기하는 다른 문제는 전혀 생각하지 않는다. 어쩌면 생각할 줄 모른다고 하는 것이 옳을지도 모른다. 유명한 목사의 아들로 어려서부터 대접만 받고 자라 건전한 판단력을 갖추지 못한 듯 보이기도 한다. 오스틴은 세상을 좋게만 본다. 자신한테는 늘 좋기 때문이다. 금수저의 눈으로 바라본 왜곡된 세상이다. 그런 눈에는 세상의 고통이 보이지 않는다. 모든 것이 합력하여 선을 이룬다는 말씀은 모든 것이 자신한테 유리하게 진행된다는 뜻이 된다.

몇 해 전 미국에서 십대 소년 하나가 음주운전 사고로 네 사람을 죽이고 열한 명을 다치게 하고서도 능력 있는 변호사를 고용해 징역형을 피한 일이 있었다. 변호사들은 아이가 '애플루엔자Affluenza, 부자병'에 걸렸다는 논리를 폈다. 풍요를 뜻하는 'Affluence'와 유행성독감을 가리키는 'Influenza'를 합쳐 만든 말로, 어려부터 풍요롭게 살아 건전한 판단 능력을 갖추지 못했다는 주장이었는데 그것이 판사에게 먹혀든 것이다. 부당한 특혜도 부담 없이 받아 누리라는 오스틴을 보노라면 그가 어렸을 적 아버지가 그를 잘못 가르쳤기 때문에 세상을 균형 있게 보는 눈을 갖추지 못하였고, 애플루엔자보다 더 위험한 번영증후군을 치료하지 못한 결과 참으로 많은 사람을 미혹의 길로 몰아넣고 말았다는 생각이 든다.

교회든 정치든 균형 잡힌 눈을 갖지 못한 사람이 큰 책임을 맡으면 모두가 불행해진다. 무엇보다 가시와 엉겅퀴가 주는 고통을 몰라서는 안 된다. 오스틴이 삶 전반을 깨닫지 못했다는 것은 하나님의 말씀 성경도 제대로 깨닫지 못했다는 뜻이다. 말씀을 아는 것은 삶을 아는 것이다. 치우친 내 눈과 삶을 하나님의 말씀으로 얼른 바로잡지 못하면 거꾸로 비뚤어진 내 눈과 삶이 성경을 왜곡하게 된다. 백 년 전의 신사고 연구가 윌리엄 제임스William James가 신사고에 대하여 지적하기를 자연을 그저 좋게만 보다가 세상의 어두운 면을 못 보고 따라서 현실과 동떨어진 착각에 빠지고 말았다 하였는데, 백 년이 지난 지금 제임스의 위대함을 참으로 씁쓸한 마음으로 다시금 확인하게 된다.

오직 나만 하나님의 자녀

오스틴의 말에 따르면 모든 인류가 하나님의 자녀다. 그런데 남다른 대우를 받아야 할 사람이 또 따로 있다고도 했다. 신자와 불신자로 나누어지는 것도 아니라면 그 기준이 무엇인가? 사실 기준이 없다. 오스틴의 책을 살펴보면 사람을 이렇게 두 부류로 나누는 주체는 그저 '나 자신'이다. 모든 사람이 다 하나님의 자녀가 맞지만 또 남다른 대우를 받을 사람과 남다른 대우를 제공해야 할 사람이 나뉘는데, 구분 기준은 모르겠으나 어쨌든 '나'는 분명 남다른 대우를 받을 사람이다. 그렇다면 나 이외의 모든 사람은 하나님의 자녀인 나에게 특별대우를 제공해야 할 사람들이 된다.

오스틴에게는 오직 '나'라는 사람만 있다. 모든 것이 나를 중심으로 돌아간다. 내 주위의 어떤 사람들이 하나님의 자녀인가 하는 문제에는 관심조차 없다. 나는 무조건 하나님의 자녀다. 오스틴은 *Become A Better You*에서 독자 모두에게 이렇게 단언한다. "하나님께서는 다른 사람을 택하실 수도 있었지만 그대를 택하셨습니다."*BBY*, 40, 『잘나』, 43(변개). 독자마다 '그대? 나를 택하셨구나!' 할 것이다. '나'는 무조건 존귀하다 한다. 돈도 내가 차지해야 하고 건강해야 할 몸도 '내 몸'이다. 높은 자리에도 반드시 '내가' 올라가야 하늘 아버지께 영광이 된다고 한다. '내가' 하나님의 자녀라는 사실만 중요하기 때문이다.

오스틴의 책을 읽으면 남들의 성공이 하나님께 영광이 될지는 알 필요가 없어지고 관심도 사라진다. 성공의 주체가 반드시 나라야 한다는 점과, 나 이외의 사람들은 자신의 성공을 추구하기 이전에 나의 성공을 위해 존재하는 자들이라는 사실만 중요해진다. 이것이 독자 모두에게 똑같이 적용된다. 오스틴에게는 오직 일인칭 '나'만 하나님의 자녀다. 단수든 복수든 상관없다. 누구든 자신을 바라볼 때는 하나님의 자녀다. 나 이외의 사람은 모두 나를 하나님의 자녀로 알고 섬겨야 할 사람들이 된다. 오스틴이 단 한 번도 드러내 말하지는 않지만, 오스틴의 책 처음부터 끝까지 절대적인 기준으로 채택된 것이 바로 이 '너와 나'의 구분이다. 번영복음이 철저하게 이기적이요 개인주의라는 것을 오스틴이 이렇게 적나라하게 드러내 주었다.

오스틴의 사상은 이 점에서 전형적인 포스트모더니즘Post-modernism이다. 포스트모더니즘은 철저한 상대주의다. 온 우주에 객관적 진리라는 것은 없고 오직 나에게 의미 있는 것만이 진리요, 또 그런 것만이 실제로 존재한다고 주장하는 입장이다. 다른 것도 다 옳다 주장하는 이유는 바로 나 역시 옳다 말하기 위해서다. 오스틴은 두 권의 저서 제목에 '너You'를 넣었다. 이 '너'는 누구나 해당되는 불특정한 개인이다. 오스틴의 설교를 듣거나 책을 읽은 모두가 바로 오스틴의 '너', 곧 독자 입장에서는 '나'다. 포스트모던 시대에 태어나 자란 오스틴은 자신의 번영복음을 시류에 맞춰 최첨단 사상과 적절하게 섞음으로써 번영복음 선배들보다 한 걸음 더 나아간 셈이다. 포스트모더니즘의 또 다른 특징은 불가지론不可知論이다. 오스틴이 각종 인터뷰에 나와서 자주 한 "잘 모르겠다"라는 말 역시 자신의 책과 설교를 이 시대 사람들의 마음에 집어 넣는 촉매제 역할을 톡톡히 했을 것이다.

아이러니하게도 오스틴은 '황금률'을 즐겨 이야기한다. 사람들이 흔히 알고 있는 '상호성相互性 원리'다. 오스틴은 지금 최고의 삶을 살려면 '얻으려 살지 말고 주려고 살라'고 충고한다. 존 F. 케네디가 국가에 대하여 한 말과 비슷하게, 남이 나를 위해 무엇을 할까 기대하지 말고 내가 남을 위해 무엇을 할까 생각하라는 조언도 들려준다. 얼마나 멋진 말인가. 하지만 그렇게 주는 삶을 살아야 한다고 하는 이유는 그래야 더 많이 얻는다고 여기기 때문이다.

그리스도께서 기독교 복음의 핵심으로 가르치신 황금률이 백팔십도 뒤집어 졌다. 끝없이 자신만을 향하는 본성을 동력으로 활용하여 이웃을 사랑하라 가르치신 그 가르침이, 신사고 범신론을 거치며 오직 자신만의 번영을 꾀하고 남들의 형편에 대해서는 무관심하게 만들었다. 그러다가 오스틴에 와서는 완전히 뒤집어져 자신만을 향하는 그 본성 그대로 오직 나 자신만을 위해 살게 만든다. 그리고 내 주위의 사람들은 모두 나의 번영에 이바지하는 자들이 되었다. 내가 남을 위해 무엇을 할까 생각하는 대신 이제는 남들이 나를 위해 무엇을 해 줄까 기대한다. 그리스도 복음을 뒤집었다. 너 한 몸 잘 먹고 잘살라는 마귀의 속삭임이 너희도 서로 사랑하라 하신 그리스도의 명령을 내쫓아 버렸다.

참으로 부끄러운 것은 황금률을 정반대로 뒤집어버림으로써 교회의 윤리가 세상의 황금률, 곧 상호성을 최고 덕목으로 하는 정의의 황금률보다 더 못하게 되었다는 점이다. 석가모니도 사람의 이기성을 파악하고는 남을 배려해야 한다 가르쳤는데, 오스틴을 비롯한 번영복음 전도사들은 하나님의 이름으로 그 이기성을 마음껏 채우라 권한다. 오스틴의 책에는 뒤집어진 표현이 종종 나온다. 슐러가 즐겨 사용한 것들로서, '우리가 하나님을 믿는 것이 아니라 하나님께서 우리를 믿으신다', '하나님께서 우리 죄를 용서하시는 것이 아니라 우리가 하나님을 용서해 드린다' 하는 식이다. 그렇게 뒤집다 보니 성경의 핵심 실천 사항인 '이웃 사랑'도 어느새 '자기 사랑'으로 뒤집어지고 말았다.

오스틴은 번영복음의 민낯이다. 하나님께 받고자 원하는 복이 무엇인지 까놓고 이야기한다. 행복, 기쁨, 평안, 만족 등을 원하는데, 받는 방법은 승리, 성공, 건강, 풍요 등이다. 돈이 생기고, 직장에서 승진하고, 월급도 오르고, 몸이 건강하고, 좋은 집을 값싸게 사는 것을 바란다. 조용기처럼 아브라함이 받은 복을 광대한 부동산이라고 말하는데, 심지어 복의 폭이 조용기보다 좀 더 넓어졌다. 그리스도 안에서 누리는 아브라함의 복은 '부자로, 건강하게, 장수하며, 생산적으로' 사는 복이라고 했다. 그러나 그의 책에서는 복 받아 첩을 두었다는 이야기는 뺐다. 부인한테 헌정한 책이니 이해해 주자.

기독교와 정반대인 이런 가르침이 먹혀드는 이유는 그럼 무엇인가? 답은 다시금 성경에서 찾을 수 있다. 바로 우리의 부패한 본성 때문이다. 하나님을 거역하는 우리 본성이 하나님 아닌 다른 신을 섬기고자 하기 때문에, 재물의 신이든 범신론의 신이든 무조건 반갑게 맞이한다롬1:18-23. 그런 신은 하나님이 아닌 피조물을 섬기도록 허락해 준다. 재물이든, 건강이든, 성공이든 다 가능하다. 이유는 신 자체가 이미 신이 아니라 사람이 만들어낸 우상에 지나지 않기 때문이다. 번영복음의 신은 우주를 덮고 있는 법칙에 종속되어 있는 그런 신이다. 오스틴은 권한다. "경제적으로 번영하기 원하면 하나님을 첫째로 모셔라."*YBLN*, 257, 『긍정』, 278. 하나님을 으뜸으로 모시라니 참으로 갸륵한 권면이다마는, 그것이 다 돈을 벌기 위한 것이니 그런 신은 하나님이 아니라 '맘몬'이라 부른다. 한국어판에서는 번역자들도 민망했는지 "하나님을 인정해야 한다"라고 약간 고쳤다. 다시금 포이어바흐에게 부끄럽다.

　번영복음 전도자들이 그냥 하나님을 버리고 세상으로 가면 될 것을 왜 굳이 다른 신을 등장시키면서까지 '복음'이라는 이름을 유지하려 하는지는 이미 설명했다. 오스틴도 그렇게 함으로써 자신의 메시지에 전능한 힘을 부여한다. 내 모든 욕심을 하나님께서 주시는 꿈이라는 이름으로 정당화한다. 신사고 범신론을 가져다 내 생각은 어느 것이나 신의 나타남이라 했다. 그것을 하나님께서 임신시켜 주신 것이라 했다. 그리고 그런 신께서는 내가 이룰 수 없는 꿈은 안 주신다고도 말했다. 이렇게 내가 이 땅에서 혜택을 누려야 할 이유가 이 땅에 있지 않고 창조주 하나님에게 있다고 하면, 가장 높으신 하나님의 자녀로서 내가 누리지 못할 것이 그 무엇이랴. 하여 오스틴도 믿음을 강조한다. 그에게도 믿는 것은 곧 임신하는 것이다.

　"마음의 거짓 소리에 귀 기울이지 말라. 하나님께서는 커다란 소망을 품으라고 말씀하신다. 소망이 없는 믿음이란 존재하지 않는다. 믿음은 바라는 것들의 실상이다히11:1. 소망의 또 다른 이름은 '높은 기대'다. 아침에 눈을 뜨자마자 하나님의 은혜를 기대해야 한다. 기대는 기회의 문을 열고 사회적 성공을 가져다주며 인생의 난관을 뛰어넘게 해 주는 원동력이다."*YBLN*, 14, 『긍정』, 26. 오스틴은 *Your Best Life Now*의 첫 장에서부터 '통을 좀 키우라'고 주문한다.

그러면서 사우디아라비아 왕의 이야기를 보기로 든다. 왕이 유명한 프로 골프 선수를 초청해 함께 골프를 친 다음 선물을 하나 하겠다 했다는 이야기다. 선수는 사양하다가 마지못해 '골프 클럽'이나 하나 사 달라 했다. 골프채 한 세트를 부탁한 것인데 왕은 거대한 골프장 하나를 통째로 선물했다 하면서 왕은 그렇게 통이 크다 했다. 영어로는 골프채도 골프장도 다 골프클럽이다. 이 이야기를 하면서 오스틴은 왕은 그렇게 통이 크다 했다. 우리도 그렇게 믿음을 키워야 할까? 주님께서 가르쳐 주신 종의 마음가짐은 즉각 내던지고 오스틴이 가르치는 통 큰 믿음을 가져야 할까?

'큰 통'은 다시금 신사고의 핵심과 통한다. 무한의 재료가 우주에 담겨 있다고 했다. 끌어다 쓰는 사람이 임자라 한다. 방법은 무엇이라고 했는가? 내가 우주의 일부임을 알고 내 잠재의식이 우주와 맞닿은 자리임을 알면 된다고 했다. 누가 번영을 누리나? 우주의 힘을 받은 자들이 번영한다고 했다. 내가 하나님의 자녀이고 내 주위 사람은 다 나의 번영을 돕는 자들임을 알고, 생각과 말과 행동으로 번영을 추구하는 자들이 누린다는 것이 신사고와 번영복음의 핵심이다. 필, 슐러, 조용기, 오스틴의 책을 읽고 그 책이 가르치는 내용을 믿음으로 받아 활용하는 이들이 번영하는 듯 보인다. 한국에 있다는 세계 최대의 교회도 그렇게 생겨났고 미국 최대의 개신교회도 지금 그 원리 가운데 나날이 커 가고 있다.

번영복음 전도자들이 말하는 '부메랑 원리'도 언뜻 들으면 무척이나 공평해 보인다. 하지만 실상은 범접할 수 없는 특별 계층을 만들어 낸다. 인민은 모두 평등하다는 이데올로기를 이용해 인민 위에 군림하는 공산당 간부들과 닮았다. 온 우주가 조화를 이룬다는 범신론은 무척이나 공평해 보이지만, 그 혜택은 또한 비밀을 아는 이들만의 것이다. 그렇기에 범신론은 언제나 개인주의 및 이기주의로 이어진다. 번영복음 전도자들은 자신들이 남다른 번영을 누리는 것이 우연이 아니라고 할 것이다. 우주와 통하는 원리를 익힌 사람만이 우주의 힘을 제 것으로 누리며 뜻을 이룰 수 있다 했으니 말이다. 비밀을 터득하여 승리한 자신의 눈에는 온 우주가 긍정으로 가득하다고 할 것이다. 세상에 고통이 어디 있고 슬픔이 어디 있냐 물을 것이다. 그들 입장에서는 못 찾아 먹는 놈이 멍청이다.

끝은 좋아야 한다

오스틴의 *Your Best Life Now*를 도서출판 두란노가 『긍정의 힘』이라는 제목으로 번역 출간했다. 온누리교회가 시작한 기독교출판계의 대표적인 출판사가 성도들의 영혼을 어지럽히고 교회를 무너뜨리는 이런 책을 출판했다. 출판사 설립 취지를 읽으니 가슴이 먹먹해진다. 주님 오실 때까지 이 일을 계속할 거라고?

『긍정의 힘』이 대성공을 거두자 두란노에서는 아예 기독교식 계발서만 집중 출판하는 '긍정의 힘' 부서를 따로 만들어 오스틴의 후속작인 *Become A Better You*를 『잘되는 나』라는 제목으로 출판했다. 말이 기독교식 자기계발서지 사실 기독교와 이교사상의 혼합이다. 두 권의 책을 수십 명이 추천했는데 명단 가운데 한국교회의 현주소가 번지까지 정확하게 나와 있다. 한국 기독교 대학의 대명사처럼 된 한동대학교 총장을 위시하여 유명 목회자, 기관 대표, 각 분야의 전문가들이 앞다투어 쓴 긴 추천사를 읽으니 장탄식이 나온다. 추천자들의 면면을 보니 마지막 날 주님 앞에 섰을 때 영어 원문은 못 봤다든지 하는 변명은 못 할 것 같다. 책을 쓴 자와 번역해 출판한 자들뿐 아니라 그 가운데 기록된 것을 추천한 자들도 그날 함께 책임을 지게 될 것이다.

우리 시대에 분별력이란 무엇일까? 오스틴을 비난하기 어려운 시대다. 오스틴의 책을 읽어도 세속적인 냄새가 좀 난다는 것 외에는 별로 이상한 점을 느끼지 못할 정도로 우리가 다 이교사상에 깊이 물들었다. 오염된 환경에서 자라 무엇이 금이고 무엇이 돌인지 분간이 안 된다. 주님께서 우리에게 교회를 주신 목적이 무엇이던가.

> 오늘이라 부르는 동안 날마다 서로 권고하여 그대들 가운데 아무도 죄의 속임수로 굳어지지 않게 하십시오.히3:13, 저자 번역

죄는 속인다. 우리 욕심을 이용해 속인다. 욕심의 속임수가 바로 죄의 속임수다. 날마다 말씀으로 권고해야 속지 않을 터인데 교회가 앞장 서 속임수를 전파하고 있으니, 돌처럼 굳어지지 않게 지킬 방법이 없다. 어두운 시대의 아픈 현실이다.

번영복음은 기독교의 탈은 쓴 이교요 사교다. 하나님의 구원을 내던지는 사상이다. 우리를 위해 십자가를 지신 예수 그리스도를 짓밟는 사상이다. 이 거짓 사상이 우리의 타락한 본성, 곧 탐욕과 결합되어 우리를 영원한 죽음으로 몰아간다. 얼굴 가득 웃고 있는 오스틴을 바라보니 문득 말씀 한 구절이 들려온다.

> 화 있을진저 너희 지금 웃는 자여 너희가 애통하며 울리로다눅6:25

셰익스피어 말대로 끝이 좋으면 다 좋은 것인지는 모르겠다. 하지만 주 예수 그리스도의 재림과 하나님의 구원 및 심판을 믿는 우리는 적어도 끝은 좋아야 한다. 하여 필, 슐러, 조용기, 오스틴을 읽는 우리는 한 가지를 꼭 선택해야 한다. 어디에서 웃을 것인가? 이 세상인가, 아니면 영원인가?

epilogue

새롭게 하시는 은혜를 사모하며

1. 시대상황과 우리의 사명

공산주의와 자본주의

카를 마르크스Karl Marx, 1818~1883년가 약 150년 전에 집대성한 공산주의共産主義, Communism는 사유재산을 금지하고 공동생산, 공동소유를 통해 경제, 사회적 평등사회를 이루고자 한 사상이다. 마르크스는 기존의 여러 가지 사상을 도입하여 자신의 이론을 구축하였는데 그 가운데 중요한 요소는 변증법辨證法, Dialectics 구도, 유물론唯物論, Materialism적 역사 이해, 낙관적 인간론 등이다. 오랜 세월 수많은 사람들을 매료시켰고 이론의 구현 과정에서 수천만 명의 목숨까지 앗아간 엄청난 사상이지만 세 가지 요소 모두가 성경적으로 또 경험적으로 오류임이 드러났다.

변증법은 독일 철학자 헤겔G. W. F. Hegel, 1770~1831년의 이론을 원용한 것이다. 마르크스는 '절대 정신'이 자기를 밖으로 구현하여 물질이 생겨났다는 헤겔의 변증법적 자기외화自己外化 개념을 노동자의 '자기소외自己疎外' 개념으로 원용하였다. 노동자가 자신의 생산물 및 노동 자체로부터 멀어짐으로써 결국 자신의 본질로부터도 멀어졌다는 것이다. 따라서 자본주의資本主義, Capitalism 타도를 통한 자기소외의 극복이 곧 참된 인간성을 구현하는 방법이 되었다. 마르크스는 자본주의에서 공산주의로 넘어가는 이행 과정 역시 변증법 구도로 설명한다. 자본주의가 자기모순의 극한에 이르면 거기서 자본주의를 뒤집어엎는 힘이 생긴다는 주장인데, 이는 죄가 깊어지면 그 속에서 구원의 가능성이 저절로 생겨난다는 식의 모순된 논리다.

변증법이 이론의 틀을 제공했다면 그 틀에 담을 내용은 포이어바흐Ludwig Feuerbach, 1804~1872년가 정리한 유물론에서 가져왔다. 유물론은 물질이 정신을 낳거나 지배한다는 무신론적 논리로서 인류 역사만큼 오랜 이론인데, 마르크스는 특유의 사史적 유물론에서 생산양식이나 사회 구조가 변하면 그것이 인간과 사회를 변화시킬 것이라는 방식으로 적용하였다. 혁명을 통해 경제구조만 좋아지면 인간의 정신도 훌륭하게 개량될 것으로 기대한 것이다. 이렇게 인간의 정신과 사회 전체를 좌우하는 으뜸 물질은 인간의 생산력과 관련된 경제적인 물질이라고 보고, 마르크스는 그것을 '자본資本, Capital'이라고 불렀다. 공산주의 유물론은 쉽게 말해 돈의 힘을 믿는 전제 위에 구축된 이론이다.

이론의 틀도 내용도 다 틀렸지만 이론의 실천 과정에서 드러난 마르크스 사상의 결정적인 오류는 인간론, 곧 인간에 대한 낙관적인 기대였다. 마르크스는 인간의 전적 부패를 말한 성경도 물론 믿지 않았지만 자기 속도 전혀 들여다보지 않은 것 같다. 유물론자 마르크스는 생산수단을 공동으로 소유하고 생산된 재화를 함께 누리기만 하면 세상이 낙원이 될 것이라 기대하였지만, 혁명을 주도한 사람들도 결국 돈과 권력을 탐하는 부패한 인간일 뿐이라는 점을 몰랐다. 또 낙원에 함께 살게 될 노동자나 농민들 역시 탐욕이라는 동기가 배제된 상태에서는 노동 자체를 열심히 하지 않고, 따라서 모두를 행복하게 해줄 재화 자체가 양과 질 양면에서 모자랄 것임을 예견하지 못했다. 돈이 힘이 있다는 것은 알았지만 그 힘이 사실은 돈을 사랑하는 인간의 욕심의 힘이었다는 점을 몰랐다.

2018년이 마르크스 탄생 이백 주년이었다. 공산주의 실험은 완전한 실패로 끝났다. 공산주의의 선봉에 섰던 러시아와 중국이 자본주의 체제로 변모를 시도하면서 이제 전 세계가 거대한 자본주의 경제체제로 뒤엉키게 되었다. 자본주의의 기본은 사유재산私有財産 제도다. 생산수단뿐 아니라 생산된 재화 및 자본을 개인이 무한히 소유할 수 있다. 그리고 모든 경제활동을 자유경쟁自由競爭을 벌이는 시장을 중심으로 전개한다. 내가 번 것은 내 것이 되므로 열심히 일한다. 이기적이고 탐욕적인 본성을 십분 활용함으로써 자본주의는 생산을 증대시키고 이윤창출도 최대화한다. 자본주의는 그렇게 재화의 힘, 돈의 힘, 그리고 탐욕의 힘으로 결국 공산주의를 굴복시켰다. 자본주의의 승리는 한마디로 돈을 사랑하는 인간 탐욕의 승리다.

자본주의와 교회

역사적 경험이 공산주의 이론의 허구성을 입증하기 오래전부터 성경은 마르크스 이론의 거짓됨을 분명하게 밝히고 있었다. 그래서 교회는 공산주의 사상이 등장하자마자 경고를 발하였고 그 이론이 엉터리일 뿐 아니라 위험하기까지 하다고 줄곧 지적해 왔다. 특히 한국교회는 공산주의 이론의 무모함을 알리는 데 그 어느 교회보다 앞장서 왔다. 주된 동력은 역시 남북분단의 경험이었다. 북한 지역의 교회는 전체주의와 결합된 공산주의 무신론의 박해를 피해 남쪽으로 도망을 와야 했고, 얼마 후에는 북한의 남침으로 온 한국교회와 민족이 동족상잔의 비극까지 경험하였다. 그 후로도 70년 가까운 세월을 폐쇄된 공산 정권과 대치하면서 긴장과 아픔 가운데 살아왔으니, 한국교회가 그 어느 교회보다 반공을 강조한 것은 지극히 당연한 일이다.

그런데 안타깝게도 우리의 공산주의 비판은 초점이 빗나가 있었다. 하나님에 대한 거부나 인간에 대한 몰이해 등 공산주의의 반성경적 요소 대신, 공산독재와 전체주의, 김씨 일가의 세습, 북한의 호전성 등 정치적인 측면에 집중하였다. 그러다 보니 공산주의의 오류에 대한 대안으로 자유민주주의自由民主主義를 제시하고 그 결과 자유민주주의와 공존하는 자본주의 체제까지 무분별하게 옹호하게 된 것이다. 결국 우리의 공산주의 비판은 성경에 기초한 비판이 아니라 자본주의 체제를 등에 업은 비판, 곧 '공산주의는 틀렸고 자본주의는 옳다'는 식이 비판이 되고 말았다. 공산주의도 자본주의도 다 인간이 만든 체제로서 저 나름의 문제점을 안고 있는데, 남북대치라는 긴장된 상황 아래오래 놓여 있다 보니 우리 자신에 대한 비판적 안목을 기르지 못하였고, 무엇보다 내 속에 있는 탐욕의 위험성을 제대로 깨닫지 못했다.

마르크스는 모두가 함께 소유하고 함께 사용하는 사회를 꿈꾸었다. 그런데성경에 보면 오순절 성령께서 오셨을 때 예루살렘 교회가 경험한 사회가 바로그런 사회였다. 구약성경에서 말한 '형제가 연합하여 동거하는 삶'시133:1이 현실 가운데 구현된 것이다. 물론 예루살렘 교회에 국한된 일이요 완성될 하나님의 나라를 미리 보여 주는 상징적인 의미가 강한 현상이지만, 적어도 모양은 공산주의가 꿈꾼 이상사회와 닮았다. 차이는 무엇인가? 공산주의는 이론으로서는 부패한 인간에게서는 불가능한 이상향을 꿈꾸었고 현실로서는 탐욕을가진 사람들을 억압하여 공동 소유와 고른 분배를 강요한 반면, 초대교회 공동체는 하나님의 구원의 은혜를 입은 사람들이 그 은혜의 능력으로 이기적인소유욕을 이기고 서로를 위해 내 재산을 자발적으로 내놓았다는 점이다. 허황된 꿈을 은혜 없이 강제로 밀어붙인 것과 하나님의 은혜로 자발적으로 한 것이 공산주의와 교회의 가장 큰 차이다.

공산주의도 문제가 많지만 자본주의도 결코 뒤지지 않는다. 물론 자본주의는 공산주의처럼 반드시 무신론에 입각한 이론은 아니기 때문에 기독교 신앙과 얼마든지 조화될 수 있다. 자본주의는 또 인간의 부패를 믿는다. 성경적 인간관을 적극 수용한 것이다. 그렇지만 그것이 다다. 이 두 가지 요소를 제외한 나머지는 공산주의 못지않게 비성경적, 반성경적일 수 있고, 경우에 따라서는 오히려 공산주의보다 더 못하게 될 수도 있다. 자본주의는 인간의 탐욕을 인정하면서도 그 탐욕을 무한 허용해 주기 때문이다. 성경이 인간의 부패성을 말할 때는 그것을 그렇게 무한히 허용하라는 뜻이 아니라 억누르고 바로잡으라는 뜻이었다. 그러나 인간 스스로의 노력으로 불가능한 일이기에 주님께서 오셔서 구원의 길을 주셨다. 자본주의가 탐심을 무한히 허용하는 것을 성경은 '우상숭배'라 선언한다엡5:5, 골3:5. 돈을 하나님 대신 섬기는 죄요, 마르크스의 유물론을 추종하는 것과 다를 바 없는 일이다.

마르크스는 사람을 몰랐다. 돈이 힘이 있는 줄은 알았고 자본의 독점이 사회에 많은 고통을 가져온다는 것도 알았지만, 돈을 골고루 나눈다고 사람이 행복해지지는 않는다는 것은 몰랐다. 한마디로 돈의 힘이 결국 인간이 가진 탐욕의 힘이라는 것을 모른 것이다. 남보다 더 갖고 싶어 하고 더 누리기 원하는 사람의 심리, 그렇게 비교우위를 가져야만 행복을 느끼는 사람의 마음을 몰랐다. 무엇보다 인간의 탐욕 곧 돈을 하나님처럼 의지하고자 하는 우상숭배 본능을 몰랐다.

자본주의는 처음부터 돈의 힘을 알았다. 마르크스가 말하기 전부터 돈을 알고 그 돈을 사랑하는 사람의 마음도 알았다. 그리고 돈을 마음껏 사랑할 수 있는 제도가 되었다. 쉽게 말해 자본주의는 돈을 하나님처럼 사랑할 수 있는 제도다. 돈의 힘은 돈을 사랑하는 탐욕의 힘이지만, 그 탐욕이 많은 돈과 결합되었을 때는 적은 돈은 갖지 못하는 큰 힘을 갖는다. 그래서 많은 돈은 더 많은 돈이 되고 적은 돈은 있는 그것마저 빼앗기는 소위 빈익빈貧益貧 부익부富益富

라는 부작용을 낳았다. 남보다 더 가지는 것이 원천적으로 불가능한 공산주의에서는 돈을 하나님처럼 섬기기도 불가능하다. 그러나 자본주의에서는 돈을 무제한 소유하는 것이 허용되었고, 가지지 못한 자들은 돈을 하나님처럼 섬기는 이들의 희생양이 되고 말았다. 오랜 세월 자본주의와 공존해 온 교회는 부끄럽게도 이러한 돈의 위험성과 자본주의 제도의 위험성을 경고하는 데 실패했다.

강남스타일의 교회

가수 싸이의 노래가 세계를 강타하기 오래전부터 우리나라에는 소위 '강남스타일'이라는 것이 있었다. 무엇이 강남스타일인가? 강남은 대한민국의 부富의 상징이므로 그와 관련된 모든 것이 모여 이 스타일을 이룬다. 윤택함과 자유분방함, 또 최신 유행과 명품을 추구하는 것이다. 부의 세습이나 고액과외 같은 조건도 포함된다. 권력과 쾌락도 빠질 수 없다. 강남스타일의 본질은 한마디로 '돈'이다. 유행과 여유와 즐김 등 모든 특권을 가능하게 하는 단 하나의 조건, 돈이다! 그 돈을 사랑하는 것이 강남스타일이요 그렇게 돈에 흠뻑 젖어 돈에 대한 비판 능력을 상실한 것 역시 강남스타일의 본질에 속한다.

강남에도 교회가 있다. 그런데 번영복음의 본거지다. 물론 그 강남이 꼭 서울의 특정 지역만을 가리키는 것은 아니다. 강남의 교회는 당연히 강남스타일을 선호한다. 그런데 그런 스타일에 익숙한 강남의 목사들과 교인들이, 성경이 가르치는 원리 곧 함께 나누고 골고루 잘 살자 외치는 이들을 종종 '빨갱이'라는 이름으로 비난하였다. 사회구조의 모순을 지적하면서 고른 분배와 정의를 촉구한 이들의 사상이 공동소유, 공동분배를 이상으로 하는 북한과 통한다며 종북세력으로 매도한 것이다. 일리는 있다. 공산주의도 고른 분배와 평등을 말하니 분명 닮은 점이 있다. 그렇지만 이들이 지향하는 바가 정의와 평등이라면 그것은 공산주의와 닮기 이전에 성경이 말하는 하나님 나라의 이상과 통한다. 성경적 이상을 추구하는 이들에게 공산주의자라는 누명을 씌운 것 자체도 부끄러운 일이지만, 그런 주장을 부와 권세의 상징인 강남 지역의 교회가 했다는 것은 무서운 영적 무감각증이다.

공산주의를 비판하되 성경에 따라 하지 않고 자본주의에 길들여진 내 입맛에 따라서 하니 문제다. 자본주의의 요소 가운데 성경과 거리가 먼 것이 많고 그 가운데 대표적인 것이 강남스타일인데, 공산주의를 비판한다는 명목 아래 정작 비판해야 할 자본주의의 문제점을 하나님의 이름으로 정당화해 버린 것이다. 그런 정당화의 결정판이 바로 번영복음이다. 자본주의를 남용하는 정권과 결탁한 것도 잘못이지만 문제의 핵심은 그런 내 안에 숨어 있는 탐욕이다. 탐욕의 대상을 이미 넉넉하게 가진 교회가 겉으로는 사상을 시비하는 척하면서 내면으로는 자신의 기득권을 놓지 않으려 발버둥친 것이다. 물론 개인의 것을 강제로 빼앗아 다른 사람에게 주는 것은 분명 잘못이요 그 점에서 공산주의는 틀렸다. 그렇지만 힘을 가진 자들이 힘의 원천인 돈과 권력을 무한히 가지도록 방관하거나 허용하는 것 역시 잘못이다. 그런 문제를 막아 정의와 공평과 평화를 세우라고, 또 그런 힘에 희생당하는 고아와 과부를 보호하라고 하나님께서 이 땅에 두신 것이 바로 '국가'가 아닌가.

빨갱이라는 표현은 종북從北 공산주의자들을 두고 한 말이지만 사상의 골격을 두고 말한다면 좌익佐翼을 모멸적으로 부르는 말로 쓰인다. 그래서 강남스타일에 젖은 교인들은 번영복음을 비판하는 이들을 좌익으로 몰아붙이기도 한다. 공산주의가 좌익 사상의 대표격인 만큼 좌익이라는 용어가 무척이나 부정적인 뉘앙스를 띠고 있다. 좌파左派라고 하면 무신론과 통하고 폭력 혁명을 꾀하는 집단처럼 보인다.

그렇지만 큰 틀에서 본다면 그렇게 방향 하나로 매도할 일은 아니다. 좌익은 현실에 대해 비판적인 입장을 취하는 태도다. 좌익이라고 무조건 무신론도 아니요, 사회를 비판하는 사람이 다 급진, 과격 혁명을 외치지도 않는다. 건전하고 생산적인 비판은 얼마든지 가능하고 또 필요하다. 수천 년째 전해 오는 성경을 하나님의 말씀으로 믿는 그리스도인은 기본적인 가치관이 자연히 보수적이다. 자연과 인간, 학문과 사회를 보는 관점이 다 그렇다. 그렇지만 그 보수적인 관점의 적용은 보수적일 뿐 아니라 진보적, 비판적이기도 해야 한다. 사실상 세상을 보는 성경의 관점은 애초에 비판적이기 때문이다. 세상이 죄와 죽음 가운데 있고 그래서 이대로는 안 되겠기에 하나님께서 독생자를 보내신 것 아닌가. 우리에게 오신 성령께서는 지금도 세상을 꾸짖으신다요16:8-11. 죄가 지배하는 세상, 마귀가 장악하고 있는 세상을 살면서 어떻게 산 위의 베드로처럼 "여기가 좋사오니"막9:5 할 수 있겠는가.

오른쪽 왼쪽 따지기 전에 우리 자신의 모습을 돌아보아야 한다. 공산주의는 이미 실패한 이론이요 현장에서도 소멸되었다. 오늘 우리에게는 자본주의가 더 큰 위협이다. 힘 잃은 이론을 끌어와 내 강남스타일을 정당화하려는 우리의 뒤틀린 욕심이 진짜 문제다. 자본주의 체제에 속한 교회의 사명은 돈의 위험성을 지적하고 경고하는 일이다. 그래서 성도들이 돈을 사랑하는 우상숭배자가 되지 않도록 도와야 한다. 하나님을 모르는 세상도 누진세累進稅 같은 사회주의적 요소를 도입하여 자본주의 일변도의 폐해를 줄이고자 애쓴다. 우리는 그리스도의 사랑에 바탕을 둔 성도의 교제를 통해 더불어 사는 삶의 본을 보이면서 그런 삶을 세상에까지 확장하도록 애써야 한다.

오늘날 교회가 사회로부터 뭇매를 맞고 있다. 동성애 반대나 이슬람 배격 등 성윤리나 종교적 가치관의 충돌 문제도 있지만 대개는 강남스타일 때문이다. 교회가 지난 세기 이후 수십 년 동안 번영복음을 실천해 온 결과 돈에 마취되어 판단력을 상실하였고, 정의와 공평을 세우라는 경고와 약자를 배려하라는 성경의 명령을 듣지 못했다. 산 아래서는 마귀 때문에 모두가 고통을 받고 있는데 교회는 아직도 베드로처럼 꿈속을 헤매고 있다막9:1-29. 귀신 들린 아이를 고치지 못해 쩔쩔매던 제자들의 모습은 오늘날 강남스타일에 휘말려 판단을 못하고 있는 한국교회의 모습을 그대로 보여 주고 있다.

시대가 주는 경고

세종 때의 재상이었던 황희 정승에 관한 이야기 하나가 전해 온다. 집안의 종 두 사람이 서로 논쟁을 벌이다가 결론을 얻지 못해 황희 정승에게 왔다. 종 하나의 이야기를 다 들은 황희 정승은 '네 말이 옳구나' 했다. 그러자 옆에 있던 다른 종도 자기 이야기를 말했고 그 종의 주장을 다 들은 황희는 '네 말도 옳구나' 했다. 그 순간 옆에서 지켜보고 있던 황희 정승의 부인이 한마디 거들었다. '이 아이 말도 옳다 하시고 저 아이 말도 옳다 하시면 어떻게 옳고 그름을 밝힐 수 있겠습니까?' 그러자 황희 정승은 '듣고 보니 부인 말씀도 옳구려' 했다고 한다.

수백 년 전의 이야기지만 우리 시대의 형편을 아주 잘 표현해 주는 일화다. 우리 시대를 주도하고 있는 소위 포스트모더니즘Postmodernism이 바로 이런 태도다. 안방에 가면 시어머니가 옳고 부엌에 가면 며느리가 옳다는 속담도 있으니, 우리 겨레는 오래전부터 포스트모던식 사고를 해 온 셈이다. 종 둘도 옳고 황희의 부인도 옳지만 가장 중요한 점은 모두를 옳다 한 황희 자신 역시 옳다는 사실일 것이다. 자기가 틀렸다 말하는 부인의 말까지도 옳다 하는 것은 명백한 모순이지만 우리 시대는 옳고 그름 자체를 따지지 않는다. 절대 기준은 없이 나도 옳고 너도 옳은 상대주의다. 상대주의도 유물론 못지않은 오랜 역사를 자랑하지만 우리 시대의 상대주의는 숨 쉬며 살아가는 모든 인간의 생각을 옳다 주장하는 것이다. 앞뒤가 맞지 않는 것들까지 모두 옳다 받아 주니 참 너그러워 보이지만 잠재적인 갈등을 안에 숨기고 있는 거짓 평화요, 또 상대적인 것을 부인하는 절대성은 가차 없이 공격하는 무서운 폭력성도 지니고 있다.

성경은 이천 년 전부터 이 사상의 출현을 예고하고 있었다. 해 아래 무슨 새 것이 있겠는가전1:9. 사람은 그때도 지금도 자기를 사랑하고 돈을 사랑한다딤후3:1-2. 과거에는 남들은 다 틀렸고 나만 옳다는 자기 사랑이 주도했다면, 오늘날은 남도 다 옳으니 나도 옳다는 식의 사고가 세상을 덮고 있다. 그런 자기중심 사상은 예나 지금이나 재물을 사랑하는 모양으로 나타난다. 돈의 힘에 대한 우리의 믿음은 오로지 그 돈을 향한 우리 자신의 탐욕에 뿌리내리고 있다. 그러면서도 절대 진리는 없다고 주장한다. 자기도 돈도 다 절대적인 존재요 게다가 자기들의 주장이 세상 모든 것에 적용된다고 한다면 이미 절대적인 주장을 하는 것이지만, 그들은 그 모든 모순을 덮어 둔 채 오늘도 상대주의 세상을 만들어 간다.

상대주의가 장악한 우리 시대는 옳고 그름을 더 이상 논할 수 없는 시대가 되었다. 앞으로는 옳음이나 그름이라는 개념까지 버리라고 요구할지도 모른다. 너도 옳고 나도 옳고 모두가 옳다 하는 이런 시대에 우리는 주 예수 그리스도의 구원의 복음 하나만이 진리임을 믿고 그것을 세상에 전하고자 애쓴다. 어떻게 할 것인가? 과거에도 쉬운 일은 아니었다. 절대 진리가 있다고 모두가 믿던 시절에는 무신론과 싸움을 벌였다. 역시 절대성을 주장하는 다른 종교들과도 경쟁을 벌였다. 오늘은 절대성 자체를 믿지 않는다. 그런 세상을 향해 우리는 창조주 하나님께서 온 우주를 만드셨으며 죄에 빠진 인류를 위해 독생자 예수 그리스도를 보내 주셨음을 전파해야 한다. 이전보다 훨씬 어려운 싸움이 될 것이다.

모두가 옳다 주장하는 세상에서 교회가 복음을 전하는 방법은 오직 하나,

'능력'이다. 복음의 능력을 내가 확실하게 깨닫고 그 능력을 내 삶으로 전하는 일이다. 쉽게 말해 이제는 '실력대결實力對決' 하나가 남았다. 말로는 더 이상 통하지 않는다. 오직 실력이다. 삶이다. 내가 옳다는 것을 말로 아무리 설명해도 먹히지 않는다. 사람들은 내게 옳은 것이 자기들에게도 옳아야 할 이유를 찾지 못한다. 아니, 나에게 옳은 것이라면 오히려 자기들에게는 옳을 수가 없다고 철석같이 믿고 있다. 너와 나 모두에게 옳은 것이 있다는 사실 자체를 거부하는 시대인 까닭이다.

포스트모더니즘이 사람들의 마음을 이미 상당히 장악한 지금 우리가 기억해야 할 것은 '하나님의 나라는 말이 아닌 능력에 있다'는 말씀이다고전4:20. 이전에는 전통적 권위가 전도에 어느 정도 도움이 되었다. 가족이나 인간관계를 바탕으로 교회생활이 시작되고 유지되기도 했다. 이제 그런 것들은 통하지 않는다. 능력으로 보여 주지 못한다면 사람들은 주 예수 그리스도의 복음을 그저 기독교인한테나 어울리는 상대적인 진리로 여기고 말 것이다.

우리의 목표는 우리 구주 예수 그리스도께서 하나님 아버지께로 가는 유일한 길이요 진리요 생명이심을 전하는 것이다요14:6. 말로는 할 수 없으니 이제 진짜만 남고 나머지는 다 소멸될 것이다. 지금까지 어설프게 해 오던 것들도 이제는 안 통한다. 교회가 거룩함을 회복해야 한다. 모든 거짓된 것을 내쫓고 참된 복음으로 새롭게 되어야 한다. 우리 안에 오래 숨겨 온 목사들의 성범죄나 갖가지 비리도 도려내어야 하겠지만, 무엇보다 시급하게 해야 할 것은 이 땅에 속한 많은 것들을 주님께서 주시는 복으로 왜곡하기를 즐겨 온 우리의 탐욕을 제거하는 일이다. 이 거짓 복음을 교회에서 제거하지 못한다면 우리는 진리와 거짓이 잡다하게 뒤섞인 포스트모던 교회가 되고 말 것이요, 그런 교회는 모든 것이 상대적이라는 거대한 기류의 노예가 되어 회복의 가능성마저 상실하고 말 것이다. 시대는 급속히 혼돈으로 빠져들고 있다. 이런 가운데 교회가 제 사명을 회복하기 위해서는 지금 우리를 사로잡고 있는 번영복음의 마법에서 속히 벗어나야 한다.

2. 어둠 속에서 빛을 기다리며

어둠의 시대

르네상스 인문주의의 대부 페트라르카Francesco Petrarca, 1304~1374년는 자기 이전의 중세 천 년을 '암흑시대暗黑時代, Dark Age'로 규정했다. 문학자의 한 사람으로 중세의 라틴문학이 고대의 고전문학에 비해 질적 양적으로 빈곤했음을 한탄하는 표현이었다. 페트라르카는 그 어둠의 끝자락에 살면서 고대를 찬란하게 밝혔던 키케로, 세네카, 베르길리우스 등의 천재들을 많이 그리워하였고, 페트라르카 이후 꽃을 피운 르네상스the Renaissance, 문예부흥운동 역시 페트라르카의 정서를 계승하여 고대 곧 근원으로Ad fontes 돌아가자는 운동으로 전개되었다.

이백 년 뒤 등장한 개혁자들도 중세를 암흑시대로 보았다. 교황을 중심으로 한 로마교회의 부패, 돈과 권력에 대한 집착, 성직자들의 도덕적 타락, 교회를 점령하였던 온갖 미신 등을 염두에 둔 표현이었다. 개혁자들도 그 중세 이전의 근원을 동경하였지만, 고전문학이 아닌 초대교회의 순수함으로 돌아가고자 하였다. 하여 오랜 어둠 뒤에 나타난 빛은 '오직 성경Sola Scriptura'의 빛이었다. 이백 년이 더 흐른 뒤 유럽을 휩쓴 계몽주의啓蒙主義, Enlightenment는 반反종교적, 반反기독교적 입장에서 중세를 또 암흑시대라 불렀다. 교회가 하나님의 계시를 이용하여 사람의 이성과 판단력을 억누르고 사상을 통제하였음을 비판하는 것이다. 교회가 주도하던 그 시대에 도덕적 타락도 극심했으니 비판하기 얼마나 좋았겠는가.

페트라르카 이후 중세가 암흑시대가 아니었다는 주장도 많이 나왔다. 여러 면에서 퇴보했지만 발전도 없지 않았다는 것이다. 갑론을박하는 사이 암흑시대라는 말의 뜻도 다양해져 이제는 용어도 단수 아닌 복수Dark Ages로 쓴다. 하나님의 말씀이 짓밟히는 시대도 암흑시대지만, 학문과 예술이 정체되거나 퇴보하는 시대, 권력자의 횡포와 도덕적 타락이 성행하는 시대, 인간의 자유로운 생각이 억압을 받는 시대가 다 암흑시대다.

그리스도인의 눈으로 볼 때 중세는 아이러니다. 하나님의 말씀은 세상을 밝히는 빛이다. 그런데 그 빛을 맡은 교회가 전체 유럽을 장악하고 있던 시절이 수천 년 유럽 역사에서 가장 어두운 시대라는 오명을 쓰고 말았다. 내 잘못도 아닌데 세계사 시간마다 낯이 뜨거웠다. 라틴문학의 수준에 대해서는 우리가 이렇다 저렇다 하기 어려울 것이다. 하지만 오랜 세월 이어진 교회의 총체적 타락을 고려할 때 중세를 어둡게 본 개혁자들의 관점을 우리도 공유할 수밖에 없다. 게다가 교회가 그렇게 권력을 휘두르던 기간에는 일반 학문 역시 침체를 면치 못했다. 페트라르카가 지적한 라틴문학뿐 아니라 예술이나 과학 등 학문의 거의 모든 분야에서 발전이 더뎠고 정의, 자유, 평등 등 인류의 보편적인 가치도 빛을 보지 못하였으니, 중세 기독교를 향한 계몽주의자들의 비판적 관점 역시 쉽게 무시할 수가 없다.

많은 사람이 우리 시대, 곧 21세기의 한국사회와 한국교회를 중세에 비긴다. 오늘의 한국은 중세 유럽처럼 기독교 국가는 아니지만, 하나님의 말씀을 맡은 교회가 한때 급성장을 구가한 결과 교회에 속한 많은 사람들이 사회의 여러 면을 주도하고 있다는 점에서 구조적인 유사성이 있다. 그런 가운데 두 시대가 '어둠'으로 서로 통한다. 교회의 부패와 타락, 교회에 범람하는 온갖 이교사상을 염두에 둘 때 우리 시대는 적어도 개혁자들이 보았던 중세의 모습과 닮았다 할 수 있다. 교회가 사회에 대해 갖는 영향력을 고려한다면 계몽주의의 비판 역시 반박하기 어렵다. 사랑과 희생이라는 성경적 가치는 둘째 치고, 정의와 평화를 심고, 공평하고 투명한 사회를 만들고, 경제적 신체적 약자를 배려하는 등의 일반적인 영역에서도 교회가 앞장서지 못하고 있기 때문이다. 겉으로는 눈부신 번영을 자랑하면서도 속으로는 더 깊이 곪아 가고 있다는 현실까지 고려한다면, 우리 시대는 그냥 중세도 아니고 어둠이 가장 짙었던 중세 말기에 더 가깝다.

르네상스의 빛

500년 전 하나님께서 교회를 새롭게 하셨다. 천 년 이상 어둠의 늪에서 헤매던 교회에 한 줄기 빛을 비추시더니 그 빛이 촛불처럼 전해지고 또 전해져 온 유럽을 환히 밝히게 하셨다. 그 빛은 이내 대서양을 건넜고, 나중에는 태평양을 건너 한반도에까지 왔다. 오천 년을 참된 진리를 갈망하며 어둠속을 더듬던 우리 겨레에게 하나님께서 예수 그리스도의 복음이라는 놀라운 생명의 빛을 주셨다. 오늘 우리를 살아 움직이게 하는 것은 오백 년 전에 있었던 유럽의 종교개혁을 비롯하여 지난 역사 가운데 있었던 "하나님의 큰 일"행2:11이다.

종교개혁이라는 대변혁을 가능하게 한 요소는 한두 가지가 아닐 것이다. 우리보다 200년 늦게 구텐베르크가 개발한 금속활자 인쇄술이 성경과 책을 널리 보급한 것도 한 요인이다. 에라스무스의 수고로 신약성경이 원어로 출판되었고, 마르틴 루터는 성경을 독일어로 번역하여 온 국민이 쉽게 읽을 수 있도록 만들었다. 당시의 정치적 변화도 개혁의 배경이 되었을 것이다. 로마 교황청과 신성로마제국, 그리고 주변의 크고 작은 세력이 서로 다투는 사이 개혁자들에게 동조하고 후원하는 사람도 속속 생겨났다. 독일 같은 지역에서는 경제발전의 결과 충분한 경제적인 능력을 가지게 된 사람들이 개혁의 후원자들이 될 수 있었다.

그 외에도 빠뜨릴 수 없는 요소 하나는 지성의 발전이다. 사람들이 똑똑해졌다. 종교개혁 이전에도 교회의 부패를 꾸짖는 외침이 많았지만 단발적인 목소리로 그친 채 교회의 권세에 짓밟히고 말았다. 그러나 마르틴 루터가 개혁을 외치고 장 칼뱅이 말씀을 올바로 가르쳤을 때는 아멘으로 화답하며 동참한 무리가 있었다. 이들은 개혁 이전 약 200년 동안 유럽을 덮었던 르네상스의 자녀들이었다. 루터, 쯔빙글리, 칼뱅 등 개혁자들 자신도 철학, 문학, 역사 등 르네상스 인문교육을 받은 르네상스의 아들들이었다.

르네상스는 중세 천 년을 지배한 기독교를 건너뛰고 그 이전의 고대로 돌아가자는 운동이었다. 동경의 대상이 고대 그리스와 로마였으니 기독교를 거부하는 운동처럼 보일 수도 있다. 하지만 르네상스의 주역은 대부분 그리스도인이었고 그 가운데 상당수는 신실한 그리스도의 제자들이었다. 이들이 고대를 동경한 것은 천 년 동안의 교회를 거부한 몸짓이 아니라, 교회가 오랫동안 지나치게 억눌렀던 자연 내지 보편의 가치를 추구한 그것이 고대를 향한 동경으로 나타났을 뿐이다.

중세 천 년은 교회가 주도하던 시대였다. 대부분의 사람들은 성경이 뭐라고 하는지도 모른 채 그저 교회가 가르치는 대로 믿었고 신부들이 시키는 대로 순종만 했다. 하나님의 말씀을 맡은 교회가 사회의 모든 영역을 주도하고 있었지만, 생각할 기회를 박탈당한 사람들은 학문, 예술, 기술 등 보편적인 분야에서 진보를 구현할 수가 없었다. 그런 가운데 단테의 『신곡』을 필두로 시작된 르네상스는 교회의 부패를 지적하고 복음의 참뜻을 풀어 주었을 뿐 아니라, 무엇보다 사람들을 생각의 세계로 몰아넣었다. 문화의 여러 분야에서 눈부신 발전을 경험하면서, 지금까지 위에서 내려온 지침을 수동적으로 받기만 하던 사람들이 이제는 질문하고 따져보고 비판할 줄 알게 되었다. 생각하는 그런 능력이 하나님의 말씀과 결합되었을 때 사람들은 하나님의 말씀을 제대로 이해할 수 있게 되었고, 그 말씀의 참뜻을 풀어 준 개혁자들의 가르침을 마음 깊이 수용할 수 있게 되었다.

최근 한국사회에 인문학 열풍이 불기 시작했다. 문학, 철학, 역사, 예술에 대한 관심이 점점 폭을 넓혀 이제 예배당 안에서도 그 바람결을 느낄 정도가 되었다. 그리스와 로마의 신화, 동서양을 아우르는 철학, 그림에서 오페라까지 장르를 뛰어넘는 예술 등에 대한 관심은, 수백 년 전의 문예부흥처럼 근원으로 돌아가자는 운동은 아닐지 몰라도, 적어도 사람들을 생각의 세계로 이끈다는 점에서는 닮았다. 무엇보다 삶의 문제, 인생의 의미에 대해 묻게 만들어 각자의 마음 깊은 곳에 놓여 있는 신성神聖 감각을 자극한다.

이러한 전체적인 흐름은 물론 기독교 신앙과 무관하고 때로는 반기독교적인 모습도 보인다. 하지만 서양의 경험을 두고 볼 때 걱정할 것은 없다. 아니, 오히려 교회에 큰 유익의 계기가 될 수도 있다. 교회의 역사를 살펴보면 하나님께서는 당신의 교회를 위해 '일반은총一般恩寵, common grace'의 영역도 적극적으로 사용하신다. 한국교회는 그 어느 교회보다 특별은총인 말씀에 대한 열정이 강하다. 그런 강력한 터전 위에 생각을 통해 보편 영역마저 훈련한다면 한국교회는 가공할 힘을 갖게 될 것이다. 500년 전 유럽이 보여 준 그런 개혁과는 비교할 수 없을 하나님의 큰일이 우리 가운데 일어날 수 있다는 것을 우리 시대의 작은 변화에서 본다.

어둠 속의 감사

어둠이 짙으면 곧 아침이 오는가? 변증법에 따르면 어둠이 짙을수록 빛도 가깝다. 무엇이든 뒤집어엎어야 통하는 것이 변증법이니 빛을 보려면 빛의 반대인 어둠을 가장 진하게 경험해야 한다. 헤겔에게서 이 이론을 빌린 마르크스도 자본주의의 모순이 극에 도달해야 거기서 공산주의라는 이상사회가 생겨난다고 주장했다. 이런 변증법에 역사가 발전한다는 진화론적 믿음까지 추가될 경우 깊어 가는 어둠은 오히려 희망이 된다. 사실 우리의 일상 경험도 밝기 직전의 어둠을 가장 짙게 느낀다 하지 않던가.

하지만 변증법이 옳은가? 아니, 역사가 언제나 발전만 경험하는가? 짙은 어둠이 반드시 빛으로 간다는 보장은 없다. 개인이나 사회 그리고 전체 역사를 살펴도 마찬가지다. 인류 역사에서 쇠락을 거듭하다가 영원히 사라진 문명이 하나둘이 아니다. 지구는 오늘도 돌아가고 있으므로 어두운 새벽 다음에는 반드시 먼동이 트지만 과학자들도 지구가 영원히 돌아가리라 기대하지는 않는다. 캄캄한 어둠이 그냥 영원한 파멸로 끝날 수도 있다. 번영복음의 어둠 가운데 덮여 있는 오늘의 우리는 어느 쪽일까?

좋은 것만 있던 낙원에서는 좋고 나쁜 것이 구분되지 않았다. 인간이 죄를 지어 나쁜 것이 생기자 비로소 좋고 나쁜 것을 가릴 수 있게 되었다. 온통 어둠뿐일 때도 어둠을 어둡게 느끼지 못한다. 처음 어둠만 있던 우주에 하나님께서 빛을 만드시면서 비로소 빛과 어둠이 나뉘었다. 어둠을 어둠으로 인식하는 것 자체가 이미 빛의 출현을 반증한다. 변증법하고는 아무 상관이 없다. 새로 나타난 빛이 지금의 어둠을 고발했을 따름이다. 페트라르카의 경우 단테의 『신곡』이 그런 빛이 되어 시대의 어둠을 일깨웠을 것이다. 그래서 페트라르카 자신도 중세말의 어둠에 좌절하지 않고 빛의 시대를 향한 희망을 서사시 『아프리카Africa』에 담아 두었다.

오늘 우리의 어둠도 마찬가지다. 우리도 안다. 어두운 줄 느낀다. 어둠을 어둠으로 파악하게 되었다면 어디서인가 한 줄기 빛이 이미 비쳤다는 말이다. 그렇지만 변증법이 낄 자리는 여기에 없다. 오직 하나, 우리 영혼의 어둠을 드러내시는 하나님의 은혜의 빛이 왔기에 우리가 어둠 속에 있다는 것도 알게 되었다. 우리는 지금 아프다. 우리가 그렇게 아프다면, 아니, 아픔을 아픔으로 느낄 수 있다면, 그것은 우리 영혼의 의사이신 주님께서 곁에 와 계시다는 확실한 증거다마9:12.

우리가 받은 구원이 그랬다. 하나님께서는 영원 가운데서 우리를 예정하시고 부르시고 의롭다 하신다. 오직 은혜요 그저 감사와 찬송이 있을 뿐이다. 그런데 그런 구원을 우리는 영원 아닌 시간 안에서 경험한다. 따라서 구원은 여러 단계로 우리에게 다가오는데 그 첫 단계는 영적 파멸이다마5:3. 구원과 정반대인 캄캄한 어둠이다. 하나님께서는 구원의 은혜를 주시기 위해 우리가 하나님의 구원을 필요로 하는 죄인임을 먼저 알게 하신다. 그래서 베드로도 사람을 낚으러 나서기 전 주 예수 앞에 무릎부터 꿇었다눅5:8. "난 끝장이구나" 하며 절망하던 이사야에게 하나님께서는 천사를 시켜 사죄를 선포하셨다사6:5-7. 울며 가슴을 치는 이들에게 하나님께서는 위로의 은혜를 베푸신다마5:4.

문제 그 자체가 곧 해결이라 믿는다면 그것은 변증법이고 아무런 희망도 없다. 문제 속에서 허우적대다가 영원한 파멸로 갈 수도 있다. 그렇지만 문제를 문제로 깨닫는 그것이 하나님의 은혜와 긍휼의 결과라면 우리에게 희망이 있다. 한국교회는 오랜 투병으로 몸과 마음이 만신창이가 되었다. 하지만 적어도 우리가 아프다는 것은 안다. 이 아픔이 하나님의 진노의 결과시38:3라는 것도 안다. 회개를 촉구하시는 사랑의 매다사1:5. 하여 우리는 아픈 몸으로 하나님의 은혜를 느낀다합3:2, 사54:7-8. 하나님의 치유가 이미 시작되었다는 증거다.

내 고초와 재난 곧 쑥과 담즙을 기억하소서 내 마음이 그것을 기억하고 내가 낙심이 되오나 이것을 내가 내 마음에 담아 두었더니 그것이 오히려 나의 소망이 되었사옴은 여호와의 인자와 긍휼이 무궁하시므로 우리가 진멸되지 아니함이니이다 이것들이 아침마다 새로우니 주의 성실하

심이 크시도소이다애3:19-23

예레미야의 이 기도를 이제 우리도 드릴 때다. 우리에게도 소망이 있다. 아침마다 깨닫는 은혜, 생각할수록 놀라운 사랑이다. 그러니 어둠을 어둠으로 인정하는 것을 두려워할 까닭이 없다. 주저할 필요도 없다. 부패하고 타락한 우리를 사실 그대로 솔직하게 인정하는 것은 하나님의 은혜의 한 줄기 빛을 감사함으로 받는 것이다.

어둠 가운데서 고통으로 몸부림치는 이들이 할 일은 오직 하나, 그 깨달음과 그 아픔을 함께 나누는 일이다. 은혜의 빛이 깨닫게 해 주신 바 우리가 다 앓고 있는 번영증후군이라는 진단을 공유하고 확산시키는 일이다. 인정하지 않으려는 이들을 위해서는 어둠을 어둠으로 깨닫도록 기도해야 한다. 깨달은 이들은 어둠을 어둠이라 말할 용기를 달라고 기도해야 한다. 외면하는 이들을 붙잡고 우리의 고통의 몸부림이라도 보여 주어야 한다. 그리고 주께 더 큰 빛을 주시도록 간구하되 내가, 우리가 그 빛의 한 자락을 담당하는 작은 촛불이 되게 해 달라고 기도하며 우리 자신을 드려야 한다.

은혜와 책임

은혜는 책임을 동반한다. 은혜는 거저 주시는 것이지만 하나님의 구원의 놀라운 은혜를 받은 사람에게는 변화가 없을 수 없다. 주님께서는 그 점을 강조하시려고, 악한 종의 비유에서 일만 달란트를 면제받은 종으로 하여금 임금에게 고맙다는 표시를 할 기회조차 안 주셨다. 어마어마한 용서를 받았으면서도 아무 반응을 보이지 않은 채 곧바로 나가 자기에게 빚진 동료를 감옥에 처넣었다 지적하심으로써, 죄를 용서받은 은혜가 우리 삶에 어떤 변화를 가져와야 할 것인지 역설적으로 가르쳐 주신 것이다마18:27-28.

믿음으로 의롭다 하심을 얻었다면서 왜 열매가 없을까? 핵심은 믿음에 대한 오해다. 믿음이 무엇인지 몰랐다. 구세주 하나님의 은혜의 능력을 맛보지 못한 사람에게는 성화의 필요성에 대한 말씀도, 심판의 엄중함에 대한 경고의 말씀도 다 귀를 스쳐 가는 바람일 뿐이다.

은혜는 곧 책임이다. 많이 받을수록 책임도 크다눅12:48. 아니, 큰 책임을 감당하는 것이 바로 큰 은혜를 입증한다. 캄캄한 가운데 발견한 한 줄기 빛은 우리를 향한 하나님의 명령이기도 하다. 빛은 저절로 오지 않는다. 가만있으면 어둠이요 죽음이다. 깨달은 자는 책임을 져야 한다. 어둠만 있던 곳에서 하나님께서 빛을 창조하시자 어둠이 물러갔다. 주님께서는 그 생명의 빛으로 오셔서 어둠 가운데 있던 우리를 비추셨다고후4:6. 그리고 우리에게 명령하신다.

> 잠자는 자여 깨어서 죽은 자들 가운데서 일어나라 그리스도가 너에게 비
> 추이시리라엡5:14

잘 때는 감각이 제 기능을 못한다. 정신이 활동을 쉬기 때문이다. 만약 겉보기에 눈도 뜨고 있고 말도 하는 것 같은데도 생각이나 행동이 온전치 못하다면 정신이 잠을 자고 있는 것이다. 마치 마법에 걸린 것처럼 건전한 판단력을 상실한 상태다. 그 상태 그대로 두면 마지막에는 죽는다. 영원한 파멸의 죽음이다. 주님께서는 당신의 빛을 우리에게 비추시면서, 그대로 죽지 말고 잠에서 깨어 살아나라고 명령하신다.

우리를 깨우는 것은 말씀이다. 오직 생명의 성경 말씀만이 죽은 영혼을 살리고 쓰러진 교회도 일으켜 세울 수 있다. 그런데 하나님께서 말씀으로 은혜를 주시는 방식은 시대마다 차이가 있다. 요시야 시대에는 잃어버렸던 율법책을 다시 발견하여 개혁이 이루어졌다. 500년 전에는 교회 권력이 말씀을 가리

고 왜곡했기 때문에 하나님께서 르네상스를 통해 사람들을 깨우치시고 인쇄술을 통해 말씀의 독점을 깨뜨리셨다. 우리 시대는 사람들이 무지하지도 않고 말씀의 독점 현상도 없다. 성경을 분실한 적도 물론 없다. 그런데도 어둡다. 설교, 성경공부, 연구, 묵상, 간증이 종이와 화면에서 넘쳐 나는 이 놀라운 시대를 사는 우리가 제대로 못 보고 못 듣고 말이나 행동도 제대로 못하고 있다.

우상숭배의 마법에 걸렸기 때문이다. 오늘 우리를 사로잡고 있는 것은 번영 복음이라는 우상이다. 탐욕의 우상, 범신론의 우상이다. 성경이 경고하는 것처럼 우상을 섬기는 사람은 우상과 같아진다. 눈이 있어도 못 보고 귀가 있어도 못 듣고 입이 있어도 말을 못하게 된다시115:4-8, 135:15-18. 우상숭배는 우리의 모든 감각을 마비시키는 무서운 병이다. 물질적 풍요를 섬겼던 라오디게아교회는 하나님 앞에서 헐벗은 알거지 신세였으면서도 마치 자기가 부자인 줄 착각했다계3:17-19. 그런 교회를 향해 주님께서는 얼른 눈을 뜨고 벌거벗은 부끄러움을 깨닫고 옷을 입으라 명령하셨다. 주님께서는 오늘 우리에게도 같은 사랑의 꾸지람을 들려주신다계3:22. 회개만 하면 다시금 빛을 볼 것이다. 깨어 일어나기만 하면 주님께서는 발전의 변증법이 예견하는 것보다 더 확실하고 더욱 찬란한 생명의 빛으로 우리와 우리 교회와 사회를 온통 밝혀 주실 것이다.

깨어 일어나는 것은 쉽지 않은 일이다. 하여 인내가 필요하다. 어둠을 느꼈다면 이제야 시작이다. 갈 길은 멀다. 따라서 서론에서 언급한 키르케고르의 판단은 지금도 유효하다. 절망하면 끝이다. 물론 지금 한국교회를 신음하게 만드는 병은 절망이 아니라 희망이다. 번영이 주는 '거짓 희망'이다. 하지만 그 병을 고치기 위해 노력하다가 키르케고르가 말한 병에 걸릴 수 있으니 조심해야 한다. 그래서 주님께서도 낙심하지 말고 늘 기도하라고 불의한 재판장의 비유를 통해 가르쳐 주셨다. 우리 기도를 들으시는 하나님께서는 우리의 원한을 속히 풀어 주시는 분이시다눅18:1-8. 바울도 우리가 끝까지 포기하지 않으면 결국은 열매를 거둘 것이라며 용기를 북돋운다갈6:9. 선을 행할 때는 낙심할 일이 많다. 그렇지만 피곤해 쓰러져서는 안 된다. 영원한 번영이라는 참된 보배를 발견한 우리가 어떻게 이 땅의 헛된 번영에 속아 넘어가겠는가마13:44.

　최근 일어나고 있는 상황의 변화는 우리 교회를 향한 하나님의 기대를 보여 주는 것 같다. 어쩌면 하나님께서 우리 한국 교회를 멋지게 들어 쓰실지도 모른다. 문제는 오직 하나, 우리의 준비다. 그릇이 주인에게 사용되기 위해서는 깨끗해야 한다딤후2:21. 모든 우상을 제거하고 자신을 하나님께 드리는 '부흥'을 경험해야 한다. 그런 부흥을 위해 기도해야 한다. 하나님께서는 하실 수 있다. 오백 년 전 유럽에서 하신 그 일을 오늘 여기서 못 이루실 이유는 없다. 주님의 은혜가 답이요 그 은혜를 입은 우리의 결단이 또 답이다. 한 줄기 빛을 본 우리가 그 빛과 함께 온 하나님의 명령을 우리의 모든 것을 드려 순종한다면, 하나님께서는 우리 시대를 다시금 환하게 밝혀 주실 것이다.

　여호와여 우리를 주께로 돌이키소서 그리하시면 우리가 주께로 돌아가겠사오니 우리의 날들을 다시 새롭게 하사 옛적 같게 하옵소서애5:21

참고 문헌

조용기, 『4차원의 영적 세계』, 서울: 서울말씀사, 1996.

조용기, 『4차원의 영성』, 서울: 교회성장연구소, 2004.

Paul Yonggi Cho, *The Fourth Dimension*, Plainfield, NJ: Logos International, 1979.

David Yonggi Cho, *The Fourth Dimension Volume Two*, Alchua, FL: Bridge-Logos, 1983.

John Culp, "Panentheism", *The Stanford Encyclopedia of Philosophy*, Edward N. Zalta ed., Summer 2015. http://plato.stanford.edu/archives/sum2015/entries/panentheism/

Ian Ellis-Jones, "Norman Vincent Peale: The Father of Positive Thinking", An address in Sydney, Australia, Dec. 10, 2006.

Ralph Waldo Emerson, *Nature*, Boston: James Munroe and Company, 1836.

Ralph Waldo Emerson, *Essays First and Second Series*, Boston: Houghton Mifflin, 1865.

Ralph Waldo Emerson, *Emerson's Essays*, New York: Gramercy, 1993.

Ludwig Feuerbach, *The Essence of Christianity*, New York: Harper, 1957.

Robert C. Fuller, "Foreword" to *The History of New Thought*, West Chester, PA:

Swedenborg Foundation, 2012.

John Haller, *The History of New Thought*, West Chester, PA: Swedenborg Foundation, 2012.

Ernest Holmes, *Creative Mind and Success*, 1923.

Ernest Holmes, *The Science of Mind*, 1926. 이상민 역, 『마음의 과학』, 서울: 서른세개 의계단, 2013.

Ernest Holmes, *The Science of Mind*, New York: G. P. Putnam's Sons, 1938.

Michael Horton, *Made in America: The Shaping of Modern Christian Evangelism*, Grand Rapids, MI: Baker, 1991. 김재영 역, 『미국제 복음주의를 경계하라』, 서울: 나침반, 2001.

David Hunt & T. A. McMahon, *The Seduction of Christianity*, Eugene, OR: Harvest House, 1985. 김문철 역, 『기독교 속의 미혹』, 서울: 포도원, 1991.

David Hunt, *Beyond Seduction*, Eugene, OR: Harvest House, 1987. 이승훈 역, 『미혹을 뛰어넘어서』, 서울: 포도원, 1992.

William James, *The Varieties of Religious Experiences*, New York: Collier, 1961.

William Mander, "Pantheism", *The Stanford Encyclopedia of Philosophy*, 2016. http://plato.stanford.edu/entries/pantheism/

Joel Osteen, *Your Best Life Now*, New York: Warner Faith, 2004. 정성묵 역, 『긍정의 힘』, 서울: 두란노, 2005.

Joel Osteen, *Become a Better You*, New York: Free Press, 2007. 정성묵 역, 『잘되는 나』, 서울: 긍정의 힘, 2009.

Norman Vincent Peale, *The Power of Positive Thinking*, New York: Wings Books, 1992. 이만갑 역, 『긍정적 사고방식』, 서울: 세종서적, 1997.

Norman Vincent Peale, *Positive Imaging*, New York: Ballantine, 1983.

Robert Schuller, *Move Ahead with Possibility Thinking*, Garden City, NY: Doubleday, 1967.

최정선 역,『불가능은 없다』, 서울: 지성문화사, 1993, 김문성 편역,『긍정의 삶』, 서울: 브레인하우스, 2006.

Robert Schuller, *Self Love*, New York: Hawthorn Books, 1969.

Robert Schuller, *Discover Your Possibilities*, Irvine, CA: Harvest House, 1978.

Robert Schuller, *Self-Esteem*, Waco, TX: Word Books, 1982. 박재천 역,『적극적인 자존심을 가져라』, 서울: 태인문화사, 1996.

Robert Schuller, *If It's Going to Be, It's Up to Me*, San Francisco: HarperOne, 1997.

Florence Scovel Shinn, *The Game of Life and How to Play it*, Marina del Rey, CA: DeVorses, 1925. 이원식 역『(인생의 게임에서 승리하는) 믿음의 법칙 10』, 서울: 리앤북스, 2006.

Emanuel Swedenborg, *True Christian Religion*, West Chester, PA: Swedenborg Foundation, 2009.

Emanuel Swedenborg, *New Jerusalem and Its Heavenly Doctrine*, pdf, West Chester, PA: Swedenborg Foundation, 2009.

Wallace Wattles, *The Science of Getting Rich*, New York: Elizabeth Towne, 1910.